Wilde Nordsee:
Katastrophen-Erleben auf den Halligen Nordfrieslands

Psychotherapiewissenschaft in Forschung, Profession und Kultur

Schriftenreihe der
Sigmund-Freud-Privatuniversität Wien

Herausgegeben von Bernd Rieken

Band 25

Die Sigmund-Freud-Privatuniversität in Wien ist die erste akademische Lehrstätte, an der die Ausbildung zum Psychotherapeuten integraler Bestandteil eines eigenen wissenschaftlichen Studiums ist. Durch das Studium der Psychotherapiewissenschaft (PTW) wird dem Umstand Rechnung getragen, dass Psychotherapie eine hoch professionelle Tätigkeit ist, die – wie andere hoch professionelle Tätigkeiten auch – neben einer praktischen Ausbildung eines eigenen akademischen Studiums bedarf. Das hat zur Konsequenz, dass die wissenschaftliche Beschäftigung mit ihr nicht mehr ausschließlich den Nachbardisziplinen Psychiatrie und Klinische Psychologie mit ihrer nomologischen Orientierung obliegt, sodass die PTW als eigene Disziplin an Konturen gewinnen kann.

Vor diesem Hintergrund wird die Titelwahl der wissenschaftlichen Reihe transparent: Es soll nicht nur die Kluft, welche zwischen Psychotherapieforschung und Profession besteht, verringert, sondern auch berücksichtigt werden, dass man der Komplexität des Gegenstands am ehesten dann gerecht wird, wenn neben den üblichen Zugängen der Human- und Naturwissenschaften auch Methoden und/oder Fragestellungen aus dem Bereich der Kultur-, Sozial- und Geisteswissenschaften Berücksichtigung finden.

Anna Jank

Wilde Nordsee: Katastrophen-Erleben auf den Halligen Nordfrieslands

Eine psychoanalytisch-ethnologische Studie

Waxmann 2019
Münster • New York

Diese Arbeit wurde 2017 von der Sigmund-Freud-Privatuniversität Wien
als Dissertation im Fach Psychotherapiewissenschaft angenommen.

Bibliografische Informationen der Deutschen Nationalbibliothek
Die Deutsche Nationalbibliothek verzeichnet diese Publikation in
der Deutschen Nationalbibliografie; detaillierte bibliografische
Daten sind im Internet über http://dnb.dnb.de abrufbar.

Psychotherapiewissenschaft in Forschung, Profession und Kultur, Band 25

ISSN 2192–2233
Print-ISBN 978-3-8309-4010-4
E-Book-ISBN 978-3-8309-9010-9

© Waxmann Verlag GmbH, Münster 2019
Steinfurter Straße 555, 48159 Münster

www.waxmann.com
info@waxmann.com

Umschlaggestaltung: Anne Breitenbach, Münster
Titelbild: © andrey polivanov – shutterstock.com
Druck: CPI Books, Leck

Gedruckt auf alterungsbeständigem Papier,
säurefrei gemäß ISO 9706

Printed in Germany

Alle Rechte vorbehalten. Nachdruck, auch auszugsweise, verboten.
Kein Teil dieses Werkes darf ohne schriftliche Genehmigung des
Verlages in irgendeiner Form reproduziert oder unter Verwendung
elektronischer Systeme verarbeitet, vervielfältigt oder verbreitet werden.

Für meine Eltern Elisabeth und Alfred

Inhalt

Einleitung 9

I   Einführung: Wissenschaftstheoretische Ausgangspunkte 11
1   Epistemologische Überlegungen 11
1.1   Von wo aus blicken wir? 11
1.2   In der Welt sein – eine Sinnfeldontologie 14
2   Explikation und Legitimation der Fragestellung 18
3   Methodik und Vorgehensweise 20
4   Weltbilder in der Wissenschaft – Szientismus, Konstruktivismus
       oder der Anspruch, alles erklären zu müssen 31
5   Erzählforschung und Biographieforschung – Kategorien der
       Volkskunde? Interdisziplinarität zwischen Bereicherung und
       Konflikt 41

**II Naturräumliche Ausgangspunkte und das Fundament des
     Friesischen** 49
1   Lebensraum Nordsee 50
2   Die Halligen (Landschaftswahrnehmung) 51
3   Das Volk der Friesen 56
3.1   Geschichtliche Entwicklung und Herkunft..56
3.2   Die Friesische Freiheit 58
3.3   Die Friesische Sprache 64
4   Warften oder Deichbau? – Die Domestizierung des Meeres.................66
5   Psychodynamische Überlegungen: Identifikation und
       Bindungsverhalten 70
6   Zur Entstehung von Sturmfluten..73

III Katastrophenforschung 76
1   Prämisse Supernova und die Bedingung der Reflexion........................76
2   Multidisziplinäre Perspektivität als Möglichkeit..................................78
3   Grenzen 86
4   Naturkatastrophen: Grenzorte zwischen Entgrenzung und
       Überschreitung 91
5   Randgänge zwischen Wasser und Land..93
5.1   Animosität und Identifikation mit der Grenzwahrnehmung Deich 94
5.2   Der Außendeich als Zwischengrenzland des Dämonischen 98
6   Der Abgrund des Grenzenlosen – chaotische Antistrukturen der
       Entgrenzung 104

IV	**Erlebenswelten**	111
1	Im Angesicht der Katastrophe erkenne dich selbst	111
2	„Cultures of Disaster"	112
3	„Und jedem Anfang wohnt ein Zauber inne ..."	116
3.1	Gegenübertragungsanalyse	119
3.2	Das Serendipity-Prinzip	124
4	Wie Katastrophen zugleich existieren und nicht existieren können	127
4.1	Vulnerabilität als vorausgesetzte Dimension	127
4.2	Jedem seine Katastrophe – Langeness	131
4.2.1	Bente Jensen – Die Besonderheiten der Hallig. Anpassung und Sicherheit im ewig Unsicheren	131
4.2.2	Hauke Hayen – Ambivalenz	136
4.2.3	Tade Behrends – Eine Strategie für alles. Über nonverbale Kommunikation	142
4.2.4	Analyse	149
4.3	Bedrohte Ordnung? – Oland	153
4.3.1	Johann und Inga Thomsen – Unbewusste Zusammenhänge, Ohnmacht und Ausgleich	154
4.3.2	Mattes Andresen – Vom Fluch des Deichs und vergessenen Göttern	161
4.3.3	Jan Petersen – Entstehen und Vergehen. Im ewigen Wandel	171
4.3.4	Analyse	180
4.4	Resilienz und Lebensstil – Halligen vs. Festland	184
4.4.1	Heike Jensen – Das Streben nach Kompensation	189
4.4.2	Peter Dreyer – Mensch wie Meer?	195
4.4.3	Analyse	197
5	Der Lebensstil eines Systems – individualpsychologische Überlegungen	203
V	**Angst**	206
1	Der Abgrund und das Auge	206
2	Zeit: Das Maß jeder Bewegung	209
2.1	Höllenschlund und Nebel des Todes	209
2.2	Das ungeheure Nichts der Unwissenheit	212
2.3	Sehnsucht nach der Küste – ein kollektiver Wahrnehmungswandel	213
3	Das Meer in mir, das Feuer da draußen – verkehrte Welt	214
3.1	Introjektion in Teilen und im Ganzen	214
3.2	Verschiebung des Unfühlbaren	218
3.3	Ein schöner Traum?	222
VI	**Resümee**	229
VII	**Interviews**	238
VIII	**Abbildungsnachweis**	239
IX	**Literatur**	240

Einleitung

Wer gerne reist, wird wissen, dass man in fremden Ländern, unter anderen Kulturen, inmitten fremder Sprachen, Gerüche, Geräusche und Atmosphären immer eine gewisse Fremdartigkeit erlebt. Einerseits macht gerade dies den Reiz aus, den Reisen haben können, und es erfordert auch eine gewisse Bereitschaft zur Entwicklung; andererseits versuchen wir auf Reisen ständig, meist unbewusst, das Verhalten und die ungewöhnlichen Eindrücke von anderen Menschen zu verstehen und in bereits vorhandene Kategorien einzuordnen. Wir begeben uns auf die Suche nach einem Sinn – dem Sinn eines neuen Sinnfelds, das wir gerade dabei sind, zu entdecken (vgl. Gabriel 2013, S. 224). Zuhause aber, in unserer gewohnten Umgebung und im Alltag unseres Lebens, haben wir fixe Routinen, vertraute Abläufe, die uns erlauben, ohne große Beeinträchtigung pragmatisch Gegenstände zu managen, die uns selten verwundern oder überraschen. Wir hätten auch gar nicht die Energie oder die Aufmerksamkeit, neben der ganzen Arbeits- und Gegenstandsbewältigung ständig alles Wahrgenommene zu beobachten, zu hinterfragen und zu verarbeiten. Auf Reisen ist es aber gerade das, was ein besonderes Gespür für die fremde Kultur weckt, da man frei ist von den Gegenständen des alltäglichen Lebens und seine Umgebung auf eine Art und Weise wahrnimmt, wie man es sonst nicht kann. Eine Feldforschung könnte man mit einer solchen Reise vergleichen – denn auch dort, unabhängig vom Land oder der jeweiligen Gesellschaft, ist es das Ziel zu beobachten, zu sehen, möglichst unvoreingenommen wahrzunehmen, was all das Gesehene bedeutet, und den Sinn dahinter zu finden. Wir versuchen, eine neue, freiere Perspektive einzunehmen und uns ganz einzulassen, um das zu erkennen, was wir meistens versäumen. Der russische Maler und Wegbereiter des Konstruktivismus Kasimir Malewitsch sieht darin eine besondere Beziehung zur Welt:

> „Das alles geschieht, weil die Welt dem Menschen unbekannt ist. Begriffe der Mensch die Welt, dann wäre von alledem nichts, und der Mensch brauchte erst gar nicht eine Vorstellung von der Welt zu bilden. Wir bemühen uns stets, das Unbekannte zu bestimmen und jede Erscheinung zu einem begreifbaren ‚Etwas' zu formen, während doch der wahre Sinn im Gegenteil liegt" (Malewitsch 1962, S. 232).

Genau dieser Versuch, ein „Etwas" zu begreifen, herauszugreifen, hindert uns aber oft daran, den „wahren Sinn" zu erkennen, der sich nicht in die begriffliche Ordnung einfügen muss, um zu existieren. Nur durch ein tatsächlich offenes und freies Sich-Einlassen, derart, als würden wir nicht wissen, wohin es uns führt, bietet sich die einmalige Gelegenheit, das zu erfassen, was wirklich darin liegt, und nicht nur das zu sehen, was wir uns auf die Suche gemacht haben zu finden. Denn – wie sich schon Alfred Adler (vgl. 1933, S. 25) im Klaren war – es könnte auch alles ganz anders sein, als es uns erscheint, da es (vgl. Markus Gabriel 2013, S. 87ff.) in unendlich vielen Sinnfeldern zugleich vorkommt. Ein ermutigender Gedanke.

Aus Gründen der leichteren Lesbarkeit wird in der vorliegenden Publikation die gewohnte männliche Sprachform bei personenbezogenen Substantiven und Pronomen verwendet. Dies impliziert jedoch keine Benachteiligung des weiblichen Geschlechts, sondern soll im Sinne der sprachlichen Vereinfachung als geschlechtsneutral zu verstehen sein. Außerdem wurden zum Zweck des Datenschutzes die interviewten Personen anonymisiert.

I Einführung: Wissenschaftstheoretische Ausgangspunkte

„[...] bedenken wir dabei zugleich, daß keine Zeit so schnell bei der Hand war, Verstandes-Mythen zu schaffen, wie die unsere, die selber Mythen schafft, während sie alle Mythen ausrotten will."

Sören Kierkegaard, Der Begriff der Angst (2005, S. 493)

1 Epistemologische Überlegungen

Abb. 1: Sonnenaufgang über der Erde aus dem Weltraum betrachtet

1.1 Von wo aus blicken wir?

Um sich auf ein Phänomen, ein Ereignis wie jenes einer Sturmflut, wissenschaftlich näher einlassen zu können, muss man sich die Frage stellen, wo man sich selbst befindet und welchen Weg es einzuschlagen gilt, möchte man näher an die Sache herantreten. Es handelt sich aber hierbei um eine Thematik, die nicht einfach einzuordnen ist in die Reihe bereits existenter und teilweise genau umrissener Wissenschaftsbereiche mit klar definierten Grenzen, Methoden und Forschungsdesigns. Deshalb ist es auch unerlässlich, sich nicht nur mit den Eigenheiten des Forschungsgegenstandes und den angrenzenden Disziplinen, sondern auch mit einer grundlegenderen philosophischen Verortung auseinanderzusetzen.

Mit dieser Verortung verbunden ist auch die Frage nach dem Erkenntnisgewinn, den eine Arbeit wie die vorliegende hervorbringen sollte, denn, – und hier betreten wir bereits philosophisches Terrain – wie weit reicht unsere Erkenntnis tatsächlich? Ist es nicht naheliegend, dass sich das im Laufe der gesamten Menschheitsgeschichte immer wiederholende Irren und Verwerfen von Theorien und Glaubenssätzen, die lange Zeit als gegeben galten, in der Gegenwart wiederholen sollte? Was macht Erkenntnis noch glaubwürdig auf unserer allzu menschlichen, ewiglichen Suche nach Wahrheit? Wenn so vieles bei einer genauen Betrachtung in Frage zu stellen ist und wenn jegliches Wissen und jegliche Erkenntnis scheinbar umgeben sind von einem dauerhaften Nichtwissen, wie können wir dann auf all das, was unseren Lebensraum, unsere Vorstellungen von der Welt und ihre Mechanismen ausmacht, überhaupt noch vertrauen?

Wenn es das herauszufinden gilt, wird es nicht ausreichen, die angedachten Disziplinen wie die Psychotherapiewissenschaft, die Europäische Ethnologie oder Volkskunde, die Soziologie oder die Katastrophenforschung zu Rate zu ziehen. Vielmehr handelt es sich vorerst um eine grundsätzliche Orientierung in einer Landschaft, die keineswegs ein einheitliches Modell abgibt und die Grundfragen der menschlichen Existenz erklärt. Es sind jedoch gerade diese, die nicht nur die gedankliche Grundlage einer abenteuerlichen Exkursion ausmachen, sondern auch die Thematik der Sturmflut und deren Bedeutung für das Leben einer kleinen Menschengruppe immer wieder durchziehen, da existentielle Gedanken und die Frage nach dem Sinn vor allem in Situationen zutage treten, in denen das allgemeine Sicherheitsgefühl aus den Fugen gerät. Demzufolge könnte in solchen anfänglichen Überlegungen, in der Basis, eine Möglichkeit liegen, im Laufe der weiteren Beschäftigung sowohl mit der Theorie als auch den Interviews das Geschehen aus einer zusätzlichen Perspektive zu sehen, einer Metaebene. Schon René Descartes hat in diesem Sinne auf die Haltung hingewiesen, die einem gedanklichen Projekt zugrundeliegen sollte, nämlich mindestens einmal in seinem Leben an allem zu zweifeln, woran man üblicherweise eigentlich glaubt (Descartes 1986, I.10, S. 79). Nur auf diese Weise hat man eine Chance zu erkennen, wo man sich eigentlich befindet und von wo aus sich der Blick richtet.

Grob gesprochen befinden wir uns dabei im Bereich der Erkenntnistheorie, dessen Werkzeug eben das Nachdenken über Gedanken ist, die Reflexion. Hierbei verlagert sich der Fokus von der Sturmflut und den betroffenen Halligbewohnern, also vom Forschungsgegenstand, auf die Einstellung zum Gegenstand, wie dieser erkannt wird und welche Begrifflichkeiten oder Vorgänge Teil des Erkenntnisprozesses sind – auf dem Weg, etwas über den Gegenstand zu erkennen. Doch da wären wir wieder bei der Irritation, dass wir nicht wissen können, ob alles eine Illusion ist, ob überhaupt irgendetwas so ist, wie es uns erscheint, ob die Wirklichkeit doch ganz anders sein könnte als wir meinen – eine Irritation, die aber nicht unbedingt frustrierend sein muss, da die Suche nach der einen absoluten Wahrheit ohnehin scheitert. Es ist nämlich ein aufschlussreicher Weg, über das Nachdenken nachzudenken und die eigenen Einstellungen zum Forschungsgegenstand und folglich auch zu anderen Gegenständen, bzw. Erkenntnis und Existenz im Allgemeinen als Möglichkeit der Selbsterkenntnis zu erforschen.

Wir kehren hiermit zurück zu der Frage nach der Wirklichkeit – nach dem, wie die Dinge in der Welt, die Phänomene, die sogenannten Tatsachen in Wirklichkeit sind – im Gegensatz zu dem, wie sie scheinen. Damit begeben wir uns in den Bereich der Metaphysik, die den Versuch darstellt, die Welt als Ganzes zu erfassen, wörtlich das hinter („metá") oder jenseits der Natur („phýsis") Liegende. Durch den Versuch, die allgemeinen Strukturen und Gesetzlichkeiten zu erfassen, die der Existenz und der Realität Sinn geben, muss unterschieden werden zwischen dem Schein der Dinge und dem, wie sie wirklich sind. Die naheliegende Schlussfolgerung war, demnach alles menschliche, vom Menschen Gesehene und Erkannte, von der Erkenntnis abzuziehen. Damit streicht man den Menschen sozusagen aus der Welt heraus, was die auf die Moderne folgende Epoche der Postmoderne als „gigantische kollektive Halluzination" (Gabriel 2016, S. 10) der Menschheit betrachtete. In diesem Sinne war die Postmoderne bestrebt, die alten Traditionen völlig zu verwerfen und umzukrempeln, radikal von vorne anzufangen und die Illusionen, unter denen alle standen, aufzudecken. Der Bruch mit der Metaphysik und den althergebrachten Illusionen gelang zwar, doch entstanden dabei nur wieder neue Illusionen. In diesem Zusammenhang sei der Konstruktivismus erwähnt, der auf der Suche nach der Wahrheit Tatsachen und Fakten grundsätzlich in Frage stellt, da wir durch persönliche Voraussetzungen, wissenschaftliche Sozialisation und der aus vielfältigen Einflüssen bestehenden Brille, die jeder trägt, diese gar nicht erkennen könnten. Als einer der bedeutendsten Vertreter der abendländischen Philosophie, der einen Wendepunkt der Philosophiegeschichte einleitete (näheres zum Konstruktivismus in: Historisches Wörterbuch der Philosophie: Mainzer 1976, Sp. 1011f. und 1015–1021; Enzyklopädie Philosophie und Wissenschaftstheorie: Thiel 2010, S. 314–319), postuliert Immanuel Kant die These, dass es gar nicht anders möglich ist, die Dinge an sich zu betrachten, sondern nur von einer subjektiven Perspektive aus, als „Erscheinung" (vgl. Kant 1998, S.178; KrV A 42/B 59). Denn in allem, was man erkennt, sei auch immer die menschliche Komponente enthalten, die die einzige Möglichkeit darstellt, anhand der jeweiligen Erscheinung überhaupt irgendetwas zu erkennen. Damit entfällt die Möglichkeit, die Welt oder die Tatsachen in ihr als das, was sie wirklich sind, wahrnehmen zu können. Ein beliebtes Beispiel des Konstruktivismus ist, wie es sich wahrscheinlich jeder schon einmal vorgestellt hat, die Frage nach der „Echtheit" einer Farbe. Woher wissen wir, dass mein Blau die gleiche Farbe ist wie dein Blau, und nicht nur die angelernte Vorstellung mit ihren ganzen Zuschreibungen, eben diese Farbe sei blau? Und noch einen Schritt weiter geht die Vorstellung, Farben seien eigentlich nur Lichtwellen mit bestimmten Eigenschaften, die erst durch die Rezeptoren unserer Augen als Farben existieren. Die „Realität" sei demnach eigentlich farblos. Im radikalen Konstruktivismus ist es irrelevant, ob die Welt farblos oder bunt ist – man kann das eine oder das andere nur aus seiner eigenen Perspektive erkennen, und damit ist es von uns gemacht und nicht die Wirklichkeit – diese könne man demnach nicht erkennen. Eine berühmte Interpretation des Kant'schen Denkansatzes stammt von Kleist, als er sich während seiner Kant-Krise in einem Brief an seine Verlobte Wilhelmine wendet:

> „Vor kurzem ward ich mit der neueren sogenannten Kantischen Philosophie bekannt – und Dir muß ich jetzt daraus einen Gedanken mitteilen, indem ich nicht fürchten darf, daß er Dich so tief, so schmerzhaft erschüttern wird, als mich. Auch kennst Du das Ganze nicht hinlänglich, um sein Interesse vollständig zu begreifen. Ich will indessen so deutlich sprechen, als möglich. Wenn alle Menschen statt der Augen grüne Gläser hätten, so würden sie urteilen müssen, die Gegenstände, welche sie dadurch erblicken, sind grün - und nie würden sie entscheiden können, ob ihr Auge ihnen die Dinge zeigt, wie sie sind, oder ob es nicht etwas zu ihnen hinzutut, was nicht ihnen, sondern dem Auge gehört. So ist es mit dem Verstande. Wir können nicht entscheiden, ob das, was wir Wahrheit nennen, wahrhaft Wahrheit ist, oder ob es uns nur so scheint" (Kleist 1985, Bd. 2, S. 634).

Einige Protagonisten dieser Zeit hat die Annahme, Licht sei auf ein physikalisches Wellenphänomen zu reduzieren, äußerst verärgert, so auch Goethe, der als Ausdruck seines Unmutes über das gängige Gedankengut die „Farbenlehre" (2016) verfasst hat. Goethe wollte das Phänomen der Farben nicht einseitig, sondern als Gesamtheit beschreiben und erfassen, ganz im Gegensatz zum Gedanken, Farben seien nur unterschiedlich lange Wellen, die auf das Auge treffen und einen Reiz auslösen.

1.2 In der Welt sein – eine Sinnfeldontologie

Doch beide dieser Positionen sind zu hinterfragen, denn weder ist Existenz und Erkenntnis des Menschen eine einzige Einbildung und kommt in allem, was real ist, nicht vor, noch können wir aufgrund der Brille, die wir tragen, sei das nun eine oder viele, bis auf irreale Bilder nichts erkennen, da sich die Wirklichkeit dahinter befindet. Man kann die Welt nicht ohne den Betrachter (den Menschen) darstellen, und auch nicht nur durch die reine Perspektivität als Welt der Betrachter (übrigens ein äußerst narzisstischer Gedanke). Diese Ausschließlichkeit relativiert der Neue Realismus – eine Ontologie, die davon ausgeht, dass Gegenstände, Tatsachen, die Welt an sich, erkannt werden können. Die Ontologie als die Lehre vom Seienden bezieht sich im Neuen Realismus aber nicht nur auf dasjenige, was sich naturwissenschaftlich erkennen und erforschen lässt, also das, was materiell in der Welt vorkommt und physikalisch existiert, sondern auch auf abstrakte Dinge wie Zahlen, Konzepte, Gedanken über Tatsachen, die nicht weniger existieren als die Tatsachen selbst. Der deutsche Philosoph Markus Gabriel beschäftigt sich ausführlich mit dem Neuen Realismus als dem Zeitalter nach der Postmoderne (vgl. dazu auch Ferraris 2012) und konstatiert, dass im Bereich der Welt „nicht nur alle Dinge und Tatsachen existieren, die es auch ohne uns gibt, sondern auch all die Dinge und Tatsachen, die es nur mit uns gibt" (Gabriel 2015, S. 18). Nehmen wir zum Beispiel mythische Vorstellungen von Wassergeistern, Sagengestalten oder den nordischen Göttern. Diese existieren ja ebenso wie das Wasser, in dem einige von ihnen vorkommen, das wir tatsächlich angreifen und spüren können, nur eben in unseren Gedanken, in Überzeugungen oder einer Wahnvorstellung. Es kommt nur auf den Ort an, an dem etwas vorkommt, denn es gibt alles, nur nicht im selben Bereich. „Die Frage ist also niemals einfach, ob es so etwas gibt, sondern immer auch, *wo* es so etwas gibt. Denn alles, was existiert, existiert irgendwo – und sei es nur in unserer Einbildung" (ebd., S. 23). Unterschieden werden können aber noch Gedanken, die zwar an sich existieren, aber deshalb noch nicht wahr sein müssen, und eine tatsächliche Wahrheit. Ein wahrheitsfähiger Gedanke ist fallibel, aber seine Existenz sagt noch nichts aus über seinen effektiven Wahrheitswert – unabhängig von diesem existiert er aber.

Das *Wo* der Existenz lässt sich nun in Gegenstandsbereiche einteilen, die nicht unbedingt räumlich begrenzt sein müssen, aber in denen eine gewisse Art von Gegenständen vorkommt. Zur Veranschaulichung dessen eine Aussage Friedrich Nietzsches: „Um den Helden herum wird alles zur Tragödie, um den Halbgott herum alles zum Satyrspiel" (Nietzsche 2009, S. 99), der in unserem Kontext noch beigefügt werden kann: Und um den Forscher herum wird alles zum Feld. Gabriel spricht hinsichtlich der Existenz von einer „Erscheinung in einem Sinnfeld", indem er den Existenzbegriff als feldrelative Erscheinung von Kant, und die Unterteilung in mehrere Begriffe oder Felder von Frege zusammenführt. In einem Sinnfeld, das durch „Regeln der Anordnung" erschlossen wird, können gewisse Gegenstände erscheinen – so z.B. eröffnen Formeln und geometrische Formen, Punkte, Geraden und Ebenen zusammen mit den Axiomen der Regelung der Beziehungen untereinander das Sinnfeld der Geometrie. Nun gibt es unzählige Sinnfelder, die nebeneinander oder zum Teil auch übereinander existieren, aber die logische Folgefrage nach einem allumfassenden Sinnfeld, sozusagen der „Weltformel", die alles beschreibt, ist illusionär und nicht nur bis heute nicht gefunden worden, sie existiert einfach nicht. Ein *absolutes* Sinnfeld könnte selbst in keinem Sinnfeld mehr erscheinen, und würde es unmöglicherweise doch in einem anderen Sinnfeld erscheinen, wäre es nicht mehr das Sinnfeld, in dem alles erscheint, da es ja selbst wiederum in einem weiteren Sinnfeld erscheint ad Infinitum.

> „Für die Erkenntnistheorie bedeutet dies, daß wir nicht davon ausgehen können, es gäbe eine Welt im Sinne eines allumfassenden singulären Sinnfeldes, die dann gleichsam die inkarnierte Objektivität wäre und unserem objektiven Wissen insgesamt entspräche" (Gabriel 2012, S. 237).

Daher lässt sich festhalten, dass Existenz und Erkenntnis nicht auf ein alles umgebendes Objekt zurückzuführen sind, das durch die verschiedenen Zugänge und Wissensbestände immer partiell, in einem kleinen Teil erkannt werden kann. Denn

> „es gibt weder eine Totalität des Wissens noch eine Totalität der Welt, die dann auch noch in Beziehung zu setzen wären. Vielmehr vollziehen sich alle Wissens-

ansprüche und alle Erkenntnis immer schon in einem Sinnfeld, dessen Individuationsbedingungen, d.h. dessen Regeln der Anordnung wahrheitsfähige Überzeugungen ermöglichen" (ebd.).

Kehren wir aber zurück zu dem Gedanken, *wo* wir etwas, wie das Ereignis einer Sturmflut und die dazugehörigen Fragestellungen, verorten sollen, um uns dadurch überhaupt erst orientieren zu können in einer gedanklichen Landkarte, die dafür entworfen wird. So stellt sich bald die Frage, wo wir selbst stehen und welche (wissenschaftlichen) Überzeugungen dem Unternehmen zugrunde liegen, ob und wie die Forschungsgegenstände wirklich in der Welt vorkommen. Aus vielfältigen Gründen können Ansätze wie der Physikalismus, der konstatiert, dass alles, was existiert, physikalisch untersucht werden kann und im Universum vorkommt, oder der Materialismus, der alles, was existiert, mit materieller Existenz gleichsetzt, beiseitegelegt werden, da sie viele Irrtümer und Widersprüche enthalten, welche die eigene Theorie außer Kraft setzen (siehe dazu ausführlicher u.a. Gabriel 2013, S. 42–47). In dem hier untersuchten Gegenstandsbereich kommen sowohl physikalisch untersuchbare und materiell existierende Gegenstände vor, wie die Kombination von bestimmten Wind- und Wetterverhältnissen, die eine Sturmflut evozieren, als auch physikalisch und materiell nicht untersuchbare bzw. existente Gegenstände z.B. in Form von Gedanken oder dem Bezugssystem Mensch und Meer. Damit ist ein Punkt angesprochen, der neben den Dingen und Gegenständen auch Tatsachen z.B. als Beschreibung des Verhältnisses dieser Dinge und Gegenstände zueinander als in der Welt vorkommend beschreibt. Ludwig Wittgenstein war der erste, der in seiner Schrift „Tractatus logico-philosophicus" (2006) auf diese Gegebenheit aufmerksam machte. Eine Tatsache ist demzufolge „ein Über-etwas-Gesagtes", Gedachtes, das mindestens ebenso relevant ist wie Gegenstände an sich. Denn auch wenn keine Gegenstände existieren, existiert mindestens immer eine Tatsache, in diesem Fall die Tatsache, dass nichts existiert. Die physikalisch untersuchbaren und rein materiell existierenden Dinge verschwinden aber dadurch nicht oder büßen an Relevanz ein, es folgt daraus lediglich die Erkenntnis, dass Ansätze wie der Physikalismus oder der Materialismus einen Teilbereich der Realität mit der Gesamtheit der Realität verwechseln.

Damit wären wir wieder bei den Gegenstandsbereichen oder Sinnfeldern, in denen sowohl Dinge bzw. Gegenstände als auch Tatsachen vorkommen, sogar als Voraussetzung ihrer Existenz in einem Sinnfeld vorkommen müssen. Gabriel nennt die Strukturen, die als Gegenstandsbereiche den Tatsachen zugrunde liegen, „Ontologische Provinzen", in welche man jene Ausschnitte der Unendlichkeit, die wir in der Welt erkennen, unterteilen kann. Vor allem in einer wissenschaftlichen Arbeit steht man aber vor der Frage, welche „Ontologische Provinz" denn die „richtige" ist, welcher Zugang für ein möglichst nahe an der Wahrheit liegendes Ergebnis sorgen kann. Zumindest ist dies ein Anspruch und ein Denkmodell, das sich automatisch aufdrängt – die Gründe hierfür wären noch genauer zu eruieren, liegen aber vermutlich in der zeitabhängigen wissenschaftlichen Sozialisation, der wir von Kindesbeinen an ausgesetzt sind. Doch „alle [Gegenstandsbereiche] auf einen einzigen reduzieren zu wollen ist schlicht ein viel zu ehrgeiziges Unterfangen, das in keiner Weise der Komplexität der menschlichen Erkenntnisformen Rechnung trägt" (ebd., 2013, S. 55). Dieser Ansatz Gabriels scheint unter anderem auch deshalb sinnvoll zu sein, weil der Versuch, die eine Wahrheit zu finden, all das ausschließen würde, wovon wir keine Ahnung haben, was wir alles (noch) nicht wissen und dieser Ansatz demnach auch nie vollständig sein könnte. Abgesehen davon würde jeder Gegenstandsbereich, den wir als den einen wahren zu finden glauben, in einem weiteren Sinnfeld vorkommen und so nie das Absolute, Allumfassende erreichen (s.o.). Es handelt sich hierbei um den einen Bereich, zu dem alles gehört, das Sinnfeld aller Sinnfelder, in welchem alle anderen ihrerseits erscheinen – Gabriel nennt dies „die Welt". Alles, was existiert, findet in der Welt statt, weil diese nun mal der Bereich ist, in dem alles stattfindet. Auch alles, was man als außerhalb der Welt verortet, gehört demnach zur Welt, was aber zur Folge hat, dass die Welt selbst in einem Sinnfeld erscheint. Das Ganze kommt also in der Welt nicht vor, es existiert sozusagen alles, jeweils in einzelnen oder mehreren oder unendlich vielen Sinnfeldern nebeneinander, die untereinander in Beziehung stehen und ineinander verschachtelt sind, aber das alles kann letztlich auf keinen allumfassenden Grund zurückgeführt werden, weil er nicht existiert – alles befindet sich also im Nichts. Möchte man eine bestimmte Verortung vornehmen, befindet sie sich wieder innerhalb eines Sinnfeldes – ein Außen gibt es nicht, denn alles befindet sich im Nirgendwo. Diese These stellt eine recht negative Dekonstruktion dar, die von Markus Gabriel als „Hauptsatz der negativen Ontologie" bezeichnet wird, und entzieht argumentativ die Basis eines mehr oder weniger unbewusst für selbstverständlich erachteten Sich-aufgehoben-Fühlens. Die Suche nach der Theorie, die alles erklären kann und ein großes Ganzes, die allumfassende Wahrheit darstellt, ist ein zutiefst menschliches Bedürfnis, ein Grundbedürfnis, das einem Sicherheitsstreben entspringt und darum auch immer wieder aufs Neue ihren Ausdruck findet, sei es in der Wissenschaft oder in den vielen Weltreligionen. Wir kommen aber stattdessen zu dem Gedanken, dass vielfältige, genauer unendlich viele ontologische Grundeinheiten oder Sinnfelder existieren, da es den einen Gegenstandsbereich nicht gibt, was erst einmal eine neue Verortung in der Herangehensweise an das Forschungsvorhaben zur Folge hat. Die Frage nach dem *Wo* bzw. *von wo aus* musste ohnehin gestellt werden, gerade durch die so vielfältige Wissenschaftslandschaft, die sich kontinuierlich selbst erneuert und widerlegt, so dass eigene Gedankenanstrengungen über grundlegende Fragen unumgänglich scheinen. Es ergibt sich durch die Sinnfeldontologie aber nun ein Zugang, der gerade diese Sehnsucht nach einem Blick von „außen" nicht befriedigt, durch den man erhofft, ein ganzheitliches Bild eines Phänomens erfassen zu können. Vielmehr stellt der logische Schluss daraus dar, dass wir nicht von außen blicken können, das es die Position des „Nirgendwo" nicht gibt, wir sie also auch nicht einnehmen können. Wenn wir die Wirklichkeit betrachten, befinden wir uns immer an einem bestimmten Punkt. Dieser Punkt hat aber nicht zur Folge, dass wir in ihm gefangen sind und unserer Perspektivität erliegen, indem wir alle Tatsachen und Fakten lediglich aus der Vermittlung unserer Registraturen unterschiedlich wahrnehmen und daher konstruieren, wie es der Konstruktivismus postuliert, sondern stellt nur eine Position dar, von der aus z.B. das Ereignis einer Sturmflut an der nordfriesischen Küste untersucht werden kann – neben vielen anderen. Die Sturmflut erscheint sowohl im Sinnfeld der meteorologischen Voraussetzungen als auch der physikalischen Messbarkeit, der Geographie, Geschichte oder der unterschiedlichen Sozial- und Geisteswissenschaften, ebenso wie vielleicht in einem Gedicht eines Volksschulkindes, das in dieser Region aufwächst. Es handelt sich um unzählige Sinnfelder, in denen ein Phänomen vorkommt und vorkommen kann, und durch die Beschäftigung mit diesem und den einbezogenen Perspektiven z.B. im Rahmen einer Arbeit entsteht ein weiteres, neues Sinnfeld, in welchem sich einige der bereits vorhandenen überlappen. Auf einige dieser Perspektiven wollen wir im Folgenden näher eingehen und sie als Basis und Ausgangslage zur Betrachtung des Materials legitimieren. Vorerst aber im Folgenden eine kurze Einführung in die Forschungsfrage.

2 Explikation und Legitimation der Fragestellung

Wie ein Phänomen erscheint, ist nicht immer gleich. Wie bereits erörtert, erscheint es in einem Sinnfeld, aber höchstwahrscheinlich auch in vielen anderen Sinnfeldern. Dadurch ist zwar ein Überblick über das Ganze unmöglich, weil es das Ganze nicht gibt, ein bewusstes Erkennen in den unterschiedlichen Sinnfeldern aber sehr wohl. Um diese voneinander unterscheiden zu können, müssen wir uns mit ihrem jeweiligen Sinn vertraut machen, und unter diesen Umständen wird Identität oder Individualität einzelner Phänomene bestimmend für eine umfassendere Orientierung.

Da sich die Beschäftigung mit der Forschungsfrage und deren Untersuchung von der Theorie etwas entfernt, wir uns also nunmehr an dem Punkt der Auflistung konkreter Sinnfelder befinden, verlassen wir das Feld der Ontologie und finden uns für diesen Teil in den empirischen Wissenschaften wieder. Ausgegangen werden soll dabei von folgender Fragestellung: Inwiefern beeinflusst Katastrophenerleben, konkret die Sturmflut vom 16./17. Februar 1962, die Mentalität, das Alltagsleben, die Vulnerabilität und Resilienz von Bewohnern der Halligen Nordfrieslands?

Wie schon aus der Fragestellung hervorgeht, handelt es sich örtlich gesehen um eine besondere Region der südlichen Nordsee, genauer um die Halligen Langeness und Oland – kleine, dem Festland vorgelagerte, nordfriesische Inseln ohne Schutz gegen die See. An oder in der südlichen Nordsee zu siedeln, ist ein gefährliches Unterfangen. Der Meeresspiegel steigt unaufhörlich, heftige Sturmfluten verwüsteten in regelmäßigen Abständen das Land, und die verheerende Sturmflut im Jahr 1962 richtete in den Küstenregionen große Schäden an. Von vorrangigem Interesse ist jedoch nicht die Beschäftigung mit der Küstenregion oder dem Festland; das

Hauptaugenmerk liegt vielmehr auf den kleinen, Nordfriesland vorgelagerten, Halligen, die durch keinerlei Dämme oder Deiche vor der Nordsee geschützt werden und lediglich durch Warften, kleine Erdhügel, auf denen die Häuser und Höfe stehen, bei „Land unter" vor regelmäßiger Zerstörung bewahrt werden. Da im Gegensatz zu den Küstenregionen die Halligen keine Deiche schützen, sind sie nicht nur den harmloseren winterlichen Überschwemmungen, sondern auch den Sturmfluten relativ stark ausgeliefert. So verhielt es sich auch in der Nacht vom 16. auf den 17. Februar 1962, als fast alle Häuser zerstört, Vorräte und Tiere weggeschwemmt wurden und akut Trinkwasser und trockene Decken als Überlebenssicherung fehlten.

Die friesische Identität und der sich darin abbildende besondere Bezug zum nährenden aber ebenso bedrohlichen Meer, versteht sich als Teil der Fragestellung ebenso wie die Angst vor den Naturgewalten und deren Beeinflussung des Lebensstils und des Alltags, oder deren Verdrängung. Wie wird mit der Angst vor dem Klimawandel und dem daher immer höher steigenden Meeresspiegel umgegangen? Die direkte Betroffenheit des eigenen Lebensraumes lässt eine stärkere Auseinandersetzung mit der sich verändernden Natur vermuten.

Geschehen wie die Flutkatastrophe im Februar 1962 hinterlassen Spuren in den Halligbewohnern, besonders nach so verheerenden Auswirkungen wie in jenem Jahr. Orientiert an der Forschungsfrage, ob und wie ein derartiges Katastrophengeschehen die menschliche Kondition beeinflusst, eine Beleuchtung der Spätfolgen und die Entwicklung bis heute, soll insbesondere mithilfe kulturwissenschaftlicher, soziologischer, und tiefenpsychologisch-psychoanalytischer Ansätze diskutiert und bearbeitet werden. Das menschliche Bedürfnis, die als sinnlos und grausam erlebte Gewalt und Zerstörung einer Naturkatastrophe zu erklären, zeigt Beständigkeit einerseits, einen Wandel andererseits in vergangenen Jahrhunderten und ist in diversen Überlieferungen ersichtlich. Wie sich diese Erklärungen über die letzten Jahrzehnte bis hin in die Gegenwart entwickelt haben, könnte eventuell in der Art der Verarbeitung und der Erfassung der Spätfolgen im individuellen und kollektiven Erleben ersichtlich werden.

Aus ethnologischer, ebenso wie aus tiefenpsychologischer Perspektive, von Interesse wäre in diesem Zusammenhang möglicherweise auch das Gemeinschaftsverständnis der Inselbewohner und ob sich daran nach 1962 etwas geändert hat. Die Art der kulturellen Identitäten auf Langeness wie auch die Beziehung zu Oland und generell zu den Nachbarinseln und -halligen würden ebenso darunter fallen.

Es erstreckt sich hier ein reiches und vielschichtiges Feld für interdisziplinäre Forschung, dessen Potenzial bisher leider zu wenig Beachtung fand – und dessen Integration durchaus mit Herausforderungen einhergeht, die eine wissenschaftliche Auseinandersetzung nicht nur bereichern, sondern auch erschweren.

3 Methodik und Vorgehensweise

Die Frage nach dem Katastrophengeschehen begrenzt sich in diesem Forschungsvorhaben nicht auf äußerliche Faktoren, Geschehensabläufe und Rekonstruktionsversuche, sondern legt einen wesentlichen Fokus auf die persönliche Verarbeitung der Katastrophe und wie sich diese in der Mentalität, der kollektiven Identität, den Vulnerabilitäts- und Resilienz-Faktoren niederschlägt. Mit diesem Interesse werden höchstwahrscheinlich sensible Schichten und das Innenleben der Interviewpartner berührt und thematisiert, was eine behutsame und individuelle Vorgehensweise als respektvollen Umgang voraussetzt. Anhand eines quantitativen Zuganges in Form von beispielsweise Fragebögen würden sich Grundfragen der menschlichen Existenz und Problematiken mit Sinn- und Hintergrundverstehen kaum erfassen lassen, und wenn, dann nur in einem Ausmaß, das der Tiefe des Geistes in keiner Weise gerecht wird. Auch Vertreter der empirisch-quantitativen Forschung erkennen die Grenzen der eigenen Methode in einigen Forschungsunterfangen an, und so schreibt der Psychologe Jürgen Bortz, dass grundlegende Fragen des Menschseins wie der Sinn des Lebens oder in seinen Worten: „Untersuchungsideen mit [...] philosophischen Inhalten" (Bortz 1984, S. 15) nicht genauer untersucht werden können mit klassisch-empirischem Herangehen. Genau dies ist es aber, was bei der Verarbeitung eines existenzbedrohenden Naturereignisses von nicht vernachlässigbarer Wichtigkeit ist und was es durch einen qualitativen Zugang herauszufinden gilt, ganz nach dem Postulat: „Die Fragestellung der Untersuchung entscheidet über die Wahl der Methode" (Schmidt-Lauber 2001, S. 173). Am besten geeignet erweisen sich dazu qualitative Interviews – die als „Königsweg" der empirischen Sozialforschung deklarierte weiche Methode (vgl. zur „weichen Methode" in der Volkskunde Bausinger 1980b, S. 18ff.) – wobei für unser Vorhaben eine Mischung aus narrativem, Leitfaden- und Tiefeninterview gewählt worden ist. Die Erfassung von Erlebens- und Wahrnehmungskategorien erfolgt induktiv, und ich wollte und konnte meinerseits auch keine Vorgaben oder Vorannahmen bezüglich der Auswertungen und Ergebnisse der Interviews machen. Daraus und aus dem zentralen Prinzip der Offenheit, das jeder Forschung immanent sein sollte (vgl. Hoffmann-Riem 1980, S. 343; Schmidt-Lauber 2001, S 171; Lamnek 1995, S. 199), bot sich die unschematische Vorgehensweise der offenen Interviews zur Gewährung der größtmöglichen Ausdrucksfreiheit in der Gesprächssituation an. Es besteht weiters eine mögliche Zugehörigkeit zu den offenen biographischen Interviews (Schmidt-Lauber 2001, S. 174), wenn auch nur ein Teilaspekt des eigenen Lebens (Lehmann 1979/1980, S. 40f.), hier das Erleben der Sturmflut, als „Leitlinie des lebensgeschichtlichen Erzählens" (Lehmann 1983, S. 19) zur Sprache kommt. Die individuelle Verknüpfung vom alltäglichen Erlebens-Spektrum mit dem hier besonders beachteten „lebensgeschichtlichen Leitmotiv" (Lehmann 2003, S. 152) kann durch die erlangte Freiheit im Rede- und Erzählprozess entwickelt und später in der Analyse und im Auswertungsprozess freigelegt werden.

Das ist nun ein ganz anderer Zugang als in der quantitativen Methodik, in welcher Hypothesen vorab aufgestellt werden, um sie am gewonnenen Material dann zu testen. Für einige Forschungsfragen mag dieses Vorgehen durchaus sinnvoll sein und zu interessanten Ergebnissen führen, bei einem Feld wie dem hier untersuchten besteht aber die Gefahr, von einem Wissen um relevante Fragestellungen auszugehen, ohne das Material überhaupt zu kennen. Es ist ein Zugang, der Wissenschaft autoritär betreibt, indem eine Kenntnis über Bedeutungsvolles und weniger Bedeutungsvolles vorausgesetzt und durch die apriorische Hypothesenbildung implizit diese Position eingenommen wird. Material, durch welches unvorhersehbare Verknüpfungen hergestellt werden können, und Spontanität bzw. Freiheit in den Gesprächssituationen selbst, sind nicht möglich, wodurch ein (überraschender) Datengewinn verhindert wird, der eine gänzliche Änderung der Ergebnisse zur Folge haben könnte. Eine weitere Problematik des quantitativen Zuganges ist seine durch Hypothesenbildung immanente Voraussetzung von Kausalbeziehungen, also von Wenn-Dann-Beziehungen beobachteter Tatsachen, durch die ein determinierter Zusammenhang eruiert werden soll. Auch bekannte Wissenschaftstheoretiker wie Gerhard Vinnai, ehemals Universität Bremen, der die akademische Psychologie unter anderem in diesem Aspekt kritisiert, weist auf die Einschränkungen, die ein derartiges Verständnis nach sich zieht, hin:

> „Für ein Theorieverständnis, das sich auf derartige Kausalitätsverhältnisse bezieht, haben menschliche Freiheitsgrade keinen Sinn: Sie müssen als Störungen bei der Theoriebildung auftreten. Menschliche Subjektivität, zu der selbstständiges, spontanes Handeln gehört, lässt sich mit einem strengen naturwissenschaftlichen Gesetzesbegriff nicht fassen und muss deshalb aus dem Wissenschaftsprozess ausgeschieden werden. Die menschliche Freiheit [...] darf es in der positivistischen Psychologie nicht geben" (Vinnai 1993, S. 48).

Ausgehend von diesem Kritikpunkt kann auf ein weiteres Phänomen hingewiesen werden, das eventuell auf einen wesentlichen Faktor in der Forschung im Feld und einen Gegensatz zu standardisierten Testverfahren aufmerksam macht. Denn spätestens seit dem ethnopsychoanalytischen Standardwerk „Angst und Methode in den Verhaltenswissenschaften" von Georges Devereux (1992) ist die mögliche Angst, die der Forscher in der freien Begegnung mit dem „Objekt" und durch eine freie Gesprächssituation im Interview erfährt, thematisiert. Es handelt sich hierbei nicht um ein Einzelphänomen eines einzelnen Forschers, sondern um ein regelmäßig, verlässlich auftretendes Angstempfinden, der „Angst vor dem Feld", die der Soziologe und Volkskundler Rolf Lindner folgendermaßen beschreibt:

> „Diese Ängste, wie sie alle klassischen Feldforscher, wie z.B. Herbert J. Gans, Everett C. Hughes, William F. Whyte mehr oder weniger unumwunden zugegeben haben [...], diese Ängste kommen u.a. in psychosomatischen Störungen wie Herzklopfen und Bauchschmerzen, in motorischer Unruhe bei gleichzeitiger Entschlussunfähigkeit, im Verschieben von Terminen und deren Rationalisierung sowie im Um-den-Block-laufen/fahren zum Ausdruck [...]. Sie sind, mit anderen Worten, Ausdruck von dem Bild, das sich der Forscher von dem Bild macht, das

sich die designierten Forschungsobjekte vom Forscher machen. Damit kommt aber in diesen Ängsten etwas zum Ausdruck, was im Forschungsdesign in der Regel nicht vorgesehen ist: die Symmetrie der Beziehung zwischen Beobachter und Beobachtetem als wechselseitige Beobachtung" (Lindner 1981, S. 53–54).

Es wird deutlich, dass es vor allem um die persönliche Einbezogenheit geht, der man sich in einer offenen Interaktion, auch in einem Interview, das nicht nach streng vorgegebenen Kategorien geführt wird, aussetzt und als Person angreifbar wird. In der späteren Auseinandersetzung mit den Interviews und dem Forschungsunternehmen im Feld wird auf die konkreten Situationen, die „Angst des Forschers vor dem Feld", und die Wichtigkeit der Reflexion für die Untersuchung, auch im Sinne einer Übertragungs- und Gegenübertragungsanalyse, noch näher eingegangen. Betrachtet man demgegenüber nun die quantitative Herangehensweise in Form eines Experiments oder Fragebogens, sind gerade dieser persönliche Kontakt, das persönliche Ausgeliefert- und Involviert-Sein sehr gering, im Gegenteil, es wird versucht, sie noch weiter zu reduzieren um alle möglichen Störvariablen, zu denen der Forscher zählt, oder auch spontane Reaktionen und Unterbrechungen, auszuschalten. Auch wenn diese Vorgehensweise eine Distanz zum Untersuchungsobjekt schafft und folglich sicherheitsspendend und entängstigend wirkt, kann eine Verbindung hergestellt werden zwischen der anfänglichen, autoritären Hypothesenbildung und dem mehr oder weniger bewussten, wahrscheinlich eher unbewussten Bedürfnis nach Distanz und Absicherung, da der direkte Kontakt mit dem Forschungsgegenstand mit Angst besetzt ist. Auf die diesbezüglichen psychodynamischen Ursprünge und Ausprägungen wäre interessant näher einzugehen, würde aber den Rahmen einer Beschäftigung mit dem methodischen Vorgehen und den wissenschaftlichen Ausgangspunkten irgendwann sprengen. Zu sagen bleibt, dass Angst, wie wir u.a. aus der Individualpsychologie wissen, zu einer Vermeidung des Angstauslösers führt, zu dem prinzipiellen Versuch der Bemächtigung, also einer Kompensationsleistung (vgl. Adler 1927/2007, S. 73–79). Dass dies nicht die Grundlage einer wissenschaftlichen Ausrichtung sein sollte, ist wohl eindeutig. Daher sei auch die zwar in die Jahre gekommene, aber immer noch aktuelle Aussage Freuds angeführt, der dafür plädiert, „Heilen und Forschen", also die Praxis und die Theorie, zu verbinden (Freud 1975, Ergänzungsband, S. 347; vgl. Bareuther 1989) oder mit den Worten Bernd Riekens ausgedrückt: „den direkten Kontakt mit jenen zu suchen, über die man etwas wissen möchte" (Rieken 2010, S. 13). Daraus folgend sollte qualitative Wissenschaft sich nicht davor scheuen, den direkten Kontakt zu den Menschen zu suchen, die oder deren psychische Strukturen sie untersuchen will. Auch wenn man damit oft nur einen Teilaspekt der Lebensgeschichte freisetzen kann, statistische Datenerhebung nicht zu den Möglichkeiten dieser Methode gehört und die lebensgeschichtlichen Mosaiksteine nur ein lückenhaftes Bild ergeben, ist der Bezug zur Realität ein schlagendes Argument. Die „weichen" Methoden sind, zumindest auf den ersten Blick, „weniger ‚exakt' sie sind nicht imstande, präzise abgegrenzte Kategorien und Datenmengen bereitzustellen. Aber sie erweisen sich manchmal auf den zweiten Blick als ‚genauer', als wirklichkeitsadäquater" (Bausinger 1980b, S. 18).

Eine kurze Darstellung der Interviews bzw. des Zustandekommens der Interviewsituationen sei an dieser Stelle angeführt, um besser auf weitere theoretische Aspekte eingehen zu können. Viel genauer werden wir uns damit aber in Kapitel IV beschäftigen. Die ersten Kontakte zu möglichen Gesprächspartnern kamen direkt auf der Hallig Langeness zustande, durch meine Wohnsituation auf einer Warft. Da es sich aber als äußerst schwierig erwies, auf diesem Wege zu ausreichenden Interviews zu kommen, bemühte ich mich um lange Aufenthalte an den wenigen öffentlich zugänglichen Orten wie dem Kaffeehaus und dem Restaurant der Hallig und erweiterte das Forschungsgebiet auf die Nachbarhallig Oland, die über einen schmalen, langen Lorendamm zu Fuß erreichbar war, wo sich dann durch das Schneeballsystem einige Interviewpartner finden ließen. Da es sich um sehr begrenzte Regionen handelt und die Einwohnerzahl gering ist, kann ich im Nachhinein sagen, mit jedem gesprochen zu haben, der sich im Zeitraum der vier Wochen Feldforschung auf der Hallig befand und zu einem Gespräch bereit war – ich kam auf neun Interviewpartner. Die ursprüngliche Forderung an das Sample war das Alter, um die Sturmflut von 1962 miterlebt haben zu können, möglicherweise auch noch eine Erinnerung daran zu haben, und der eigene Ursprung von der Hallig – der Anspruch, gebürtig von zumindest einer der Halligen zu sein. Die Informanten sollten die Katastrophe und ihre Erinnerung daran schildern, weiters auch ihren Umgang damit im Nachhinein, um der Frage nach der Verarbeitung nachzugehen und die eigene Sinnbesetzung zu erheben. Zusätzlich dazu wurden Fragen nach der Angst in Verbindung mit Sturmfluten und deren persönlicher Besetzung gestellt, ebenso wie auch spezifischere Themen angesprochen wurden, z.B. ob sie mit der Volksgruppe der Friesen etwas anzufangen wüssten und sich ihr zugehörig fühlten, ob diese Identität eine Bedeutung für sie habe oder welchen Einfluss der Klimawandel auf ihr Leben habe und ob das Steigen des Meeresspiegels eine Bedrohung darstelle. Wie sich herausstellte, konnten nur einige wenige der sich zu Gesprächen bereit Erklärenden diese Kriterien des Mindestalters und der Herkunft erfüllen.

Zu einer zentralen Forderung an qualitative Interviewerhebungen und derart angelegte Forschungsdesigns wäre in diesem Fall einiges anzumerken. Sie lautet folgendermaßen:

> „Die Stichprobenziehung, also die Auswahl der für die Untersuchung zu erhebenden Fälle, strebt bei qualitativer Forschung nicht nach verteilsgemäßer, sondern nach theoretischer Repräsentativität, das heißt hier soll die Stichprobe ein Abbild der theoretischen Kategorien darstellen" (Küsters 2006, S. 48).

Es ist durchaus sinnvoll, sich vor dem Aufenthalt im Feld Gedanken über die Stichprobenziehung zu machen, um ein möglichst breites Spektrum an Perspektiven zu erfassen und die Qualitätssicherung zu gewährleisten. In unserem Fall hat sich aber in der Praxis gezeigt, was qualitativer Forschung so eigen ist: einerseits die Unsicherheit, der man im Feld ausgesetzt ist – hier als Problematik überhaupt der ersten Kontaktaufnahme und auch der Erfüllung der Basis-Kriterien (Geburtsort Halligen und Alter) – und die daraus folgende erste Orientierungslosigkeit, Frustration und Überforderung; andererseits aber auch die Möglichkeiten und Informationen, die sich aus derart überraschenden Wendungen ergeben und zu unvorhergesehenen Einsichten führen können. Das theoretisch vorbereitete Forschungsdesign musste der Praxis erst angepasst werden, indem im direkten Kontakt mit jenen, die untersucht werden sollten, zuvor nicht berechenbare „menschliche" Variablen zum Tragen kamen.

> „In dieser Hinsicht ist die Phase der Kontaktaufnahme, die dem Forscher als besonders problematisch erscheint, von außerordentlichem Datenreichtum. Es ist gerade die Problematik und die Angstbesetztheit dieser Situation, die den Forscher der Datenfülle gegenüber blind macht" (Lindner 1981, S. 61).

Neben Lindner, der ebenso das Potenzial dieser Situation erkennt, betont Heinz Bude, ein deutscher Soziologe und Verfechter der „Kunst der Interpretation", dass die unterschiedlichen Sichtweisen eines qualitativen Forschungsunternehmens nicht nur für sich stehen, sondern bis zu einem gewissen Ausmaß auch verallgemeinerbar sein sollen. „Wissenschaft beschäftigt sich nicht nur mit der bloßen Einzigartigkeit von Individuen und Ereignissen, sondern mit dem, was an ihnen gleichzeitig allgemein und besonders ist" (Bude 2015, S. 577). Die Abweichung in der Feldforschung von dem zuvor erstellten Protokoll könnte demnach nicht nur Ausdruck der „beängstigenden" Freiheit sein, die in einer wirklich offenen Untersuchungsmethodik hervortritt. Es handelt sich wahrscheinlich auch um ein Phänomen, das etwas über das Forschungsobjekt an sich aussagt, das also nicht nur einen veränderten Rahmen des Materials, sondern einen *Teil* des Materials darstellt und nicht nur die Einzigartigkeit, sondern auch die Verallgemeinerbarkeit in der Einzigartigkeit der kleinen Bevölkerungsgruppe beleuchtet. Auch in der Literaturwissenschaft finden sich prominente Stimmen zu dieser Sichtweise. So schreibt Goethe in seinen „Maximen und Reflexionen", dass der Dichter (oder Forscher) „im Besonderen das Allgemeine schaut" (Goethe 1994, S. 471). Die Wortwahl ist interessant, denn Schauen ist kein reflektiertes Interpretieren oder eine wissenschaftlich nüchterne Analyse, sondern eher ein erstes Wahrnehmen, naives Ahnen. Das wird im Folgenden noch deutlicher: „Wer nun diese Bereiche lebendig fasst, erhält zugleich das Allgemeine mit, ohne es gewahr zu werden, oder erst spät" (ebd., S. 471). Die Distanz zum Forschungsobjekt, die durchdachten und exakten Gedanken, die in der Wissenschaft gefordert sind, werden hier kaum erfüllt. Doch es gibt auch eine andere Möglichkeit der Herangehensweise, nämlich die subjektiven Empfindungen, die traditionelle Hermeneutik nicht als vollkommen unwissenschaftlich aus dem Forschungsprozess auszuschließen,

> „denn Wissenschaft beruht auch darauf, dass man oftmals zunächst nur vage Vorstellungen hat von dem, was man untersucht, und intuitiv spürt, dass man möglicherweise etwas Bedeutendem auf der Spur ist, indem es uns berührt" (Rieken 2010, S. 15).

Die Forderung nach naturwissenschaftlicher Objektivität und die Betonung des Fortschritts, dass „die qualitative Forschung aus der Kunst stärker eine regelgeleitete Methodologie entwickelt hat" (Moser 2001, S. 16), haben methodische Zwänge zur Folge, die trotzdem dem naturwissenschaftlichen Ideal nicht gerecht werden. (Als Beispiel anzuführen wären die Qualitative Inhaltsanalyse nach Mayring 2008 oder die sequentielle Analyse in der Objektiven Hermeneutik nach Wernet 2009.) Eine Offenheit des Zuganges und einhergehende Potential-Möglichkeit werden damit unterbunden, und trotzdem kann man der Perspektivität nicht entkommen. Es soll aber weder die eine noch die andere Herangehensweise als die einzig wahre angepriesen werden, da es zwar beispielsweise am Beginn der wissenschaftlichen Untersuchung sinnvoll sein kann, einem intuitiven Gefühl nachzugehen, im Laufe der Analyse aber mit Sicherheit auch quantitative Daten relevant werden und nicht ausgeschlossen werden sollen. Es erfordert jedoch viel mehr Bemühungen, ein subjektives Empfinden als möglichen Ausgangspunkt einer wissenschaftlichen Arbeit zu legitimieren und dieses „Zustandekommen" nicht prinzipiell abzuwerten, weil es keiner Methodik entspricht. Der Germanist Emil Staiger drückt es so aus: „Wir lesen Verse; sie sprechen uns an. Der Wortlaut mag uns fasslich scheinen. Verstanden haben wir ihn noch nicht. Wir wissen noch kaum, was eigentlich dasteht und wie das Ganze zusammenhängt. Aber die Verse sprechen uns an" (Staiger 1963, S. 12). In diesem Sinne ersetzt die vorausgehende Ahnung, das Berührt-Sein, ja nicht die spätere Bemühung um ein (wissenschaftliches) Verstehen und Analysieren, sie ist aber Teil des Prozesses und möglicherweise der Grund, warum wir uns überhaupt eingehender mit einer Thematik beschäftigen wollen. Im Forschungsprozess, beim Analysieren des Materials, kann dann der Frage nachgegangen werden, ob es sich nur um ein „Spezifikum des Interpreten handelt, oder ob es auf ein Allgemeines verweist, wobei Letzteres dann die eigentliche wissenschaftliche Arbeit darstellt" (Rieken 2010, S. 17). Aus einer bloßen Ablehnung dieses Zuganges und der Berufung auf ein an den Naturwissenschaften orientiertes Ideal der Wissenschaft ergibt sich aber keine Auflösung der Subjektivität und „Ahnungen" (worunter natürlich auch z.B. Ängste fallen können), im Gegenteil: „Es liegt nahe, daß seine [des Forschers, A.J.] Ängste in die Untersuchungsergebnisse Eingang finden, in Form von Verzerrungen, Vorurteilen, ‚Dramatisierungen', ‚Projizierungen' und Selbstrechtfertigungen" (Lindner 1981, S. 60).

Mit dieser abschließenden Bemerkung zur Unmöglichkeit der Ausklammerung von Subjektivität schlagen wir die Brücke zu den Bereichen der Tiefenpsychologie und der Psychoanalyse, in denen die Art der wissenschaftlichen Forschung, wie sie versucht wurde, in den vorangegangenen Absätzen darzustellen, ihre Entsprechung findet. In der Ethnopsychoanalyse beispielsweise sind neben dem Forschungsobjekt auch die Empfindungen des Forschers von Interesse und Wichtigkeit, da sie den Forschungsprozess beeinflussen, und sie werden als Gegenübertragung bezeichnet. Dieses gängige Prinzip aus der Psychoanalyse ist ein wichtiges Instrument der therapeutischen Arbeit und stellt einen Indikator für die Art des Prozesses und der Beziehung der beiden interagierenden Partner dar. Meist handelt es sich dabei anfangs um kaum spürbare Tendenzen, die erst nach und nach deutlicher und in einem Reflexionsprozess zugänglich werden. Erst durch das Erahnen gewisser Zusammenhänge kann im Verlauf nach und nach mehr Klarheit erreicht werden. Die Ähnlichkeit zum ersten Ahnen im Forschungsprozess oder zum „Angesprochen-Werden" von Versen im Aufsatz Staigers ist deutlich; in allen drei Fällen geht es um Kommunikation und Texte, deren Sinn erst erschlossen werden muss und denen trotzdem ein anfängliches Gefühl innewohnt.

Damit kommen wir kurz zur Interviewsituation und deren Auswertung. Der Anspruch an qualitative Interviews, sich „weitestgehend an Alltagssituationen anzulehnen" (Lamnek 1995, S. 102), stellt zwar eine valide Möglichkeit dar, das Leben der Befragten in seiner gewöhnlichen Routine und üblichen Form zu erfassen, doch letztlich handelt es sich dabei um eine keineswegs alltägliche Situation, sondern um eine ungewöhnliche Art der Kommunikation. Der Gesprächspartner stellt eine Forderung an das Gespräch, kommt mit einem Anliegen an, das zum Teil auch sehr persönliche Erfahrungen und Gedanken inkludiert und ist obendrein fremd, keine vertraute Person, mit der ein derartiges Gespräch vielleicht natürlicher zu führen wäre. Als wäre dies nicht genug, soll das Gespräch zusätzlich noch aufgezeichnet und von einem Diktier- oder Aufnahmegerät gespeichert werden. Um dem daraus entstehenden Druck und der künstlich initiierten Situation, die sich keineswegs analog verhält zu einem alltäglichen Gespräch, entgegenzuwirken, ist es möglicherweise von Vorteil, als Ort des Interviews das private Umfeld zu wählen respektive den Interviewpartner zu Hause zu besuchen oder ihn den gewünschten Ort aussuchen zu lassen.

Der Interviewleitfaden bestand lediglich aus einigen Eckpunkten, auf die in Bezug zur Sturmflut von 1962 im Laufe des Interviews mehr oder weniger detailliert eingegangen werden konnte und kam vermehrt, in ausformulierter Form, nur dann zum Einsatz, wenn Schwierigkeiten mit dem freien Erinnern und Beschreiben der „Leitlinie Sturmflut" bestanden und das Interview eher als Frage-Antwort Ereignis begriffen wurde. In einer späteren Datenanalyse kann dies bereits einerseits als Hinweis auf persönliche Strukturen, andererseits auf – in Zusammenhang mit dem vorab bekannt gegebenen Thema der Sturmflut – mögliche Vulnerabilitäts- und Resilienzfaktoren gelten.

Um ein starres oder vorgefertigtes Gesprächsschema zu vermeiden, wurde von einer immer gleich formulierten Eingangsfrage abgesehen und mehr auf die individuelle Situation eingegangen – auch um die Form des Alltäglichen, des spontanen Gesprächs zu wahren oder zumindest in diese Richtung, so gut es geht, zu verstärken. Auch im restlichen Interview wurde von einem Gesprächskorsett abgesehen. Denn die feste Einteilung eines Interviews in Themenkomplexe oder Fragepunkte, die als zugrundeliegende Struktur im laufenden Gespräch angewendet werden, birgt die Gefahr in sich, dass nicht eigentlich der Interviewpartner im

Zentrum der Aufmerksamkeit des Interviewers steht, sondern vielmehr die Fokussierung auf die korrekte Verwendung der Methode (vgl. hierzu auch Bude 1985, S. 331). Wesentlicher erschien mir – vergleichbar auch wieder mit dem Verhalten des Therapeuten in einem psychoanalytischen Prozess, in dem die freie Assoziation des Patienten im Dienste unbewusster Sinnzusammenhänge gefördert werden soll – die eigene Position als „Rolle des interessierten Zuhörers" (Lamnek 1995, S. 106) zu sein. Ein Forschungstagebuch wurde direkt vor und nach den Interviews geführt und persönliche Eindrücke, Gefühle, die mit dem Forschungsprozess in Zusammenhang stehen könnten, Geschehnisse oder Bemerkungen vor oder nach dem Ein- bzw. Ausschalten des Tonbandes, und atmosphärische Beobachtungen etc. in diesem aufgezeichnet.

Zur weiteren Bearbeitung der Interviews sei zu sagen, dass es – zumindest in der Biographieforschung, so Werner Fuchs – keine eindeutigen und klaren Auswertungsregeln gibt (Fuchs 1984, S. 284). Daher sollten nach Hoffmann-Riems Prinzip der Offenheit sowohl die textimmanenten Erzählstrukturen als auch typische Wahrnehmungen und Erfahrungen entdeckt werden (Hoffmann-Riem 1980, S. 343) die, wie zuvor schon eingehend besprochen, möglicherweise über den Einzelfall hinausgehen. Eine methodische und hermeneutische Offenheit lässt den Duktus der Aufzeichnungen für sich selbst stehen und ermöglicht ein ganzheitliches Verständnis der Quelle im Gegensatz zu extrahierten Elementen. Diesbezüglich erwähnenswert ist noch der Zugang des Soziologen Friedrich Heckmann, der in seiner Arbeit über die Interpretationsregeln zur Auswertung qualitativer Interviews die Wichtigkeit betont, Kenntnisse über die Biographie des Interviewten, seine Lebenssituation und sein (soziales) Umfeld zu verwenden und in den Interpretationsprozess mit einzubeziehen (Heckmann 1992, S. 142–167). Dabei gilt es meines Erachtens nicht nur, die erwähnten Informationen auf einer sprachlichen Ebene herauszufinden, was ohnehin nur begrenzt möglich ist, sondern vor allem auch die Rahmenbedingungen der Interviewsituation, die nonverbalen Dynamiken, die in unauffälligen oder auffälligen Verhaltensweisen kommunizierten Eigenheiten der Persönlichkeitsstruktur oder die Informationen aus dem ersten In-Beziehung-Treten heranzuziehen. In diesem Punkt betreten wir wieder das weite Feld der Tiefenpsychologie und Psychoanalyse, das Aufschluss geben kann über zwar erfassbare, aber oft nicht ohne weiteres versteh- und analysierbare Aspekte. So auch eine Stimme aus der Volkskunde: Die einzelnen Erlebnisse und die besonderen Erfahrungen des Einzelnen, die im Interview wahrscheinlich zur Sprache kommen, sollten immer auch in Beziehung gesetzt werden zum ganzen Leben und zum Sinnzusammenhang (Lehmann 1983, S. 18).

Abgesehen vom methodischen Zugang, der hiermit umrissen sein sollte, bleibt noch die Zuteilung der Arbeit, die Positionierung im wissenschaftlichen Diskurs, zu den vielen Fachrichtungen, die sich mit ähnlichen Themen beschäftigen. Eine exakte und klare Einordnung ist zunächst aber nicht eindeutig durchführbar, da die Interessens- und Themenbereiche, die sich in dieser Arbeit wiederfinden, nicht nur einer einzelnen Fachdisziplin zugeordnet werden können. Um sich darin besser orientieren zu können, im Versuch, sich mit Weltbildern und der Wirklichkeit „im Ganzen" auseinanderzusetzen, geht man normalerweise auf Distanz zu allen alltäglichen Empfindungen und bemüht sich, einen Blick von „außen" zu erlangen. Dabei übersieht man aber sehr leicht ein Phänomen, das Heidegger (1993, § 14) mit „überspringen" bezeichnete: Man bemüht sich um die Erkenntnis der Beschaffenheit der Realität, indem man aus einer Distanz darauf blickt und damit die merkwürdige Perspektive entwickelt, selbst nicht Teil davon zu sein, aus einer Art wissenschaftlichen Kammer, einem Labor oder Studierzimmer sich die Wirklichkeit ansehen zu wollen. Diese Positionierung, die den Begriff einer „Außenwelt" schafft, setzt aber ein ontologisch unhaltbares, nämlich wissenschaftliches Weltbild voraus (siehe dazu genauer Gabriel 2013, S. 118–126) und entbehrt der Einsicht, dass man sich selbst mittendrin befindet. Ein Innen und Außen lässt sich eher mit einer anderen Ebene assoziieren, die nicht mit der Einbezogenheit des eigenen Selbst zu tun hat, sondern mit einer Differenzierung von Phänomenen innerhalb eines Individuums, z.B. psychischen Vorgängen, und außerhalb dessen, beispielsweise im Kontakt mit der Gemeinschaft, als Teil eines Systems. Damit kann die Brücke geschlagen werden zu den Erfahrungen eines Sinnfeldwechsels, wie man ihn ständig, in jedem unbedeutenden oder alltäglichen Augenblick erlebt, so auch in wissenschaftlichen Auseinandersetzungen. Man streift durch andere Sinnfelder, wenn man an ein physikalisches Experiment denkt oder an ein Gedicht Friedrich Schillers – es ist eine unablässige Bewegung durch sie, manchmal mit bereits vorfindbaren Zusammenhängen, manchmal nur die Möglichkeit einer Generierung derselben. In Bezug auf das Ganze, entsprechend dem metaphysischen Trieb des Menschen, immer herausfinden zu wollen, was das Ganze eigentlich ist und wo wir uns befinden, muss man einige Aspekte beachten. Man kann nämlich nicht einfach davon ausgehen, dass das große Ganze eine „kalte Heimat" (Hogrebe 2009, S. 40) sei, in der die Erfahrung des Menschen keinen eigentlichen Platz hätte. Denn in der Welt, als überlaufender Verschachtelung von Sinnfeldern ineinander, als stetem Übergang zwischen diesen, ist der menschliche Standpunkt, wie Kant (1998, S. 101–102; KrV A 26/B 42) es bezeichnete, unbestreitbar. Doch hat dies nicht zur Folge, dass man sie deshalb nicht erkennen kann, wie sie an sich beschaffen ist. Man erkennt eben Phänomene, Ereignisse, die „Welt" aus der Perspektive eines Menschen, aus einem (übergeordneten) Sinnfeld (vgl. Gabriel 2013, S. 124–125).

Nichtsdestotrotz ist es im konkreten Fall sinnvoll, dieser eben nicht eindeutig beantwortbaren Frage nach der fachlichen Zuordnung nachzugehen und damit auch die Sinnfelder abzustecken, die durch den hier verfolgten Zugang am stärksten ineinander einfließen werden. Vor allem sinnvoll ist es aus dem Grund, bewusst die Einseitigkeit nur einer Perspektive, nur einer Fachrichtung zu vermeiden – da in den Wissenschaften nur „allzu leicht [...] das Eigene zum Eigentlichen" (Rieken 2010, S. 18) erklärt wird. Das kann vermieden werden durch eine Sinnfeldontologie, in der die untersuchten Sachverhalte ganz klar als Erscheinungen in mehreren, wahrscheinlich sogar unendlich vielen verschiedenen Sinnfeldern existieren und dadurch zwar immer noch aus konkreten Positionen eine vertiefende Analyse möglich ist, der Dogmatismus jedoch relativiert wird. Eine gängigere Bezeichnung – etwas weiter entfernt von den philosophischen Grundfragen – ist die der Interdisziplinarität. Die Arbeit ist also interdisziplinär orientiert, denn sie beschäftigt sich mit tiefenpsychologischen, psychotherapiewissenschaftlichen, aber ebenso ethnologischen Fragestellungen, die ihrerseits wieder unterteilt werden können in für diese Untersuchung relevante Kategorien. Im Bereich der Volkskunde oder Europäischen Ethnologie wäre das beispielsweise die Erzählforschung und die Biographieforschung, aber auch die volkskundliche Gemeindeforschung, die mentalen Strukturen in einer kleinen, abgegrenzten Gemeinschaft wie einem Dorf oder in ethnischen Minderheiten nachgeht (vgl. dazu die sehr umfangreiche Literatur, hier nur einführend: Hugger 2001, Röhrich 2001a, Schenk 2001). Ebenso versteht sich die Arbeit aber als Beitrag zur individuellen Verarbeitung traumatischer Erlebnisse, zu ihrer Bewältigung und folglich zur Pathogenese bzw. Salutogenese, also den Fragen nach der Entstehung (seelischer) Krankheit oder Gesundheit. Dazu gehört auch der Bereich der Vulnerabilitäts- und Resilienzforschung, der vor allem bei Desastern und Katastrophen eine wichtige Rolle spielt, wie sie auch hier das übergeordnete Thema darstellen. Am ehesten zusammenfassen lässt sich der hier aus verschiedenen Bereichen übereinkommende Zugang grob als psychoanalytisch-interdisziplinäre Katastrophenforschung, ein Ansatz der auch von Bernd Rieken in seinen Habilitationsschrift „Nordsee ist Mordsee" (2005) und der Studie über Lawinenkatastrophen „Schatten über Galtür" (2010) ähnlich vertreten wird. Die Wortwahl „psychoanalytisch" ist nicht ganz frei von möglichen Missverständnissen, da sie eventuell als Reduktion auf die Triebtheorie Freuds verstanden werden könnte. Sie erwies sich aber als beste Bezeichnung – etwas weiter gefasst verstanden – für die Gesamtheit psychodynamischer Prozesse. Damit sind Vorgänge im Unbewussten gemeint, die Konflikte hervorrufen, indem sie gegeneinander gerichtet sind, zum Beispiel Konflikte zwischen Trieb und Moral oder zwischen Unsicherheits- bzw. Minderwertigkeitsgefühlen und dem Bedürfnis nach Sicherheit. In diesem Verständnis einer Tiefenpsychologie wird der Begriff hier verwendet. Auch abzugrenzen wäre an dieser Stelle der Bereich der Ethnopsychoanalyse. Diese beschäftigt sich mit dem Untersuchen von Kulturen mithilfe der Psychoanalyse, ohne weiteres Einbeziehen ethnologischer oder anderweitiger Werkzeuge.

Die Kulturwissenschaft sieht den Einzelnen hauptsächlich als Teil eines Ganzen, eines Systems, die Tiefenpsychologie und die Psychotherapiewissenschaft fokussiert eher auf das Individuum. Der interdisziplinäre Ansatz ermöglicht aber die Erkenntnis, dass die individuelle Verarbeitung eines solchen Geschehens sehr eng mit kulturellen und mentalen Faktoren verbunden ist. Es ergibt sich hier aus der Überschneidung (vorerst) zweier Sinnfelder ein Zugang, der angemessener ist.

Ein Anspruch dieser Arbeit ist es auch, allgemein verständlich zu sein und sich nicht ausschließlich für ein Fachpublikum zu präsentieren. Wissenschaft sollte für interessierte Leser zugänglich sein und sich nicht nur „im Elfenbeinturm abspielen" (Rieken 2010, S. 19), was auch eine vermehrte interdisziplinäre Vernetzung, eine Erleichterung eines Sinnfeldwechsels und die Kreation immer neuer Sinnfelder ermöglichen soll, die zueinander in Beziehung gesetzt werden können. Es handelt sich bei der oft üblichen, umständlichen und unverständlichen Ausdrucksweise keineswegs um ein Gütekriterium einer wissenschaftlichen Arbeit, womit auf Ludwig Wittgenstein verwiesen werden kann, der sich dazu folgendermaßen äußerte: „Was sich überhaupt sagen lässt, lässt sich klar sagen" (Wittgenstein 2006, S. 9). Außerdem ist es im Sinne der volkskundlichen Gemeindeforschung, die laut Paul Hugger (2001, S. 304f.) nicht nur dem wissenschaftlichen Diskurs und den eigenen Ambitionen dienen soll, sondern auch denjenigen, die das Material der Arbeit liefern. In diesem Zusammenhang ist auch mit einzubeziehen, was ohnehin in Feldforschungen immer berücksichtigt gehört:

> „Sie müssen vom Respekt gegenüber der Explorationsgruppe getragen werden. Die Forschenden bleiben sich bewusst, dass es neben der Wahrheit des Forschers auch die Wahrheit der Erforschten gibt. Im Wissen darum werden sie ihre Wertungen vorsichtig anbringen" (ebd., S. 304).

Es handelt sich hierbei um ein schwieriges Unterfangen, den richtigen Grad an Nähe und den richtigen Grad an Distanz zu erhalten, eine Mischung zu finden aus Empathie und Identifikation, und einer gewissen „Objektivität", im Sinne eines „Gegenübertretens" – aus der etymologischen Herleitung. Hier lassen sich wieder Parallelen zur Psychotherapie erkennen, in der es sich in der Rolle des Therapeuten ähnlich verhält und man kein Patentrezept für das „richtige" Nähe-Distanz-Verhältnis hat, sondern von Situation zu Situation spontan eine flexible Grenze wahrt, die immer beide Aspekte beinhaltet. Ebenso wie in der Praxis der Psychotherapie muss man aber auch in theoretischen Arbeiten mit tiefenpsychologischen Interpretationen und Deutungen vorsichtig sein, die oft kritischen Charakter haben, für fachfremde Personen nicht leicht nachvollziehbar sind und schnell persönliche Grenzen überschreiten können. Eine Möglichkeit, mit als zu brisant erscheinenden Details aus einer persönlichen Gesprächssituation umzugehen, ist die Erörterung ohne Namen zu nennen, wobei die Herkunft bzw. die Entstehungssituation keineswegs ausgespart werden muss, aber nur in allgemeiner Form darauf eingegangen wird. Es bleibt zu hoffen, dass auf diese Weise eine Lösung gefunden werden kann, psychoanalytische Auseinandersetzungen am Material einbauen zu können, ohne über persönliche Grenzen zu treten – und einen Kompromiss zu finden, um den schmalen Grad von Nähe und Distanz zu meistern.

4 Weltbilder in der Wissenschaft – Szientismus, Konstruktivismus oder der Anspruch, alles erklären zu müssen

„Es gibt mehr Dinge im Himmel und auf Erden, als Eure Schulweisheit sich träumen lässt. Aber es gibt auch vieles in der Schulweisheit, das sich weder im Himmel noch auf Erden findet."

Sigmund Freud (1905, S. 87)

Wir befinden uns im Zeitalter der Aufklärung und Wissenschaft, der Moderne – nicht zu verwechseln mit dem historischen Prozess der Aufklärung. Begonnen hat dieser grundlegende Erkenntniswandel unseres Zeitalters mit dem Begreifen, dass der Zusammenhang, in dem sich die Menschheit befindet, viel größer ist als bisher angenommen und wir durchaus nicht das Zentrum der kosmischen Bemühungen sind. Gesprochen werden kann von einer Dezentrierung des Menschen und der Erde, woraus etwas voreilig ein wissenschaftliches Weltbild geformt wurde, das den Menschen nicht mehr inkludiert. Der brasilianische Ethnologe Eduardo Viveiros de Castro setzt die damalige Verdrängung der eingeborenen Völker aus der neu entdeckten Welt Amerika in Beziehung zur sich allmählich formenden Überlegung, der Mensch sei im Universum allgemein nicht relevant und könne genauso gut „vertrieben" werden. Durch die Andersartigkeit anderer Menschen und die Irritation, die daraus für das eigene Selbstbild entstand, wurde die grundsätzliche Stellung des Menschen mehr und mehr hinterfragt. Viveiros zeigt in diesem Zuge auch die Fortschrittlichkeit gerade jener indigenen Gemeinschaften auf, die z.B. in der heutigen Zeit noch in Brasilien leben, da diese ontologisch das wissenschaftliche Weltbild weit überholt haben, indem sie von keinem Universum, keiner Welt ohne Zuschauer und Beobachter ausgehen, sondern die eigene Existenz in die Grundfragen des Seins einbeziehen und die Bedeutung dessen zu verstehen versuchen. Viveiros de Castro sieht seine Forschungsobjekte ebenso als Ethnologen und Anthropologen an, die stattfindende Feldforschung in dieser Hinsicht also als beidseitig. Er nennt dieses Phänomen „symmetrische Anthropologie", denn sowohl die europäischen Entdecker als auch die ursprünglichen Völker Amerikas erforschen sich gegenseitig (vgl. Viveiros de Castro 1997, S. 99–114). Voreilig ist dieses Weltbild deshalb, weil die kalte Heimat, die ein Universum ohne Betrachter sein sollte, ohne einen Betrachter eben nicht auskommt.

In der griechischen Philosophie stand immer der Mensch im Mittelpunkt, woraus sich der Homo-Mensura-Satz ableitet – ausgehend von der Überzeugung, der Mensch ist das Maß aller Dinge. Demgegenüber ist die Moderne geprägt vom Scientia-Mensura-Satz. Wilfrid Sellars beispielsweise, ein zeitgenössischer amerikanischer Philosoph, versucht diese These mit der Irrealität physikalischer Gegenstände in Raum und Zeit, also dass physikalische Gegenstände unwirklich seien, zu beschreiben und erklärt, „dass dort, wo es darum geht, die Welt zu beschreiben und zu erklären, die Wissenschaft das Maß aller Dinge ist, sowohl der bestehenden als auch der nichtbestehenden" (Sellars 2002, S. 72). Der Szientismus vertritt folglich die These, dass die Wirklichkeit als Basis und zugrunde liegende Schicht nur durch die Naturwissenschaften erklärt werden könne und andere Erkenntnisse doch immer wieder auf naturwissenschaftliche Erklärungen zurückführbar seien. Dieser Ansatz ist nur insofern falsch, als er beansprucht, Allgemeingültigkeit zu beanspruchen. Denn ein wissenschaftlicher Fortschritt, wie er in den letzten Jahrhunderten stattgefunden hat, ist durchaus begrüßenswert und bringt viele Vorteile mit sich, unter anderem, dass Wahrheiten infrage gestellt, Irrtümer überwunden und neue – temporäre – Wahrheiten gefunden werden. Es ist aber immer notwendig zu unterscheiden zwischen wissenschaftlichem Fortschritt und naturwissenschaftlichem Fortschritt, da diese beiden keineswegs ident sind und wissenschaftlichem Fortschritt nicht das Weltbild der Naturwissenschaften, der Szientismus, zugrunde liegt.

Sobald sich mit der Wissenschaft als übergeordneter Methode zur Wahrheitsfindung unserer Zeit ein Weltbild verbindet (s.u., nächster Absatz), wird es problematisch, denn ein Weltbild bezieht sich auf die Gesamtheit der Welt. Markus Gabriel argumentiert, dass es die Welt als solche nicht gibt, was sich aus der Sinnfeldontologie herleiten lässt. Abgesehen davon kann die Welt nie von außen betrachtet werden, da jede Perspektive *auf* die Welt *Teil* der Welt und damit paradox ist. Ein Hauptproblem des wissenschaftlichen Weltbildes ist also ontologischer Natur, ein weiteres epistemologischer. Denn auch wenn ein Blick von außen, aus dem Nirgendwo, nicht existiert, bedeutet dies nicht, dass nichts erkannt und alles nur verzerrt wahrgenommen und konstruiert werden kann. Die Perspektive des Menschen gehört ebenso zur Welt wie das physikalisch beobachtbare Phänomen eines zu Boden fallenden Steines. Gehen wir nun aber etwas näher auf die hier betrachteten Positionen ein, um auch im Folgenden die Unterscheidung zwischen den wissenschaftlichen und beispielsweise religiösen Weltbildern besser nachvollziehen zu können, die für ein eingehendes Verständnis der gedanklichen Grundausrichtung der Interviewpersonen relevant sein könnten.

Die Anhänger eines wissenschaftlichen Weltbildes beziehen sich häufig auf die eine Natur, den Gegenstandsbereich der Naturwissenschaften, die ein Vorkommen allen Über- oder Außernatürlichen ausschließt. Diese Position wird als Naturalismus gehandelt und beschreibt nur dasjenige als existent, was sich ontologisch aus den Naturwissenschaften ableiten und begründen lässt – der Rest sind Illusionen. Dazu gibt es Stimmen, die einen interessanten Aspekt bezüglich des Naturalismus ansprechen, wie die des Philosophen Hilary Putnam; er setzt sich intensiv mit dieser Thematik auseinander und kommt zu dem Schluss, dass sich hinter dem Naturalismus eine bestimmte Angst verbirgt. Er postuliert in einer seiner letzten Veröffentlichungen „Philosophy in an Age of Science" (2012), dass es dem Naturalismus vor allem darum gehe, das Universum als Gegenstandsbereich der Naturwissenschaften von Irrationalem freizuhalten. Damit ist all das gemeint, was nicht wissenschaftlich nachvollziehbar und/oder überprüfbar ist und einer Willkür unterliegt. Nun geht es aber nicht darum, willkürliche Erklärungen oder Hypothesen zu untermauern, wogegen der Naturalismus ein gutes Gegenmittel darzustellen scheint, da er gerade diese ausklammert. Man will sich die Wirklichkeit ja nicht vorstellen, sondern herausfinden, wie sie an sich, wie sie wirklich ist. Darum wird streng unterteilt in Wirklichkeit und Fiktion, indem nach Gabriel zwei Kriterien angelegt werden, um diese zu trennen: „Allerdings schüttet der Naturalismus das Kind mit dem Bade aus. [...] 1. Das Übernatürliche ist Gegenstand einer willkürlichen Hypothesenbildung, also reine Erfindung. 2. Das Übernatürliche verstößt gegen die Naturgesetze" (Gabriel 2013, S. 137). Um sich nicht weiter in die Tiefe solcher Diskussionen zu begeben, soll abschließend nur gesagt werden, dass vieles verloren geht und aus dem Blick ausgeklammert wird, folgt man diesem Weltbild allzu sehr. Denn nicht nur Religionen, sondern auch wesentlich weniger problematisch besetzte Gegenstände wie Staaten oder auch die Seele würden als übernatürlich gelten, aus dem alleinigen Grund, sie nicht durch Naturgesetze untersuchen oder erklären zu können.

Geht man hierbei einen Schritt weiter, befindet man sich im Materialistischen Monismus, der von überzeugten Naturalisten und Neoatheisten vertreten wird. In dieser Form des Monismus wird das Universum als alleiniger Gegenstandsbereich mit der Gesamtheit alles Materiellen gleichgesetzt, mit all dem, was ebenso in seiner Gesamtheit durch Naturgesetze erklärt werden kann. Diese Vorstellung scheitert, wie viele andere auch, vor allem daran, dass sie die eine, monistische Superwelt als allumfassenden Gegenstand zum Inhalt hat, die „es aber aus prinzipiellen Gründen nicht geben kann" (Gabriel 2013, S. 140). Der sehr vehemente Vertreter des wissenschaftlichen Weltbildes, Willard Van Orman Quine, geht sogar so weit, sein eigenes Weltbild als Mythos zu bezeichnen. Als Materialist sieht er sich in einem seiner bekanntesten Aufsätze, „Zwei Dogmen des Empirismus", genötigt, alle Erkenntnis selbst als materielles Geschehen zu begreifen, indem er physikalische Objekte mit den Göttern Homers vergleicht:

> „Hinsichtlich ihrer epistemologischen Fundierung unterscheiden sich physikalische Objekte und Homers Götter nur graduell und nicht prinzipiell. Beide Arten Entitäten kommen nur als kulturelle Setzungen in unser Denken. Der Mythos der physikalischen Objekte ist epistemologisch den meisten anderen darin überlegen, daß er sich darin wirksamer als andere Mythen erwiesen hat, dem Fluß der Erfahrungen eine handliche Struktur aufzuprägen" (Quine 2011, S. 123).

Er nimmt an, dass durch die Verarbeitung von Information, die durch die Kontaktaufnahme der Nerven mit den Reizen der Umwelt entsteht, Erkenntnis zustande kommt und somit ein materielles Ereignis ist. Durch vielschichtige Interpretation entstehe daraus ein Weltbild – alles andere, was am Weg dorthin in Form von Begriffen gebraucht wird, ist lediglich nützliche Fiktion, um die erhaltenen Reize zu ordnen. Damit lässt Quine aber von der Realität gänzlich ab (vgl. dazu auch Putnam 2012). Auf diesem Wege kommen wir zum Konstruktivismus, der eine tragende Rolle einnimmt, wenn es um die Untersuchung des Konzeptes Weltbilder geht. Es gibt die verschiedensten Spielarten des Konstruktivismus, doch *eine* Überlegung ist es im Groben, die ihm immer zugrunde zu liegen scheint. Ist die Blume, die wir sehen, und von der wir annehmen sie sei rot, wirklich rot? Sehen andere Augen dasselbe Rot wie wir, werden Reize mit nicht den identisch selben Sinnesorganen vielleicht anders verarbeitet, und kommt es dadurch zu ganz anderen inneren Repräsentationen? Wie sehen Vögel die Blume, oder gar Delfine, die den Gegenstand durch ein Sonarbild empfangen? Wir sehen alle immer nur unsere eigene Perspektive, unsere eigene Welt, ohne an die Realität wirklich herankommen zu können. Wenn dies unsere Sinneseindrücke betrifft, betrifft es folglich auch alles, was mithilfe unserer Sinneseindrücke untersucht wird – also auch die Wissenschaften, ebenso natürlich die Naturwissenschaften, da selbst bei der Messung mit Instrumenten unsere Sinne nicht ersetzt werden können. Der Konstruktivismus geht also davon aus, dass jeder, ob Vogel, Delfin oder Mensch, nur seine eigene Welt erkennen könne, niemals aber die Dinge an sich. Um ein besseres Bild davon zeichnen zu können und ein besseres Verständnis zu gewährleisten, soll im Folgenden ein Kontrast-Begriff dem Begriff des Konstruktivismus gegenübergestellt werden. Die zwei Positionen stellen Gegenpole einer aktuellen Diskussion in den Wissenschaften dar und bilden grundlegende Annahmen der Epistemologie, die zu verdeutlichen im Rahmen einer solchen Auseinandersetzung unumgänglich ist. In diesem Zusammenhang wäre als wichtiger Vorläufer des modernen Konstruktivismus der Nominalismus zu nennen – die Überlegung, dass die von Menschen verwendeten Begriffe und Kategorien nicht die Welt an sich strukturieren und unterteilen, sondern dass die Begriffe, die wir bilden, lediglich Verallgemeinerungen sind, um das Überleben effizienter zu sichern (vgl. Gabriel 2013, S. 147). Begriffe können demnach als leere Namen verstanden werden, wovon sich auch die Bezeichnung Nominalismus herleitet – nomen = lat. für Name. Man nimmt an, dass alle Strukturen und Einteilungen bloße Vereinfachungen sind, man also leere Namen benutzt. Dies ist die krasse Gegenposition zum Realismus, der davon ausgeht, dass man Dinge an sich erkennen und auch bezeichnen kann. Begriffe vereinfachen und verallgemeinern nicht nur Sachverhalte, sondern im Gegenteil, es gibt auch Strukturen, die durch Begriffe nachgezeichnet werden. Theodor Sider, ein amerikanischer Philosoph, vertritt diesbezüglich die Auffassung, dass der Realismus, allgemein gesehen, die Behauptung ist, dass Strukturen existieren. Er diskutiert in seiner Schrift „Das Buch der Welt schreiben" (2011) die daraus folgende Position des Strukturen-Realismus – also die These, dass es durchaus Strukturen gibt, die nicht eingebildet werden (vgl. Sider 2011, S. 18). Im Gegensatz zu Sider, der darauf einen materialistischen Monismus aufbaut, der aber in keiner Weise dem eben angeführten Gedanken folgen muss, widmen wir uns dem Neuen Realismus. Abgrenzen lässt sich dieser vom alten, metaphysischen Realismus, der zurzeit in der Variante des Materialismus besteht, der sich lediglich an den neuesten Erkenntnissen der theoretischen Physik orientiert und so zum Physikalismus wird.

Darauf wollen wir aber nun nicht viel näher eingehen, ausführlicher dazu siehe u.a. Gabriel (2014, S. 171–199). Der Neue Realismus vertritt nun die Überzeugung, dass sowohl Dinge und Tatsachen wahrgenommen bzw. erkannt werden können als auch die Zugehörigkeit dieser Dinge und Tatsachen zu mehr als einem Gegenstandsbereich. Neben den materiellen Dingen gibt es auch Erkenntnisse oder Gesetze, Logik etc., die allesamt ebenfalls erkannt werden können. Er bewegt sich also weg vom materialistischen Monismus und formt die Begriffe Realität und Erkenntnis unabhängig von diesem.

Kommen wir zurück zum Konstruktivismus und einer seiner gängigsten Beweisführungen. Es handelt sich wieder um die menschliche Sinnesphysiologie, denn alles was laut dieser wahrgenommen werden kann, alles was daraus folgend gewusst wird, entsteht durch die eingehenden Reize und deren Verarbeitung durch die Nerven zu Information. Bei allem, was gesehen, gehört, gefühlt etc. wird, handelt es sich um eine Art und Weise, wie wir die Welt registrieren. Nehmen wir beispielsweise den Sehsinn, bei dem ein Objekt im Außen wahrgenommen wird, indem elektromagnetische Strahlen, Photonen, auf das Auge treffen, diese dann in elektrische Impulse übersetzt werden und dadurch ein Bild entsteht, das als Information im Gehirn auftaucht. In der Philosophie werden diese Bilder, die wir eigentlich sehen, als mentale Repräsentationen gehandelt. Demnach ist es nicht das Objekt im Außen, das wir sehen, sondern – durch die elektrischen Impulse hervorgerufen – ein Bild von der Welt in unserem Gehirn. Daraus folgt aber, dass auch der Zugang zum Gehirn, zur Sinnesphysiologie, nur durch unsere Sinne hergestellt werden kann, wie er auch nur auf diesem Wege die Außenwelt erfassbar macht. Wenn es sich bei all den Dingen, die wahrgenommen werden, um eine Art von Illusion handelt, dann sind auch Gehirn und Bewusstsein eine Illusion. Vertritt man die These, Sinnesdaten formen Konstruktionen von der Welt, ist auch die These selbst eine solche Konstruktion aus sinnlich wahrgenommenen Daten. Damit stürzt alles in einen gigantischen schimärischen Strudel, in dem alles, was irgendwie erkannt werden kann, eine Fiktion ist. Daraus folgt, dass es keinen Unterschied mehr gäbe zwischen der normalen Wahrnehmung und einer Halluzination, da es sich ohnehin um ein Trugbild handle. Ob man die rote Blume sieht oder halluziniert, wäre dahingestellt, denn auch wenn man sie sieht, wäre es letztlich eine Art Halluzination, die durch die eigenen Sinne (oder wodurch auch immer sie wahrgenommen würde, da es sich nicht mehr sagen ließe, ob es sich wirklich um Sinne handle) erfasst wird. Die mentalen Repräsentationen können also wahr oder falsch sein, was nicht unterschieden werden könnte, da sie alle auf irgendeine Art von Nerven und Reizen geschaffen werden, und trotzdem keine davon ein Objekt, wie es an sich ist, darstellt. Im praktischen Leben kann aber jeder, mit unterschiedlicher Sicherheit, doch überdurchschnittlich erfolgreich, behaupten, was eine reale Wahrnehmung eines Gegenstandes ist und was eine Halluzination. Wie lässt sich dies mit der Theorie vereinbaren? Man wird sich die Frage stellen, ob die reale Wahrnehmung nicht durch das Sehen, Schmecken oder Riechen zumindest doch mit einem Filter ausgestattet ist, der zumindest ein Abheben vom Original nach sich zieht. Mit solchen Überlegungen befindet man sich wieder im Strudel, der sich immer weiter dreht, und man kann darin noch einen großen Schritt weitergehen und hinterfragen, ob die Unterscheidung von Gegenständen vielleicht ohne eine räumliche Differenzierung gar nicht möglich wäre. Zu diesem Schluss kommt der bedeutendste Vertreter des Konstruktivismus, Immanuel Kant, indem er schreibt:

> „Wir haben also sagen wollen: daß alle unsre Anschauung nichts als die Vorstellung von Erscheinung sei; daß die Dinge, die wir anschauen, nicht das an sich selbst sind, wofür wir sie anschauen, noch ihre Verhältnisse so an sich selbst beschaffen sind, als sie uns erscheinen, und daß, wenn wir unser Subjekt oder auch nur die subjektive Beschaffenheit der Sinne überhaupt aufheben, alle die Beschaffenheit, alle Verhältnisse der Objekte im Raum und Zeit, ja selbst Raum und Zeit verschwinden würden, und als Erscheinungen nicht an sich selbst, sondern nur in uns existieren können" (Kant 1998, S. 116; KrV A 42/B 59).

Dieses Zitat impliziert, dass Dinge nicht einmal in Raum und Zeit vorkommen würden. Gabriel leitet daraus her, dass Kant eine Existenz „an sich selbst" grundlegend in Frage stellt, und diese, wenn überhaupt, nur „in uns" verortet, was, genau genommen, aber auch wieder eine Verortung sei (Gabriel 2013, S. 156). Das ist aber eine voreilige Schlussfolgerung, denn Kant schreibt an anderer Stelle, dass Gegenständen durchaus Dinge an sich zugrunde liegen, und damit existieren:

> „In der Tat, wenn wir die Gegenstände der Sinne, wie billig, als bloße Erscheinungen ansehen, so gestehen wir hiedurch doch zugleich, daß ihnen ein Ding an sich selbst zum Grunde liege, ob wir dasselbe gleich nicht, wie es an sich beschaffen sei, sondern nur seine Erscheinung, d. i. die Art, wie unsre Sinnen von diesem unbekannten Etwas affiziert werden, kennen. Der Verstand also, eben dadurch, daß er Erscheinungen annimmt, gesteht auch das Dasein von Dingen an sich selbst zu, und sofern können wir sagen, daß die Vorstellung solcher Wesen, die den Erscheinungen zum Grunde liegen, mithin bloßer Verstandeswesen nicht allein zulässig, sondern auch unvermeidlich sei" (Kant 1783, § 32).

Erinnern wir uns aber an die Unterscheidung zwischen realer Wahrnehmung und Halluzination, die man im Alltag für gewöhnlich gut treffen kann. Damit möchte ich zu dem Gedanken überleiten, dass man, wenn man eine rote Blume sieht, tatsächlich eine rote Blume sieht und nicht ein Abbild davon, das nur halluziniert wird. Auch andere Personen können die rote Blume sehen, jedoch nicht auf die exakt selbe Weise wie man selbst. Schon allein deshalb, weil sie sich nicht an der exakt selben Stelle befinden können und dadurch automatisch einen anderen Blickwinkel einnehmen. Die Frage ist nur – gibt es hinter all dem eine zugrunde liegende Wirklichkeit, die verschiedene Individuen nur verschieden wahrnehmen? Ein Gedanke, der sich aus dem neuen Realismus ergibt, ist, dass das Ding an sich nicht von den vielen Arten der Erscheinung unterschieden ist (vgl. dazu Ferraris 2012, De Caro 2014, Gabriel 2013, Gabriel 2014 u.a.). Man kann selbst seinen Standpunkt im Raum ändern und die Blume aus einer anderen Perspektive sehen, es ist immer noch dieselbe Blume. Gegenstände können an sich auf verschiedene Weisen erscheinen, diese Erscheinungen sind wiederum Dinge an sich usf. Nur weil es sich um eine Pluralität von Eindrücken handelt, handelt es sich noch lange nicht um eine Illusion. In der Wirklichkeit sind sowohl die Dinge an sich vorhanden als auch ihre Erscheinungen. Markus Gabriel bettet diese Diskussionslinie des Neuen Realismus in Sinnfelder, indem die Dinge an sich bzw. deren Erscheinungen, immer in Sinnfeldern vorkommen, also immer in Zusammenhängen und Tatsachen. Auch Halluzinationen oder Trugbilder sind Tatsachen in Form der Tatsache, dass man eine rote Blume halluziniert. Der Neue Realismus postuliert in diesem Zusammenhang, eine wahre Erkenntnis ist immer eine Erkenntnis eines Dinges oder einer Tatsache an sich, keine Illusion oder Halluzination sondern ein Abbild der Sache selbst (vgl. Gabriel 2013).

Nun hat der Konstruktivismus seit Kant immer mehr Eingang gefunden in die alltägliche Lebenswelt, er ist Teil der Realität geworden und die Gewöhnung an das kulturelle Konstrukt um uns herum lässt allenfalls noch die Naturwissenschaften als Quelle einer Gegenstandsbeschreibung zu. Die unter das große Wort der Geisteswissenschaften subsummierten Ausrichtungen haben es damit schwer, nicht allgemein als Ausdruck beliebiger Interpretationen oder kollektiver Halluzinationen gesehen zu werden, da es sich ja lediglich um Konstrukte handelt. Es gibt aber durchaus Vertreter, die Teile des Konstruktivismus mit dem Neuen Realismus vereinen und dadurch Illusion, Willkür und Konstruktion und ebenso Wahrheit in ihren Unterarten beleuchten und verbinden. Dies hat Theodore Sider in seiner bereits erwähnten Schrift „Writing the Book of the World" vorgenommen und die beiden gegensätzlichen Richtungen vereinbar gemacht (Sider 2011). Dazu wäre anzumerken, dass es beim philosophischen Realismus ohnehin nicht um ein „*Ganz-oder-gar-nicht*" geht, wie Mario De Caro es formuliert: „Niemals war ein Philosoph ausschließlich Realist oder ausschließlich Antirealist" (De Caro 2014, S. 19). Die Bezeichnung Antirealismus wird hier zusammenfassend im Sinne aller Positionen verwendet, die dem Realismus gegenüberstehen. Die Frage ist also eine nach dem Grad des vertretenen Realismus und auch eine nach dem vorab eingenommenen Standpunkt. Einer davon wäre der ontologische Standpunkt: dabei geht es um all das, was existiert, um die Einteilung des Seienden, die Grundstrukturen von Möglichkeit und Wirklichkeit. Zu unterscheiden ist dieser aber von zwei weiteren Positionen, nämlich der epistemologischen und der semantischen. Die epistemologische Dimension bewegt sich im Fragenkomplex der unerkennbaren Tatsachen, sie stellt Fragen danach, was begründetes Wissen bedingt – ein Phänomen, das von Realisten vertreten wird, von Antirealisten nicht. Die semantische Dimension ist der Umstand der Bedeutungen, die Bedeutungslehre – die Beziehung zwischen Zeichen, Dingen, Gegenständen, Tatsachen und deren Bedeutung.

> „Den Realisten zufolge besteht die Bedeutung einer Äußerung in ihren Wahrheitsbedingungen; für Antirealisten […] wird die Bedeutung einer Äußerung durch die Bedingungen bestimmt, die Sprecher ihr berechtigterweise zuschreiben können" (ebd., S. 21).

Die Konsequenzen aus diesen beiden sehr unterschiedlichen Standpunkten sind weitreichend, sie determinieren beispielsweise das Bivalenzprinzip (wonach eine Aussage entweder wahr oder falsch ist) oder grundlegend die Konzeption von Wahrheit. Die derzeit geführte Diskussion um den (Neuen) Realismus, den viele Vertreter der Philosophie oder Geisteswissenschaften als überflüssig und irrelevant abtun, ist ein Kampf, den wohl jede neue Orientierung des Denkens antreten muss, um eine sich über die Zeit bewährte und dadurch Sicherheit spendende Position infrage zu stellen. Ein derartiges Unterfangen geht immer mit einer Destabilisation einher, die aus dem im tiefsten Grunde der menschlichen Seele verankerten Sicherheitsstreben tunlichst zu vermeiden und abzulehnen ist. Übersehen wird dabei zumeist, dass durch die Hinwendung zum Neuen Realismus dem Antirealismus nicht jegliche Legitimität abgesprochen wird oder werden soll, denn

> „auf eine ganze Reihe von Sachbegriffen trifft dies zu, und wie bereits gesagt ist jeder Philosoph zu einem gewissen Grad stets Antirealist. Dann kann man aber auch nicht behaupten, dass die Diskussion um den Realismus insgesamt obsolet oder irrelevant sei: Denn diese war und wird stets im Zentrum einer ganzen Reihe philosophischer Fragen stehen" (ebd., S. 21).

Der Grund für diese Ausführungen und die Relevanz derselben für die Arbeit liegt ganz einfach darin, dass es bei einer Überschneidung der wissenschaftlichen Zugänge, wie sie beim Untersuchen einer Sturmflut und der damit verbundenen Fragestellung zwangsläufig stattfindet, nicht nur um unterschiedliche Positionen geht, sondern um grundlegend verschieden zu bewertende Phänomene wie das Ereignis an sich als physikalische Größe oder das Ausmaß der Betroffenheit als Gesellschaftsfaktor. Damit einher geht eine notwendige Auseinandersetzung mit den möglichen Sichtweisen und welche Grundannahmen diesen jeweils zugrunde liegen. Das ergibt insofern Sinn, als nur eines dieser Modelle, eine einzige Sichtweise, die alles erklären soll, nicht nur unrealistisch ist, sondern man damit auch den Fehler begeht, den man im Zeitalter der Wissenschaft tunlichst vermeiden sollte; nämlich das Eigene zum Eigentlichen zu erklären und dem ausgewählten Weltbild, nach dem man sein Denken und das Verständnis der ganzen Welt ausrichtet, das anzupassen, was man zu erforschen sucht. In den Naturwissenschaften sind es Essentialismus und Objektivität, die vorherrschen und die Ideologie vertreten, dass Wissenschaft immer „harte" Wissenschaft sein müsse, die universelle Gültigkeit habe. Aber damit wird das Faktum ignoriert, dass das *Ob* und das *Wie* der Existenz von Gegenständen oder Tatsachen nicht voneinander abhängt. *Ob* etwas existiert, ist gänzlich unabhängig davon, *wie* es existiert, sei es als eine Illusion, ein Trugbild, oder als Realität. Sogar der Realist und frühe Vertreter der analytischen Philosophie Betrand Russell erkennt dies an, wenn er über Bilder und ihre Existenz außerhalb des physikalischen Weltbildes spricht:

> „The general correlations of your images are quite different from the correlations of what one chooses to call ‚real' objects. But that is not to say images are unreal. It is only to say that they are not part of physics. Of corse, I know that this belief

in the physical world has established a sort of reign of terror. You have got to treat with disrespect whatever does not fit into the physical world. But that is really very unfair to the things that do not fit in. They are just as much there as the things that do. The physical world is a sort of governing aristocracy, which has somehow managed to cause everything else to be treated with disrespect. That sort of attitude is unworthy of a philosopher. We should treat with exactly equal respect the things that do not fit in with the physical world, and images are among them" (Russell 2007, S. 257).

Bilder sind demzufolge durchaus real, auch wenn sie nicht Teil der physikalischen Welt sind. Die „Terrorherrschaft" jenes Weltbildes, das alles verachtet, was nicht der Physik unterzuordnen ist, kann die Bilder aber nicht weniger real oder existent machen. Sie sind ebenso da wie all jenes, das der physikalischen Welt angehört. Im Gegenzug wird der Ansatz in den Geisteswissenschaften oftmals zu extrem in Richtung Konstruktivismus und Relativismus verfolgt – vielleicht um sich Gehör zu verschaffen und sich radikal abzugrenzen. Doch damit gerät man schnell wieder in einen Dogmatismus der eigenen Disziplin, dessen Relativierung oder In-Frage-Stellung verunsichernd erlebt und mit Angst und Aggression begegnet wird. Zugespitzt tritt diese Einstellung in Aussagen wie jener von Helge Gerndt am 32. Kongress der Deutschen Gesellschaft für Volkskunde zutage, wenn er – völlig kongruent mit der grundlegenden Ausrichtung in seinem Fach – behauptet, „eine eigenständige Natur jenseits des menschlichen Bewusstseins gibt es gar nicht" (Gerndt 2001, S. 58). Auch wenn die Perspektive, sei es die persönliche oder die kulturelle, immer miteinzubeziehen ist, geht diese Aussage definitiv zu weit, indem sie die Existenz einer Natur jenseits des menschlichen Bewusstseins nicht nur in Frage stellt, sondern verneint. Jeder Evolutionstheoretiker und Biologe wird sich wundern, was in den vielen Jahrtausenden vor der menschlichen Existenz anstatt der Natur bestanden haben soll. Diese Annahme ist ebenso ontologisch unhaltbar wie die Behauptung der extremen Gegenposition, des Materialismus und Physikalismus, alles Existierende sei materiell und müsse von der Physik untersucht werden können. Denn ebenso wie die reale Bedrohung des Meeres an der Nordseeküste, die keineswegs ein Konstrukt des menschlichen Bewusstseins ist, und der durch physikalische Experimente nachvollziehbare Hergang einer Sturmflut, ist auch die äußerlich nicht beobachtbare oder messbare menschliche und individuelle Bewertung dieses Ereignisses und die daraus folgende Resilienz der einzelnen Nordseeküstenbewohner real.

Hier zeigt sich das Problem der Weltbilder in aller Deutlichkeit. Um ein Bild von der Welt zu erlangen, müsste man ihr gegenüberstehen, sich selbst außerhalb davon befinden, und das ist unmöglich. Ein Weltbild ist also immer ein Bild der Welt von innen, und der Anspruch, die Welt als Ganzes in diesem Bild zusammenzufassen, beschränkt sich doch immer auf einen gewissen Ausschnitt der Welt, der den ganzen Rest, der ja per definitionem ebenso unter das Weltbild fällt, lediglich sehr verzerrt darstellen kann. Der erreichte Überblick könnte also nur als Weltausschnitts-Bild bezeichnet und gehandelt werden, doch meist wird aus dieser einseitig erlangten Grundlage vorschnell verallgemeinert. Aus dem Argument der Faktizität (vgl. dazu Boghossian 2013) – die Faktizität ist das Faktum, die Tatsache, dass es überhaupt etwas gibt – lässt sich zeigen, dass der Konstruktivismus Tatsachen für seine Theorie benutzt, die selbst nicht konstruiert sind. Doch ist die zugrundeliegende Aussage eigentlich, dass alles, auch alle Theorien, konstruiert sind. Dieses Argument braucht an dieser Stelle nicht in voller Länge ausgebreitet zu werden, es genügt zu sagen, dass die Annahme, dass alles konstruiert ist, an irgendeinem Punkt, nach einer unendlichen Verschachtelung, immer darin resultiert, dass es eine unkonstruierte Tatsache geben muss. Denn auch wenn es beispielsweise keinen einzigen Gegenstand geben würde, so gäbe es doch die Tatsache, dass es keinen einzigen Gegenstand gibt. Das Argument aus der Faktizität resultiert laut Gabriel (2013, S. 168) in einem Realismus der Vernunft, da immer Tatsachen im Spiel sind, die nicht konstruiert werden. Die Hauptaufgabe könnte es allerdings sein, diese Tatsachen, und woraus sie sich zusammensetzen, zu erkennen. Der Begriff Weltbild, der die Welt in ihrer Gesamtheit beschreiben soll, ist also weder dem Konstruktivismus noch dem Szientismus als der Naturwissenschaften fundamentaler Schicht der Wirklichkeit angemessen, obgleich es sich dabei um Weltbilder handelt. Natürlich gibt es weitaus mehr (wissenschaftliche) Weltbilder, auf die aber aus offensichtlichen Gründen der Rahmenübertretung nicht eingegangen werden kann. Die hier angeführten Gedanken und Beispiele sollen stattdessen exemplarisch darstellen, dass der monistische Anspruch der einzelnen Positionen nicht nur in sich unhaltbar ist, sondern auch das Konzept eines Weltbildes nie das sein kann, was es vorgibt zu sein. Dazu noch abschließend ein Kommentar Heideggers aus seinem Aufsatz „Die Zeit des Weltbildes":

> „Weltbild wesentlich verstanden, meint daher nicht ein Bild von der Welt, sondern die Welt als Bild begriffen. Das Seiende im Ganzen wird jetzt so genommen, dass es erst und nur seiend ist, sofern es durch den vorstellend-herstellenden Menschen gestellt ist" (Heidegger 1977, S. 89f.).

„Die Welt als Bild" impliziert eine Perspektive, von der aus man sich ein ebensolches Bild von der Welt machen kann, was jedoch bedeuten würde, das die gedachte Perspektive außerhalb jener Welt liegen müsste. Vielmehr ist es aber genau dieses „Bild von der Welt", das es eigentlich nicht zu sein vorgibt und das übersetzt werden kann in die Sinnfeldontologie, in der Gegenstände auf bestimmte Weisen in Sinnfeldern erscheinen. Somit gibt es eine Pluralität von Gegenstandsbereichen, die verstanden und erkannt werden können, aber viel häufiger auch nicht verstanden und erkannt sind (vgl. Gabriel 2012; Gabriel 2013; Gabriel 2014).

Bernd Rieken sieht sich auch zwischen zwei Positionen, wenn er in seiner Arbeit „Schatten über Galtür" eine Balance finden muss zwischen selten vereinten Perspektiven:

> „Wenn wir uns fragen, was eine Naturkatastrophe mental bewirkt und wie sie bewältigt wird, dann befinden wir uns sogleich zwischen der einseitigen Dichotomie

von Konstruktivismus und Essentialismus, denn es geht dabei um etwas Materielles, das auf Geist, Psyche und Kultur Einfluss ausübt und umgekehrt auch von diesen Faktoren beeinflusst wird. Daher ist es sinnvoll, ‚harte' und ‚weiche' Fakten nicht gegeneinander auszuspielen, sondern zu akzeptieren, dass natur- und geisteswissenschaftliche Fragestellungen ihre perspektivische Berechtigung haben" (Rieken 2010, S. 24).

Die Frage ist, ob sich die unterschiedlichen Sinnfelder, die sich in einer solchen Auseinandersetzung wie dieser Arbeit überlappen, nicht nur nebeneinander teilweise dieselben Gegenstände beherbergen und für die unterschiedlichen Analysen herangezogen werden müssen oder ob sie vielleicht auch in einem Sinnfeld vereinbar sind.

Damit laufen die Überlegungen hinaus auf einen ontologischen Realismus, den Neuen Realismus, der laut Gabriel „ohne die Annahme eines allumfassenden Bereichs auskommt" (2014, S. 198). Die Bezeichnung Weltbild ist mit seiner Intention, einen solchen „allumfassenden Bereich" zu beschreiben, nicht mehr aktuell – stattdessen hält der Pluralismus seinen Einzug. Daraus soll aber nicht geschlossen werden, dass die kritisierten Positionen des Konstruktivismus, Szientismus, Materialismus etc. gänzlich verworfen werden sollen – dem ist nicht so. Der Neue Realismus, vor allem in seiner Spielart der Sinnfeldontologie, lässt Raum für vielerlei antirealistische Verfahren und Operationen, einzig deren Ausbreiten auf die Gesamtheit alles Erfassbaren und nicht Erfassbaren und auf die Existenz an sich verhindert er. Die Wissenschaften leisten zweifellos wichtige Arbeit und tragen in ihrer steten Weiterentwicklung essentiell zum Fortschritt der Menschheit und ihrer Geschichte bei. Aber es sei darauf hingewiesen, dass es ein überzogener und unrealistischer Anspruch ist, alles erklären zu müssen. Denn das ist eine Forderung, der nichts und niemand jemals wird entsprechen können.

5 Erzählforschung und Biographieforschung – Kategorien der Volkskunde? Interdisziplinarität zwischen Bereicherung und Konflikt

Um ein Katastrophengeschehen wie die Sturmflut vom 16./17. Februar 1962 und auch andere Sturmfluten an der Nordseeküste in seinen vielen Facetten zu beleuchten und vor allem seine (Aus-)Wirkungen auf das Erleben der Halligbewohner zu erforschen, reicht es nicht aus, die Expertise nur einer Wissenschaftsperspektive zu Rate zu ziehen. Der viel beworbene, aber nur selten umgesetzte interdisziplinäre Zugang in der Herangehensweise öffnet das weite Feld der ohnehin schon kaum erfassbaren Literatur noch um ein weiteres. Es soll daher im Vorhinein vor allem eine Forschungsdisziplin, besser gesagt Unterkategorien derselben, kurz eingeführt werden, da sie neben der Psychotherapiewissenschaft und tiefenpsychologischen Betrachtungsweise zentrale Elemente des Forschungsinteresses thematisiert. Die Rede ist von der Volkskunde oder Europäischen Ethnologie, die das Hauptaugenmerk vor allem auf die Gemeinschaft, Gesellschaft, Verarbeitung in Gruppen und kultureller oder regionaler Zugehörigkeit untersucht. Neben der Spezifität des Individuums, welches ohne Frage nichts an Wichtigkeit einbüßt, wenn der Einfluss einer Katastrophe, die Vulnerabilität und Resilienz untersucht werden will, stellt es sich daher als sinnvoll, wenn nicht sogar essentiell dar, auch die Gemeinschaft und die damit verbundenen Faktoren wie kollektive Identitäten etc. miteinzubeziehen. Es stellt sich heraus, dass die Verbindung dieser beiden Ansätze nicht bloß das anfängliche Anliegen umsetzt, nämlich das Geschehen um und nach der Katastrophe aus verschiedenen Perspektiven zu beleuchten, um möglichst genau und auf unterschiedlichen Ebenen vorgehen zu können. Sie legt auch Parallelen frei, die bisher wenig beachtet waren. Durch eine gegenseitige Nutzung dieser Ressourcen kann für beide Disziplinen fruchtbares Gedankengut gewonnen und in unserem speziellen Fall das Verständnis für Verarbeitungsprozesse in Katastrophengebieten erweitert und – zumindest aus dieser Perspektive – vollständiger werden.

Diese wechselseitige Beziehung wird im Rahmen der Arbeit immer wieder zu Tage treten und uns vor allem in den Analysen und Interviewbearbeitungen begleiten. Vorab aber eine kleine Einführung in einige Teilbereiche und auch – in aller Kürze – deren Übergänge zu psychodynamischen Sichtweisen, um ein gewisses Vorverständnis zu ermöglichen und den hier (vor allem) bemühten Ansätzen Rechnung zu tragen.

Zu den ältesten Teilbereichen der Europäischen Ethnologie gehört die volkskundliche Erzählforschung. Sie geht auf die Bestrebungen der Brüder Grimm zurück, Volkserzählungen, vor allem Märchen und Sagen, zu sammeln und aufzuzeichnen (vgl. Bausinger 1980a; Bausinger 1999; Petzoldt 1999; Pöge-Alder 2011; Röhrich 2001b). Auf Kurt Ranke lässt sich der dazu gehörige Begriff „Homo narrans" zurückführen, der in den 1960er Jahren, durch Bezug auf gängige anthropologische Zuschreibungen dieser Zeit, wie z.B. Homo faber oder Homo ludens, von diesen geprägt wurde. Ranke begründete die Relevanz seines Neologismus damit, „dass neben dem profanen, etwa dem praktisch-ökonomischen Gedankenaustausch, auch das Erzählen von Geschichten aller Art einem der elementarsten Bedürfnisse menschlichen Wesens entspringt" (1965, S. 41).

Das autobiographische Erzählen hat, sieht man von einigen Vorboten ab (s. Lehmann 1983, S 31–35), erst seit den 1980er Jahren einen Zugang zur Europäischen Ethnologie und Volkskunde gefunden. Im Gegensatz dazu kann die Beschäftigung mit den traditionellen Gattungen der Erzählforschung auf eine lange Tradition in den Fächern zurückblicken. Das lebensgeschichtliche Erzählen verdanken wir vor allem Albrecht Lehmann, der sich in seiner Habilitationsschrift „Erzählstruktur und Lebenslauf" mit den Biographien von insgesamt 86 Arbeitern aus Hamburg intensiv beschäftigte und zu zeigen versuchte, dass jede Generation kennzeichnende Leitlinien des Erzählens ausbildet, in welcher sich sowohl historische als auch private Ereignisse vermischen. Die individuellen Lebensgeschichten der Interviewten könnten mit der Geschichte und der geschichtlichen Zeit in Zusammenhang gebracht werden, wenn sie als chronologische Abfolge erinnert und erzählt werden. Diese erzählte Abfolge miteinander in enger Beziehung stehender Ereignisse bezeichnet Lehmann als Leitlinien des lebensgeschichtlichen Erzählens, die Gesamtheit der Leitlinien nennt er Erzählstruktur.

Eine Katastrophe stellt nun eine ganz besondere Leitlinie des Erzählens dar. Es handelt sich dabei um einen schwerwiegenden Einschnitt in der Lebensgeschichte, zu dem neben der Generationenthematik bzw. der Geschichte vor allem jenes hinzukommt, was dem Einzelnen zugestoßen ist sowie, je nach individueller Disposition und individueller Biographie, unterschiedlich erlebt wurde. Daran zeigt sich deutlich, dass es sinnvoll ist, wenn in der zeitgenössischen volkskundlichen Erzählforschung das Individuum vermehrt Beachtung findet. Die ältere Erzählforschung lenkt ihre Aufmerksamkeit hauptsächlich auf das Erzählgut, weswegen der Person, welche dahintersteht, wenig oder gar keine Beachtung zuteilwird. Die moderne Erzählforschung ist im Unterschied zur älteren Erzählforschung eben nicht nur am Erzählgut, sondern auch am Erzähler als Individuum interessiert.

In dem Zusammenhang weist Lehmann (1983, S. 37f.) auf den Identitätsbegriff hin. Dieser wird sowohl von psychologischen als auch von Sozialwissenschaften aufgegriffen und gehört damit zu einigen wenigen Begriffen mit dergestalt geteilter Verwendung. Von den einen wird der hauptsächliche Fokus auf das Individuum gerichtet, von den anderen auf das Kollektiv. Genauer zeigt sich das an den unterschiedlichen Begrifflichkeiten wie „Ich-Identität" oder „persönlicher Identität" auf Seiten der Psychologie und „kultureller Identität", „kollektiver Identität" oder „regionaler Identität" in den Sozial- und Kulturwissenschaften. Besonderes Augenmerk verdient in dem Zusammenhang das Kompositum „Ich-Identität", das vom Psychoanalytiker Erik Erikson im wissenschaftlichen Diskurs geprägt und eingeführt wurde, denn seine Begriffsbestimmung beinhaltet sowohl individuelle als auch kollektive Elemente. Dies zeigt sich besonders gut in einer Umschreibung der Ich-Identität als einem Ausgangspunkt, aus dem heraus „das Ich wesentliche Schritte in Richtung auf eine greifbare Zukunft zu machen lernt und sich zu einem definierten Ich innerhalb einer sozialen Realität entwickelt" (Erikson 1981, S. 17). In dieser Veranschaulichung sind beide Dimensionen enthalten – die Zentrierung auf das eigene Ich und auch die soziale Bezogenheit und das Erkennen durch andere. Es handelt sich dabei um ein ganzheitliches Phänomen, da durch eine bestimmte Auswahl auf die ganze Persönlichkeit und Individualität geschlossen werden soll. Bei Lehmann finden wir dies im seinem Konzept der Erzählstruktur wieder, die nicht die Kumulation aller Leitlinien des Erzählens, sondern vielmehr die Bezogenheit jeder einzelnen „auf den Erlebenden als Ganzheit" (Lehmann 1983, S. 17) darstellen soll und somit eine zugrundeliegende Struktur, einen Zusammenhang entwirft. Mit diesen Zugängen eröffnen sich die Tore zu tiefenpsychologischen Denkweisen – vor allem zu erwähnen sei der „Lebensstil" Alfred Adlers, der in der Individualpsychologie einen Grundpfeiler des Menschenverständnisses ausmacht. Wie bei Lehmann stellt er den roten Faden dar, der sich durch das Leben zieht und jeden Ausdruck in Zusammenhang mit der Ganzheit, dem ganzen Menschen betrachtet. Adler sieht in jeder Geste und jeder Form, wie auch „jedem Symptom [...] immer die ganz große Melodie des Individuums" (1982b, S. 187).

Kommen wir aber auf Rankes Begriffsbildung des Homo narrans zurück, so ist es wichtig zu erwähnen, dass dieser nicht das autobiographische Erzählen ins Zentrum des Interesses stellt, sondern „das ubiquitäre Vorkommen der Einfachen Formen als ein anthropologisches Phänomen" (Ranke 1965, S. 41). Ein dergestalt universalistischer Ansatz evoziert natürlich Gegenstimmen, so auch in der volkskundlichen Erzählforschung. Albrecht Lehmann etwa steht diesem Konzept eher skeptisch gegenüber und kritisiert an Ranke, dass er den Homo narrans „keineswegs als Individuum in seiner sich wandelnden sozialen und historischen Lage, sondern überzeitlich als „Repräsentanten der Menschheit" betrachtet habe, und er fügt hinzu:

> „Die Vorstellung, ,vom Menschen selbst' in seiner anthropologischen Qualität auszugehen, ist natürlich unhistorisch und bietet obendrein keinen Ansatzpunkt für einen praktikablen empirischen Zugang. – Wen sollte man fragen, wenn es um die ganze Menschheit geht? – Einen einzigen oder vielleicht doch besser gleich alle?" (Lehmann 2007, S. 44).

Diese Überlegung Lehmanns ist berechtigt, denn es handelt sich um eine brisante Angelegenheit, wenn man nach dem möglichen Allgemeinen, einem verschwommenen Universalismus fragt, im Angesicht eines Individuums. Hier befinden wir uns auch wieder an der Schnittstelle zu den Natur- und Humanwissenschaften, die auf der Suche nach allgemeingültigen Gesetzen über den Menschen ihren Teilbereich der Realität, ihr Sinnfeld, der klassischen Physik anzupassen und somit unterzuordnen suchen und damit nicht nur die verschiedenen Sinnfelder verwechseln, sondern oft ebenfalls das eigene oder besser gesagt das angestrebte Naturwissenschaftliche mit der Gesamtheit der Realität gleichsetzen.

Die Erzählforschung in ihrer traditionellen Ausrichtung und das autobiographische Erzählen als moderne Strömung sind Teilbereiche der Europäischen Ethnologie, die sich in ihrem unterschiedlichen Fokus für ein Verständnis der Conditio Humana in nichts nachstehen. Denn die Bedeutung des Erzählens für den Menschen, den Homo narrans, ist ohne Zweifel fundamental, was auch erkennbar wird durch die vielen Anknüpfungspunkte an die Psycho-Wissenschaften. Darin finden sich nicht nur in der vermehrt auf den Erzähler fokussierenden autobiographischen Erzählforschung Parallelen zu beispielsweise psychotherapeutischer Arbeit vor, sondern es werden auch durch den volkskundlich traditionellen Fokus auf Märchen, Sage, Schwank etc. Rückschlüsse auf Grundprobleme der menschlichen Seele möglich, die solchen Volkserzählungen häufig z.B. als Macht/Ohnmacht oder Trieb-Konflikte zugrunde liegen. Trotz jener vorteilhaften Ergänzungen der beiden wissenschaftlichen Grundströmungen ergeben sich natürlich auch Probleme in der

Umsetzung eines interdisziplinären Unterfangens wie diesem. Das soll hier kurz angerissen werden, um einen Eindruck der möglicherweise auftretenden Schwierigkeiten zu vermitteln. Eine genauere Betrachtung ist indes aber eher an konkreten Situationen, in den Interview- und Feldforschungsauswertungen und in Detailanalysen derselben, sinnvoll.

Die Anforderungen an eine ethnologische Feldforschung sind so beschaffen, dass sie in den meisten Fällen selbst von Ethnologen kaum eingehalten werden können. Erstrebt wird eine möglichst hohe Annäherung an die traditionellen Standards: mindestens ein Jahr lang in der betreffenden sozialen Gruppe eingegliedert und angepasst zu leben. Auch wenn sich dieses Ideal nur selten umsetzen lässt und das auch fachintern eingesehen wird, strebt ein Ethnologe doch die Auseinandersetzung mit dem Forschungsobjekt unter schwierigen Umständen und großen Belastungen an, um an die Fragestellung so authentisch wie möglich herangehen zu können. Nun gibt es Stimmen aus der Volkskunde, wie die von Christoph Köck, der andere Methoden der Feldforschung, wie Interviewaufzeichnungen, die in einer ethnologisch-tiefenpsychologischen Studie über die Lawinenkatastrophe von Galtür (Rieken 2010) circa 20–60 Minuten dauerten, scharf kritisiert und diese Form einer „Speed-Ethnologie" an den Rand der Disziplin zu stellen versucht. Gleichzeitig muss von Köck aber ein Erfolg der Galtür-Untersuchung eingestanden werden, der in der Ethnologie selten und in dieser Arbeit trotz anderer Herangehensweise gelungen sei: innerhalb eines gesellschaftlichen Bezugsrahmens Gefühle und Denkweisen darzustellen und die spezifischen Ängste der betroffenen Bevölkerung in einen Zusammenhang mit der beforschten Katastrophe zu bringen (s. Köck 2011, S. 243). Der Ethnologe Michael Simon weist auf diesen Widerspruch hin, der solchen Aussagen innewohnt, und bezeichnet sie weiter als „verstörend, weil sie einerseits für das methodische Herangehen im Fach Ansprüche formulieren, die andererseits für die Ergebnisse wohl gar nicht benötigt werden" (Simon 2015, S. 94). Er erklärt diese Ambivalenz der Kritik daraus, dass sie von einem Grundproblem der Ethnologie herrührt, welchem eine subjektiv empfundene Minderwertigkeit zugrunde liegt. Die Ethnologie und Volkskunde ist keine Wissenschaft, die im Falle eines Katastrophengeschehens im Selbstverständnis der Bevölkerung zum Nutzen der Betroffenen und der Gesellschaft beiträgt, im Gegensatz zu Ärzten, Helfern, psychologisch ausgebildeten Fachkräften etc. Um sich aber trotzdem in der aktuellen Debatte um interdisziplinäre Katastrophenforschung behaupten zu können und die Besonderheiten des Faches, das geschichtliche Wissen, die Verknüpfung komplexer Sachverhalte, gegenüber den klassischen Interventionswissenschaften abzuheben, müssen sie „auf diese besonderen Befähigungen ausdrücklich hinweisen, um ihre Arbeit nachträglich zu legitimieren" (ebd., S. 95). Ein Merkmal der ethnologisch gewonnenen Daten, durch die aufwendige und mühsame Feldarbeit, ist deren Qualität, die in dem hier beschriebenen Fall mit dazu beiträgt, abweichende Herangehensweisen als weniger genau und „wissenschaftlich viel zu flüchtig" (ebd., S. 95) abzustempeln, und die Fähigkeit der Qualitäts-Daten Gewinnung dem eigenen Fach, im Versuch einer Legitimation, zuzusprechen. Eine Schwierigkeit besteht also hinsichtlich der Tendenz, das Eigene, sei es aus unbewussten Minderwertigkeitsgefühlen oder dem Bedürfnis nach Abgrenzung, in einem transdisziplinären Wissenschaftsfeld wie der Katastrophenforschung, zum Eigentlichen zu erklären und damit eine interdisziplinäre Auseinandersetzung zu erschweren oder unmöglich zu machen. Es erfordert nicht nur Sicherheit im eigenen Fachgebiet, die notwendig ist um andere Fächer nicht als Bedrohung wahrzunehmen, sondern auch eine permanente Reflexion der eigenen Handlungsmotive und Denkansätze, die in den interdisziplinären Arbeitsprozess einfließen, um derartige Einbrüche unbewusster Motive zu minimieren.

Von Seiten der Ethnologie könnte ein weiterer Kritikpunkt vorgebracht werden, wenn zwei unterschiedliche Disziplinen in der Arbeit aufeinandertreffen, nämlich einer, der die Rolle des Forschers thematisiert. Ist dieser in der Erhebungssituation von seiner anderen Rolle als (beispielsweise) Psychotherapeut beeinflusst, stellt das für eine einwandfreie ethnologische Forschungssituation ein Problem dar, „da sie die Gesprächsteilnehmer in eine bestimmte Denkrichtung [lenkt] [...] [und diese] eine selbstbestimmte, akteurszentrierte Erzählung behindert" (Simon 2015, S. 98). In diesem Fall wäre es möglich, dass der Psychotherapeut als Forscher eher einer psychisch interessanten „Spur" nachgeht, als möglichst neutral dem Erzähler die Richtungsfindung zu überlassen. Vordergründig wäre diese Kritik durchaus berechtigt, da persönliche Kommunikationsformen, die Art, wie ein Gespräch geführt und wie beispielsweise Fragen gestellt werden, von einer Ausbildung wie jener des Psychotherapeuten, der sich des Gesprächs in seinem Beruf regelmäßig als Werkzeug bedient, immer beeinflusst ist. Auf den zweiten Blick jedoch wird jeder Forscher eine solche persönliche „Last" mit sich tragen, wenn man das als Umstand bezeichnen möchte, der die Interviewsituation „belastet". Auch andere berufliche Prägungen werden in einer Interaktion im Feld immer Ausdruck finden, ebenso wie die unveränderlichen Faktoren Alter, Geschlecht, kultureller Hintergrund usw. Um diese unvermeidbaren Prädispositionen nicht nur im Forschungsprozess transparent zu machen, sondern sie auch so gut wie möglich für valide wissenschaftliche Erkenntnisse nutzen zu können, sind eine umfassende Interpretation und Reflexion für die Erhebungskontexte unabdingbar. Es entsteht, bei genauem Hinsehen, aus einer interdisziplinären Schwierigkeit eine Möglichkeit: nämlich nicht – wie es nur allzu leicht passiert, da man sich im Nebel des eigenen Dogmatismus befindet – das dem Material immanente „Gepäck" der eigenen (wissenschaftlichen) Prägung zu übersehen, also die jeweiligen persönlichen Prädispositionen unreflektiert auf den Forschungsprozess einwirken zu lassen, sondern vermehrt die üblichen Denk- und Arbeitsweisen aus der Sicht eines Außenstehenden zu problematisieren und zu hinterfragen.

Erzähl- und Biographieforschung sind als Subdisziplinen der Volkskunde zu verstehen, was aus den bisherigen Ausführungen hervorgeht. Ebenso ergeben sich aber Parallelen zur Psychotherapiewissenschaft – nicht nur was eine gegenseitige Erweiterung und Bereicherung der fachlichen Auseinandersetzung betrifft, sondern auch im Sinne der Disziplinen als solche. Das Erzählen in belastenden Situationen, seien dies nun Naturkatastrophen oder persönliche Probleme, ist sinnvoll, „weil es *be*lastende Geschehnisse erträglicher macht und dergestalt eine *ent*lastende Funktion hat" (Rieken 2015a, S. 107). Ein Gespräch kann ein gutes Mittel sein, die Seele zu erleichtern und durch das Teilen der Erlebnisse und Empfindungen und das Strukturieren derselben, das durch Reden gefördert wird, wie ein Ventil den zu Druck verringern. Wird über Belastendes nicht gesprochen, kann die Verarbeitung, wenn überhaupt, nur sehr verlangsamt einsetzen, und die Lebensqualität des Betroffenen wird durch die Last unter der Oberfläche höchst wahrscheinlich beeinträchtigt. Die ganz alltäglichen Mittel der Kommunikation sind es, die eine Annäherung, in Form von Interpretationen, an Erlebtes und Geschehenes ermöglichen. Verstehen ist nicht nur ein Versuch der Wahrheitsfindung oder um dem Menschen in seinem Sinnverstehen auf die Spur zu kommen, sondern auch eine Methode, das seelische Gleichgewicht durch das Verstehen und Verarbeiten „zufällig" erscheinender Ereignisse wie Katastrophen wiederherzustellen. Schon der Hermeneutiker und Philosoph Hans-Georg Gadamer weist auf den Zusammenhang des Gesprächs mit dem Menschen und seinem Sinnverstehen hin: „Sein, das verstanden werden kann, ist Sprache" (Gadamer 1986, S. 478). Erzählen fördert und gewährt also seelische Gesundheit und ist nicht zufällig eines der wichtigsten Arbeitswerkzeuge in der Psychotherapie. Auch wenn dies nicht unter derselben Bezeichnung wie in der Volkskunde gehandelt wird, macht die Erzählforschung – oder Gesprächsanalyse – in Form der Auseinandersetzung mit dem Interessensobjekt, dem Homo narrans, einen wesentlichen Teil der Psychotherapiewissenschaft aus. Auch die Biographieforschung, ebenfalls in der Volkskunde als eigenständige Kategorie vertreten, ist ein wesentlicher Teil der Tiefenpsychologie, in dem die Gegebenheiten des Hier und Jetzt mit der Vergangenheit, der persönlichen Entwicklung, also der Biographie eines Menschen, in Zusammenhang gebracht werden. Dabei ist es nicht nur die Befassung mit dem Lebenslauf, die eine Parallele zwischen den beiden Fachgebieten herstellt – die Ähnlichkeit der Problematiken erstreckt sich auch auf tiefere Ebenen der Wissenschaftstheorie.

Sowohl in der Volkskunde als auch in der Psychotherapiewissenschaft beschäftigt sich eine der zentralen Fragen im Kontext der Lebensgeschichte mit der Diskussion um Konstruktion oder Rekonstruktion. Wird in einer Erzählung die Vergangenheit *ge*funden oder vielmehr *er*funden? Die zwei Lager teilen sich auf der einen Seite in konservative Psychoanalytiker, die im Sinne der Freud'schen Metapsychologie (Kirchhoff 2010, S. 5), man könnte sie auch als naturwissenschaftliche Hermeneutik bezeichnen, versuchen, die Biographie des Patienten zu rekonstruieren. Demgegenüber steht die relationale Psychoanalyse, in der die biographische Arbeit als zwischen dem Analytiker und dem Patienten stattfindende Konstruktion betrachtet wird. In der Volkskunde wird zweitere Perspektive vertreten, wofür folgende Aussage von Linda Dégh bezeichnend ist: „My professional goal does not include finding out the truth" (Dégh 2001, S. 7). Erinnerung, die in der Vergangenheit verankert ist, unterliegt gezwungenermaßen einem gewissen Maß an Konstruktion, schon wegen der zeitlichen Distanz und der daraus erfolgenden veränderten Wahrnehmung. Doch spielt nicht nur das Gedächtnis in der Erinnerung eine Rolle, sondern vor allem auch die emotionale Ebene, die durchaus ein früheres Erleben in der Gegenwart ins Bewusstsein rufen und wiederherstellen kann. Diese Annahme leitet sich her aus der Anerkennung der Existenz des Unbewussten, das durch verschiedene Zugänge wie Träume, Fehlleistungen oder auch die freie Assoziation Vergangenes erlebbar macht. Daraus folgt die Möglichkeit eines perspektivischen Zuganges zur eigenen Biographie. Es ergeben sich also nicht nur zwischen den unterschiedlichen Disziplinen, hier der Psychotherapiewissenschaft und der Europäischen Ethnologie, heterogene Methoden bzw. unterschiedliche wissenschaftliche Grundeinstellungen. Auch intradisziplinär sind gerade in der Psychotherapiewissenschaft multiperspektivische Herangehensweisen vertreten (vgl. Rieken 2016a, S. 12f.). Dieser Umstand vereinfacht die eindeutige Zuordnung zu den vorherrschenden Strömungen nicht gerade und vereitelt schon aus dieser anfänglichen Schwierigkeit der zweifellosen Zugehörigkeit die unhinterfragte Übernahme fachspezifisch bewährter Methoden. Doch ist dies wirklich ein Nachteil? Oder sollte es vielmehr um den ursprünglichen Anspruch an Wissenschaft gehen, das Zu-Wissen-Geglaubte in Frage zu stellen und immer wieder neu anzufangen? Tatsächlich wird im Wissenschaftsbetrieb vieles als gegeben übernommen, was einen leichteren Zugang zum Forschungsgebiet ermöglicht, und die Wissenschaft vereinfacht. Dazu bemerkt Paul Feyerabend:

> „Zunächst wird ein Forschungsgebiet festgelegt. Es wird von der übrigen Geschichte abgetrennt [...] und mit einer ‚Logik' ausgestattet [...]. Man kann also eine Tradition schaffen, die durch strenge Regeln zusammengehalten wird und die auch einen gewissen Erfolg hat. Ist es aber wünschenswert, eine solche Tradition zu unterstützen und alles andere auszuschließen?" (ebd. 2003, S. 16f.).

Die vorausgehenden Gedanken führen zu der Überlegung, ob bei einer grundlegenden Auseinandersetzung mit philosophischen bzw. wissenschaftlichen Vorannahmen und auch Subdisziplinen – wie der Erzählforschung und der Biographieforschung – der Interdisziplinarität wirklich eine solche Bedeutung zukommt. Oder geht es vielmehr um den jeweiligen Gegenstandsbereich, der immer wieder neu definiert und erkannt werden muss. Denn schließlich geht es nicht um die Frage, inwiefern sich vielleicht Annahmen bzw. grundlegende Zugänge aus zwei verschiedenen Wissenschaften überkreuzen, sondern vielmehr um das Erfassen der Gegenstände, die zu einem Sinnfeld zusammengefasst werden sollten, um den Bereich der Fragestellung bestmöglich zu beleuchten.

II Naturräumliche Ausgangspunkte und das Fundament des Friesischen

„Und dieses Leben sollt ihr billig kennen,
Das Land wohl kennen, dem es angehört,
‚Das immerdar in seiner Fluren Mitte,
Den deutschen Biedersinn, die eigne Sitte,
Der edlen Freiheit längsten Sproß genährt,'
Das meerentrungne Land voll Gärten, Wiesen,
Den reichen Wohnsitz jener tapfern Friesen."

Johann Wolfgang von Goethe, Was wir bringen. Fortsetzung (1836, S. 139)

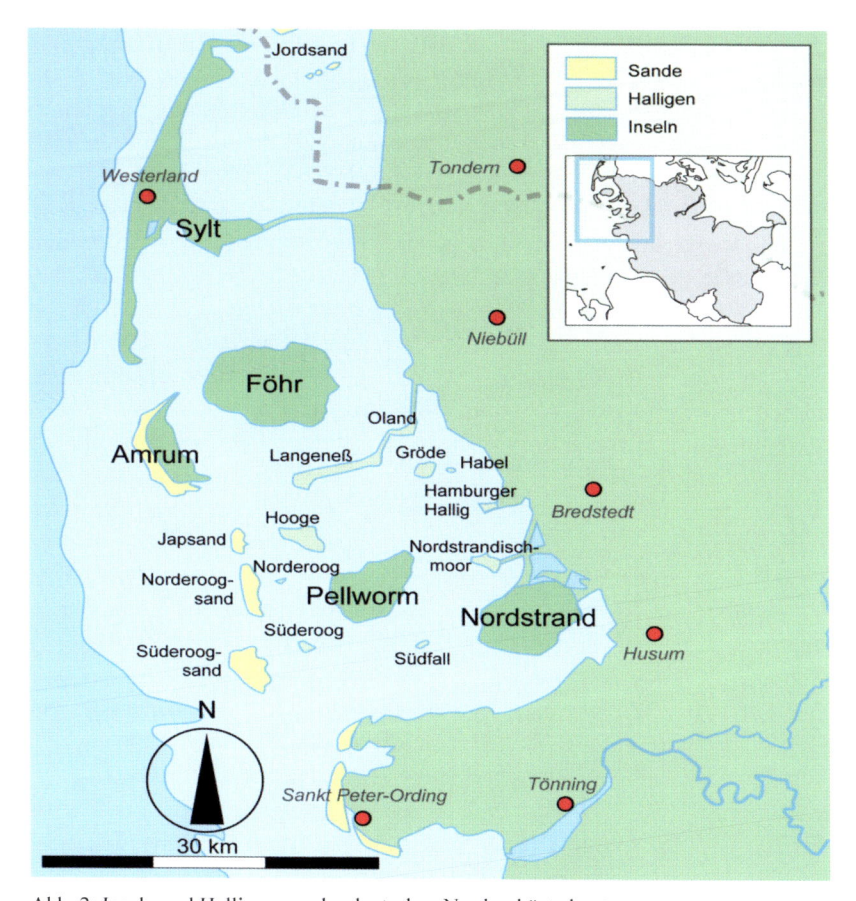

Abb. 2: Inseln und Halligen vor der deutschen Nordseeküste heute

1 Lebensraum Nordsee

Der Lebensraum der Halligen stellt einen sehr kleinen, aber sehr spezifischen Teil einer ohnehin schon besonderen Landschaft dar, der Frieslande. Diese setzten sich aus verschiedenen Staaten zusammen, die in Politik, Wirtschaft und öffentlichen Debatten eher am Rande des Interesses standen. Die Einheit, die sich trotzdem ergibt, ist die Einheit eines vom Meer geprägten Lebensraums, der sich sowohl kulturell als auch durch die besonderen Anforderungen, die die Natur in einem solchen Einflussgebiet stellt, nur schwer auf ein geographisches Gebiet eingrenzen lässt (vgl. Steensen 2006b, S. 6). Trotzdem kann eine Unterscheidung getroffen werden zwischen Westfriesland, dem Groninger Umland, Ostfriesland – dem Siedlungsgebiet von der Ems- bis zur Wesermündung – und Nordfriesland, das sich großteils aus der schleswig-holsteinischen, aber auch aus der südlichen dänischen Nordseeküste zusammensetzt.

Der Küstenstreifen zwischen den Flussmündungen Eider und Wiedau gehört ebenso zu Nordfriesland wie die Inseln und Halligen, die vorgelagert in der Nordsee liegen. Das Land, geprägt vom Meer, besteht aus fruchtbarem Marschboden, der dem Meer abgewonnen wurde, und teilweise aus Geest und Sandablagerungen, die auch den Kern der Inseln Amrum, Föhr und Sylt ausmachen. In dieser vielfältigen Landschaft mit Wattströmen, Sandbänken, Moor- und Heideflächen sind die Halligen eine einzigartige Lebenswelt, da sie regelmäßig bei erhöhtem Wasserstand überflutet werden (vgl. Steensen 2006a, S. 97). Die Notwendigkeit, mit dem Meer zu leben, und die Abhängigkeit von diesem verdeutlicht seine Position als bestimmendes Element in der Geschichte der Frieslande. Kriege oder sonstige Auseinandersetzungen, die politische und territoriale Änderungen nach sich zogen, hatten in diesem Gebiet nie den Einfluss, den das Meer durch seine landgebenden oder landnehmenden Eigenschaften ausübte. Da der Meeresspiegel kontinuierlich anstieg und den Lebensraum der Ansiedler bedrohte, begannen die Friesen im 11. Jahrhundert mit dem Bau von ersten Deichen. Als Schutz vor der See ermöglichten diese eine florierende Landwirtschaft und brachten Nordfriesland, gemeinsam mit dem Abbau von Salz aus dem Torf der Watten, und der sich ständig verbessernden Technik des Deichbaus, zeitweise großen Wohlstand. Solche Perioden wurden aber oft durch schwere Überflutungen beendet, wie etwa der großen Mandränken von 1362, als die Stadt Rungholt im Meer versank, oder 1634, als die Insel Alt-Nordstrand und mit ihr ein zentrales Gebiet Nordfrieslands auseinanderbrach.

Neben der Landwirtschaft war die Seefahrt wichtigste Einkommensquelle, vor allem für die Inselbevölkerung. Den Höhepunkt erreichte sie mit Walfang und Robbenschlag im 17. und 18. Jahrhundert, als fast die ganze männliche Bevölkerung zur See fuhr. Erst Anfang des 19. Jahrhunderts entwickelte sich der Tourismus, vor allem auf den Inseln, mit der Eröffnung der ersten Seebäder. Die neue Erwerbsquelle, der Fremdenverkehr, sollte die Landwirtschaft und die Fischerei an Ertrag bei weitem überflügeln (vgl. Steensen 2006a, S. 99f.).

2   Die Halligen (Landschaftswahrnehmung)

Teil dieses größten zusammenhängenden Wattgebietes der Erde, das sich von Den Helder in den Niederlanden bis Skallingen in Dänemark über fast 500 km erstreckt, sind auch die Halligen – kleine Marschinseln, die, dem Festland vorgelagert, sich kaum über den Meeresspiegel erheben. Christian Johansen schreibt dazu im Jahre 1866:

> „Ein Watt ist ja nichts Anderes als eine nackte Insel, eine Hallig, der die böse Sturm-, Wasser- und Eisflut das aus grünen Gräsern und buntem Klee gewirkte Kleid ausgezogen und nichts als eine dünne Schlammdecke wiedergegeben hat, in der es von kleinen Seetieren wimmelt".

Die Watten seien Bruchstücke einstiger Inseln und Landteile, die dieselben Sedimentablagerungen aufweisen wie die noch bestehenden Landstriche, von denen sie einst abgetrennt wurden. Nur durch die regelmäßigen Überflutungen veränderte sich die Oberfläche, und an manchen Stellen, an denen große Löcher den ursprünglichen Untergrund freilegen, erkennt man einen bläulichen Ton, den Klei, aus dem die Marschen bestehen. Die Sedimentablagerungen durch die zweimal tägliche Überschwemmung an der Oberfläche wird Schlick genannt – ein dicht gepresster Schlamm, der Fortbewegung darauf manches Mal schwer macht. Die Entstehung der Marschen rührt nun aus jener Zeit, da durch das zurückweichende Wasser Teile des Meeresgrundes freigelegt wurden, und sich darauf ein Moor, Sumpf und Morast bildete, der bei wieder steigendem Meeresspiegel den nun aufgelockerten Untergrund zusammenpresste und durch immer größer werdende Ablagerungen auf diesen sogenannten Darglagern die Marschen formte (vgl. Johansen 1866).

Während einer starken Flut werden die Halligen gänzlich überschwemmt. Es sind

> „Inseln, die selbst flach und eben mit ihren flachen Ufern ohne Gurt und Wehr da liegen im offenen Meere und bei jeder außerordentlichen Flut überschwemmt werden, dass nur die auf künstlich angelegten Hügeln erbauten Häuser aus der Wasserwüste hervorragen gleich Noahsarchen auf der Flut, mit dem Unterschiede jedoch, dass sie nicht auf dem Wasser schwimmen, sondern feststehen und dem Andrang der Wogenberge standhalten müssen, so lange sie es vermögen" (Johansen 1866).

Bei einem sogenannten „Landunter" ragen nur noch die Warften, künstlich aufgeschüttete Erdhügel, auf denen die Häuser der Halligbewohner stehen, aus dem Meer. Als erdgeschichtlich junge Inseln sind die Halligen erst im vergangenen Jahrtausend durch Aufschlickung und Aufschwemmung bei Überflutungen auf altem, untergegangenem Marschland entstanden. Dieser Schlickboden speichert kein Süßwasser, weswegen Regenwasser das einzige natürlich vorkommende Süßwasser in einem Fething, einem kleinen Becken in der Mitte jeder Warft, gesammelt werden musste.

Die Bevölkerung der heutigen Halligen setzte vermutlich erst in der Wikingerzeit ein, als Friesen sich dort dauerhaft niederließen, um den fruchtbaren Boden zu bestellen. Doch die Form der Halligen änderte sich ständig – vor allem Kantenabbrüche durch die häufigen Überflutungen verringerten das bewohn- und anbaubare Gebiet, Anlandungen sorgten anderenorts für Landgewinn, und manchmal verschwand die Marschinsel gänzlich.

> „Sieh sie an, jene Küsten, wo sich's dünt, wo die Umrisse der Sandberge aus dem grauen Nebel hervortreten, und lass dir erzählen von dem Zerbröckeln der Inselküsten und dem Zusammenstürzen der unterminierten Dünenwand, hinter welcher die gesegneten friesischen Marschen liegen, wo der friedliche Hirte seine Herde weidet und der singende Pflüger seine Furchen zieht, und dann lass dir sagen, was das Grollen und Toben der Nordsee zu bedeuten hat. Sie sagt: wartet nur, ihr Dünen und ihr Marschen, ihr sollt mein werden" (Johansen 1866).

Erst im 19. Jahrhundert wurden die Kanten der Halligen befestigt, um dem entgegenzuwirken.

Heute gibt es zehn deutsche Halligen, dazu zählen: Langeness (bedeutet lange Nase, Vorspitz, Kap), Oland (das alte Land), Gröde (die Grünende), Hooge (die hohe Hallig), Nordstrandischmoor (ein mit Klei bedecktes Moor), Norderoog, Süderoog und Südfall (die südlichsten Halligen), Habel und die Hamburger Hallig. Die Namensendung -oog leitet sich her von den Oogen oder Augen des Meeres, wie die Halligen einst bezeichnet wurden. Das graue, eintönige Watt wird nur unterbrochen von leicht erhobenem Grün, das wie „Oogen" aus dem Wasser ragt (vgl. Johansen 1866). Nur fünf werden bewirtschaftet und sieben bewohnt. Die Gesamtbevölkerung beläuft sich derzeit auf rund 230 Einwohner, größter Wirtschaftsfaktor ist der Fremdenverkehr, besonders der Tagestourismus, einen kleineren Teil des Einkommens macht die Landwirtschaft in Form von Weidevieh aus, das im Auftrag von Landwirten vom Festland über den Sommer auf den häufig überschwemmten, fruchtbaren Salzwiesen zum Grasen gehalten wird.

Die Halligen sind eine Landschaft, die den Rahmen der Vorstellung eines gewöhnlichen Lebensraumes überschreiten, und es sind besondere Voraussetzungen nötig, will man dauerhalt auf ihnen leben. Wiederkehrende, schwere Sturmfluten verwüsten das Land und das aufgebaute Lebensumfeld in regelmäßigen Abständen, und auch der ansteigende Meeresspiegel birgt nicht ideale Zukunftsaussichten. Die Halligen werden nicht von Deichen umgeben, um sie vor den Überschwemmungen zu schützen wie das am Festland und auf den Inseln entlang der gesamten Nordseeküste der Fall ist. Sie sind der Sturmflut ausgeliefert, und mehrmals in der Geschichte wurde durch unvorhersehbare, gewaltige Fluten alles zerstört und viele Menschenleben gefordert. Meistens gingen die Wiederaufbauarbeiten der Häuser mit einer gleichzeitigen Erhöhung der Warften einher, zum Schutz vor erneuter Zerstörung. Nach der schweren Flut im Jahr 1962 wurden große Summen an staatlichen Fördergeldern jenen zur Verfügung gestellt, die sich an die neu verordneten

Sicherheitsmaßnahmen, etwa die abermalige Erhöhung der Warft, aber auch erstmalig den Bau eines Schutzraumes, hielten. Seitdem gibt es in jedem neuen Haus, mindestens aber auf jeder Warft, einen aus Stahlbeton gebauten Schutzraum, der durch ebenfalls aus Stahlbeton gegossene Pfeiler in der Warft fixiert ist und im Falle weiterer schwerer Sturmfluten den Bewohnern Sicherheit bieten soll.

Der Landschaftsraum Nordsee zeigt sich also mit seinen wichtigsten geologischen Elementen, den Inseln und Halligen, gelegentlichen Sandbänken, Watten, Marsch, Moor und Geest als ein nicht gerade leicht zugängliches Gebiet zur Besiedelung und Nutzung. Die unruhige Nordsee bedrohte das Land seewärts und erschwerte die dauerhafte Niederlassung noch zusätzlich zu den bereits schwierigen Bedingungen, diese Gegend überhaupt zu erreichen. Das Festland war von Flussläufen durchkreuzt und von Mooren und Sümpfen geprägt, der Zugang zur Küste blieb eine Herausforderung. Gerade auf den Halligen, wollte man das feuchte Land zur landwirtschaftlichen Bebauung nutzbar machen und die Häuser auf mühevoll konstruierten und aufgetragenen Warften etwas gegen die Flut schützen, mussten außergewöhnliche Anstrengungen unternommen werden, um ein Gebiet bewohnbar zu machen. Obwohl die Bevölkerung einst wie heute sehr eng mit der Natur zusammenlebte und sich mit ihren Launen arrangieren muss, ist diese Landschaft doch geprägt von Menschenhand und vereint somit auf besondere Weise Natur und Kultur als zwei einander ergänzende und beeinflussende Systeme.

Die spezifische Lebenswelt der Halligbewohner, die in dieser Arbeit im Zentrum der Aufmerksamkeit stehen, beeinflusst Wahrnehmungen, Erleben und Verarbeitung zu einem nicht zu unterschätzenden Anteil. Tatsächlich fällt der Beschäftigung mit der Wahrnehmung von Landschaften in der Volkskunde eine vernachlässigte Position zu, völlig zu Unrecht (Bendix 2002). Denn eine der Rahmenbedingungen einer Gesellschaft stellt der Raum dar, in dem sie sich befindet und der sich – besonders auf den so vielen Einflüssen ausgesetzten Halligen – konstant verändert. Lebensraum ist somit keine gleichbleibende Variable, sondern zeitgebunden, mit der Geschichte gewachsen und kulturell geprägt, wie auch umgekehrt er die Geschichte mitschreibt und die Kultur formt. Die Lebens- und Alltagsverhältnisse stehen in engem Zusammenhang sowohl mit den Auswirkungen der Landschaft als auch mit dem biographischen Bewusstsein, und es ist naheliegend, eine gegenseitige Beeinflussung dieser beiden anzunehmen: Es „wirken nicht allein die Veränderungen der politischen und sozialen Umwelt ein, sondern auch die räumlichen Gegebenheiten, in denen sich die Ereignisse abgespielt haben" (Lehmann 1998, S. 144).

Besonders in der Volkskunde soll der Fokus nicht abweichen von der zu erforschenden Ganzheit, betont Bendix: „Phänomene erhalten ihren Sitz im Leben durch die Verbindung von sinnlich-kognitiver Wahrnehmung und kultureller Verortung, und diese Verbindung für unsere Arbeit zu schließen scheint mir ein wichtiges Ziel" (2002, S. 223). Landschaft und Biographie als volkskundliche Themenbereiche, die in dieser Kombination erst spärlich Aufmerksamkeit erlangten, stellen aber eine wichtige, aufeinander bezogene Einflussgröße dar. „Die lebensgeschichtliche Bedeutung der Landschaft in ihrer Konstanz und in ihrem Wandel hat die Biographieforschung noch nicht berücksichtigt", schreibt auch Lehmann 1996 (S. 143). Gerade in einem Gebiet wie den Halligen, in dem die Landschaft eine so bedeutende Rolle spielt, sollte sie aber in ihrer historischen und ihrer gegenwärtigen Bedeutung als integraler Teil der Lebensrealität angesehen und ihr dementsprechende Beachtung zuteilwerden.

Landschaft ist die Grundlage, auf der sich Ereignisse wie Sturmfluten und Naturkatastrophen zutragen. Möchte man in weiterer Folge das im Zentrum dieser Arbeit stehende Erleben einer Flut nicht herausgelöst aus dem Lebenskontext, sondern integriert in denselben erkunden, ist es notwendig, Wahrnehmung von Landschaft schon vor dem Ereignis als Basis zu etablieren. Dazu soll vorab ein kurzer Überblick dienen über die Art und Weise, wie Landschaft als solche wahrgenommen werden kann und welche Bedeutung dieser Wahrnehmung zukommt (siehe Begriff Wahrnehmung z.B. in Krings/Baumgartner/Wild 1974, S. 1669–1678; siehe auch Spacial Turn in den Kultur- und Sozialwissenschaften).

Als einer der ersten wissenschaftlichen Vertreter der deutschen Volkskunde schreibt Wilhelm Heinrich Riehl 1850 über die individuelle Leistung, Landschaft als einen Teil eines größeren Ganzen, der Natur, herauszufiltern und für sich zu besetzen. Daneben ist aber auch die Zeitgebundenheit ein Faktor, der wie die visuelle und mentale Wahrnehmung und Bewertung eine tragende Rolle spielt: „Mit jedem Umschwung der Gesittung erzeugt sich auch ein neuer ‚Blick' für eine andere Art landschaftlicher Schönheit" (S. 151). Die beiden Prinzipien hängen insofern zusammen, als ein Wandel des Blickes die Veränderung der (individuellen, aber auch kollektiven) Besetzung der Landschaft in der Zeit ist. Die individuelle Sichtweise wird immer auch durch die Einbettung in eine Kultur und Gesellschaft mitgeformt, birgt aber neben der Zeit- und Gesellschaftsvariable immer auch einen Rest individuellen Zugang, sei es bei der Wahl des Ausschnittes, der aus der Natur gezogen wird, oder seiner inneren Rekonstruktion. Dieser Aspekt der Dualität Gemeinschaft/Individuum wird im Laufe der Interviewanalysen – auch unter dem Gesichtspunkt der Landschaftswahrnehmung – einen Kernbereich des Interesses dieser Arbeit darstellen.

Landschaft kann also als Teil der Natur gesehen werden, nämlich jener, der ausschnitthaft wahrgenommen und besetzt wird. Dazu schreibt der Philosoph Ritter: „Landschaft ist Natur, die im Augenblick für einen fühlenden und empfindenden Menschen ästhetisch gegenwärtig ist" (Ritter 1974, S. 150). Weiter führt er in seiner Landschaftsstudie aus, dass Natur und Landschaft in unterschiedlichen Weisen erlebt werden müssen. Während die Natur die alltägliche, mit Arbeit verbundene Umgebung darstellt, aus der zum Beispiel Holz gewonnen, Seegründe zur Fischerei oder Landflächen zur Viehhaltung genutzt werden können, muss Landschaft bewusst und isoliert von Erwerb oder Zweck sein, um als solche ästhetisch wahrgenommen zu werden:

> „Natur ist für den ländlich Wohnenden immer die heimatliche, je in das werkende Dasein einbezogene Natur [...]. Landschaft wird daher Natur erst für den, der in sie ‚hinausgeht', um ‚draußen' an der Natur selbst als an dem Ganzen, das in ihr gegenwärtig ist, in freier genießender Betrachtung teilzuhaben" (ebd., S. 147).

Hierzu wäre zu bemerken, dass es sich gerade bei der ländlichen Bevölkerung visuell um ein und dasselbe handelt, ob sie nun die Natur nutzbar machen und bewirtschaften oder sich in derselben zu einem Spaziergang einfinden. Der Anblick und die Umgebung verändern sich nicht, es ist derselbe Wald, dasselbe Wasser, dieselben Wiesen, die sie während der Arbeit oder während des Spaziergangs sehen. Allein die Wahrnehmung der Natur kann sich ändern, je nach Zweck des Aufenthaltes. Das impliziert aber wiederum, dass Landschaft kein im Außen geprägtes oder verändertes Naturbild ist, sondern im Inneren durch eine alternierende Sinngebung erst den Status der „Landschaft" erlangt. Ritter schreibt weiter:

> „Mit seinem Hinausgehen verändert die Natur ihr Gesicht. Was sonst das genutzte oder das Ödland das Nutzlose ist und was über Jahrhunderte hin ungesehen und unbeachtet blieb oder das feindlich abweisende Fremde war, wird zum Großen, Erhabenen und Schönen: es wird zur Landschaft" (ebd., S. 151).

Es bleibt kritisch zu betrachten, inwieweit diese beiden Wahrnehmungen von Natur oder Landschaft tatsächlich voneinander zu trennen sind. Ein Fischer kann auch während der Arbeit auf See oder ein Waldarbeiter während der Ausmusterung von Bäumen ein erhabenes Gefühl bekommen, sich in einem Moment des Innehaltens ob der Macht und Schönheit der ihn umgebenden Natur gewahr werden. Es wäre naheliegender, Landschaft im Sinne des heimatlichen, lebensweltlichen Raumes als Bezugssystem in der Natur zu erfassen, als innere Repräsentanz einer Umgebung, die sowohl Nutzen als auch Ästhetik in sich vereint. Ergibt sich nicht das Gefühl des Bezogenseins aus gegenseitigem Geben und Nehmen, und ist nicht Bezogensein Voraussetzung für ein subjektives Gefühl von Ästhetik? Das Eine bedingt das Andere und würde als reine, distanzierte Betrachtung der Verknüpfung entbehren, die zur primären Heraustrennung einer Landschaftswahrnehmung aus der Natur notwendig ist.

In diesen Kontext passt der Begriff Atmosphäre als Objekt der Wahrnehmung. Ein atmosphärischer Raum ergibt sich aber nicht aus dem betrachteten Naturausschnitt, der mit einer objektiven, unveränderlichen „Ausstrahlung" Atmosphäre schafft und auf den Betrachter einwirkt. Der Philosoph Michael Hauskeller befasst sich damit eingehend in seiner Untersuchung „Atmosphären erleben" und kommt ebenfalls zu dem Gedanken, dass es sich um „verschiedene Ebenen der Subjektivität" (ebd. 1995, S. 46) handelt. Er versucht im Folgenden einen Kompromiss zu finden:

„Erscheinungscharaktere sind weder objektiv (dem wahrgenommenen Gegenstand allein zugehörig) noch subjektiv (ohne Aussage für anderes als den Zustand des Wahrnehmenden), sondern relational (die Beziehung zwischen Subjekt und Objekt benennend). Das Haften der Wahrnehmung an quasi-objektiven Erscheinungscharakteren ist gerade deshalb von außerordentlicher praktischer Relevanz, weil sich darin die Welt als eine Umwelt zeigt, in die der Wahrnehmende existentiell eingebunden ist, mit der er also rechnen muss" (ebd., S. 47).

Die Halligen stellen nun eine Landschaft dar, die sich in ihrer Besonderheit in der subjektiven Betrachtung ihrer Bewohner sehr wahrscheinlich auch wiederfindet. Die Wechselbeziehung zwischen sowohl der Landschaft als auch der Atmosphäre einerseits und der subjektiven Dimension der Wahrnehmung andererseits bleibt an lebensgeschichtlichen Beispielen im Einzelnen zu untersuchen, um die dargestellten Gedanken durch einen Abgleich mit tatsächlich Wahrgenommenem aufzuschlüsseln. Außer Frage steht jedoch die Relevanz von Landschaftswahrnehmung für biographische Erfahrungen – sei es nun als bloßer Bezugsrahmen des Erlebens oder als essentieller, verinnerlichter Bestandteil der individuellen Auffassung von Geschehen und Sein.

Nicht zu vergessen bleibt das Spannungsfeld zwischen Individuum und Gesellschaft, das in diesem Kontext die historisch entwickelten und kulturell geprägten Anschauungsformen von Landschaft von zwei Seiten beeinflusst – um zur Erfahrung einer bestimmten Lebenswelt einen ganzheitlichen Blick zu bewahren. Ohne das Einbeziehen der vorab gebildeten Muster, Symbolisierungen und Vorstellungen, die kulturell und gesellschaftlich (mit-)geformt werden, ergibt sich auch keine aussagekräftige Landschaftswahrnehmung als subjektiver Ausschnitt der Umwelt. Denn „ändern sich die kulturellen Muster, blicken wir auf die Natur mit anderen Augen" (Groh/Groh 1996, S. 27), und das ist notwendig, um zu einer Unterscheidung der beiden Einflussgrößen und zu einem Verstehen der Entwicklung bzw. Zusammensetzung der Wahrnehmung zu gelangen.

3 Das Volk der Friesen

3.1 Geschichtliche Entwicklung und Herkunft

Eine Landschaft kann – so einzigartig und aussagekräftig sie auch sein mag – mit unserem Interessensfokus nie für sich alleine gesehen werden in ihrem Wandel und ihren natürlichen oder kultürlichen Veränderungen; denn erst der Bezugsrahmen, den eine Bevölkerung zu ihr herstellt, vermag die Wahrnehmung in einen Kontext zu bringen, der in unserer spezifischen Betrachtungsweise Relevanz hat. Und vor allem an einem turbulenten und ungewöhnlichen Landschaftsabschnitt wie der Nordseeküste wäre anzunehmen, dass auch die Einwohner eine turbulente und ungewöhnliche Mentalität auszeichnet. Um dem nachzugehen, soll an dieser Stelle ein kleiner Ausflug in die Geschichte der Friesen unternommen werden, ein rudimentärer Abriss der Historie eines bemerkenswerten Volkes an der Seite der See.

Der Ursprung der Friesen kann nicht eindeutig bestimmt werden, auch nicht durch archäologische Funde oder Belege. Die gefundenen Keramikstücke lassen lediglich Schlüsse auf diverse Stileinflüsse zu, die durch die gemalten Muster erst im 1. Jahrhundert v. Chr. durch die typischen Streifenbänder als friesisch bezeichnet werden können. Ein Unterschied ist auch die Farbe dieser Tonstücke, die sich mit ockergelb oder orange von den wesentlich dunkleren Fundstücken aus den vorangegangenen Jahrhunderten unterscheiden. Nur einzelne Siedlungen können mittlerweile lokalisiert werden, so z.B. das Emsgebiet oder das Rheindelta (vgl. Döring 1996, S. 13f.). Zwei Überlieferungen handeln vom Ursprung des friesischen Volkes – eine Volkssage mit Wurzeln im Mittelalter, die eine orientalische Herkunft nahelegte, und die Ura-Linda-Chronik, die sich mit der germanische Hochkultur auseinandersetzt und darin auch die Herkunft der Friesen sieht. Beide stellten sich als unwahr heraus, die Sage trotz ihres volksetymologischen Zuganges der Namensdeutung im Sinne des Ähnlichkeitsprinzips, die Chronik sogar gänzlich als Fälschung (siehe dazu ausführlicher Rieken 2005, S. 76f.).

Die früheste Erwähnung der Friesen findet sich bei Plinius Secundus dem Älteren (23–77 n. Chr.) im 1. Jahrhundert n. Chr. In seiner Naturgeschichte erwähnt er sie neben vielen anderen germanischen Stämmen und Inselvölkern, und von ihm stammt auch eine oft zitierte Beobachtung die er dazumal machte; darin beschreibt er ein „armseliges Volk", das auf aufgeschütteten Hügeln lebt und dort auf der Erde sein Leben fristet, bang die Flut erwartend, die ihr Land überschwemmt, ihnen keine ordentliche Nutzung oder Viehhaltung ermöglicht und sie daher von Fisch und Regenwasser leben müssen (Plinius 1991, I., S. 3f.).

Plinius folgt Tacitus, der die Friesen als eines der am Rhein lebenden Völker beschreibt und in seinen Annalen auch die Abgaben-Vereinbarung zwischen Friesen und Römern beschreibt, die schlussendlich zu heftigen Auseinandersetzungen und Krieg führte, aus dem sich die Römer aber geschlagen zurückziehen mussten. „Von da an war der Name der Friesen bei den Germanen berühmt" (Tacitus 1982, IV, S. 72). Dies könnte als erstes Anzeichen der später so wichtigen Zuschreibung der Friesischen Freiheit gesehen werden, auf die wir später noch näher eingehen wollen.

Neben auch freundlichen Aufeinandertreffen zwischen Römern und Friesen waren die folgenden Zeiten geprägt vom Untergang des römischen Reiches, der Völkerwanderung, dem ersten Warftenbau an der Nordseeküste, und darauf folgend das Aufgeben selbiger im 4. und 5. Jahrhundert wegen des erneut ansteigenden Meeresspiegels und einer Neubesiedelung um 700. Mit dem Fallen des Meeresspiegels kam die einhergehende Neubesiedelung der verlassenen Gebiete an der Küste –

diesmal kamen die Menschen wahrscheinlich vom westerlauwersschen Friesland, dem heutigen Westfriesland (Döring 1996, S. 20f.).

Der für uns interessante Teil der deutschen Nordseeküste wurde von Friesen erstmals im 8. Jahrhundert besiedelt. Die Westküste Schleswig-Holsteins, die nordfriesischen Inseln samt Helgoland und die Küstenmarschen, waren der erste Schritt bei der Besiedelung dieser Gegend; im zweiten, mit einer weiteren friesischen Landnahme im 11. Jahrhundert, weitete sich das Siedlungsgebiet auf die vermoorten Küstenmarschen und den Geestrand aus (vgl. Panten 2001). Es existieren für diese Zeit der Entwicklung nur wenige schriftliche Quellen, wohl aber sprachgeschichtliche, naturwissenschaftliche oder archäologische. Die hier rekonstruierten, groben Züge gelten als einigermaßen gesichert, wohingegen es Widersprüche und unterschiedliche Meinungen gibt in vielen Detailfragen, die immer wieder Unsicherheiten aus der unzureichenden Quellenlage aufwerfen. Doch mehr als ein Überblick kann und soll an dieser Stelle ohnehin nicht gegeben werden: Erst im Laufe der genauen Interviewanalyse werden sich konkrete Nachforschungen und Detailbeschäftigungen an den mündlichen Quellen anstellen und durch den hier gegebenen Überblick leichter in das aus Historie und Gegenwart entstandene Gefüge einordnen lassen.

3.2 Die Friesische Freiheit

Wie so vieles beginnt auch die Friesische Freiheit in ihrem Ursprung mit einer Sage – einer Erzählung über zwei große Anführer und die damalige Rolle Frieslands im Fränkischen Reich. Der Streit entsteht über die Ländereien, und Karl der Große trifft mit seinem friesischen Kontrahenten Redbad aufeinander. Sie können sich jedoch nicht einig werden und beschließen eine Art Wettstreit um das begehrte Territorium: Es gewinnt, wer seinen Gegner im Stillstehen schlägt. Einen ganzen Tag und eine ganze Nacht bewegt sich keiner der beiden – erst am nächsten Tag lässt Karl der Große seinen Handschuh zu Boden fallen. Redbad hebt diesen auf und verliert somit den Wettkampf (Buma/Ebel 1977, 126 = IV, S. 1).

Die Sage schert sich nicht um Details wie das Fallenlassen des Handschuhs, das eigentlich auch schon ein Sich-Bewegen voraussetzt. Es geht vielmehr um die List, die Karl der Große anwendet und die ein Zeichen seiner Klugheit ist. Mit dieser kurzen Erzählung wird die Frage um die Friesische Freiheit aber lediglich eingeleitet, denn es besteht eine direkte Verknüpfung mit der folgenden Erzählung, wiederum einer Sage, in der die Friesen als Strafe für ihren Ungehorsam vor Gericht von Karl dem Großen in ein steuer- und ruderloses Schiff gesetzt werden und auf hoher See treiben. Als ihnen „sehr traurig zumute wird", erzählt einer von ihnen Folgendes:

> „...Ich habe gehört, dass unser Herrgott, als er auf Erden war, zwölf Jünger hatte und er selbst der dreizehnte war, und er bei verschlossenen Türen zu ihnen kam

und sie tröstete und belehrte. Warum beten wir nicht zu ihm, dass er uns einen dreizehnten sende, der uns das Recht lehre und wieder zu Lande führe?' Da fielen sie alle auf ihre Knie und beteten inbrünstig. Als sie das Gebet verrichtet hatten, standen sie auf. Da sahen sie einen dreizehnten am Steuer sitzen und eine goldene Axt aus seiner Achsel, mit der er gegen Strom und Wind ans Land steuerte. Als sie an Land kamen, da schlug er mit der Axt auf die Erde und warf ein Rasenstück auf. Da entsprang dort eine Quelle, deshalb heißt es dort zu Axenhowe, und zu Eswei kamen sie an Land und saßen um die Quelle. Und was der dreizehnte sie lehrte, das kürten sie als Recht; doch niemand im Volke wusste, wer der dreizehnte sei, der zu ihnen gekommen war, so sehr glich er jedem von ihnen. Als er ihnen das Landrecht gewiesen hatte, waren da nicht mehr als zwölf. Deshalb sollen da im Lande dreizehn Asegen sein und ihre Urteile sollen sie zu Avenhowe und zu Eswei fällen. Und wenn sie uneinig sind, so sollen sieben über die anderen sechs obsiegen. So ist es Landrecht aller Friesen" (Buma/Ebel 1977, S. 126–130 = IV, S. 1–3).

Diese Sage macht deutlich, dass es sich beim friesischen Recht um göttliche Einflussnahme handelt, indem Gott in Form eines Dreizehnten sie rettet und ihnen das Recht lehrt. Diese Verknüpfung hat eine große Bedeutung, denn die Friesen haben ihrem eigenen Recht immer eine äußerst wichtige Position in ihrer Gesellschaft zukommen lassen und auch und vor allem als Teil anderer Gesellschaften dieses um jeden Preis behalten. Dies ermöglichte ihnen auch, nie ganz integriert, sondern immer unter anderen Voraussetzungen und Gesetzten zu existieren. Zum Beispiel war auch bei der Eingliederung in das fränkische Reich ihr eigenes Recht nicht verhandelbar. Sie stärkten somit ihr Zusammengehörigkeitsgefühl, ihre Identität und Zugehörigkeit, unabhängig von den wechselnden Königen und Landesherren, deren Reichen sie politisch angehörten, und zogen auch kollektive Stärke aus dem Widerstand. Interessant ist der in der Sage verwendete Begriff Asegen, der eine große Ähnlichkeit mit den Asen aufweist, der Götter der nordischen Mythologie. Auch Salomon (2000, S. 28) erkennt in der Begriffsverwendung einen Zusammenhang mit der germanischen Mythologie und deutet auf die Möglichkeit hin, dass die Überlieferung in der Zeit weit vor die Christianisierung zurückreicht.

An dieser Stelle soll, da die germanische Mythologie in der Arbeit noch öfter Thema sein und an mancher Stelle zur Analyse des Materials herangezogen wird, auf deren Stellenwert in der Volkskunde näher eingegangen werden. Damit wird ein geschichtlicher Abriss der Entstehung und Entwicklung notwendig, der dieses Fachgebiet in weiterer Folge besonders beeinflussen soll: die Ursprünge des Faches können auf die Aufklärung und Romantik zurückgeführt werden (vgl. Sievers 2001; Hartmann 2001; Kaschuba 1999; Bausinger 1987; Weber-Kellermann/Bimmer 1985; Wiegelmann 1977), aus denen Aspekte aufgegriffen wurden, die im Rahmen des Nationalsozialismus zugespitzt und radikalisiert Verbreitung fanden. Hier besonders zu erwähnen das germanische Altertum, dem schon in der Romantik ein gewisser Stellenwert eingeräumt wurde (vgl. dazu: Jacobeit/Lixfeld/Bockhorn 1994; Zender 1977; Emmerich 1971; Bausinger 1965). Auch einige andere

Konzepte des Faches fanden Gebrauch, eher: wurden missbraucht, wie die Kontinuität, die Gemeinschaft, die Sitte und der Brauch (vgl. Rieken 2016b, S. 423), um eine Rassenkunde auf- und auszubauen, die der Ideologie des Nationalsozialismus diente. In diesem Sinne wurde der Volkskunde sozusagen die Rolle der leitenden Wissenschaft zur Stützung des Regimes zuteil – eine Rolle, die seitdem einen unübersehbaren Schatten wirft.

> „Das Wort Nazismus wurde als Ausgangspunkt der Überlegungen gewählt, um die Spezifik des deutschen Faschismus anzudeuten; er basiert auch auf ökonomischen Interessen, aber seine Ideologie und seine terroristische Praxis, die beide für die Geschichte und Deformierung unseres Faches [der Volkskunde, A.J.] relevant sind, haben eine eigene Dimension",

schreibt Utz Jeggle (1988, S. 59) in seinem Beitrag „Volkskunde im 20. Jahrhundert". Er ist einer von vielen, die sich um die Aufarbeitung der Geschichte bemühen, und benennt in seiner Auseinandersetzung mit der Rolle der Volkskunde im Nazi-Deutschland drei Aspekte, die er für entscheidend hält: den Mythos vom Ursprung, die Sehnsucht nach einem Sinn, und die Vorstellung von Rasse als wissenschaftlichem Prinzip (ebd., S. 61; Jeggle 2001, S. 63ff.). Der erste dieser drei Aspekte, der Mythos vom Ursprung, bezieht sich v.a. auf die germanische Mythologie, die aus einer starken Ursprungssehnsucht heraus für nationalsozialistische Zwecke herangezogen und missbraucht wurde. „Der geschichtliche Prozeß, der die Menschen aus der Natur heraustreten heißt, wird durch eine immense Verschmelzungssehnsucht rückgängig zu machen versucht" (ebd.). Das deutsche Volkstum war hierfür die geeignete Quelle und wurde für politische Zwecke instrumentalisiert auf eine Weise, die unter keinen Umständen haltbar ist.

> „Es geht nicht um Entwicklung, Prozeß, Zivilisierung von Kraft, sondern um die Entfesselung der alten Gewalt, die Rückkehr zu jener barbarischen Macht, die vom Bändigungsprozeß der Natur mühsam genug unter Kontrolle gebracht worden war. Das Studium der geschichtlichen Entwicklungslinien würde erweisen, daß es jenen Ursprung nicht gab, er also immer ein Mythos gewesen ist, und daß jene Reinheit der Urgeschichte ein politisch nützlicher Unfug war und ist" (ebd., S. 62).

Dieser notwendigen Erkenntnis, die eine Distanz zur damaligen Position klar macht, muss aber hinzugefügt werden, dass, auch wenn jener Ursprung immer ein Mythos gewesen ist, das trotzdem nichts an dem Einfluss ändert, den dieser auf die Kultur und die Gesellschaft hatte. Wann immer die germanische Mythologie in dieser Arbeit herangezogen wird, wird eben auf den Einfluss gewisser Elemente auf das kollektive Gedächtnis, die Verknüpfungen und Überlagerungen im Erinnerungs- und Erzählprozess abgezielt. Denn es sollte, wie auch Bernd Rieken anmerkt,

> „für einen Volkskundler heutzutage wieder möglich sein, sich unbefangen mit der germanischen Altertumskunde zu befassen, auch wenn sie durch nationalsozialis-

tische Forschung in Misskredit geraten ist. Obwohl die Kontinuitätshypothesen der damaligen Zeit die direkte Verbindung zwischen germanischen Mythen und deutschem Volksglauben längst als haltlos erwiesen sind, kann man daraus nicht den Schluss ziehen, dass germanische Einflüsse prinzipiell nicht vorhanden sind" (Rieken 2003, S. 134).

Ein geschichtlich schwieriges Thema unreflektiert anzuwenden wäre ebenso wenig sinnvoll, wie ein ganzes Fachgebiet einer Disziplin als Gesamtes von wissenschaftlichen Überlegungen und Analysen auszuschließen. Die Rolle der Volkskunde im Nationalsozialismus hat fachintern für Zersplitterung und getrennte Wege gesorgt und wurde ausführlich in der einschlägigen Literatur thematisiert und reflektiert. Wenn danach ein Thema, das fraglos ein unbedingter Teil der älteren Volkskunde war, bevor es durch den Nationalsozialismus in Misskredit gebracht wurde, trotzdem noch nicht einbezogen werden darf, handelt es sich um eine Abhängigkeit ex negativo (vgl. Rieken 2016b, S. 430), die immer noch unfrei und abhängig davon gebraucht wird. Es muss nun aber wieder möglich sein, das Feld der Bezugnahme zu öffnen, um im Sinne des Fortschritts der Wissenschaft einem Erkenntnisgewinn nicht im Wege zu stehen.

Kehren wir aber zurück zu den Friesen auf hoher See und wie es nach dieser Geschichte weiterging – keine ganz klare Angelegenheit. Einige Quellen beschreiben ein Zusammentreffen mit Karl dem Großen, der sich an seine Seite der Vereinbarung hält und den Friesen die Küren bestätigt, da sie die scheinbar unmögliche zu überlebende Strafe bewältigt haben. Andere sehen die Bestätigung der Küren als Bezahlung für die erfolgreiche Unterstützung im Krieg, im Kampf gegen die Sachsen oder für die Eroberung Roms (vgl. Rieken 2005, S. 82). Der Lohn für ihren Einsatz wird jedoch nicht vom König ausgewählt, die Friesen selbst fordern ihr Recht auf das von der Obrigkeit angebotenen Gold und den Reichtum. Der Friese Magnus war der Wortführer in dieser Forderung und verlangte von Kaiser Karl,

> „dass alle Friesen Vollfreie sein sollten, der Geborene und der Ungeborene, solange der Wind von den Wolken wehen und die Welt bestehen würde, und dass sie aus freier Wahl des Königs edle Heergenossen sein wollten [...]. Danach wählte Magnus die fünfte Küre, und alle Friesen stimmten seiner Wahl zu, dass sie auf keiner Heerfahrt weiter ziehen wollten als ostwärts bis zur Weser und westwärts bis zum Fli, landeinwärts zur Flutzeit und zurück zur Ebbezeit, weil sie bei Tag und bei Nacht das Meeresufer vor dem nordischen König und der Flut der wilden Wikinger mit fünf Waffen: mit Schwert und mit Schild, mit Spaten und mit Gabel und mit der Speerspitze schützen" (Buma/Ebel 1977, S. 132).

Wie es dazu kam, ist nicht eindeutig nachvollziehbar, doch das Ergebnis ist dasselbe: Die Friesen mussten der Befehlsmacht des Kaisers oder Königs nicht Gehorsam leisten und seine Feldzüge unterstützen, sie erlangten relative Autonomie und hielten dafür die Gefahren aus dem Norden bzw. von der Seeseite in Schach. Die erwähnte „Flut der wilden Wikinger" und der „nordische König" waren nur ein Teil davon, wobei die Normanneneinfälle, um die es sich hier handelt, mit dem

Begriff „Flut" das Gefühl treffend wiedergeben: es wird auf bekanntes Angst-Erleben zurückgegriffen und die Bedrohung, die von der Seeseite und über das Meer von den grimmigen Kriegern des Nordens ausging, mit einem Sturmflut-Erleben gleichgesetzt. Die Angst ist in beiden Fälle dieselbe – immer geht es um eine Zerstörung und Gefahr durch Überschwemmung – einmal vom Meer und seiner Flutgewalt, das andere Mal von den dunklen und bedrohlichen Nordmännern, die gleich einer Flut über das Land und die Menschen herfallen. Schon aus der Wortwahl in der Gefahrenbezeichnung der Wikinger geht deutlich der Schutz und die Verteidigung des Landes und des Volkes gegen das Meer und seine Gefahren selbst hervor. Daran wird deutlich, wie die Friesen Bedrohungen wahrnehmen. Die Nähe zum Meer und der jahrhundertelange Umgang bzw. Kampf mit dem Wasser bildet dieses Bedrohungsgefühl auf besondere Weise heraus – das Maß einer Gefahr wird am Ausmaß der Überflutung gemessen. Die Fokussierung auf das Abhalten einer solchen Flut wird überlebenswichtig, der Schutz gegen von „außen" kommende Gewalten, die einen zu verschlingen drohen, ist die einzige Möglichkeit, die Existenz zu bewahren. Dies wird vorerst in der Beziehung zur Nordsee begriffen und ausgebildet und kann von den Friesen in weiterer Folge auf die Abwehr der einer Sturmflut so ähnlichen Normanneneinfälle übertragen werden. Es besteht also ein schon vorgeformtes Muster in der Wahrnehmung, im Bedrohungserleben und im Umgang mit Gefahr durch die jahrhundertelange Prägung durch und die Assimilation an den Lebensraum. Unter diesem Gesichtspunkt kann die Frage nach dem Warum, nach den möglichen Gründen für die Sonderentwicklung dieser Bevölkerungsgruppe, psychodynamisch beleuchtet werden. Aus der existentiellen Notwendigkeit der Abwehr verschlingender feindlicher Mächte werden diese als ultimative Bedrohung erlebt und um jeden Preis die „Überschwemmung" verhindert. Die Übernahme durch eine politische Macht, sei sie auch die des herrschenden Königs, wird sehr wahrscheinlich unter demselben Aspekt des bedrohlichen „Außen" wahrgenommen, wie auch dergleichen feindliche Bedrohungen z.B. der Wikinger als „Flut" wahrgenommen wurden. Das Streben nach dem eigenen Recht, das unter allen Umständen bewahrt werden müsse und auch mit viel Einsatz und Kampf bewahrt wurde, ist möglicherweise die Antwort eines Volkes, das gelernt hat, nur durch die Abwehr des bedrohlichen Außen eine völlige Überflutung zu verhindern und das eigene Überleben zu sichern. Der unterschiedliche Umgang im Deichbau einerseits und im Warftenbau auf den Halligen andererseits mit dem Hereinbrechenden kann auch weiter verfolgt werden, indem er unterschiedliche Herangehensweise eine voneinander abweichende Mentalitätsstruktur nahelegt. Doch durch die verbindende Ausbildung dieser besonderen Erlebnisqualität von Gefahren wurde der Grundstein zur Erlangung einer Friesischen Freiheit gelegt.

Die Verteidigung gegen die wilden Nordmänner und in weiterer Folge der Anstieg des Meeresspiegels gegen die wilde See förderte die Entwicklung von autonomen, genossenschaftlichen Territorialverbänden. Durch die landschaftlichen und naturräumlichen Gegebenheiten wurden feindliche Übergriffe oder gewaltsame Landnahmen fremder Grafen und Feldherren erschwert, und so war die Autonomiebestrebung der Friesen selten bedroht. Das Meer war ein ausreichender Schutz im Norden, als die Bedrohung der Wikinger und nordischen Könige abnahm, im Süden erstreckten sich breite Moorflächen und Sumpfland, welches für Reiter unpassierbar war und außerdem keinerlei Orientierungsmöglichkeiten bot. Die lokale Bevölkerung war also klar im Vorteil (vgl. Rieken 2005, S. 86). Im Kampf mit der See und in der Abgrenzung nach außen waren ein verbindendes Element, eine Zugehörigkeit und identitätsbildende Gemeinschaft von großer Bedeutung. Salomon gründet dieses auf die vielen Begegnungen mit anderen, fremden Kulturen, die die Friesen im Rahmen ihrer Handelsbeziehungen machten:

> „Im Grenzgebiet, im Begegnungsraum verschiedener Kulturen und Völker, pflegt das Bewusstsein von der eigenen Eigenart [...] besonders ausgeprägt zu sein. Die weiträumige Handelstätigkeit der Friesen im frühen Mittelalter führte für große Bevölkerungsteile immer wieder zur Berührung mit anderen Stämmen, wodurch ihnen stets aufs Neue zum Bewusstsein gebracht wurde, was sie selber waren – Friesen. Schon durch diese Besonderheit war das ethnische Gefühl vermutlich bei den Friesen in weiteren Kreisen als bei anderen Stämmen verbreitet und gefestigt" (Salomon 2000, S. 27).

Solch eine Betonung von Stärke und Einheit muss aber immer auch unter dem Aspekt der Kompensation gesehen werden, wenn eine besondere Hervorhebung eigentlich auf einer Abwehr von Unsicherheiten beruht. Was wesentlich ein Konzept der Individualpsychologie Alfred Adlers ist, bemerkt in diesem Kontext auch der deutsche Historiker Hajo van Lengen, der hinter dem überhöhten Geltungsstreben und dem Bedürfnis nach Erklärung und Verteidigung eine tief sitzende Unsicherheit vermutet. Dieses Minderwertigkeitsgefühl beruhe auf der „Erkenntnis und Erfahrung der Friesen, selbstständiger und vermögender zu sein als die meisten Ritter, aber trotzdem als Bauern angesehen zu werden" (van Lengen 1995, S. 117). Weitere Erklärungen sind die reale Bedrohung durch die „schrecklichen" Krieger des Nordens und die Ritter des Südens, also die Grafengeschlechter des Landesinneren, die durch die bessere Ausrüstung potentiell im Vorteil waren, die Zerstreuung des friesischen Volkes über weite, unwegsame Landteile, was eine räumliche Einheit vereitelte, die Zunahme von Sturmfluten durch die Klimaerwärmung und die Folgen des Deichbaues, die eine konstante Bedrohung von Seiten der See darstellte und breite Ästuare in die befestigte Küstenlinie riss. Die Angst, die – bewusst oder unbewusst – hinter der friesischen Identität stand, musste auf Dauer kompensiert werden und fand eine Ausformung im Betonen des verbindenden Aspektes, im friesischen Landfriedensbund (vgl. Rieken 2005, S. 88). Auch vorstellbar wäre die Notwendigkeit einer Kompensation im Angesicht eines so übermächtigen Gegners wie dem Meer, dem nur mit einem überhöhten Geltungsstreben und Gemeinschaftsgefühl, einem übergroßen Stärkeempfinden begegnet werden konnte, wollte man nicht dem „überflutenden" Minderwertigkeitsgefühl gegenüber einer solchen Gewalt erliegen.

Die Idee der Friesischen Freiheit blieb über die Jahrhunderte hinweg lebendig, auch wenn Ritterzüge aus dem Süden immer erfolgreicher wurden und auch unter den Friesen selbst sich Häuptlinge die autonomen Gemeinden aneigneten und somit zerstörten. Bis ins 17. Jahrhundert war die Argumentationsgrundlage der Friesen – ihre Freiheit betreffend – die Verleihung der Rechte durch König Karl den Großen. Doch obwohl dies von Historikern als Irrtum aufgedeckt wurde, blieb der Gedanke bestehen und kann bis ins 20. Jahrhundert verfolgt werden (vgl. Knottnerus 2003, S. 397–402). Die Erzählung um die Verleihung der Friesischen Freiheit ist vielleicht eine erfundene Geschichte oder Sage, doch impliziert dies keineswegs eine absolute Unwahrheit des Inhalts. Denn es geht dabei viel eher um das, was man sagt, was man sich erzählt, was also geglaubte und gelebte Lebensrealität der Menschen bedeutet. So ist auch hier der Ablauf der Erlangung der Freiheitsrechte eine Erfindung, da nicht Karl der Große den Friesen diese gewährte; Wahrheit steckt aber auch in einer erfundenen Überlieferung wie jener, denn sein Sohn Ludwig der Fromme hat ihnen zur Abwehr der Normannen und der Fluten diese Rechte zugesprochen. Realitäten werden konstruiert, also mehr oder weniger exakt an der Wirklichkeit orientiert, und dann festgehalten.

> „Es handelt sich daher um Erzählungen, welche im kollektiven Gedächtnis aufbewahrt wurden und Auskunft geben können über Fragen der Mentalität. Sie erzählen uns zwar nicht, wie es war, aber sie erzählen uns, wie die Menschen glaubten, dass es war, und das taten sie auch, um sich selber zu definieren, um sich ihrer Identität zu vergewissern" (Rieken 2005, S. 95).

Eine weitere wichtige Rolle überlieferter Sagen spielt in einer Gesellschaft auch eine gewisse Sehnsucht nach Ausgleich und Gerechtigkeit – Wunscherfüllung auf der Ebene der Erzählung. Obwohl die Friesen sich genossenschaftlich organisierten, war die Gemeinschaft nicht gleichgestellt. Es gab Arme, Bettler, Knechte, Tagelöhner und Hungerleidende, auf der anderen Seite reiche Deichgrafen und Marschenbauern. Doch ist die Friesische Freiheit trotzdem mehr als nur eine Phantasterei geplagter Leben, denn im Verhältnis zu den Umlanden war die Zahl der wohlhabenden Bauern wesentlich größer, der Reichtum der Bevölkerung nicht vorenthalten, und weder der Adel noch die Kirche konnten die Besitztümer im Laufe der Zeit unter ihre Kontrolle bringen und die Anwohner enteignen. Nicht nur der Bauer selbst, dem die Ländereien gehörten, sondern auch der Pächter derselbigen war automatisch begünstigt durch das friesische Freiheitsrecht (vgl. van Lengen 1995, S. 118–122; Knottnerus 2003).

3.3 Die Friesische Sprache

Bisher wurden hauptsächlich kulturelle und geschichtliche Faktoren in der friesischen Entwicklung herangezogen, um die besondere Position dieses Volkes in ihren Zusammenhängen darzustellen. Doch auch die Sprache hat einen wichtigen Einfluss darauf. Friesisch ist keine deutsche Mundart, kein deutscher Dialekt, sondern eine eigenständige Sprache, die dem westgermanischen Sprachzweig angehört, genauer dem Nordseegermanischen (= Ingwäonischen). Das Niederländische und Niederdeutsche weist zwar einige Ähnlichkeiten auf, unterscheidet sich aber davon – die meisten Gemeinsamkeiten bestehen mit seinem wesentlich bekannteren Bruder, dem sprachgeschichtlich eng verwandten Englischen. Auch teilt sich das Friesische wiederum in viele friesische Dialekte, die nur bedingt untereinander verstanden werden können (vgl. Faas 1989, S. 45; Rieken 2005, S. 96). Eine zeitliche Gliederung der Sprachentwicklung kann in Altfriesisch (ca. 1050–1550) und Mittelfriesisch (vor allem in Holland und der Literatur des 17. und 18. Jahrhunderts) vorgenommen werden, die aktuellen friesischen Mundarten werden eher nach Regionen unterteilt: Westfriesisch, Nordfriesisch und Ostfriesisch oder Saterfriesisch, die sich erheblich voneinander unterscheiden (Faas 1989, S. 45–46). Da für die hiesige Arbeit aber ausschließlich die nordfriesische Sprachentwicklung relevant ist, soll sie sich auch hauptsächlich auf diese beschränken und nur kurz auf die Lage in den restlichen Frieslanden Bezug genommen werden. Das Westfriesische, oder westerlauwerssche Friesisch, hat sich großteils bis heute als lebendige Sprache erhalten und wird in der Provinz Friesland in den Niederlanden von 94 Prozent verstanden und von 60 Prozent besser als Niederländisch gesprochen (Gorter 2001, S. 74f.). Nur etwas weiter im Osten ist das osterlauwerssche Friesisch, das einst zwischen Lauwers und Weser verbreitet war, beinahe ausgestorben, da es seit dem Mittelalter einem zweifachen Sprachwechsel unterlag. Ein Verlust der Identität ging damit aber nicht einher, ganz im Unterschied zur „Entfriesung" in Groningen und dem Umland, wo eine Einführung des Niederdeutschen vonstattenging (Niebaum 2001, S. 435). Im Gegensatz zu Ostfriesland, in dem bis heute nur das Saterfriesische noch von ungefähr 2000 Menschen beherrscht wird, sprechen in Nordfriesland noch ca. 10 000 Menschen die Sprache, doch nur maximal 2500 denselben Dialekt, manchmal sogar weniger als 50. Dadurch wird die Lage noch verkompliziert. Im Gebiet zwischen der deutschdänischen Grenze und etwas südlich von Bredstedt kann die Sprache in Inselmundarten und Festlandmundarten unterteilt werden. Heute bestehen durch diese Unterteilung neun Hauptmundarten. Die Inselmundarten beschränken sich auf Sylt, Föhr, Amrum und Helgoland, auf den Halligen hingegen wird ein festlandnordfriesischer Dialekt gesprochen, da sie als ehemaliges Festland gelten. Nicht nur innerhalb der Frieslande, auch in kaum einer anderen Region Europas ist die dialektale Aufsplitterung so groß wie im Nordfriesischen, und doch bestehen genügend Gemeinsamkeiten, um es von den benachbarten Sprachen abzugrenzen und als Einheit zu sehen (vgl. Steensen 1995, 403). Die Aufsplitterung der Dialekte kann unter anderem durch die unterschiedlichen Einwanderungswellen erklärt werden, die erst aus Ost- und Westfriesland kamen und die Geestinseln und höheren Teile Eiderstedts, und dann erst mit der zweiten Einwanderungswelle der Emsfriesen das übrige Festland besiedelten. Auch eine Beeinflussung durch Nachbarsprachen der angrenzenden Gebiete ist wahrscheinlich, einige weniger zugängliche Gebiete blieben dagegen isoliert und von äußeren Einflüssen abgeschirmt (vgl. Århammar 2001). Die Vielfältigkeit ist ebenso Ausdruck wirtschaftlicher, politischer und vor allem geographischer Umstände; so kann die Besonderheit des

Nordfriesischen gegenüber dem Ost- und Westfriesischen weitgehend auf den Sprachkontakt mit dem Dänischen zurückgeführt werden (Århammar 2001, S. 314), was sich aber auch im Kleinen durch trennende Flüsse, Ästuare oder die Insel- und Festlandsprachgrenze beobachten lässt. Vor allem im osterlauwersschen Raum wurde die friesische Sprache mit der Zeit durch eine Machtstellung einzelner Hansestädte vom Niederdeutschen verdrängt. Die Ansiedelung neuer Arbeiter zur Deichreparatur und zu aufwendigen Deichbauarbeiten stellte einen weiteren Grund für das allmähliche Verschwinden des Friesischen dar (vgl. Niebaum 2001, S. 433). Rieken weist auch in diesem mentalitätsgeschichtlichen Aspekt der Friesen auf den Einfluss des Meeres hin, der sowohl zur Entstehung, als auch zur allmählichen Auslöschung über die Zeit wesentlich beiträgt, ganz in der ihm eigenen Charakteristik des Schaffens und Zerstörens. Denn

> „ohne die Komplexität sprachgeschichtlicher Zusammenhänge leugnen zu wollen, gilt, dass das Meer auch bei diesem Themenbereich eine gewisse Rolle spielt, und zwar in zweifacher Hinsicht: zum einen bezüglich der dialektalen Mannigfaltigkeit, welche mit der geographischen Zersplitterung zu tun hat, zum anderen in Hinblick auf die ‚Entfriesung' vor allem im osterlauwersschen Sprachraum mit dem Einfluss der Hanse und der Ansiedlung fremder Arbeitskräfte zum Zweck des Deichbaus. – Darüber hinaus verursachten auch vereinzelt Sturmfluten das Erlöschen der friesischen Sprache, wenn die einheimische Bevölkerung großteils abwanderte und sich später Fremde wieder ansiedelten, so nach 1634 auf Nordstrand oder nach 1855 auf Wangerooge" (Rieken 2005, S. 100; vgl dazu auch Århammar 2001, S. 314).

4 Warften oder Deichbau? – Die Domestizierung des Meeres

Vorab ist zu sagen, dass auf den Aspekt, ob Warften oder Deiche den Sturmflutkatastrophen entgegengestellt werden, und welche Bedeutung dies für das Leben der Betroffenen hat, aufgrund der Relevanz für die vorliegende Arbeit zu späterem Zeitpunkt noch näher eingegangen wird. Hier soll lediglich der allmähliche Wahrnehmungswandel beleuchtet werden und die Entwicklung des Umganges mit einer Bedrohung, die eine aus diesem Lebensumfeld nicht wegzudenkende, reale und permanente Gefahrenquelle darstellt. Auch ist es vielleicht interessant, den unterschiedlichen Umgang der Küsten- bzw. Inselbevölkerung und der Halligbewohner in diesem Kontext hervorzuheben.

Eine Sturmflut bedroht den Naturraum und den Kulturraum und entspringt Ersterem. Indem sie nicht nur zerstört, sondern auch formt, verändert, Land nimmt und gibt, ist der Einfluss, den sie auf die historische Gestaltung der Landschaft und Küste hat, enorm. Da jedoch die ständige Bedrohung der Lebensgrundlage und auch des eigenen Lebens zu riskant war, mussten Möglichkeiten gefunden werden – will man nicht weichen –, um mit dieser Herausforderung umzugehen. Und die Küstenbevölkerung im ersten Jahrhundert n. Chr., als der Meeresspiegel zu steigen begann und dadurch die Gefahr akut wurde, wollte nicht weichen. Es wurden daher Erdhügel aufgeschüttet, Warften, auf denen die Häuser und Ställe gebaut werden konnten, um vor der Flut sicher zu sein. Die Frage, wieso die ansässigen Menschen nicht abwanderten und sich ins Landesinnere zurückzogen, bleibt großteils unbeantwortet. Bernd Rieken, der sich in seiner Habilitationsschrift „Nordsee ist Mordsee" umfassend u.a. mit der Naturgeschichte des Nordseeküstenraumes befasst, schreibt dazu:

> „Wenn wir nach den Gründen fragen, wieso die Marschenbewohner der ersten nachchristlichen Jahrhunderte nicht mehr vor den Fluten zurückwichen, sondern ihnen durch die Anlegung von Warften trotzten, sind wir auf Vermutungen angewiesen, denn die von mir gesichtete natur- sowie vor- und frühgeschichtliche Literatur gibt darauf keine Auskunft, bestenfalls indirekte Hinweise. Grundsätzlich kann man davon ausgehen, dass ‚Standhaftigkeit' gegenüber Widrigkeiten ein höheres Ausmaß an persönlicher und kollektiver Kraft voraussetzt denn passives Zurückweichen. Doch fällt diese Stärke nicht gleichsam vom Himmel; vielmehr bedarf es dazu neben individuellen Potenzen materieller Ressourcen, und diese liegen zum einen im fruchtbaren Marschenboden begründet, zum anderen in der offenen Lage zum Meer, wodurch Handel erleichtert wurde, der seinerseits voraussetzt, dass man nicht ‚von der Hand in den Mund' lebte, sondern Überschüsse produzierte" (Rieken 2005, S. 61f.).

Der fruchtbare Marschboden brachte der Küstenbevölkerung reiche Erträge und bot nicht nur die Möglichkeit, sich gut zu ernähren, sondern auch Handel zu treiben mit den überschüssigen Gütern und zu Wohlstand zu kommen. Daher wollten sie ihr Land nicht mehr verlassen, auch wenn das bedeutete, gegen das Meer und sein Aufbäumen ankämpfen zu müssen. Es folgte jedoch im 4. und 5. Jahrhundert eine Abwanderungswelle, bei der die Warften aufgegeben wurden, ausgelöst durch einen erneuten Anstieg des Meeresspiegels. Dadurch war „die Schutzfunktion der Küstenbarriere so weit eingeschränkt, dass die Meeresvorstöße weit ins Hinterland vordringen konnten" (Köhn 1991, S. 146). Ab dem 7. Jahrhundert n. Chr. setzte die Besiedelung wegen der Regression aber wieder ein, und nachdem zuerst die vorhandenen Warften ausgebessert und bewohnt wurden, wurden daraufhin auch neue Warften errichtet und den Lebensumständen angepasst. Doch ab 1000 n. Chr. stieg der Meeresspiegel unaufhaltsam weiter an, und es mussten neue Wege gefunden werden, den Fluten beizukommen. Im 11. Jahrhundert n. Chr. begannen die Deichbauarbeiten, überall entlang der Nordseeküste etwa zur selben Zeit (Kühn 1995, S. 14), um das Meer aufzuhalten.

Die Auseinandersetzung mit dem Meer und seinen Risiken als wichtiger Teil kollektiver Ängste bildet einen zentralen Aspekt der historischen Katastrophenforschung. Dazu wären unter anderem die Arbeiten Martin Rheinheimers, „Mythos Sturmflut. Der Kampf gegen das Meer und die Suche nach Identität" und Norbert Fischers „Wassersnot und Marschengesellschaft. Zur Geschichte der Deiche in Kehdingen" zu nennen, in denen die Wahrnehmung von Fluten, ihre identitätsstiftenden Momente und die Zusammenhänge von Flut, Deichbau und Wassersystemen erörtert werden. Der Deichbau hat nicht nur die Landschaft an sich grundlegend verändert, auch als prägendes Element der Gesellschaft spielt er eine wichtige Rolle. Die Dämme und Wälle sind Grundlage „politisch-gesellschaftlicher Organisationsformen und kollektiver Mentalitäten" (Fischer 2003, S. 7). Gehen wir aber kurz auf das Landschaftsbild ein, das seit der Entwicklung des Deichbaus einem Wandel unterlag: Mit dem zuvor praktizierten Warftenbau, obwohl er ein anthropogener Faktor war, ging keine Veränderung der Küstenlinie einher, mit der Erbauung von Deichen hingegen sehr wohl. Es war ein Eingriff in die Oberfläche und Vegetation des Marschlandes, veränderte die Höhe des Wasserspiegels und beeinflusste somit wiederum die Küstenlinie in ihrer grundlegenden Gestalt. Um die fruchtbaren Äcker vor den regelmäßigen Überflutungen zu schützen, wurden anfänglich Ringdeiche erbaut, niedrige Dämme, die die landwirtschaftlich genutzten Flächen umgaben. Nach und nach wurden diese erhöht und erweitert, bis sie, miteinander verbunden, einen zusammenhängenden Deich formten, der nicht nur im Sommer die Äcker, sondern auch im stürmischeren Winter das Festland vor den Fluten schützen sollte. Erste Aufzeichnungen zum Deichbau entstehen schon im 11. Jahrhundert in Form von Urkunden, in welchen vom „goldenen Reif" die Rede ist. Bernd Rieken schreibt dazu:

> „Zum Ring gehört definitionsgemäß die Form des geschlossenen Kreises, der weder einen Anfang noch ein Ende hat und dergestalt ein Symbol für Ewigkeit ist. Es charakterisiert den Kreis aber nicht nur Geschlossenheit, sondern auch Abgeschlossenheit, indem er eine Zweiteilung des Raumes in ein Innen und Außen vornimmt, in Schutz und Schutzlosigkeit, in Geborgenheit (,See-burg') und Gefährdung" (2005, S. 65).

Die Bezeichnung „golden" impliziert den Wert, die Kostbarkeit und Unzerstörbarkeit des Deiches, der einerseits das Land vor Katastrophen schützt, und dessen Erbau und Erhalt andererseits sehr aufwändig und mit viel Zeit und Geld verbunden ist (vgl. ebd.). Hat man sich aber entschieden, diese Arbeit auf sich zu nehmen, gibt es kein Zurück mehr. Das Marschland sackt ab, senkt sich und sorgt somit für einen Höhenunterschied um die Deiche, die nunmehr das einzige sind, das die Wassermassen, die sich auf der anderen Seite aufgestaut haben, abhält. Sie müssen also unbedingt stabilisiert, laufend erneuert und ausgebessert werden, um nicht zu brechen. Doch dabei bleibt es nicht. Der Sturmflutspiegel erhöhte sich drastisch im Bereich von Flussmündungen und kleinen Buchten, weil die Küstenlinie nicht mehr unregelmäßig und natürlich verlief, sondern durch den durchgängigen Deichbau gerade war und für das Wasser keine Ausweichmöglichkeiten mehr bestanden. Ursprüngliche Überflutungsgebiete hatten die Höhe des Meeresspiegels in Zeiten einer Sturmflut entlastet und die Wassermassen vorübergehend aufgenommen – die restliche Küstenlinie wurde dadurch nicht so stark beansprucht. Doch diese existierten nicht mehr. Der Deichbau musste also noch verstärkt und intensiviert betrieben werden, doch durch den einerseits anthropogenen, andererseits natürlichen Meeresspiegelanstieg war ein Mithalten kaum möglich.

Hinzu kam noch die Klimaerwärmung – das mittelalterliche Klimaoptimum –, welches für einen noch schnelleren, weiteren Anstieg des Wassers sorgte und mitunter dafür verantwortlich war, dass viele Deiche brachen. Da das Landesinnere durch den abgesunkenen Marschboden tiefer lag, hatte das Vordringen des Wassers extreme Auswirkungen und überschwemmte ganze Landstriche. Die schlimmsten Folgen und Zerstörungen an der Nordseeküste verursachten seit dem 11. Jahrhundert folgende große Sturmfluten: die Julianenflut (17.02.1164), die Erste Marcellusflut (16.01.1219), die erste Weihnachtsflut (24.12.1277), die Zweite Marcellusflut (16.01.1362) oder erste Groote Manndränke (= erstes großes Menschenertrinken), die Elisabethflut (18.11.1421), die Cosmas- und Damianflut (1509), die Antoniusflut (16.01.1511), die erste Allerheiligenflut (02.11.1532), die zweite Allerheiligenflut (01.11.1570), die Fastnachtsflut (26.02.1625), die zweite Groote Manndränke (11.10.1634), die zweite Weihnachtsflut (24.12.1717), die Februarflut (03.02.1825), die Hollandflut (01.02.1953) und die Februarflut vom 16./17.02.1962. Da die Substanz der Deiche immer besser wurde und vor allem nach 1962 erhöht und ausgebaut wurden, hatten weitere Fluten nicht mehr vergleichbare Auswirkungen.

Vor allem an der nordfriesischen Küste wirkten sich solche schweren Sturmfluten extrem aus und zerbrachen, veränderten und gestalteten die Küstenlinie immer wieder neu. Die heute bestehenden Inseln waren einst Festland, das Ufer wurde bis an die Geest zurückgedrängt. Besonders die beiden großen Manndränken zerstörten weite Teile Nordfrieslands, in deren Zuge auch das sagenumwobene Rungholt in die Tiefe gerissen wurde und die große Insel Strand in mehrere kleine Teile aufbrach, die heute Nordstrand, Pellworm und ein paar der Halligen bilden.

Zusammenfassend lässt sich sagen, dass es beim Deichbau nicht um den Versuch geht, neues Land zu gewinnen, sondern verlorenes Territorium zurückzuholen. Dieses ist nämlich noch wertvoller geworden, wurde vom Meer durch die Schlick- und Sandablagerungen noch fruchtbarer gemacht und konnte die Erträge in Ackerbau und Viehzucht um ein Vielfaches erhöhen. Dieses Geld wiederum wurde für die Instandhaltung und Sicherung der Deiche benötigt, ein Kreislauf also, der den Wohlstand durch das Meer wieder an es zurückführt (vgl. ebd. S. 64–71). Die Naturlandschaft des Marschlandes und der Nordseeküste wurde im Zuge dieser Entwicklung zu einer Kulturlandschaft – eine „agrarisch-maritime Zivilisation" (Knottnerus 1997b, S. 88) entstand, die nach dem alten friesischen Grundsatz „De nich will dieken, mutt wieken" das Deichen dem Weichen vorzog. Dass es sich nicht nur um eine Sicherung der individuellen Existenz handelte, sondern besonders um eine kollektive Aufgabe, die auch die gesamte Küstenbevölkerung prägte, hebt die Historikerin Allemeyer (2003, S. 24–30) hervor, indem zum Beispiel anhand eines Konfliktes vom Jahr 1611 deutlich wird, wie die Aushandlung um die Bezahlung einer notwendigen Deichreparatur nicht nur die betroffenen Köge, sondern auch alle anderen in die Pflicht rief. Dieses kollektive Erleben eines außergewöhnlichen Lebensraumes schlägt sich in der Raumwahrnehmung der Nordseeküste nieder. Es wird von der steten Unsicherheit des eigenen Lebens und der Sorge um den Lebensraum gezeichnet, ebenso wie von den schmerzlichen Verlusterfahrungen nach einem Unglück. Die konkrete Bedrohung wird bis ins 18. Jahrhundert auf Ungehorsam und Sünde, Strafe und göttliche Gerechtigkeit zurückgeführt, religiöse Denkmuster also, die keine Annahme einer Naturkatastrophe nahelegen (vgl. Jakubowski-Tiessen 1992, S. 89). Erst später, Mitte des 19. Jahrhunderts, nachdem der Staat nach den schwerwiegenden Zerstörungen der Februarflut eingreifen musste und sowohl den Deichbau als auch die notwendigen Entwässerungen finanziell unterstützte, stellte sich ein allmähliches Sicherheitsgefühl ein durch die Fortschritte und die verbesserte Technik. Die Annahme, die Meeresgewalten nun besser unter Kontrolle halten zu können, stärkte das neue Empfinden von Sicherheit und wurde noch weiter ausgebaut, als nach der Sturmflut vom Februar 1962 der Generalplan Küstenschutz von der Schleswig-Holsteinischen Regierung in Kraft trat.

5 Psychodynamische Überlegungen: Identifikation und Bindungsverhalten

Im Gegensatz zu den schützenden Deichen entlang der Küste und auf den meisten Inseln in der Nordsee liegen die Halligen offen und frei im Meer. Die Häuser und Stallungen schützt kein Wall, kein Damm, sie liegen friedlich auf den ursprünglich aus Erde, Schutt und Stallmist aufgeschütteten Hügeln, nur leicht vom restlichen Halligland abgehoben, das sich kaum über den Meeresspiegel erhebt. Hier wird der Lebensraum – in verbesserter Form und mit besseren technischen Hilfsmitteln – immer noch auf dieselbe Weise geschützt wie im ersten Jahrhundert n. Chr., als der Meeres- und Sturmflutspiegel zu steigen begann und die Bewohner der Marschen den Fluten erstmals trotzten, statt sich ins Hinterland zurückzuziehen. Der Eingriff in die Natur und das Landschaftsbild ist dadurch wesentlich geringer, auch wenn die Warften in dieser Gegend durch den Menschen geschaffen werden, also ebenso anthropogen sind wie die Deiche. Die Höhe des Wasserstandes wird durch sie nicht verändert, selbst zu Zeiten der Sturmfluten oder der regelmäßigen Landunter in den Wintermonaten schwillt die See ungehindert an, überflutet die gesamte Hallig und fließt wieder ab. Der „goldene Reif", die verbundenen Deiche zum Schutz der Frieslande gegen das Meer, existiert hier nicht. Man könnte die Überlegung anstellen, worin sich die Halligbewohner im Umgang mit der Natur und dem Lebensraum von den Deichbauern unterscheiden, warum in derselben Gesellschaft und in äußerster räumlicher Nähe ein völlig anderes Modell der Abwehr bzw. der Handhabe angewandt wird. Diese Frage wird stark mit der friesischen Mentalität allgemein, im Unterschied zur Mentalität der Halligbewohner, zusammenhängen – was im Laufe der Erläuterungen und vor allem in der Auswertung der Interviews deutlich wird. Vorab könnte man noch folgende interpretative und psychodynamische Überlegungen anstellen: wird der Ring, wie Rieken (2005, S. 65) bereits meint, als Form eines geschlossenen Kreises und Symbol der Ewigkeit gesehen, könnte ein Fehlen desselben auf den Halligen, in unmittelbarer Nähe und deshalb mit vorausgesetzter Kenntnis um den „goldenen Ring", für Vergänglichkeit stehen. Kein unendlicher Schutz, der keinen Anfang und kein Ende hat und sich geschlossen um das Heimelige legt. Folglich ergibt sich aber auch keine Trennung in Innen und Außen, in Bekanntes und Fremdes, in Geborgenheit und Gefahr. Das Fehlen eines geschlossenen Ringes verhindert eine Abgeschlossenheit von der Außenwelt, mag sie nun freundlich oder bedrohlich sein. Dies könnte weiters darauf hinweisen, dass der Umgang mit dem Meer und seinem ambivalenten Beziehungsangebot ein anderer ist – die Halligbewohner werden noch stärker von den Launen des Meeres beeinflusst und leben in größerer Abstimmung auf Ebbe und Flut, Wetterbedingungen, jahreszeitlich bedingte Wasserstände. Die größere Nähe zum Element bringt eine größere Kompromissbereitschaft und auch eine alltäglichere Bedrohung mit sich, aber auch ein stärkeres Eingebunden-Sein in die Natur und ihre Vorzüge. Während das Binnenland durch die Dämme geschützt ist und keine Überflutungen der landwirtschaftlichen Flächen mehr befürchtet werden müssen, werden die Wiesen der Halligen durch die regelmäßige Überschwemmung weiterhin mit Schlick und feinem Meeressand angereichert und so äußerst fruchtbar gehalten. Ackerbau kann zwar nicht betrieben werden, die nährstoffreichen, saftig grünen Wiesen sind jedoch, wie bereits zuvor erwähnt, bevorzugtes sommerliches Weideland für die Rinderbestände der Festlandbauern.

Trotz oder gerade wegen dieser besonderen Umstände ist die Beziehung der Halliger zu ihrer Lebenswelt und der Nordsee besonders stark. Eine Beziehung entsteht nämlich nicht nur durch positives in Kontakt treten miteinander, sondern auch durch die negativen Erfahrungen, die zwei Parteien verbindet. Einerseits könnte es sich um eine Identifikation mit dem Aggressor (vgl. Frank-Rieser 2009b, S. 297) handeln, ein in der Tiefenpsychologie bekannter Abwehrmechanismus zur Angstbewältigung, nach dem wahrscheinlich auch die Halligbewohner sich mit der oft zerstörerischen See identifizieren (müssen), um durch die Integration des Bedrohlichen das Gefühl der eigenen Minderwertigkeit bzw. des Ausgeliefert-Seins zu kompensieren. Andererseits wäre aber auch ein Wandel in der Bindungsqualität zum Meer über die Zeit denkbar. Die ersten Siedler verließen, durch die unberechenbare Gewalt des Wassers auf der einen Seite und seine nährenden und versorgenden Eigenschaften auf der anderen Seite, wegen ihrer „unsicher-vermeidenden Bindung" zur See (Vertrauen bezüglich der Verfügbarkeit des Bezugsobjekts fehlt, die Erwartungshaltung ist jene, dass Wünsche und Bedürfnisse grundsätzlich enttäuscht werden) den Küstenraum immer wieder und vermieden somit die Beziehung mit dem unsteten Objekt. Es handelt sich bei diesem Vergleich um die psychologische Theorie des Bindungsverhaltens von Mutter und Kind des britischen Psychiaters John Bowlby. Das Meer als nährendes, versorgendes und umfangendes Objekt, das ebenso übermächtig und bedrohlich sein kann, wird mit der Mutter in der Bindungstheorie analog gesetzt. Mit der ersten Welle des Widerstandes und des „In-Beziehung-Bleibens" der Küstenbewohner änderte sich die Beziehung zum Meer zu einer unsicher-ambivalenten Bindung (Abhängigkeit von Bezugsobjekt, dessen Verhalten ständig wechselt und für das Kind nicht einschätzbar ist – dadurch noch stärkere Bindung und Abhängigkeit). Der richtige Umgang und das Verständnis fehlen noch, daher die Unsicherheit, und erstmals müssen auch die gewaltigen Launen der See ertragen und die Schäden und Verluste wahrscheinlich mit keinem geringen Maß an Schmerz und Aggression verarbeitet werden, woraus eine Ambivalenz zur sonst als nährend erlebten See entsteht. Trotzdem blieben die „Kinder der Nordsee" an der Küste. Was hat aber dies nun mit dem Bau von Warften zu tun, der sich bis heute auf den Halligen fortsetzt? Durch die Niederlassung auf den Warften änderte sich die Qualität der Bindung von unsicher-vermeidend zu unsicher-ambivalent, und damit war der erste Schritt getan, um durch die bessere Kenntnis und Einschätzung der See eine steigende Sicherheit aufzubauen. In der heutigen Zeit könnte die Verbesserung der Sicherheit und der Lebensumstände im Meer mit dem sicheren Bindungstyp verglichen werden, bei dem das Kind zwar immer noch irritiert und traurig reagiert, wird es von der Bezugsperson verlassen, sich aber schnell wieder beruhigt und die Mutter freudig begrüßt bei deren Rückkehr. Aus diesem Blickwinkel betrachtet ist eine Sturmflut auch in der heutigen Zeit noch ein bedrohliches und ängstigendes Phänomen, und eine Reaktion des Schrecks auf den Rückzug der „liebevollen" See ist sehr wahrscheinlich, ebenso wie ein baldiges Arrangieren und ein beruhigtes Wiedererkennen der vertrauten Begleiterin. Die Halligbewohner entwickelten also demzufolge den Bindungstyp der unsicher-ambivalenten Bindung weiter, zu einer zumeist positiven sicheren Bindung (wie im Folgenden anhand der Interviewanalyse ersichtlich wird), und verharrten auf ihren verbesserten Warften in einer engen Beziehung zur See. Die Küsten- und Inselbewohner hingegen bauten eine Mauer, um die unberechenbare, zerstörerische „Mutter" draußen zu halten, sich abzugrenzen und sich doch einerseits in ihrer Nähe, andererseits aber vollkommen abgeschnitten von ihr zu entwickeln. Durch diese Mauer, die zwischen den beiden in einer Beziehung stehenden Parteien emporragt und immer wieder erhöht und stabilisiert werden muss, konnte mit der Zeit die „frühgeschichtliche" Bindung zwar etwas vergessen werden, auf der anderen Seite der Mauer erlangte die See aber eine Kraft und Macht, die ohne diese räumliche Trennung nie entstehen hätte können. Das entspricht dem psychoanalytischen Abwehrmechanismus der Verdrängung, bei dem ein bedrohliches Gedankengut „unten gehalten" wird und nicht an die Oberfläche darf, bis es sich eines Tages z.B. durch einen Auslöser den Weg ins Bewusstsein findet, und in Form einer Sturmflut den Damm mit umso größerer Gewalt niederreißt.

Man sieht, wie komplex die Strukturen verbunden werden können und wie wenig konkrete Anhaltspunkte es zu diesem Zeitpunkt noch gibt, die Überlegungen wirklich auszuführen. Anhand des Interviewmaterials sollte diesem Problem aber beizukommen sein und sich neue Möglichkeiten eines genaueren Verständnisses ergeben. Außer Frage steht aber, dass das Leben auf Warften eine völlig andere Umgangsweise und auch Denkweise voraussetzt, die einzigartig sind auf den Halligen Nordfrieslands. Eine spannende Entwicklung eines Lebensstils am und mit dem

Meer – welcher ähnlicher und unterschiedlicher nicht sein könnte – in seiner grundlegenden Prägung.

Die Mensch-Natur-Beziehung in ihrer Dialektik des Natürlichen und Kultürlichen vollzieht sich auf vielen unterschiedlichen Ebenen, die am Ende aber nicht diachron, sondern synchron gesehen werden sollten, da es sich nicht um eine parallele, sondern um eine ineinander verwobene, gleichzeitige Entwicklung handelt. Die Nebel- und Dampfschwaden als Verursacher von Seuchen und Krankheiten (siehe Kapitel V), die notgedrungene Erkundung der See durch Fischerei, Walfang und Handelsschifffahrt und die regelmäßige Zerstörung des bewohnten Landes durch Sturmfluten, aber auch die wirtschaftliche Nutzung der Landschaft als solche führten zu einem grundlegenden Wahrnehmungswandel, sowohl des Meeres als auch der Küste. Diese Dynamik im kollektiven Wandel führte weg von der Angst und hin zur Domestizierung des Meeres, zu Kontrolle und Macht – notwendige Instrumentarien für eine dauerhafte Lebensbewältigung an der Grenze des Möglichen. Aber wo Kontrolle ist, ist der Verlust derselben nicht fern, und wo Macht ist, muss höchstwahrscheinlich eine lähmende Ohnmacht überdeckt werden; Grund genug, an der grauen Nordsee einmal unter die trügerische Oberfläche zu schauen.

6 Zur Entstehung von Sturmfluten

Unterschiede im Meeresspiegel stehen an der Küste und auf den Halligen an der Tagesordnung. Die Gezeiten – Ebbe und Flut – wechseln alle sechs Stunden und zwölf Minuten, der Tidenhub, gemeint ist der Höhenunterschied des Gezeitenwechsels, beträgt zwei bis vier Meter. Dies ist einer der Faktoren, die bei der Entstehung einer Sturmflut eine Rolle spielen und die Höhe mitbeeinflussen, mit der diese aufläuft. Die Tide entsteht ihrerseits durch die Anziehungskraft zwischen Sonne, Mond und Erde und durch die Fliehkraft der Bewegung dieser drei. Doch an der Nordsee ist der Einfluss des Mondes zu schwach, um eine eigenständige Tide zu hervorrufen – sie wird daher durch die Gezeitenwelle des Atlantiks erzeugt. Es bestehen noch eine Reihe weiterer Faktoren zur Beeinflussung einer Sturmflut, einer davon ist die Springtide – ein Phänomen das ein bis zwei Tage nach Vollmond oder Neumond eintritt, wenn sich die Einflüsse von Mond und Sonne auf die Gezeiten addieren und die Flut besonders hoch aufläuft, einen halben Meter höher als normal. Ca. eine Woche danach verkehrt es sich ins Gegenteil – die sogenannte Nipptide ist besonders schwach. Die Gezeiten leisten also einen wesentlichen Beitrag dazu, wie eine Sturmflut ausfällt – in zweierlei Hinsicht: Bei Springtide steht das Wasser ohnehin schon höher als normal, und wütet der Sturm am heftigsten in den Stunden der Flut, ist die ganze Sturmflut um einige Meter höher (vgl. u.a. Endres/Schad 1997, S. 33–43; Hagel 1962, S. 22ff.; Rieken 2005, S. 72f.).

Wohl der wichtigste Einflussfaktor sind die Windverhältnisse bei einem solchen Zusammenspiel der Elemente. Es macht einen großen Unterschied, wie lange der Sturm tobt, aus welcher Richtung er kommt, wie sich das Windfeld ausdehnt und mit welcher Windstärke man es zu tun hat. Je nachdem, wo entlang der Nordseeküste man sich befindet, gibt es Windrichtungen, die sich mehr oder weniger ungünstig auf den jeweiligen Standort auswirken. Ein maximaler Wasserstand wird durch diesen Faktor aber erreicht, wenn aus südwestlicher Richtung erst große Mengen an Wasser aus dem Ärmelkanal in die Nordsee gedrückt werden, und dann mit einem Umschwung der Windrichtung die Wassermassen aus Richtung Ostengland sich aus Nordwest zu dem bereits bestehenden Strom hinzufügen (vgl. Hagel 1962, S. 23f.).

Ein dritter Faktor ist die Lage an der Küste oder die Lage der Hallig in der Nordsee und die Beschaffenheit des Ufers und des Landes. Es macht einen Unterschied, ob die Flut die Küste in einem spitzen oder einem rechten Winkel trifft – Zweiteres hat verheerendere Auswirkungen. Das Aufstauen einer Sturmflut hängt auch von der Wassertiefe ab und ist wegen eines größeren Widerstandes für das Wasser, durch den nahen Grund im Flachen, stärker als in tieferen Abschnitten. All diese Einflüsse wirken in ihrer jeweiligen Ausprägung zusammen und verursachen leichte, mittlere oder schwere Sturmfluten, je nach Verteilung der einzelnen Faktoren. Würden aber die jeweils extremsten Werte aller Einflussgrößen bei derselben Sturmflut aufeinandertreffen, dann wäre trotz bester Deichbauten und Sicherheitsvorkehrungen die Küste Nordfrieslands nicht mehr zu retten (vgl. Sönnichsen/Moseberg 1994, S. 10).

Natürlich hatten die unterschiedlichen Klimaperioden auch auf die Stärke der Sturmfluten eine nicht zu unterschätzende Auswirkung. Als Beispiel kann das mittelalterliche Klimaoptimum erwähnt werden, das bis ca. 1300 n. Chr. eine Wärmeperiode brachte, und die darauf folgende, plötzlich einsetzende Kleine Eiszeit. Durch den Anstieg des Meeresspiegels in den warmen Perioden liefen logischerweise auch die Sturmfluten höher auf, und in den Kälteperioden verstärkten sich die Stürme. Durch die Temperaturunterschiede zwischen dem Azorenhoch und dem Islandtief entstanden Starkwinde, eine Erklärung, warum zu Zeiten großer Temperaturabweichungen, in Hitze- und Kälteperioden also, die Sturmflutbedrohung besonders präsent war. Doch die Entwicklung des Klimas ist nur ein Teil eines weit umfangreicheren Zusammenspiels von wirtschaftlichen, sozialen, politischen oder gesundheitlichen Faktoren, die davon im Weitesten aber wieder beeinflusst werden. Denn ein abrupter Abfall des Klimas, wie es zum Beispiel bei der Wende zur Kleinen Eiszeit der Fall war, führte zu Einbußen in der Ernte, Hungersnöten, Seuchen, vermehrtem starkem Regen, der die Deiche durchtränkte und schwächte; gesunde, kräftige Menschen, die für eine entsprechende Instandhaltung sorgen konnten, waren nicht genügend vor Ort (vgl. Panten 1995, S. 70f.). Abgesehen von den klimatischen Phasen, die eine Entstehung oder das gehäufte Vorkommen von Sturmfluten begünstigen, ist zu berücksichtigen, dass jederzeit Temperaturabweichungen kurzfristig möglich sind und auch vorkommen, unabhängig davon, ob die Klimaperiode gerade günstig oder ungünstig ist, und daher Sturmfluten jederzeit in unvorhersehbarer Stärke auftreten können.

III Katastrophenforschung

1 Prämisse Supernova und die Bedingung der Reflexion

Der Mensch verdankt seine Existenz in der heutigen Form den Naturkatastrophen. Nicht nur die Entwicklung der Erde gründet darauf, auch die Entwicklung des Lebens geht daraus hervor. Das stete und stufenweise Gedeihen und Heranreifen mag bei vielen Lebensformen zur gegenwärtigen Ausprägung ihrer Spezies geführt haben, aber die Basis dafür setzt eine Nische, eine Möglichkeit voraus, in der die Evolution stattfinden kann. Und diese Basis bildete – im Laufe der gesamten Erdgeschichte – eine „unumkehrbare Abfolge von Katastrophen" (Eigen 1988). Auch und vor allem der Mensch verdankt diesen außergewöhnlichen, weltverändernden Katastrophen, die durch extraterrestrische Einflüsse begründet oder zumindest verstärkt wurden, seine Existenz. Ohne den Untergang der großen Reptilien, der Dinosaurier, deren kleinere Vertreter bemerkenswerterweise ein ebensolches Verhältnis von Hirn- und Körpergewicht hatten wie die frühen Säugetiere, und der unglaublichen Vielfalt anderer Lebewesen, die am Ende der Kreidezeit die gesamte Erdoberfläche beherrschten, wäre keine ökologische Nische frei gewesen. Die erfolgreiche Evolution der Säugetiere hätte niemals in diesem Ausmaß stattfinden können. Der Wissenschafts- und Erkenntnistheoretiker Erhard Oeser geht den möglichen Gründen für das Aussterben der Dinosaurier weiter auf den Grund und kommt zu dem Schluss, dass viele Theorien zum plötzlichen Massensterben in diesem Ausmaß unhaltbar seien als alleinige Gründe. Dazu zählt etwa eine bestehende Korrelation zwischen individueller Lebensspanne und der Existenzdauer der gesamten Art, nach der die Dinosaurier als Gruppe degenerierten aufgrund ihrer langen Lebenszeit (Tweedie 1977), oder die Theorie eines Futterstreites zwischen Saurier und Raupen, da diese dieselben Blätter fraßen (Sagan 1978). Ein Missverhältnis zwischen der Größe der Eier und einem ausgewachsenen Tier, und demzufolge einer Schwierigkeit mit entweder zu hohem Innendruck der Eiflüssigkeit für die Schale oder einer zu dicken Schale für das Schlüpfen des Jungtieres könnten einen möglichen Beitrag zum Sauriersterben geleistet haben (vgl. Erben 1984). Es ist unwahrscheinlich, dass die Erde in jedem Fall einen geeigneten Lebensraum für die Entwicklung des Menschen geboten hätte, denn, so Oeser, „wären die Dinosaurier nicht durch eine weltweite Katastrophe ausgestorben, dann wäre es durchaus möglich, dass eine dieser intelligenten Arten von Dinosauriern heute als dominante Lebensform die Erde beherrscht" (Oeser 2009, S. 51). Fest steht, dass unsere heutige Lebenswelt und damit die Menschheit ohne schlagartige Supernova-Katastrophe oder andere extreme, kürzere Katastrophen der Biosphäre nicht existieren würde. Naturkatastrophen sind, geht man von einem dynamischen Weltbild aus, nicht das Ungewöhnliche – sie veranlassen vielmehr die naturräumliche und zeitliche Entwicklung.

Eine Katastrophe ist kein natürliches Ereignis, das in ihrem Ablauf den Naturgesetzen folgt. Ihre Komplexität ergibt sich vielmehr aus der Involviertheit der Menschen, was die Sache deutlich verkompliziert. Nun können nicht einfach die Auslöser für das Katastrophengeschehen eruiert werden, um die physikalischen Ereignisse zu verstehen und mit exakten Messungen und naturwissenschaftlichen Methoden das Naturphänomen an sich analysieren. So einfach ist es nicht. Die Lebensbedingungen, die Einstellungen, die Vorstellungen über Leben, Ursache, Sinn der Menschheit unterscheiden sich in unterschiedlichen Kulturen und Gesellschaften wesentlich voneinander. Durch diese Heterogenität werden die Meinungen über Katastrophen vermutlich ebenso heterogen ausfallen, was bei einem rein natürlichen Ursprung zu vernachlässigen wäre. Physikalische Vorgänge werden aber keineswegs irrelevant oder trivial, sie sind im Gegenteil ein essentieller Bestandteil der modernen Katastrophenforschung. Wettervorhersagen, Meeresströmungen, Erdbebenstärken etc. und die Häufigkeit des Auftretens in bestimmten gefährdeten Regionen sind natürlich ein wichtiges Instrumentarium. Wohlgemerkt ist es in den meisten Fällen nicht die Natur direkt, deretwegen Menschen sterben, sondern, am Beispiel eines Erdbebens,

> „weil sie sich in einstürzenden Gebäuden befunden haben, weil überlebende Nachbarn sie mangels geeignetem Gerät nicht rechtzeitig aus den Trümmern bergen konnten, weil ihnen medizinische Hilfe versagt blieb oder weil Kurzschlüsse und geborstene Gasleitungen ein Feuer entzündeten, dem sie nichts entgegenzusetzen hatten" (Felgentreff/Glade 2008, S. 1).

Die physikalischen Messungen wie die Bebenstärke oder der effektive Meeresspiegelanstieg werden erst dann eine relevante Größe bei der Frage nach einer Naturkatastrophe, wenn Menschen in ihren gesellschaftlichen und räumlichen Lebenswelten davon betroffen sind. Eine Vorhersage der wahrscheinlichen Häufigkeit eines solchen Ereignisses ist nur in Fällen relevant, in denen Menschen einen realen Nutzen davon haben, sinnvolle Konklusionen ziehen und Vorkehrungen treffen können. In diesem Sinne sind Naturkatastrophen

> „eine Herausforderung an Gesellschaft und Kultur. Es sind keine Katastrophen für die Umwelt, für die Erde, für die Natur, sondern es sind abrupte Entwicklungen in der Umwelt, die auf eine unzureichend vorbereitete Gesellschaft treffen, dort, in der Gesellschaft, gewaltige Schäden an Menschenleben und -gesundheit und an materiellen Werten hervorrufen" (Storch 2009, S. 7).

Aufgrund der Heterogenität der Menschheit auf der Erde wirken diese plötzlichen Ereignisse, wie eine physische Erschütterung der Erde oder eine Sturm- und Hochwasser-bedingte Flutwelle, ganz unterschiedlich auf die Bevölkerung ein, und auch die Wahrnehmung und Verarbeitung des Geschehens sind nicht ident. Daher können Statistiken über Katastrophengeschehen und dessen Nachwirkungen in der Gesellschaft auch nur bedingt angewendet werden. Zumindest ist aber aufgrund der Perspektivenvielfalt und der starken Rückkoppelung an die Lebensumstände Vorsicht vonnöten, möchte man die Statistiken heranziehen. Beispielsweise sind die stärksten ökonomischen Schäden dort zu verzeichnen, wo der Lebensstandard ohnehin hoch ist, womit aber die Zahl der Todesopfer sinkt – diese ist unter schlechteren Lebensstandards höher (vgl. Voss 2009, S. 104). Im Rahmen eines solchen Naturereignisses treffen die Worte des deutschen Dichters Hans Magnus Enzensberger den Ist-Zustand: „Wir sitzen alle in einem Boot. Doch: Wer arm ist, geht schneller unter" (Enzensberger 1978, S. 71). Diese komplexen Bedingungen, die ganz unterschiedliche Wahrscheinlichkeiten der Betroffenheit nach sich ziehen und die auch dazu führen, dass es sich im Endeffekt um eine Katastrophe handelt, müssen in jeder Untersuchung, in jeder Katastrophenforschung berücksichtigt und in den Erhebungs- und Auswertungsprozess miteinbezogen werden. Sie tragen wesentlich zur Naturkatastrophe bei, und es führt kein Weg umhin, sich ihren Wahrnehmungs-, Denk- und Verhaltensweisen, und ebenso den spezifischen gesellschaftlichen, kulturellen, politischen, ökonomischen und physischen Umständen mit aller Aufmerksamkeit zuzuwenden.

2 Multidisziplinäre Perspektivität als Möglichkeit

Auch wenn Katastrophengeschehen, die sich irgendwo auf der Welt ereignen, uns tagtäglich in den Nachrichten, der Zeitung oder dem Internet begegnen, ist die Herangehensweise in der wissenschaftlichen Auseinandersetzung eine andere. Medien richten den Blick stets auf die bereits betroffene Gesellschaft, auf das Leid einzelner Individuen und Dorfgemeinschaften oder die verheerenden Auswirkungen in der akuten Situation. Die verfolgten Ziele sind einerseits durchaus Information und Bewusstseinsgenerierung, eventuell Aufrufe zu Spenden- und Hilfsaktionen, andererseits aber auch Berichterstattung über aktuelle Ereignisse und Unterhaltung. Die Wissenschaften sind demgegenüber eher an der Berechenbarkeit solcher Geschehen, der Erhebung und Auswertung physikalischer Daten wie die Bestimmung der Epizentren, Hypozentren, Herdtiefen etc., Longitudinalauswirkungen, Wahrnehmung und Verarbeitung, klimageschichtlichen Aspekten oder dergleichen vieler mehr interessiert. Wie bereits zu sehen ist, erstreckt sich das Feld der Katastrophenforschung über viele wissenschaftliche Fachbereiche, und diesen unterschiedlichen Zugängen soll im Folgenden überblicksartig Rechnung getragen werden. Denn auch wenn die Ausgangspunkte, die Ansätze und das Wissenschaftsverständnis unterschiedlich sein mögen, so handelt es sich doch um ein gemeinsames Interessensgebiet, dem so gut wie möglich auf die Spur gekommen werden will. Nur durch die Öffnung des eigenen wissenschaftstheoretischen Hintergrundes kann aus den Einsichten und Fortschritten anderer Zugänge profitiert und das gemeinsame Ziel einer umfassenden, ubiquitären Basis erreicht werden.

Die Geschichte stellt auch im Feld der Katastrophenforschung einen Zugang dar, durch den unter anderem Wahrscheinlichkeiten und Häufigkeiten eruiert werden können. Die historische Naturkatastrophenforschung setzt Katastrophengeschehen und dessen Auswirkungen in einen zeitlichen Zusammenhang. So begründet Hans von Storch mithilfe historischer sowie gegenwärtiger Sinnzuschreibungen die Zugehörigkeit zu den Sozial- und Kulturwissenschaften – dem Bereich, der aufgrund der Fragestellung in dieser Arbeit, abgesehen von der Tiefenpsychologie, vor allem zu Rate gezogen werden soll. Katastrophengeschehen wird demzufolge

> „zum Beweis eines Missstandes, zur gerechten Strafe für sündige Menschen – sündig an Gott oder an der Natur – zur Ermahnung und Umkehr. Die Naturkatastrophe wird zum Zeichen – sie stellt unsere Art zu leben in einen größeren, kritischen, oft bedrohlichen Kontext. Sie wird instrumentalisiert durch Heilsbringer, Volkserzieher und auch Verkäufer und Demagogen" (Storch 2009, S. 7).

Daraus ergeben sich unmittelbar Fragen nach der Deutung – nicht nur wie die Katastrophe gedeutet wird, sondern auch von wem und wieso – aber auch welche Zwecke damit gegenüber wem verfolgt werden und wie es um die Ideengeschichte der Deutungen steht. Ein weiteres Argument für die Einbettung als Gegenstand in die Sozial- und Kulturwissenschaften sieht Storch in der Art des Umganges einer Gesellschaft mit Katastrophenerleben. Nämlich wie einer Gefahr, die im Vergleich zur Dauer eines Menschenlebens nicht sehr häufig eintritt, aber dennoch bedrohlich ist, begegnet wird. Dennoch ist es wichtig, die Erkenntnisse der Naturwissenschaften und der Disziplinen wie Philosophie, Meteorologie, Klimatologie, Seismologie und Geographie, um nur einige zu nennen, in das Verständnis von Katastrophengeschehen aufzunehmen und einzubeziehen. Denn der Forschungsgegenstand würde ohne solche transdisziplinären Bestrebungen der Komplexität des Ereignisses nicht gerecht werden.

Ohne das anfängliche Ideal sogleich wieder zerstören zu wollen, muss doch auch auf die Kehrseite aufmerksam gemacht werden, die in jeder wissenschaftlichen Forschungstätigkeit, besonders aber bei einem so ehrgeizigen Ansatz wie der Inter- und Transdisziplinarität, zu beachten ist: Auch in der Wissenschaft macht sich der Überfluss bemerkbar, und das nicht erst seit kurzem. Die Gegenwart beheimatet 80 bis 90 Prozent aller jemals tätigen Wissenschaftler (Price 1974, S. 13), und diese Berechnung stammt aus dem Jahr 1974 – ein noch weiterer Anstieg in den letzten 43 Jahren ist sehr wahrscheinlich. Die Publikationen zu sämtlichen Forschungsfeldern vervielfältigen sich, und so viel Potenzial und Möglichkeiten das auch beinhalten mag, so unmöglich wird es, selbst innerhalb des eigenen Faches, dieses exponentielle Wachstum an wissenschaftlicher Arbeit lediglich von außen zu überblicken. Schon im Jahr 1953 schreibt Willy Hellpach, man liest und erarbeitet „nach dem Urteil eines unserer führenden Historiker etwa bis zu knapp einem Zehntel dessen, was man ‚eigentlich' gelesen haben ‚müsste'" (Hellpach 1953, S. VI). Erst nach dieser Aussage Hellpachs begann der sogenannte Übergang von der „Little Science" zur „Big Science" (Price 1974), von der individuellen Forschungstätigkeit eines Einzelnen hin zu groß angelegten Projekten und Forschungsunternehmen. Abgesehen von der Unüberschaubarkeit innerhalb einer Disziplin, geschweige denn interdisziplinär, bringt diese Entwicklung ein Problem mit sich, das aber gleichzeitig eine Möglichkeit darstellen könnte: Wissenschaftler aus benachbarten Tätigkeitsfeldern werden oftmals aus der Problematik der Wissenschaftsexplosion heraus zwangsläufig redundant arbeiten, ohne um die Ähnlichkeit oder Überschneidung der Fragestellungen und Themenkomplexe ihrer Kollegen zu wissen. Durch Interdisziplinarität bestünde jedoch die Chance, auf diese Synergien aufmerksam zu werden und sie gewinnbringend zu nutzen.

Wenden wir uns nun aber der eigentlichen Wissenschaft des Interesses zu, der Katastrophenforschung – im Versuch, einen kurzen Überblick über vorerst die geschichtliche Entwicklung und folgend einige interessante Verankerungen in anderen Disziplinen zu geben, und um sich in der Weitläufigkeit dieses Themas zumindest eine grobe Orientierung verschaffen zu können. Auch wenn sie sich erst kürzlich als besonderes Interesse der Wissenschaften etabliert hat, geht die Beschäftigung mit Katastrophengeschehen weit in die Menschheitsgeschichte zurück. Katastrophen sind bereits Teil vieler Schöpfungsmythen, besonders Fluterzählungen sind auf der ganzen Welt verbreitet. Einige der bekannten sind die Überlieferungen aus dem Alten Testament (Arche Noah), der klassischen Antike (Deukalion) und die Sintflut aus dem altorientalischen Gilgameš-Epos (vgl. Rölling 2007). Bis auf wenige Abweichungen ist eine wissenschaftliche Auseinandersetzung mit Katastrophen jedoch erst dem Zeitalter der (modernen) Naturwissenschaften zuzuschreiben – denn „angetrieben vom Machbarkeitsglauben der Mechanisierung und dem Vernunftglauben der Aufklärungsphilosophie [wurde] die Beherrschung der Natur zu einem ‚technischen' Problem" (Rieken 2010, S. 26). Die erste intensivere Auseinandersetzung fand folglich in den Ingenieurs- und Naturwissenschaften statt, und dies erst, so scheint es bei der Durchsicht aktueller Literatur, als Ansatz der Naturwissenschaft seit den 1920er Jahren (Elverfeldt/Glade/Dikau 2008, S. 32), und als Ansatz der Hazardforschung seit den 1950er Jahren (Pohl 2008, S. 48). Bernd Rieken (2010, S. 26f.) kritisiert an dieser Darstellung des Entwicklungsbeginns erst im 20. Jahrhundert, dass sie zwar dem Fortschrittsglauben verpflichtet sei, aber auch zur „Selbststilisierung" der zeitgenössischen Wissenschaftler beiträgt. Dabei wird aber die durchaus intensive Beschäftigung nicht nur der betroffenen Bevölkerung, sondern auch der Gelehrten mit dieser Problematik in vergangenen Jahrhunderten übergangen (weiterführend siehe Böhme/Böhme 2014, S. 276; Brahms 1767). Die Geisteswissenschaften nahmen sich erst wesentlich später, etwa seit den 1980er Jahren, der Katastrophenthematik an – die Gründe hierfür sind vielfältig, und in diesem Fall nicht das vorrangige Interessensgebiet. Kurz zu erwähnen wäre aber die Möglichkeit, dass erst durch den Trend, nichtgeistige Phänomene aus z.B. den Naturwissenschaften zu erörtern, das geisteswissenschaftliche Interesse auch auf die Katastrophenforschung gestoßen ist. Die Betroffenheit durch Naturkatastrophen ist außerdem in den letzten Jahrzehnten gestiegen und hat durch die Ausbreitung städtischer Gebiete und die Besiedelung von Gefahrenzonen noch zugenommen. Auch die Bewusstwerdung um die Grenzen des industriellen und technischen Wachstums und die damit einhergehende Krisenstimmung, die noch gesteigert wird durch den merklichen Klimawandel und die

Diskussionen um seine Ursachen könnten eine Rolle spielen im plötzlich vermehrten Interesse auch jener akademischer Disziplinen, die sich mit den mentalen Auswirkungen befassen. Rieken formuliert es folgendermaßen: „Unbewusst mag dabei die Vorstellung eine Rolle spielen, dass die Natur sich am Menschen rächt, weswegen aus einer verdrängten Angst heraus Naturkatastrophen eine gewisse Faszination auf die Wissenschaft ausüben" (Rieken 2010, S. 27).

Diese Faszination beginnt in der Klimageschichte, die sich sowohl mit historischen als auch klimatologischen Fragestellungen befasst und den Versuch unternimmt, die Einflüsse von Witterung auf Gesellschaft und Kultur zu untersuchen. Bezogen auf Naturkatastrophen ergibt sich daraus eine Strömung, die die Warnungen der Naturwissenschaft vor gravierenden Einschnitten in Frage stellt und betont, dass Klimawandel seit jeher zur Entwicklung der Erde dazugehört und der Umgang mit diesem und seinen Folgen eine Frage der Kultur ist (vgl. Behringer 2007, S. 288). Die Polarität zwischen Geistes- und Naturwissenschaft wird in der weiteren Diskussion ausgebaut und die harten Fakten infrage gestellt, da im Grunde die kulturellen Auswirkungen den wesentlichen Anteil ausmachen. Dem sei jedoch entgegenzustellen, dass die klimatologische Entwicklung in der Gegenwart durchaus berechtigterweise eine zumindest global gesehen größere Gefahr als früher darstellt, da wesentlich mehr Menschen an der Küste oder in Küstennähe leben als dazumal und durch den vorhergesagten Anstieg des Meeresspiegels betroffen wären (vgl. Rieken 2010, S. 28).

In der Historiographie, der Darstellung geschichtlicher Ereignisse, wird der Grundstein der historischen Sturmflutforschung gelegt. Manfred Jakubowski-Tiessen behandelt dieses Thema in seiner Habilitationsschrift und trägt dazu wesentlich zum Verständnis bei, welchen Effekt Katastrophen auf die Menschheit haben und welche Kontinuitäten und Diskontinuitäten es aus geschichtlicher Perspektive gibt (Jakubowski-Tiessen 1992). Sollen jedoch historiographische Aspekte im Verständnis von gesellschaftlichem Umgang und Fortschritt berücksichtigt werden, muss Klarheit darüber bestehen, dass hauptsächlich auf „Quellen der Eliten und weniger auf Zeugnisse aus breiteren Bevölkerungsschichten" (Rieken 2010, S. 28) zurückgegriffen wird. Aus diesem Grund müssen die Ergebnisse auch unter dem Aspekt gesehen und der Bezug auf die breite Gesellschaft reflektiert werden.

In der Geographie treffen sich nun gesellschafts- und naturwissenschaftliche Perspektiven, indem im Besonderen der räumlichen Dimension Beachtung zuteilwird. Die Struktur der Erdoberfläche ist ebenso von Interesse wie die Auswirkungen der räumlichen Beschaffenheit auf die Gesellschaft. Der Raumbezug wird schon aus den gewählten Titeln der geographisch-katastrophenbezogenen Arbeiten ersichtlich, wie im Standardwerk „Regions of Risk" (Hewitt 1997). Ein weiteres findet sich unter dem Titel „Naturisiken und Sozialkatastrophen" (Felgentreff/Glade 2008), wo ebenfalls schon im Titel auf die objektivistischen und sozialkonstruktivistischen Ansätze verwiesen wird, die sich aus der geographischen Perspektive gegenüberstehen. Ebenfalls im zweiten Titel ersichtlich ist die besondere Beschäftigung mit Risiko, die vermutlich auf den naturwissenschaftlichen Einflüssen beruht.

Innerhalb der Soziologie finden sich ähnliche Zugänge wie in der Geographie. Die Risikoforschung macht einen wesentlichen Teil aus, und untersucht werden vor allem die gesellschaftlichen Implikationen von Desastern. Die objektivierbare Risikoeinschätzung steht damit dem Unkontrollierbaren gegenüber und wird innerhalb der Disziplin, die konstruktivistisch orientiert ist, wiederholt angefochten. Martin Voss, der mittlerweile die Katastrophenforschungsstelle am Institut für Sozial- und Kulturanthropologie in Berlin leitet, bemerkt dazu in seiner Dissertation, dass der Risikosoziologie, der vorgeworfen wird, erst durch die Thematisierung das Risiko zu erschaffen, „gewissermaßen ihr Objekt abhanden" gekommen ist (Voss 2006, S. 47).

Die Europäische Ethnologie vereinte in der Vergangenheit geographische, historische, soziologische, und psychologische Forschungsperspektiven miteinander und wurde im Laufe der Zeit als Reaktion auf den Nationalsozialismus und durch die kulturelle Wende zu einer „relativ unspezifischen Kulturwissenschaft mit konstruktivistischem Impetus" (Rieken 2010, S. 30). Es ist aus diesen Gründen eine ungewöhnliche, aber durchaus sinnvolle Entwicklung, wenn nach Gunter Hirschfelder eine „multidisziplinäre historisch argumentierende Basis für die Erforschung des gegenwärtigen und künftigen Beziehungsgeflechtes zwischen Kultur- und Klimageschichte zu schaffen" wäre (Hirschfelder 2009, S. 14). Denn eine Forschungstradition muss in dem in der Volkskunde noch recht jungen Forschungsgebiet erst generiert werden. Abgesehen von einzelnen Aufsätzen (vgl. Schmidt 1999, S. 22–28) beschränkt sich die umfangreichere Arbeit zu diesem Themenfeld auf die Habilitationsschrift von Andreas Schmidt zur kulturellen Vermittlung von Naturkatastrophen im 18. und 19. Jahrhundert (Schmidt 1999), die gegenseitige Einwirkungen zwischen populärer und elitärer Kultur beleuchtet, und ebenfalls die Habilitationsschrift von Bernd Rieken „‚Nordsee ist Mordsee'. Sturmfluten und ihre Bedeutung für die Mentalitätsgeschichte der Friesen" (Rieken 2005), sowie ebenfalls von ihm erschienen „Schatten über Galtür? Gespräche mit Einheimischen über die Lawine von 1999. Ein Beitrag zur Katastrophenforschung" (Rieken 2010). Rieken betritt mit diesen Arbeiten nicht nur das spannende Feld der mentalen Verarbeitung von Naturkatastrophen durch eine bestimmte Volksgruppe, sondern schlägt eine zusätzlich außergewöhnliche Richtung ein, indem er eine Verbindung mit psychoanalytischen Perspektiven herstellt und durch das Zusammenfließen und das gegenseitige Ergänzen der beiden Fächer einen auf dem Gebiet der Katastrophenforschung einzigartigen Zugang schafft. Seine Arbeiten stellen für die vorliegende Untersuchung der Auswirkungen von Sturmfluten auf den Halligen eine wichtige Basis und einen Bezugsrahmen dar, denn auch in diesem Beitrag zur Katastrophenforschung soll die Interdisziplinarität besondere

Berücksichtigung erfahren und die bestehenden Methoden und Zugänge um die Dimension der Psychoanalyse bzw. der Tiefenpsychologie erweitert werden.

Interdisziplinäre Perspektiven werden abgesehen davon auch von anderen Forschern angenommen, wenn beispielsweise aus Sicht der Natur- und Geisteswissenschaft das Anliegen verfolgt wird, die Katastrophenbewältigung unter die Lupe zu nehmen (vgl. Pfister/Summermatter 2004). Auch verschiedene Geisteswissenschaftler schließen sich zusammen, um die Entwicklung über die Jahrhunderte genauer zu beleuchten und von der Perspektivenvielfalt zu profitieren (Groh/Kempe/Mauelshagen 2003), und der Frage, ob Trauma oder Erneuerung die unmittelbaren Folgen von Katastrophengeschehen wären, wird interdisziplinär nachgegangen (Becker/Domres/von Finck 2001). Einen besonderen Zugang vermittelt die Transdisziplinarität, in welcher die Diskussion nicht lediglich innerhalb der Wissenschaft geführt wird, sondern auch praktische Sichtweisen und Beiträge von Fachleuten aus der Praxis miteinbezogen werden (vgl. Psenner/Lackner/Walcher 2008).

Die Katastrophenforschung bietet, wie nur unschwer zu erkennen ist, vielen Einzelwissenschaften interessanten Forschungsgrund und ermöglicht sogar die fruchtbare Zusammenarbeit von habituell konträren akademischen Paradigmen. Diese breit aufgestellte Vielfalt erweitert sich aber noch um die Wissenschaften der Psyche, ein Fachbereich, der mehrere unterschiedliche Disziplinen beinhaltet und Fragen aufwirft, die ganz andere Perspektiven auf das Katastrophenerleben und -verstehen ermöglichen. So beschäftigt sich zum Beispiel die Umweltpsychologie, die noch einen gewissen Übergang zu den herkömmlichen psychologischen Wissenschaften repräsentiert, ebenso mit Sozialwissenschaften und Psychologie wie auch mit naturwissenschaftlichen Aspekten und stellt vor diesem Hintergrund die Vermutung an, ob eine Katastrophenwahrnehmung nicht nur von der Wucht einer solchen bedingt sei, „sondern auch und möglicherweise primär von der Vulnerabilität des betroffenen sozioökonomischen Systems, den vorherrschenden Mentalitäten oder der gesellschaftlichen Verteilung von Verantwortlichkeiten" (Linneweber/Lantermann 2006, S. 6). Das Besondere dieser Überlegungen ist die Fokussierung auf das Verhalten des Individuums im Falle einer Katastrophe, zusätzlich zum üblichen Ansatz, den Umgang von sozialen Systemen und dem gesellschaftlichen Gefüge damit zu verfolgen.

Wie unschwer zu erkennen, gehen die klassischen psychologischen Disziplinen vor allem den seelischen und psychischen Auswirkungen von Katastrophen im Individuum nach und sind, wie zum Beispiel die Notfallpsychologie, darauf ausgerichtet, in Notfällen schnell und effizient Hilfe anzubieten. Dabei geht es besonders um Timing und Wirksamkeit (Lasogga/Gasch 2002, S. 88–96). Die Krisenintervention bildet ein weiteres Spezialgebiet und sieht ihren Hauptaufgabenbereich generell in der Versorgung von Personen, die durch Unfall, Tod, Krankheit oder auch Katastrophenerleben einer extremen Lage ausgesetzt sind (Aquilera 2000).

Den psychischen Folgen solch einschneidender Erlebnisse nimmt sich in weiterer Folge im Speziellen die Psychotraumatologie an (Fischer/Riedesser 2009), gefolgt von allen weiteren Disziplinen, die sich mit psychischen (Belastungs-)Reaktionen und Krankheiten befassen – ob als Folgeerscheinung katastrophaler Erfahrungen oder nicht, ist in diesem Stadium nicht mehr vorrangig relevant für eine Intervention oder Behandlung.

Um in der Katastrophenforschung, von welcher der vielen heterogenen Standpunkte der Blick auch kommen mag, eine möglichst homogene Ausgangsposition zu gewährleisten und auch um innerhalb des Naturkatastrophenerlebens zwischen den unterschiedlichen Rezeptionen differenzieren zu können, wäre eine kurze Begriffskunde angebracht. Ihr wird vor allem in der Naturwissenschaft Rechnung getragen, wenn es um die Unterscheidung von Begrifflichkeiten geht, die im Deutschen oft als Analogien genutzt werden, damit aber Verwechslungen in der Bedeutung und einem falschen Verständnis unterliegen. Dazu zählen unter anderem Hypozentrum, Epizentrum, Magnitude und Intensität – in unserem Fall soll aber das Hauptaugenmerk auf zwei Begriffe gerichtet werden, die auch in der Untersuchung von Sturmfluten Relevanz besitzen. Es handelt sich um die immer wieder vertauschten Wörter Gefährdung und Risiko, die der Wiener Geophysiker und Seismologe Wolfgang A. Lenhardt folgendermaßen beschreibt:

> „Unter Gefährdung versteht man die Wahrscheinlichkeit, mit der ein bestimmtes Ereignis eintritt. Multipliziert man diesen Wert mit dem Verlustwert, so erhält man das Risiko, gegen das man sich zum Beispiel versichern lassen kann. Das Risiko kann also an einem bestimmten Punkt auf der Erdoberfläche klein sein, wenn entweder die Gefährdung durch ein Naturereignis klein ist – z.B. die Erdbebengefahr in Brasilien – oder die zu versichernden Werte sehr gering sind, weil das Gebiet gering besiedelt ist – z.B. Australien. Umgekehrt ist das Risiko sehr hoch in Japan oder Kalifornien, da nicht nur die Gefährdung dort sehr hoch ist, sondern auch der potenzielle wirtschaftliche Verlustwert" (Lenhardt 2009, S. 55).

Damit wird zwar einerseits eine wichtige Unterscheidung zweier Begrifflichkeiten vorgenommen, andererseits stellt es aber auch eine für die Naturwissenschaft typische Herangehensweise dar: Katastrophen werden in Kategorien geteilt und messbar gemacht – sowohl hinsichtlich ihrer Ursachen und Auswirkungen als auch bezogen auf ihre Stärke. Diese Stärke repräsentiert eines der wesentlichen Merkmale aus Sicht der Naturwissenschaft und meint einerseits das Ausmaß oder andererseits das Maß seiner Ursache, wobei es nicht notwendigerweise ein Ursachenmaß gibt, immer aber ein Auswirkungsmaß. Bei den meisten Naturereignissen (abgesehen von Erdbeben und Impacts) entwickeln sich die Ursachen und fallen zeitlich mit den Auswirkungen zusammen, was eine alleinige Beschreibung des Auswirkungsmaßes zur Folge hat (vgl. ebd., S. 62). Eine weitere Einordnung kann hinsichtlich der Dimensionen Raum und Zeit vorgenommen werden – von den räumlichen Ausmaßen lokal, regional oder global über die zeitbezogene Beurteilung plötzlich, dauerhaft, häufig etc. Davon lassen sich wiederum Subkategorien bilden und Messergebnisse interpretieren. In diesem Sinne liegt das Interesse der naturwissenschaftlichen Katastrophenforschung in der Ursachenforschung und dem Gefährdungspotenzial, der Risikominimierung und der Einschätzung kurzfristiger und langfristiger Katastrophendimensionen. Auch wenn von einer geisteswissenschaftlichen Perspektive aus üblicherweise eine andere Herangehensweise bevorzugt wird, liefern nicht nur die Ergebnisse, sondern auch die Zugänge der Naturwissenschaft eine Klarifikation und Bereicherung in vielerlei Hinsicht und sollten daher in Untersuchungen mit interdisziplinärem Anspruch berücksichtigt werden, um dem Versuch, ein ganzheitlicheres Sinnfeld zu schaffen, zu entsprechen.

Entsprechend diesem Überblick über einige akademische Zugänge und dem Plädoyer für eine multidisziplinäre Perspektivität führt kein Weg daran vorbei, letzten Endes auf eine Vereinigung hinzuweisen, die sich im Besonderen einem interdisziplinären Arbeiten in der Katastrophenforschung widmet. Es handelt sich um die Katastrophenforschungsstelle (KFS) des Instituts für Kultur- und Sozialanthropologie der Freien Universität Berlin unter der Leitung von Martin Voss, deren Fokus die anwendungsorientierte Grundlagenforschung darstellt. Arbeitsbereiche dieser katastrophensoziologischen und -ethnologischen Einrichtung beinhalten die Entstehungs- und Verlaufsbedingungen, sowie die Bewältigung – also den gesamten Zyklus von Krisen- und Katastrophengeschehen. Die Risikowahrnehmung geht dem Versuch einer Risikoreduktion voraus und führt von der Vorbereitung und Warnung über die Beobachtung des Verhaltens Betroffener und der Katastrophenbewältigung zu einem nachhaltigeren Wiederaufbau der zerstörten Gebiete. Wenn die KFS sowohl die geistes- und sozialwissenschaftliche Grundlagenforschung als auch die anwendungsorientierte Forschung fordert, so ist doch, zumindest bei neueren Publikationen, ein deutlicher Schwerpunkt auf Anwendungs- und Handlungsorientierung, wie Manuale und Leitfäden, Untersuchungen zur Notfallvorsorge sowie Krisenkommunikation und erfolgreiche Zusammenarbeit der Hilfskräfte als Katastrophenbewältigung, zu verzeichnen (vgl. dazu Schulze/Voss 2016; Schulze 2016; Dittmer/Lorenz 2016; Voss/Lorenz 2016 u.a.). Der Fokus liegt dabei auf praxisrelevanter Datenerhebung und Auswertung, um die Funktionsweisen der Gesellschaft zu eruieren, nicht auf qualitativer Interpretation im Sinne einer inhaltlichen und individuellen Analyse zum Verständnis innerpsychischer Vorgänge. Soziale und kulturelle Aspekte stellen in der KFS als notwendige Größe den Bezugsrahmen der Forschung dar, denn erst durch das Zusammentreffen mit gesellschaftlichen Einrichtungen werden extreme Naturereignisse zu Risiken. Nur mit Wissen um die soziale Konstruktion, die gesellschaftlich diskursiv und semiotisch-materiell verobjektivierte Katastrophe, können Präventions- und Schutzmaßnahmen entwickelt und installiert werden. Insofern leistet die KFS einen wichtigen und in dieser Form einer disziplinären Vereinigung im deutschsprachigen Raum einmaligen Beitrag zur modernen Katastrophenforschung.

3   Grenzen

Abb. 3: Abendliche Uferlinie auf der Hallig Langeness

"Herrlich ist es, in einer unendlichen Einsamkeit am Meeresufer, unter trübem Himmel, auf eine unbegrenzte Wasserwüste, hinauszuschauen. Dazu gehört gleichwohl, daß man dahin gegangen sei, daß man zurück muß, daß man hinüber mögte, daß man es nicht kann, daß man Alles zum Leben vermißt, und die Stimme des Lebens dennoch im Rauschen der Fluth, im Wehen der Luft, im Ziehen der Wolken, dem einsamen Geschrei der Vögel vernimmt. Dazu gehört ein Anspruch, den das Herz macht, und ein Abbruch, um mich so auszudrücken, den Einem die Natur thut."

Heinrich von Kleist, Empfindungen vor Friedrichs Seelandschaft (1996, S. 61f.)

Bei der Erarbeitung eines Feldes wie dem der Katastrophenforschung, das ebenso weitläufig und in unzähligen Wissenschaften verbreitet wie auch kaum genügend ausgearbeitet oder klar strukturiert zu sein scheint, ist es unumgänglich, oftmals Themenbereiche zu eröffnen, die ungewöhnlich erscheinen mögen. Zumindest auf den ersten Blick trifft dies auch hier zu, doch Grenzen und Grenzwahrnehmungen sind bei genauerem Hinsehen nicht nur ein Thema der Katastrophengeschehen an sich, sondern auch immer wieder beobachtbar im Umgang der Menschen mit diesen zerstörerischen Ereignissen. Sie können Aufschluss geben über die Art des Umganges und die Art der Anpassung an mehr oder weniger unberechenbare Naturgewalten und spielen höchstwahrscheinlich eine nicht zu vernachlässigende Rolle im innerpsychischen (Selbst-)Verständnis und der Identifikation mit dem Lebensraum, was sich wiederum auswirkt auf Identität, Vulnerabilität und Resilienz.

Grenzen und Grenzwahrnehmungen sind alles andere als sicheres, klar definiertes Terrain und keineswegs in der Bedeutung und dem Verständnis eindeutig. Möchte man einen genaueren Umriss davon zeichnen, ergeben sich in Anlehnung daran Begrifflichkeiten wie Übergang, Schwelle, Rand etc. Arbeiten zur Grenz-Thematik finden sich unter anderem in Literatur und Germanistik (vgl. dazu z.B. Benthien/Krüger-Fürhoff 1999, Görner/Kirkbright 1999, Saul/Steuer/Möbius/Illner 1999), in denen sowohl die Limitationen und Transgressionen als auch Gedanken über Schwellen und Grenzen in der Ästhetik nachgegangen wird. Weiters finden sich zum Phänomen der Grenze im historischen Kontext Studien der Geschichtswissenschaften (siehe Görner 2001, Eicher 2001), und in der Ethnologie thematisieren die Untersuchungen Schwellenphasen und Grenzen aus phänomenologischer Sicht. Hier zu erwähnen wäre Bernhard Waldenfels (1999), der sich in seiner Arbeit „Sinnesschwellen. Studien zur Phänomenologie des Fremden 3" mit dem Verhältnis von Wahrnehmungen und Schwellenerfahrung befasst, der Erfahrung des Fremden an den Grenzen der Sinne.

Abgesehen von den Versuchen aus verschiedenen Wissenschaften, das Phänomen der Grenze näher zu beschreiben, zeigt sich auch eine gewisse Schwierigkeit in der eindeutigen Bestimmung der Grenz-Funktion. Sie trennt nicht nur, sondern verbindet auch, bedeutet eine gewisse räumliche Nähe des Getrennten, sie grenzt ein, setzt Limits und hebt zugleich das Unerreichbare hervor. Grenzen können übertreten werden und sich einer Überschreitung wieder entziehen, Zugänge werden versperrt, und doch ist es möglich, die Sperren zu durchbrechen. Wo eine Grenze ist, kann eine Grenze überschritten werden. Schwellen können Übergänge symbolisieren, wenn Phasen im eigenen Leben überwunden werden, und selbst im Inneren existieren Grenzen, wenn ein Bereich unzugänglich ist oder gemacht wird und zum Beispiel im psychischen Erleben eine Dissoziation die Abspaltung gewisser Anteile verfolgt. Auch kulturell werden Grenzen gezogen, beispielsweise in Form von Tabus, die Unannehmbares aus der gesellschaftlichen Ordnung ausschließen (vgl. dazu Ehlers 2007, S. 2).
Nach der Definition und Funktion von Grenzen, die wenig Homogenität erkennen lassen, um ein einheitliches, klares Bild zu gewinnen, im Gegenteil auf vieldeutigen Boden führen, stellt sich als nächstes die Frage, wie Grenzen erkannt und wahrgenommen werden können. Die sinnliche Erfahrung schafft hierfür die Grundlage. Nur durch Wahrnehmung eines Objekts, welches sich von seiner Umwelt abhebt, oder durch eine differenzierte Betrachtung, durch die sich Gegenstände räumlich „entmischen", kann unterschieden und eine Abgrenzung wahrgenom-

men werden. Ist es aber in jedem Fall eine Grenze, die dabei wahrgenommen wird, vorausgesetzt die Sinne stoßen dabei nicht an ihre eigenen Grenzen und verlieren dadurch gänzlich den Zugang zur Grenzwahrnehmung? Oder muss dafür mehr erfüllt sein als die bloße sinnliche Erfahrung derselben? Michel Foucault (1974) äußert sich dazu in seiner „Vorrede zur Überschreitung", indem er eine Grenze, die nicht überschritten werden kann, für nicht existent hält und gleichzeitig die Frage aufwirft, ob Grenzen jenseits des Ausdrucks der Überschreitung überhaupt existieren (ebd., S. 37). Damit können Grenzwahrnehmungen nicht beliebig und nicht alle Schnittstellen als Grenzen erfasst werden; Grenzwahrnehmung impliziert immer auch die Gebärde einer Überschreitung, wie die Flutwelle eines Tsunamis, die mit enormer Wucht die Grenze zwischen Ozean und Festland übertritt, oder ein Bienenstich, durch den die Grenzen der eigenen Körperlichkeit sinnlich erfahren werden.

Der Dekonstruktivist Jacques Derrida sieht in der Grenze ein philosophisches Problem vor allem in der Ziehung und Überschreitung derselben. Infrage zu stellen sei ein Denken der Grenze als Grenzlinie, wenn dadurch eine Ontologie angenommen wird, die das Eine vom Anderen nur im Gegensatz oder in der Negation denken kann. Um ein genuin philosophisches Problem handelt es sich insofern, als die Philosophie durchwegs bestrebt ist, ihre Grenzen immer aufs Neue zu verschieben und auszuweiten, und nach der Möglichkeit sucht, alles zu umschließen, und zugleich, in diesem Bestreben, gezwungenermaßen ihre eigenen Grenzen erfahren und kontrollieren muss (vgl. Derrida 1988, S. 13–27). Kant knüpft in seiner Ästhetik des Erhabenen die Entgrenzung eines Urteils an eine Begrenzung der Darstellungsmöglichkeit. Er bezieht sich auf Ästhetik und ästhetische Urteile, wenn er die Begrenzung und die gleichzeitige Entgrenzung eines Subjekts thematisiert, durch das Endlichkeit und Unendlichkeit unlösbar miteinander verbunden sind (Kant 1974). Derrida zielt demgegenüber weniger auf die Grenzen von Darstellung und Denken und wann und wie diese überschritten werden, es geht ihm eher um die Verwischung von Grenzen als Linien, um den Zwischenraum und die Zone des Differierens.

Der Einblick in die Philosophie soll hier auch wirklich nur ein knapper Einblick bleiben, da jede tiefere philosophische Auseinandersetzung mit dem Thema der Grenzen zwar interessante Gedanken und Perspektiven aufwerfen, den Rahmen aber bei Weitem sprengen würde. Es geht jedoch daraus hervor, dass es sich um ein Gebiet handelt, das vielschichtiger nicht sein könnte und selbst als Phänomen an sich so unterschiedliche Grenzwahrnehmungen wie die zwischen Leben und Tod, zwischen Natur und Kultur, den Geschlechtern, den Generationen, den einzelnen Kulturen oder sogar zwischen Normalität und Wahnsinn beinhaltet. Häufig handelt es sich um Grenzen, die sich zudem noch überschneiden und nicht unbedingt für eine Entwirrung des Verständnisses sorgen. Zugleich finden sich Parallelen dieser unüberschaubaren Vielschichtigkeit in den unterschiedlichsten (Lebens-)Bereichen, die dasselbe zugrundeliegende Thema aufwerfen. So könnte eine Grenzthematik in der Katastrophenforschung das mehr oder weniger plötzliche Hereinbrechen enormer Zerstörungsgewalt sein, durch das die „heile" Welt des Menschen aus den Fugen gerät und Verwüstung und Chaos zurücklässt. In literarischen Darstellungen finden sich z.B. bei Adalbert Stifter idyllische und friedliche Schauplätze und Szenen, die von bitterem Chaos ergriffen und in den Abgrund gezogen werden, so auch in seiner 1840 publizierten Erzählung „Der Condor", in der ein kosmischer Abgrund die innere Grenze beschreibt. Ein Hauptaspekt liegt dabei in der Thematisierung der Ordnungsauflösung und den ihr folgenden Schreckenszuständen (Stifter 1982, S. 9–16; vgl. dazu auch Ehlers 2007, S. 105–166). Dies soll die parallele Wahrnehmung einer Grenzüberschreitung und ihre Folgen verdeutlichen, dass sich die Vielfältigkeit möglicher Grenzen und die gegenseitige Überkreuzung kaum eingrenzen lässt, sich aber durchaus wiederholende Wahrnehmungen bzw. Darstellungen in ganz unterschiedlichen Bereichen finden. Es handelt sich womöglich um Grundthemen des menschlichen Seins, die auf unterschiedlichen Ebenen erlebt, aber auch reproduziert werden und deren Macht eine Komponente im Dasein darstellt, von der eine konstante, wenn auch oft nicht sichtbare und in vordergründige Vergessenheit geratene Bedrohung ausgeht. Es wirft die weiterführende Frage auf, inwiefern Grenzübertritte jeglicher Art angstbesetzt sind. Durch das zugrundeliegende Gefühl der Bedrohung der gewohnten Ordnung und Sicherheit durch das Übertreten einer Grenze wäre Angst eine natürliche Reaktion im Sinne der Sicherungstendenz und würde der Bedeutung von Grenzen, Grenzwahrnehmungen und deren Überschreiten eine weitere Dimension geben. Gerade im Verständnis menschlicher Reaktionen und Verhaltensweisen, ihrer Identität als Individuum und Gesellschaft kann das Einbeziehen solcher Überlegungen ausschlaggebend sein und bislang Unbemerktes sichtbar gemacht werden, wie etwa der Einfluss einer vorhandenen oder einer fehlenden (räumlichen) Grenze auf die innerpsychische Struktur. Diesem Ansatz wird auch im Laufe der Arbeit nachgegangen werden.

Ein weiteres Beispiel findet sich wieder in der Literatur – die in diesem Kapitel eingangs zitierte Textstelle aus Heinrich von Kleists „Empfindungen vor Friedrichs Seelandschaft" (1996, S. 61f.), in der er konkret seine Empfindungen vor dem Gemälde „Der Mönch am Meer" von Caspar David Friedrich beschreibt. Doch im Gegensatz zu Stifter ist es keine biedermeierliche Szenerie, die in unbegreifbare Abgründe des Chaos gezogen wird, sondern eine im Gegenteil weder sonderlich idyllisch, noch bedrohlich anmutende Seelandschaft. Es ist eher eine durchaus ästhetische, doch vor allem melancholische Beschreibung, der Grenzen aber mindestens ebenso deutlich innewohnen wie Stifters Schrecken der Ordnungsauflösung durch das hereinbrechende Chaos. Das Meer – schon an sich Ort der massiven Grenzwahrnehmung und gleichzeitig der ultimativen Grenzenlosigkeit. Das Meer als Ort der unbegrenzten Seelandschaft, als Ort der Unendlichkeit, der einem die Grenze nur umso deutlicher vor Augen führt. Das Meer als Ort der eigenen Begrenztheit in der ewigen Weite. Sturmfluten würden eine Erweiterung dieser Szenerie bedeuten da sie weit über den gewöhnlichen Zustand des Meeres hinausgehen, weshalb uns diese als Ausgangssituation dienen und verdeutlichen soll, dass die Grenze nicht erst mit dem Hereinbrechen der Flut entsteht, sondern schon im einfachen Sein an dieser Elementen-Schwelle sich nach allen Seiten hin bemerkbar macht. Kleist gelingt es, beabsichtigt oder nicht, in drei Sätzen vielzählige Grenzen in der Begegnung mit der See zu benennen: Die „unendliche Einsamkeit am Meeresufer" (Kleist 1996, S. 61f.) enthält die Entgrenzung und Grenzenlosigkeit des Meeres, die erneut in der „unbegrenzten Wasserwüste" Erwähnung findet, und am Meeresufer aber wiederum ihre Begrenzung erfährt. Die Einsamkeit verdeutlicht die Grenze im eigenen Inneren, die gewollt oder ungewollt, nur in dem Moment bestehend oder immerdar, eine Grenze zwischen dem Ich und anderen Lebewesen darstellt. Eine unsichtbare Grenze liegt offensichtlich zwischen dem unendlichen Meer und dem Aufenthaltsort unseres Betrachters, denn er bemerkt „daß man hinüber mögte" (ebd.), aber „daß man es nicht kann" (ebd.). Der Ort seiner Sehnsucht, irgendwo in der „Wasserwüste" (ebd.), bleibt unbekannt, es muss jedoch fernab von dem „Meeresufer" (ebd.) sein, ab dem er sich befindet, fernab von der einzigen Begrenzung, die ihn vom Unendlichen trennt. Die Sehnsucht drängt hin zu einem Sein ohne Grenzen, die einerseits vom eigenen Ich ausgehen könnte, weil „man es nicht kann" (ebd.), andererseits vom Meer, da die Natur dem sehnenden Ich einen „Abbruch [...] thut" (ebd.). Wieder eine Grenze, unüberschreitbar, die den Beobachter in sein eng begrenztes Dasein einschließt. Im Wissen „daß man zurück muß" (ebd.), zeichnet sich die nächste Grenzwahrnehmung ab, denn Auseinandergehen impliziert eine vorhergehende Verbundenheit. Durch die Trennung wird eine Grenze eröffnet, die zuvor nicht bestanden hat. Die Sehnsucht entspringt demnach nicht allein dem Wunsch nach einer Verschmelzung mit dem Grenzenlosen, sie wird erst spürbar durch eine in diesem Moment schon bestehende Verbundenheit zwischen Betrachter und Betrachtetem. Die so deutlich und schmerzlich empfundene Grenze, die nicht überwunden werden kann und die das Begrenzte vom Unbegrenzten und Unendlichen separiert, ist also nicht nur ein trennendes Element, sondern auch eine Verbindungslinie zwischen zwei Welten. In aller Kürze vermittelt Kleists Text weitreichende Dimensionen der Hürden unserer Umgebung und vor allem unserer Empfindung und Wahrnehmung und deutet in eine Richtung, der besondere Aufmerksamkeit zusteht: Die Grenze trennt nicht nur, sie führt auch zusammen.

Das Verhältnis zu Grenzen und welche Rolle sie für die hier untersuchte Bevölkerungsgruppe und ihre Lebensweise spielen, wird konkreter am erhobenen Interviewmaterial und den Transkripten nachgegangen und der Untersuchungsfokus um den Aspekt der Grenzwahrnehmung erweitert. Vorerst aber noch ein genauerer Blick auf das zugrunde liegende Ereignis der Naturkatastrophe selbst und wie diese nicht lediglich eine Grenzüberschreitung darstellt oder die Deutung einer Grenzwahrnehmung sein kann, sondern auch selbst ein Grenzort ist, der Paradoxien und Überkreuzungen enthält.

4 Naturkatastrophen: Grenzorte zwischen Entgrenzung und Überschreitung

Abb. 4: Hallig Langeness – grenzenlose Weite in der Nordsee

Bei der Frage nach einer genauen Definition des Begriffs Naturkatastrophe stoßen wir zuerst auf die zwei zusammengesetzten Hauptwörter Natur und Katastrophe und in weiterer Folge auf deren ursprüngliche Bedeutung. Katastrophe, aus dem Griechischen, setzt sich zusammen aus katá – von, weg, und stréphein – wenden, umdrehen – in der wörtlichen Übersetzung also eine Wegwendung, Abwendung. Freier übersetzt finden sich vielfältige Variationen derselben Bedeutung, unter anderem der Ausdruck „eine Wendung zum Schlimmen", womit „eine nicht mehr beherrschbare Situation großen Ausmaßes verstanden" wird (Lenhardt 2009, S. 54). Das griechische Substantiv konnte erstmalig in der Literatur der Antike nachgewiesen werden, nämlich in den Tragödien des Aischylos. Daraus ergibt sich in weiterer Folge der poetologische Katastrophenbegriff, der einerseits eine Wende im Drama bezeichnete, den Umschlag zum Guten oder zum Schlechten, andererseits die Handlung in Tragödien und auch Komödien zu einem meist erfreulichen Ende, zu Ruhe und Stille führt (siehe dazu ausführlicher: Briese, Günther 2009, S. 158–163). Eine Naturkatastrophe wird in der griechischen Geschichte zumeist eindeutiger bezeichnet, z.B. seismos oder kataklysmos. Der Begriff katastrophé hatte im klassischen Griechisch nicht notwendigerweise eine negative Konnotation, diese entstand erst durch eine semantische Aufladung – zumeist emotional negativ, aber in Einzelfällen auch neutral bis positiv – bei der Einordnung von Ereignissen (Meier 2007, S. 49, 54). Im heutigen Sprachgebrauch ist mit dem deutschen Lehnwort zumeist ein folgenschweres Unglück gemeint; der zweite Begriff des zusammengesetzten Wortes ist Natur und steht für eine Welt in ihrem ursprünglichen Zustand, eine Welt ohne menschliche Veränderungen und Einflussnahmen (vgl. Lenhardt 2009, S. 54). Daraus ergibt sich aber schon ein erster Widerspruch bzw. eine Mehrdeutigkeit, zu dessen Veranschaulichung übliche Definitionen der Wissenschaft herangezogen werden sollen: „Eine Naturkatastrophe ist eine natürlich entstandene Veränderung der Erdoberfläche oder der Atmosphäre, die auf Lebewesen und deren Umgebung verheerende Auswirkungen hat" (Hammerl 2009, S.16). „Den bedrohlichen Charakter haben Naturkatastrophen nur für Lebewesen und vor allem für den Menschen, der darüber reflektieren kann" (Oeser 2009, S. 52). Aus Sicht von Rückversicherungen kommt es dann zu Naturkatastrophen, wenn die betroffenen Gebiete in ihrer Selbsthilfefähigkeit, d.h. Resilienz, deutlich überfordert sind und auf die Hilfe von außen, oft auch internationale Hilfe, angewiesen sind (vgl. Hammerl 2009, S. 17). In diesem Stil könnte die Begriffsbestimmung fortgeführt werden, denn das Naturgeschehen muss eine Auswirkung auf den Menschen haben, um zur (Natur-)Katastrophe zu werden. Kehren wir aber zu dem Versuch zurück, die zugrundeliegende Bedeutung der beiden zusammengesetzten Hauptwörter „Natur" und „Katastrophe" zu eruieren und folglich zu verbinden, findet man eine Konstellation vor, die nicht ohne Weiteres eindeutig ist: Die *Welt ohne menschliche Einflüsse*, die *Welt an sich*, wendet sich zum Schlimmen, durch die notwendige, weil begriffsdefinitionsimmanente Auswirkung auf den Menschen. Demzufolge werden hier zwei (Bedeutungs-)Welten in einem Wort verbunden. Mehr Aufschluss gibt die direkte Übersetzung von katastrophé – die Welt ohne menschliche Einflüsse *wendet* sich *weg*, *wendet* sich *ab* von ihrer Existenz *an sich* und hin zu der nicht mehr unberührten Welt des Menschen. Erst durch diese Abwendung bzw. Hinwendung des Natürlichen zum Menschlichen ergibt sich die Bedeutung der Naturkatastrophe in der wissenschaftlichen Verwendung des Begriffs. Die zwei (Bedeutungs-)Welten, die sich in diesem Wort wiederfinden, erlangen ihren vereinten Sinn erst durch das plötzliche Hereinbrechen des Einen ins Andere, durch eine Überschreitung einer im Normalfall vorhandenen Grenze. Im nächsten Kapitel wird darauf unter Berücksichtigung der naturräumlichen Gegebenheiten und der von Menschenhand geschaffenen Umweltkonstruktionen, vor allem in Form von Dämmen und Seedeichen entlang der gesamten südlichen Nordseeküste und dem Fehlen derselben auf den Halligen, eingegangen.

Auch wenn sowohl in der Hinwendung zum Ursprünglichen, Kleinen, zum Wortstamm und der daraus gewonnenen Bedeutung des Wortes als auch in der Hinwendung zum Weitläufigen, Großen, zum Gebrauch des Wortes im Alltag und in den Wissenschaften keine eindeutige, klare, einheitliche Definition allgemeine Gültigkeit erfährt (siehe dazu wiederum die Sinnfeldontologie von Gabriel), soll doch für die hier relevante Ausrichtung der allgemeine Grundsatz gelten, dass der Begriff der Naturkatastrophe je nach Involviertheit und auch je nach Einschätzung und Beurteilung der Betroffenen unterschiedlich bewertet wird. Denn es ist hauptsächlich dem Wertesystem und der Lebenssituation der Menschen zuzuschreiben, ob ein Einbruch in die eigene Lebenswelt als solcher, und so als Katastrophe, erlebt wird oder nicht.

Inwiefern die Naturgefahr in das Leben der Menschen hereinbricht, hängt auch davon ab, wie weit sich die jeweilige Zivilisation von der Natur entfernt hat. Die Worte des Geophysikers Anselm Smolka „Nicht Erdbeben töten Menschen, sondern die beim Erdbeben einstürzenden Gebäude" (Münchener Rück 1999, S. 95), spiegeln das Überschreiten der naturräumlichen Grenze hin zum Kulturräumlichen wider, den Wandel der Bedeutung vom Naturereignis zur Naturkatastrophe. Durch eine größere Nähe zur Natur und damit weiter weg von durch Menschenhand geschaffene Konstrukte könnte zumindest bei einem Erdbeben diese Grenze niedrig gehalten und somit Schlimmeres verhindert werden. Weiter führt Smolka aus: „Die strikte Einhaltung von Bauvorschriften könnte viele Menschenleben retten" (ebd.), und beschreibt damit die zweite Möglichkeit einer Schadensminimierung, die Anpassung und Optimierung der Kulturräumlichkeit an die Gegebenheiten der Natur. Mit diesen beiden Möglichkeiten als Ausgangslage kann der Frage nachgegangen werden, auf welche Art in einzelnen Situationen, aber auch in ganzen Gebieten und Lebensräumen, mit einer Naturkatastrophe umgegangen wird. Durch die Unterschiede im momentanen Erleben der Katastrophe und deren spätere Verarbeitung durch Formung der Identität werden die Sturmflut-Phänomene an der Nordseeküste auf ihre Wirkung, nicht nur in akuten Krisensituationen, sondern auch in Abwesenheit jener auf die Bevölkerung untersucht.

5 Randgänge zwischen Wasser und Land

„Du freier Mensch, der Meere liebt und preist!
Dein Spiegel sind sie, der die Seele zeigt,
Wo ohne Ende Brandung fällt und steigt;
Nicht minder bittrer Abgrund ist dein Geist.

Und du vertiefst dich und umgreifst dein Bild
Mit Aug und Arm, aus seinem eigenen Brüten
Löst manchmal sich dein Herz bei diesem Wüten
Und dieser Klage, unbezähmbar wild.

Verschwiegen beide, dunkel wie die Nacht:
Mensch, wer kann deine Tiefen je ergründen,
Meer, wer kann deinen innern Reichtum finden,
Da ihr Geheimnisse mit Eifersucht bewacht!

*Schon seit Jahrtausenden und immer wieder
Stürzt ihr euch mitleidlos in euren Streit,
So sehr liebt ihr den Tod und Grausamkeit,
O ewige Kämpfer, o entzweite Brüder!"*

Charles Baudelaire, Der Mensch und das Meer (1992, S. 19f.)

5.1 Animosität und Identifikation mit der Grenzwahrnehmung Deich

Abb. 5: Deichbruch 1825 an der Nordsee von Friedrich Thöming (1802–1873)

Wenden wir uns in diesem Kapitel konkreter der Grenzwahrnehmung an der Schnittstelle von Wasser und Land zu – einer Zone, die schon in ihrer Ausgangslage ein interessantes Spannungsverhältnis verspricht und vor allem für die Untersuchung von Sturmfluterleben eine wesentliche Rolle spielt. In Abb. 5 ist eine solche Schnittstelle, ein Deich an der Elbe, dargestellt, der während der Sturmflut von 1825 bricht und im Zuge dessen ca. 800 Opfer fordert. Grenzen bzw. das Durchbrechen derselben bekommen unter diesen Umständen eine besondere Brisanz.
Die südliche Nordseeküste, wir beschränken uns hierbei auf das Gebiet der Bundesrepublik Deutschland von der niederländischen Grenze im Westen bis zur dänischen Grenze im Nordosten, ist gezeichnet durch eine Grenzlinie, die klarer und deutlicher nicht sein könnte: den Deich. Mit dem Ende der letzten Eiszeit begann der Meeresspiegel kontinuierlich anzusteigen, erst stärker, nach und nach schwä-

cher, bis sich der Anstieg auf ca. 25 Zentimeter pro hundert Jahre einpendelte. In der ersten Phase des Anstiegs, vor ca. 8000 Jahren, wurde Großbritannien vom Festland getrennt. 1000 Jahre später glich die Küstenlinie der Nordsee in etwa der gegenwärtigen Gestalt. Trotzdem hatten die 25 Zentimeter Meeresspiegelanstieg im Jahrhundert massive Auswirkungen auf die Menschen, die erst vor der transgredierenden See zurückwichen, später dann, ab dem ersten Jahrhundert vor Christus, Warften bauten und zu guter Letzt, um 1000 nach Christus, mit dem Bau einer Deichlinie begannen. Zurückzuführen auf diese Änderung des Umganges ist einerseits die neue Sesshaftigkeit durch das Errichten von Warften, andererseits aber auch das mittelalterliche Klimaoptimum, durch das Gletscher und Polkappen schneller schmolzen, der Wasserspiegel stieg und durch den größeren Temperaturunterschied zwischen Europa und dem Polarmeer die Häufigkeit und Stärke von Stürmen zunahm. Durch die hauptsächliche Windrichtung aus Nordwest war auch die ungünstige geographische Lage der deutschen Bucht mit ihrer flachen Küste ohne Schutz und der Öffnung genau zur Windrichtung hin ein Faktor, der bei Schlechtwetterlage und Sturm die Fluten noch stärker und leichter ins Landesinnere pressen konnte. Die Antwort der Küstenbewohner auf das unnachgiebige Drängen des Meeres war der Deichbau. Bis zum 13. Jahrhundert war eine Deichlinie von der Zuiderzee bis nach Südjütland durchgängig aufgezogen (vgl. Rieken 2005, S. 56–71; Rieken 2006, S. 705f.).

Der deutsche Sozial- und Kulturhistoriker Norbert Fischer nimmt sich in seiner wissenschaftlichen Tätigkeit dieser Deichlinie und den damit zusammenhängenden Strukturen an der Küste ganz besonders an. Dabei fällt nicht nur die Tiefe auf, mit der er sich auf dieses spezielle Thema einlässt; es ist vor allem der detailgetreue Umgang mit Archivmaterial und Bilddokumenten und ganz offensichtlich intensiv und detailliert ausgearbeiteten Quellen, die seiner historisch angelegten Arbeit eine gewisse Anschaulichkeit verleihen. Zu erwähnen sind hier im Besonderen das 2016 erschienene Buch „Von Seedeichen und Sturmfluten. Zur Geschichte der Deiche in Cuxhaven" (2016) und die in ähnlicher Manier die Geschichte des Deichbaus behandelnden Schriften über die Küstenorte Kehdingen (2003), Hadeln (2007) und das Gebiet an der Oste (2011). Fischer untersucht vor allem die Details der Entwicklung von Deichlinien, die sich über die Zeit ändernden Deichordnungen und die vielfältigen Differenzen alternativer Deichformen, was eine Stärke seiner Arbeit darstellt. Etwas vernachlässigt werden jedoch Perspektiven, die auf den Mentalitätsaspekt im Kontext des Katastrophengeschehens eingehen, wie volkskundlich-kulturgeschichtliche oder ethnologisch-psychoanalytische Literatur. Vor allem Zweitere thematisiert die Gesellschaft in ihrem Umgang und ihrer Beziehung zum Meer und der Küste, ein Themenfeld, das Fischer zwar aufgreift, aber selbst für eine vorwiegend historisch angelegte Studie wohl eher knapp behandelt. Diesem zu oft vernachlässigten Feld der Interdisziplinarität soll im Folgenden nachgegangen und ein Versuch unternommen werden, die Gegebenheiten nicht nur aneinanderzureihen und beobachtend aufzuzählen, sondern durch eine eigentliche Verbindung dem Verständnis näherzubringen.

Zu diesem Vorhaben bietet auch ein Artikel Fischers interessante Einsichten, der den Deich als kulturelles, soziales und politisches Symbol der Grenze zwischen Land und Meer thematisiert und damit zu unserem Versuch eines besseren Verständnisses der Grenzwahrnehmungen an der Nordseeküste beiträgt (Fischer 2006, S. 687–703). Zu Beginn symbolisierten der Deichbau und der Deich selbst den Wohlstand und den Status des regionalen Marschenbauerntums, welches die Hegemonie und die soziale Führung dadurch immer mehr innehatte und beanspruchte. Räumlich gesehen, und das war auch der primäre Grund für den ursprünglichen Deichbau, trennte dieser die landwirtschaftlichen Nutzflächen vom Einflussbereich des Meeres und dessen Gezeiten. Nicht der Schutz der Küstenbewohner, sondern agrarökonomische Rationalität führte zu dieser Form der Grenzziehung. Dadurch konnten nicht nur bestehende Flächen bewahrt werden, es wurde auch eine Ausdehnung und eine intensivere Kultivierung der Agrarflächen möglich. Erstmalig boten also die Küstenbewohner, in der frühen Phase des Deichbaus waren das vor allem Friesen (Rieken 2006, S. 705), dem Meer die Stirn. Kulturell gesehen trennte der Deich, symbolisch als auch real, das Binnendeichsland vom Außendeichsland – eine Grenze, die, wie wir sehen werden, wesentlich mehr bedeutet als die Unterscheidung zweier Lebenswelten. Zur Absicherung des ganzen Unternehmens wurden Stackwerke konstruiert – in das Wasser gebaute, prismenförmige Gebilde, die die Wellen brechen und die Fluten von den Deichen ablenken sollen. Entlang des Deichs befestigt, wodurch dieser immer mehr einer ausgesprochenen Festung glich, wirkten sie Sturmfluten und starken Strömungen entgegen (vgl. Fischer 2006, S. 688). Der Entschluss zum Deichbau war eine Entscheidung, die nicht zwingend notwendig war, da den naturräumlichen Bedingungen auch anderweitig beizukommen gewesen wäre, meint Fischer (ebd., S. 690). Sollte aber Landwirtschaft betrieben werden, gab es tatsächlich keine andere Option, als die Felder und Wiesen vor den unberechenbaren Fluten abzuschirmen und zu schützen. Der Deichbau war demzufolge eine Entscheidung für die intensivere und wirtschaftlichere Nutzung der Agrarfläche, eine ökonomisch lukrativere Option und die Einnahme eines Raumes, der bis dato mannigfach umstritten war. Es war auch eine Entscheidung gegen ein enges Zusammenleben mit dem Meer und gegen den Rhythmus der Gezeiten, welchen hiermit im wörtlichen Sinne ein Riegel vorgeschoben wurde. Fischer sieht darin ein „Symbol der Herrschaft über das Wasser" (ebd., S. 690), man könnte auch sagen, das Bestreben einer Positionierung gegenüber dem Meer.

Es wird deutlich, dass der Deich viel mehr ist als eine wasserbautechnische Linie entlang der Küste – er steht für Grenzziehung und Abgrenzung, Trennung zweier Welten voneinander, er repräsentiert die Strukturierung eines ganzen symbolisch aufgeladenen Gebietes und ist selbst Symbol dieser räumlichen und auch kulturellen Struktur. „Symbol" versteht sich in diesem Zusammenhang als Bedeutungsträger, verantwortlich für die Herausbildung und auch die Rahmung von kulturellgesellschaftlichen Ordnungsmustern (Schlögl 2004, S. 9–12) – präzise die Funktion des Deichs. Aus diesem Verständnis heraus wird die Bedeutung des Deichs als

Grenze auf mehreren Ebenen ersichtlich, doch es verhält sich, wie schon oben erwähnt, unauffällig und beinahe unbemerkt, werden diese Grenzen nicht überschritten. Damit hängt auch die Entwicklung der Mentalität und der Bedeutungszuschreibung der ortsansässigen Bevölkerung zusammen, die zwar mit und durch diese Grenzen lebt, aber erst im Moment der Überschreitung klarer ersichtlich wird. So sicher Deiche auch in ihrer Masse und Mächtigkeit erscheinen, sie waren immer in ihrer Funktion als Grenzhalter bedroht und erlagen der Kraft des Wassers. In Form von Sturmfluten eroberte sich das Meer Territorium zurück, Deiche brachen unter der Gewalt, bereits gewonnenes Land wurde erneut amphibisch und die so sicher erschienene Grenze war durchbrochen. Die Wahrnehmung solcher Grenzerfahrungen wurde von einigen Quellen schon im Mittelalter beschrieben, und Versuche, das Grauen fassbar zu machen, erstrecken sich über die Jahrhunderte. Sie waren oft mit Vergleichen durchzogen, welche die Flut als grausiges Ungeheuer mit aufgerissenem Rachen und speienden Eingeweiden darstellten (vgl. Arends 1826, S. 64). Auch in der nahen Vergangenheit – trotz technischem Fortschritt und wesentlich verbesserter Bautechnik und Instandhaltung der Deiche – gibt es realitätsnahe Berichte der Grenzüberschreitung; so Joost Kirchhoff zur Sturmflut von 1962:

„Die Nordsee züngelte in diesen Augenblicken in das noch halbwegs ahnungs- und sorglose Rheiderland [...]. Die Flut entdeckte jegliche Schwachstelle an den Böschungen. Draußen am Deich riss sie die Grasnarbe auf, rollte sie auf und davon wie einen Riesenteppich. Dann fraß sie sich in die Steinpflasterung hinein" (Kirchhoff 1990, S. 30).

Es wird ersichtlich, dass die Gefahr von außerhalb des Deiches droht, die Grenze zu durchbrechen, und schon davor auf unterschiedlichste Art in das Binnendeichsland eindringt. Sie „züngelt" als erstes Anzeichen des hereinbrechenden Übels schon über den Deich, findet Schwachstellen in diesem als Möglichkeit für einen Durchbruch und reißt in weiterer Folge mit gesteigerter Gewalt und einer noch bedrohlicheren Leichtigkeit das Gras und die Steinpflasterung auf, welche die unvorstellbaren Kräfte dahinter nur erahnen lassen. Die Wahrnehmungsweise solcher Geschehnisse verdeutlicht, welch Abgründe des Chaos, welch Gefährdung und Schrecken der Ordnungsauflösung durch den Einsturz dieser Grenze von der Bevölkerung gefürchtet werden. Paradoxerweise steigerte sich die Angst vor einem alles zerstörenden Deichbruch mit den im Verlauf der Neuzeit immer höher ragenden Deichen, die ein den Wasserdruck minderndes Überlaufen des Deiches verhindern. So führte erst der immer besser werdende Ausbau und die steigende Höhe und Befestigung zu einer Furcht um Leben und Lebenswelt, wie sie zuvor nicht bestanden hat (vgl. Knottnerus 2005, S. 162).

5.2 Der Außendeich als Zwischengrenzland des Dämonischen

Abb. 6: Das Watt. Amphibischer Lebensraum zwischen Festland und Meer

In Bezug auf die Grenzwahrnehmung der Deichlandschaft der Nordseeküste fällt ein Gebiet auf, das sich weder hier noch dort eindeutig zuordnen lässt. Seewärts, außerhalb des Deichs, erstreckt sich ein Band, ein Landschaftsstreifen, oft kilometerbreit, der bei Sturmfluten und Hochwasser überschwemmt wird und von Prielen durchzogen ist. Fischer weist auf die unklaren Verhältnisse hin, die sich unter anderem in der wirtschaftlichen Besitzlage äußerten und auch in dem Sachverhalt zumeist nicht geltender neuzeitlich-staatlicher Rechtsnormen (Fischer 2006, S. 691). Die unklaren Verhältnisse beschränken sich aber keineswegs auf Wirtschaft und Recht, es ist das Zusammenspiel von den beiden rivalisierenden Welten: kultiviertes Binnenland hinter dem Deich, und offenes Meer vor dem Deich, die sich im Außendeichsland begegnen. Fischers Aussage, dass sich „in diesem amphibischen ‚Zwischenreich' [...] die Grenze zwischen Land und Meer erst recht als differenziert" (ebd., S. 692) erweist, kann hier nicht zugestimmt werden. Im Gegenteil, die Grenze zwischen Land und Meer ist am Außendeich wesentlich verschwommener und unklarer als sonst – beide Welten nehmen Einfluss darauf, einmal wird der Schlick zu begehbarem Untergrund, dann wieder steigt der Meeresspiegel, und das Wasser drängt an das Land. Fischer bezieht sich in seiner Aussage vermutlich auf die Grenze zwischen Außendeich und Binnenland, die durchaus einen interessanten Gegensatz darstellen, aber nicht gleichgesetzt werden können mit Land und Meer. Auf das eingedeichte Binnenland trifft die Bezeichnung „Land" wohl zu, auf den Außendeich die Bezeichnung „Meer" aber weniger, weil sich dort, wie bereits festgestellt, die beiden Welten Land und Meer begegnen und ineinander übergehen, mit unklaren und sich verändernden Grenzen, die gar nicht als Grenzen bezeichnet werden können. Denn es gibt keine (unsichtbare) Grenze im Außendeichsland, die erst durch eine Überschreitung sichtbar und spürbar wird. Das Kommen und Gehen ändert seine Linie kontinuierlich und befindet sich trotzdem immer im Bereich der ihm zugeschriebenen Muster. Wir können also den Außendeich, inmitten zweier Welten gelegen, aber fernab von einer ihm inhärenten Grenze, auch als Zwischengrenzland bezeichnen. Dazu soll eine Erzählung angeführt werden, die im Rahmen der Feldforschung auf der Hallig Oland erhoben wurde. An dieser Stelle interessiert lediglich die Tatsache, dass die Geschichte vom Festland stammt und ursprünglich auch dort erzählt wurde: Damals, früher, war ein riesiges Schiff gewesen, so sagt man, das herumgefahren ist im Watt. Es war im Meer, aber es war auch manchmal an der Sandbank und kam aus dem Meer heraus. Man sagt, es war so groß, dass die Seeleute darin verloren gingen und sich nicht mehr herauszufinden wussten. Aber die Arbeit an Deck war ebenso groß wie das Schiff, das man gesehen hat. Deshalb hatten die Männer auch keine Zeit, sich einen Weg herauszusuchen sondern blieben an der Arbeit hängen; die dauerte so lang, bis sie nicht mehr jung waren, sondern alt. Das Schiff aber, da es im Watt war, war das eine Mal im Wasser, und als die Flut wieder kam, war es im feuchten Grund. Und manchmal soll es aus dem seichten Wasser getaucht sein und dann seine richtige Größe erlangt haben. Es gab darauf einen Kapitän, der war immerzu auf dem Schiff unterwegs, weil es so lang und breit war, dass er so lange brauchte. Er konnte alles sehen, denn er hatte Raben, die für ihn das Schiff überflogen und alles beobachteten, und die erzählten ihm alles, wenn sie auf seiner Schulter saßen. Die Menschen konnten nicht sicher sein auf diesem Schiff. Es waren komische Sachen, die da passierten im Watt, dämonische Sachen (Thomsen, Johann 2014, Forschungstagebuch). Es fällt hier zuerst der Ort auf, an dem diese wunderlichen und unheimlichen Ereignisse stattfinden: das Watt. In der Erzählung handelt es sich um ein Schiff, das riesengroß ist und anscheinend sowohl im Meer als auch auf trockenem Boden sein kann, wenn die Gezeiten sich ändern. Manchmal kann es auch aus dem seichten Wasser oder durch die Salzwiesen im Watt auftauchen. Wenn die Geschichte vom nordfriesischen Festland stammt, ist der Ort des Geschehens vor dem Deich im Watt angesiedelt, also im Außendeichsland. Unheimliche und gefährliche Dinge passieren dort und nicht anderswo, Menschen können sich nicht sicher fühlen, und die Lebensweise ist ebenso unsicher wie der Verbleib der Menschen, die auf dieses Schiff kommen. Bekannte physikalische Gesetze gelten ebenso wenig wie Raum und Zeit. Die beschriebene Situation ist geprägt von Unsicherheit für die Menschen, wie auch das Außendeichsland an sich ein unsicheres, unbeständiges und mit negativen Assoziationen besetztes Gebiet ist.

Eine dieser Geschichte ähnliche Version findet sich in dem Sammelwerk „Friesische Sagen von Texel bis Sylt" von Hermann Lübbing aus dem Jahre 1928 (S. 216–218), in der ein Riesenschiff mit dem Namen Mannigfual auf dem Meer herumfuhr und dessen Größe ebenfalls übernatürlich war. Auch der Kapitän der Mannigfual besaß zwei Raben und ritt auf einem Pferd an Deck umher. Umfang und Details variieren, und auch die Einbettung in einen Erzählrahmen ist eine völlig andere. Es findet sich eine weitere, ähnliche Version eines übergroßen Schiffs in einer Sagensammlung aus Westfriesland (Esterl 1990, S. 191–195). Den Hauptteil der Erzählung macht die Beschreibung der überdimensional großen Gegenstände und Wesen aus, die sich an Deck des Schiffs von Sinter-Nüt tummeln. Der Mast, das Geschirr, selbst das Ungeziefer waren unvorstellbar groß, und der Kapitän, der Koch und der Bootsmann waren Riesen, die von einer Schar gewöhnlich großer Menschen unterstützt wurden. Die Geschichte des Riesenschiffs scheint ein Sagenmotiv zu sein, das zumindest im letzten Jahrhundert eine gewisse Verbreitung erfahren hatte und in der Gegend der südlichen Nordsee vermutlich aus Gründen einer ähnlichen zugrundeliegenden Naturräumlichkeit und persönlichen Identifikation einen Anker in der Erinnerung fand. Weiteren Aufschluss über eine mögliche Einordnung der Sage gibt die Enzyklopädie des Märchens: Die Geschichte über das große Schiff gehört hiernach zu einer umfangreichen Gruppe, deren Varianten nicht das gleiche Handlungsschema oder den gleichen Inhalt besitzen, sondern vielmehr ein bestimmtes Prinzip teilen: die ungewöhnliche, übernatürliche Größe der Erzählgegenstände. Damit ist die Sage vom Riesenschiff eine Variante des Lügenmärchens (vgl. Rausmaa 1990, Sp. 239–249).

Die beiden in der Literatur gefundenen Riesenschiff-Sagen können eindeutig in die Kategorie des Lügenmärchens eingeordnet werden und stellen mit höchster Wahrscheinlichkeit ein Erzählmotiv dar, das durch mündliche Überlieferung oder Lektüre auch der Erzählung von Johann Thomsen zugrunde liegt. Zusätzlich kann an dieser Stelle aber auf eine Ähnlichkeit des Lügenmärchens „Riesenschiff" mit einer Episode der nordischen Mythologie hingewiesen werden. Der Kapitän an Bord des Schiffes kann nur mithilfe seiner beiden Raben den Überblick bewahren, ebenso wie die Figur des Odin zwei Raben besitzt, die eine Seher-Aufgabe für ihn übernehmen. Die Jüngere Edda oder Prosa-Edda des Snorri Sturluson, eine der wenigen schriftlichen Quellen, die zur nordischen Mythologie überliefert sind, ist ein Handbuch für Skalden aus dem 13. Jahrhundert. Darin heißt es:

> „Zwei Raben sitzen auf seinen Schultern und sagen ihm alles ins Ohr, was sie sehen und hören. Sie heißen Huginn und Muninn. Bei Tagesanbruch entsendet er sie, um über die ganze Welt zu fliegen, und zur Frühstückszeit kehren sie zurück. Von ihnen erfährt er viele Neuigkeiten. Darum nennt man ihn den Rabengott" (Sturluson 1997, S. 49).

Eine zweite Ähnlichkeit findet sich ebenfalls in der nordischen Mythologie: Das Schiff, das seine Größe ändert und solche Ausmaße erreicht, dass ein Mensch darauf sein ganzes Leben verbringen kann. Beide Schiffe scheinen Zauberkräfte zu besitzen, die vor allem mit ihrer Größe zu tun haben und mit der Fähigkeit, kleiner und größer zu werden:

> „Skidbladnir ist das beste Schiff und mit höchster Kunstfertigkeit erbaut. [...] Einige Zwerge, Söhne des Iwaldi, bauten Skidbladnir und gaben das Schiff Freyr. Es ist so groß, daß alle Asen samt ihren Waffen und Rüstungen darin Platz finden.

Sobald das Segel gesetzt ist, hat es Fahrtwind, wohin man auch fahren will. Aber wenn man mit ihm nicht auf See sein will, ist es aus so vielen Teilen und mit so großer Geschicklichkeit gemacht, daß man es wie ein Tuch zusammenlegen und in seiner Tasche tragen kann" (ebd., S. 54).

Das Motiv des Riesenschiffs findet sich, wie ein Blick in den ATU deutlich macht, vor allem im skandinavischen und friesischen Raum (Uther 2004, Bd. 2, S. 505f. = ATU 1960H „The Great Ship"; vgl. Rausmaa 1990, Sp. 246). Trotz der Zentrierung auf nordwesteuropäische Gebiete könnte man sich fragen, ob der Verbreitung des Motivs auch elementare Vorstellungen zugrunde liegen, in dem Fall die Kompensation eines Gefühls der Kleinheit, welche sich aus der Unendlichkeit des Meeres ergibt, durch Größenphantasien (siehe dazu auch Rieken 2015b, S. 44–50).

Kehren wir aber zurück zum Außendeichsland, in dem sich die Geschichte des Interviewpartners zuträgt: Es ist von der Zivilisation der Menschen abgetrennt, nebenan, nur durch eine lange Deichlinie verbunden, die dazwischen liegt. Das Kommen und Gehen des Meeres und der Gezeiten am Außendeich könnte eine Unsicherheit und Unkontrollierbarkeit symbolisieren, gegen die sich die Bevölkerung entschieden hat, und vor der sie sich schützen will. Doch im Falle einer Sturmflut läuft dieses „Außen" zu enormer Macht und Gewalt auf und kann in das Binnendeichsland hereinbrechen. Die Übermacht liegt also nach einer ersten Betrachtung auf der anderen Seite.

Ein interessantes Detail in der Ausdrucksweise des Erzählers, nämlich die Beschreibung der vorgefallenen Ereignisse im Watt als „dämonisch", führt uns auf eine etymologische Spur. Dämon – im Griechischen *daímon*, im Lateinischen *daemon* – wird abgeleitet von griechisch *daíomai* was zuteilen oder verteilen bedeutet. Ursprünglich war damit ein Verteiler oder Zuteiler gemeint, wie auch die Götter als Zuteiler des Glücks oder Unglücks verstanden wurden. Im frühen Griechisch finden sich zwei unterschiedliche Begriffe für die Götter wieder – das ist *theós* und *daímon* – beide verwendbar sowohl für Götterwesen guter als auch dämonischer Eigenschaften (vgl. Cancik 1990, S. 204ff.). Die Entwicklung des Begriffs nimmt von da an ihren Ausgang und wird auf unterschiedlichste Weisen zugeordnet und definiert; unter den frühen Vertretern der Entwicklung der Wortbedeutung finden sich Hesiod, Platon und in weiterer Folge diverse Vertreter des Christentums, durch die der Dämon eine Gleichsetzung mit dem Teufel erfährt (vgl. Bonnetain 2015, S. 259f.). Von dieser Etymologie ausgehend sind die Ereignisse am Außendeich im gegenwärtigen Verständnis im Sinne des Bösen, Teuflischen wahrscheinlich. Jedoch stellt die Wortbedeutung eine eindeutige Verbindung her zum Göttlichen – in diesem Fall ebenso zutreffend.

Vor dem Hintergrund dieses Ausflugs in die Sagenwelt und in das Reich der übernatürlichen Kreaturen wird des Weiteren der intrapsychischen Bedeutung nachgegangen, die der Außendeich wohlmerklich in nicht geringem Ausmaß hat. Dort, in diesem Zwischengrenzland, in der „Wildnis", wie das Außendeichsland z.B. in den holsteinischen Elbmarschen landläufig Blomsche Wildnis oder Engelbrechtsche Wildnis genannt wird (Fischer 2006, S. 693), herrschte Chaos und Anarchie. Ganz im Gegensatz zur Zivilisation – dem Binnendeichsland – wo Ordnung herrscht und geregelte Normen nicht nur das Landschaftsbild, sondern auch das Leben definieren. Nur dieses Land kann kontrolliert und eindeutig beherrscht werden, nicht der unkultivierte, wilde, archaische Außendeich. So fand an der Küste eine „projektive Segmentierung" (Maderthaner/Musner 1999, S. 14) statt, der in der Frühen Neuzeit Rechnung getragen wurde. Im Außendeich wurden Unehrenhafte oder Unbekannte bestattet, oder der Galgen war dort aufgestellt (ausführlicher dazu: Ehrhardt 2003, S. 422f.). Das „gestaltlose Andere" (Maderthaner/Musner 1999, S. 88) war nicht nur ein Gegensatz zum florierenden und wohlhabenden Binnendeich, es bot auch ein ödes Niemandsland der Gesetzlosigkeit, in der marginalisierte und stigmatisierte Randerscheinungen der Gesellschaft deponiert wurden. Damit konnten unerwünschte oder unehrenhafte Anteile ins Außen verlagert und nicht als dem Eigenen, dem Binnendeichsland, mit dem die Bewohner identifiziert waren, als zugehörig angesehen werden. So gesehen gibt es eine auffallende Ähnlichkeit mit einem Konzept der Psychoanalyse: der Spaltung. Freud sieht in der Spaltung eine zweifache Einstellung gegenüber der Realität, manchmal als Reaktion auf ein Trauma (Freud 1940/1982, S. 389–394). Eine Seite wird dabei als lustvoll und unverwundbar erlebt, vergleichbar mit der Idealisierung des selbst geschaffenen Binnendeichlandes, während die andere Seite, hier der Außendeich, in einem Akt der Selbsttäuschung verleugnet wird. Melanie Klein beschreibt die Spaltung als Abwehrmechanismus, durch den ein Mensch seine Umgebung in gute und schlechte Objektrepräsentanzen, d.s. affektbesetzte innere Vorstellungen, die Erinnerungsspuren der Wahrnehmung von Objekten enthalten, unterteilt. Beides kann jedoch nicht zugleich bestehen, da durch die zu starke ambivalente Empfindung das seelische Gleichgewicht nicht gehalten werden kann. So werden entweder die guten oder die bösen Repräsentanzen projiziert und im eigenen Ich verleugnet (vgl. Klein 1946, S. 99–110). Diese Form der psychischen Abwehr beginnt oft schon im Säuglingsalter, wenn der Säugling in seiner primitiven frühkindlichen Entwicklung auf die Wahrnehmung seiner primären Bezugspersonen, meist Mutter und Vater, angewiesen ist. Wenn es in dieser Zeit zu einem Individuationskonflikt kommt, also die innere Welt des Kindes eine Aufteilung in Gut und Böse unternimmt, ist nach Melanie Klein eine „gespaltene Welt" die Folge. Der Individuationskonflikt besteht für jedes Kind, in manchen Fällen kann dessen Verarbeitung aber scheitern – zum Beispiel durch unberechenbares Verhalten der primären Bezugsperson. Die Widersprüchlichkeit und die Ambivalenz der Objekte kann nicht überwunden werden und tritt unter speziellen Belastungen wieder zutage, indem eine Spaltung in Gut und Böse geschieht. Vergleichbar damit ist die Bedeutung, die der Deich für die Küstengesellschaft hat. Küstengesellschaft wird hier nicht im Sinne einer traditionellen Gesellschaft (nach Klaus E. Müller 2010a, S. 11), die als Synonym für die eher abwertende Bezeichnung eines Naturvolkes verwendet wird, sondern als Charakterisierung jener Gesellschaft, die einen lebensweltlichen oder naturräumlichen Bezug zum Meer vorweist. Der Deich ist in jedem Augenblick, von Anfang an, sicherndes und schützendes Objekt – ähnlich einer Mutter für den Säugling, die schützend und nährend da ist, aber ihn auch verlassen kann und durch Projektion und primitive Abwehrmechanismen zum bösen Objekt wird. Seine Beständigkeit ist überlebenswichtig, kann sich aber durch z.B. einen Deichbruch ins Gegenteil verkehren und den Tod bedeuten. In dieses Bewusstsein hineingeboren zu werden, könnte einen Konflikt hervorrufen, der, wie im Falle des Säuglings, der den Individuationskonflikt nicht abschließen kann, eine Spaltung des Objekts in Gut und Böse nach sich zieht. Die Problematik der Gleichzeitigkeit dieser beiden Eigenschaften wird so gelöst, dass die guten Anteile auf die Binnenseite des Deichs, die bösen Anteile hingegen auf den Außendeich projiziert werden.

Obwohl das Binnenland viele seiner eigenen Eigenschaften (Marschland, prinzipiell trocken) im Außendeichsland wiederfindet und eine von zwei Einflussgrößen dort darstellt, wurde und wird der Unterschied zu ihm und vor allem die unterschiedliche Wertigkeit der beiden stärker hervorgehoben als beispielsweise zum „richtigen" Meer. Das könnte darauf zurückzuführen sein, dass die Nordsee nur als solche erfahren wird, immer schon ein anderes Element darstellte, das von Zeit zu Zeit bedrohlich werden kann, aber an dessen Küste man zu leben entschied. Der Außendeich hingegen ist Land, das mit dem „feindlichen" Element ein Naheverhältnis pflegt, es ist dem eigenen ähnlich und schlägt sich doch auf die „dunkle Seite der Macht". Es führt all das vor Augen, was man durch den Bau von Deichen versuchte abzutrennen, was davor auch die eigene Lebenswelt darstellte und betraf und in Unsicherheit und Gefahr stürzte. Durch die Lebensweise *ohne* dem Einfluss des Meeres oder den Gezeiten, für die sich die Gesellschaft durch den Deichbau entschieden hat, muss in weiterer Folge diese Entscheidung im Sinne des psychischen Gleichgewichtes vor allem sich selbst gegenüber verteidigt werden. Denn die Entscheidung gegen das Leben mit dem Meer und dem Rhythmus der Gezeiten stellt eine einschneidende Veränderung in der Lebensweise und auch in der Sicht der Dinge dar. Das Eigene muss verteidigt werden gegen Angriffe von außen (z.B. Sturmfluten); und durch den Kampf, den die Bevölkerung gemeinschaftlich in Verteidigung ihrer neuen Lebenswelt leistet, wird die Identifikation damit gestärkt und über die Zeit auch die eigene Identität gleichgesetzt mit dem Widerstand gegen und der Herrschaft über das Wasser. Wahrscheinlich ist es, dass dieser fortwährende Kampf, der über die Jahrhunderte oft an die Grenzen der Kapazitäten ging und manchmal darüber, durch den Kraftaufwand gleichgesetzt wird mit Stärke und Unbeugsamkeit. Es sind diese Eigenschaften, die das Volk der Friesen seit jeher auf ihre Fahnen schreibt. All jenes, was diesen Kampf nicht kämpft oder sich den Gezeiten und den Launen des Meeres hingibt, ist folglich, wenn auch nicht bewusst, gleichzusetzen mit Schwäche und Widerstandslosigkeit. Die Projektion dieser Eigenschaften auf das Außendeichsland ermöglicht erst eine Grenzziehung in einem Gebiet, das lange keine eindeutigen Grenzen hatte. Dazu müssen Unterschiede zu Ähnlichem aufgestellt, durch die Bewertung des „Anderen" Unsicherheiten entgegengewirkt und die eigene Identität gestärkt werden. Diese Strategie der Absetzung der Ähnlichkeiten nannte Sigmund Freud den „Narzissmus der kleinen Differenzen":

> „Ich habe mich einmal mit dem Phänomen beschäftigt, dass gerade benachbarte und einander auch sonst nahestehende Gemeinschaften sich gegenseitig befehden und verspotten, so Spanier und Portugiesen, Nord- und Süddeutsche, Engländer und Schotten usw. Ich gab ihm den Namen ‚Narzissmus der kleinen Differenzen' […] Man erkennt nun darin eine bequeme und relativ harmlose Befriedigung der Aggressionsneigung, durch die den Mitgliedern der Gemeinschaft das Zusammenhalten erleichtert wird" (Freud 1930/1974, S. 104).

Freud bezieht seine Beobachtung zwar auf Menschen, die die Aggression statt nach innen auf nahestehende oder benachbarte Gesellschaften richten und dadurch den Zusammenhalt in der eigenen Gemeinschaft fördern, sie ist meines Erachtens aber ebenso auf Gebiete oder Landschaften anwendbar, die den eigenen ähnlich sind und gegen die man sich abgrenzen muss. Ob es sich nun um ein anderes Volk oder eine andere Lebenswelt handelt, der gegenüber die Aggressionsneigung besteht, ist dabei vernachlässigbar. Es veranschaulicht gekonnt, welche Mentalität und welche Beziehungen ins Außen sich *für* die eine und *gegen* eine andere Lebensweise in der Bevölkerung herausgebildet haben. „Als symbolische Grenze produziert der Deich, so lässt sich resümieren, eine komplexe Differenz und Distanz – räumlich, gesellschaftlich, kulturell" (Fischer 2006, S. 694), und psychologisch. In weiterer Folge wird uns dies einen wichtigen Vergleichspunkt und eine Referenzgröße für andere Lebenswelten und andersartige Entwicklungen der Mentalität liefern.

6 Der Abgrund des Grenzenlosen – chaotische Antistrukturen der Entgrenzung

> *„So höre denn, Jasper, was ich dir sag':*
> *Es ist gekommen ein böser Tag,*
> *Ein böser Tag für die Hallig;*
> *Eine Sturmflut war wie nie vorher,*
> *Und das Meer, das wildaufwogende Meer,*
> *Hoch ging es über die Hallig.*
>
> *Doch sollst du nicht hin, vorbei ist die Not,*
> *Dein Weib ist tot, und dein Kind ist tot,*
> *Ertrunken beid' auf der Hallig.*
> *Auch die Schafe und Lämmer sind fortgespült,*
> *Auch dein Haus ist fort, deine Wurt zerwühlt;*
> *Was wolltest du tun auf der Hallig?*

Ach Gott, Kapitän, ist das geschehn!
Alles soll ich nicht wiedersehn,
Was lieb mir war auf der Hallig?
Und ihr fragt mich noch, was ich dort will tun?
Will sterben und im Grabe ruhn
Auf der Hallig, der lieben Hallig."

Hermann Allmers, Der Halligmatrose [Refererenz: Kurd Schulz, 1965]

Abb. 7: Stille Nordsee auf Langeness

Über die Grenzlinie des Deichs zwischen Wasser und Land und jenseits des Außendeichs als öde, chaotische Wildnis, kommen wir nun zu einer Szenerie, die entlang der Nordseeküste eine einzigartige Ausnahme darstellt, und das nicht nur in Bezug auf die Lebensweise und Landschaftsrezeption: die Halligen. Als zugrundeliegende Gegebenheit für alles in der Gesellschaft der Halligbewohner Beobachtbare stellt der Lebensraum eine Größe dar, deren Einfluss nicht unterschätzt werden sollte. In diesem Kapitel gehen wir im Besonderen der Rezeption von Grenzen in dieser außergewöhnlichen räumlichen Begegnung von Wasser und Land nach, wie sie auf den Halligen existiert.

Der Anthropologe Eric Wolf weist auf Folgendes hin:

> „Die Fähigkeit, Sinngehalte zu verleihen – das heißt Dinge, Handlungen und Ideen zu ‚benennen' –, ist eine Quelle von Macht. Die Kontrolle solcher Mitteilungen gibt den Ideologieverwaltern die Möglichkeit, die Kategorien festzulegen, in denen die Wirklichkeit wahrgenommen werden muss" (Wolf 1986, S. 536).

Man sollte sich immer vor Augen halten, dass es sich in jedem Fall einer Darstellung von Sachverhalten um festgelegte „Kategorien" handelt, die mehr oder weniger zufällig bzw. beabsichtigt ausgewählt wurden, um die Herangehensweise an ein weitläufiges Thema einzugrenzen. Diese Eingrenzung ist gut und notwendig, da anderenfalls jeder Rahmen gesprengt werden würde, doch handelt es sich nichtsdestotrotz um vorsätzlich und willkürlich gesetzte Grenzen. Selbst beim Thema landschaftlicher, kultureller und mentalitätsbezogener Grenzwahrnehmungen hat bereits eine Selektion vorab stattgefunden, eine Auswahl an Inhalten und Begrenzungen dieser Inhalte, um in einem Sinnfeld zu bleiben und neue Sinnfelder zu schaffen. Um, wie Wolf treffend formuliert, den Sinn und dessen Gehalt benennen zu können, müssen Grenzen gezogen werden. „Diese Probleme der Rahmung – die ersten, die man sich stellen muss – ziehen alle übrigen nach sich: begrenzen heißt definieren, analysieren, rekonstruieren und in diesem Fall wählen" (Braudel 1990, S. 16), konstatiert der Mittelmeer-Historiker Fernand Braudel zur Herausforderung und Notwendigkeit einer Eingrenzung. Es soll lediglich ein Erkennen im Bewusstsein stattfinden, dass die festgelegten Kategorien den Rahmen darstellen, in dem die untersuchte Wirklichkeit wahrgenommen wird. Es ist unabdingbar, denselben Rahmen, das Sinnfeld, bei Möglichkeit zu hinterfragen und zu verlassen – nur so ist eine beständige Entwicklung in der wissenschaftlichen Rezeption gewährleistet.

In diesem Sinne widmen wir uns nun den Halligen, die an sich als Landschaft nach außen hin definiert sind, beim Blick nach innen, auf die Wahrnehmung vom Standpunkt aus der Landschaft heraus, aber genau auf diese Rahmung verzichten. Etymologisch betrachtet ist das Wort „Hallig" nicht eindeutig zuzuordnen. Bis ins 19. Jahrhundert hinein wurde „Hallig" auch für „alles an der offenen See liegende unbedeichte Land" verwendet, „welches bey der Fluth ganz oder zum Theil überschwemmt wird" (Adelung 2014, S. 921). Möglich ist eine Zurückführung auf die indoeuropäische Wurzel *kel*, was so viel bedeutet wie ragen. Dazu gehört unter anderem auch der englische Begriff *hill*, Hügel (vgl. Pfeifer 1995, S. 552). Die dritte Möglichkeit stellt eine Verbindung her zu den typischen *Hall*-Bezeichnungen für Orte der Salzgewinnung, die von der rekonstruierten germanischen Wurzel *hallan* – (Salz-)Kruste – hergeleitet werden (vgl. Stifter 2005, S. 229–240). Die Salzsiederei auf den Halligen und in den friesischen Uthlanden, niederdeutsch für Außenlande – das sind die dem Festland vorgelagerten Inseln, Halligen und Marschen im heutigen Nordfriesland – war einerseits eine der wenigen Möglichkeiten, Geld zu verdienen, andererseits trug sie zum Abbau und der Zerstörung des Landes bei, das durch die Entnahme von Torf stark absackte.

Abb. 8: Schwemmland vor der Uferkante auf der Hallig Langeness

Sei die Herkunft des Wortes auch nicht ganz klar, so gibt doch die noch im 19. Jahrhundert gebrauchte Verwendung des Wortes einigen Aufschluss. Es bezeichnet zeitweise trockene Gebiete, die an der offenen See liegen. Dadurch fehlt jegliche bautechnische Grenze zwischen Wasser und Land, wie diese beispielsweise durch einen Deich gesetzt wird. Zeitweise trocken deshalb, weil sie bei der Flut, das kann nun eine Sturmflut ebenso wie die Flut des Tidenhubs sein, überschwemmt werden. Landunter, wie die Überflutung des Landes auf den Halligen genannt wird, ist ganz in diesem Sinn kein ungewöhnliches Phänomen, es gehört vielmehr zum Alltag dazu – werden doch pro Winter bis zu 30 mal Landunter verzeichnet. Durch die regelmäßigen Überschwemmungen des Landes änderte sich auch die Ufergrenze ständig und somit die Grenze zwischen Land und Meer. Heute noch grünes Weideland, war das Ganze morgen schon grauer Wasserteppich. Dazu kommt die durch die Überflutungen sich ständig verändernde Form der Halligen: Sedimente lagerten sich ab und trugen Schwemmland dazu, während an anderer Stelle ein Wattstrom dieses wieder abtrug. Die Erosion trug das ihre zu der konstanten Veränderung der Uferlinien bei (vgl. Schmidtke 1992, S. 86–91). So vergrößerte und verkleinerte sich der bewohnbare Untergrund, änderte sein Territorium und wuchs teilweise mit anderen Sedimentablagerungen im Watt zusammen, während andere Halligen gänzlich verschwanden.

Erst die Befestigung der Halligkanten im 19. Jahrhundert gebot dem ständigen Kommen und Gehen Einhalt. Geblieben sind immer wiederkehrende Kantenabbrüche der mit Steinen befestigten Uferlinie und durch Anlandungen entstehendes Schwemmland. Im Sinnfeld der Grenzwahrnehmung wird diese Elastizität der Übergänge nochmal in einem anderen Licht gesehen. Es muss die Frage gestellt werden, ob es sich überhaupt um Grenzen handelt, wenn die Überschreitung derselben zwar auffällt, aber zur der spezifischen Lebensrealität gehört. Auch wird sie nicht als Hereinbrechen der Natur in einen kultürlichen Raum erlebt, sondern als Teil der sich in der Natur entwickelnden Kultur. Schon in dieser Rezeption von Natur und Kultur ist eine Wahrnehmung von Grenzen fraglich. Die Relativierung findet sich auch immer wieder in den erhobenen Interviews; zumeist wird es nur unterschwellig und indirekt angesprochen, doch der besondere Bezug zur Umgebung und zur Natur wird immer deutlich. Frau Jensen lebte ursprünglich am nordfriesischen Festland, weshalb ihr der Unterschied noch eindrücklicher auffällt. Sie beschreibt ihre Wahrnehmung auf den Halligen wie folgt:

> „Ich sage mal, man lebt auf der Hallig eigentlich viel bewusster mit dem Wetter und auch mit der Natur, weil man einfach auch, ja, einfach viel davon abhängig ist. Ich sage mal so im Alltagsleben. Wenn ich jetzt irgendwelche Termine mache, zum Beispiel beim Zahnarzt oder sonst irgendwo, ich habe immer meinen Gezeitenkalender in der Hand und gucke, wann haben wir Hochwasser, kann ich um die Uhrzeit überhaupt dann schon auf dem Festland sein? Haben wir vielleicht gerade dann Hochwasser morgens und ich also morgens gar nicht mit der Lore über den Damm fahren kann [die Lorenbahn wird auch bei normalem Hochwasser überschwemmt und kann dann nicht befahren werden]. Dass ich also erst nachmittags da sein kann. Da achtet man schon einfach viel mehr drauf und auch so, dass es immer sein kann, dass ich, wenn ich morgens einen Termin habe, dass ich den auf nachmittags oder auch erst morgen früh noch vielleicht absagen muss, weil das Wetter einfach nicht mitspielt, ich gar nicht wegkomme hier von der Hallig. Gerade so im Winterhalbjahr kommt es alle Nase lang vor, dass man sich irgendwo einen Termin macht, vom Augenarzt oder sonst irgendwo, und ihn dann nachher kurzfristig absagen muss, weil man wettertechnisch einfach nicht wegkommt. Man kann nicht drei Tage im Voraus deswegen schon runterfahren, weil man einen Arzttermin hat. [...] ich wollte gerne hier leben, und ich finde es eigentlich auch ganz schön, und ich denke, man erlebt das wahrscheinlich auch bewusster dann durch solche Sachen. Und auch so, dass man sich auch vielleicht den Stress damit macht. Man sagt also ja, ich fahre zum Festland, aber vielleicht fahre ich auch nicht. Das ist nicht so, dass man meint, man muss auf Kampf unbedingt los, und man muss dann sehen, dass man alles geregelt kriegt. [...] Geht einfach nicht. Man ist einfach eben halt. Da sind einem auch selbst die Hände gebunden, und das finde ich eigentlich ganz schön, dass es so ist, dass man also am Wetter Gott sei Dank heutzutage noch nichts drehen kann" (Jensen, Heike 2014).

Daraus ergeben sich folgende Schlüsse: Der Bezug zur Natur und zum unmittelbaren natürlichen Lebensraum ist aufgrund des Wetters und der Gezeiten, sowie der häufigen Überflutungen im Winter direkt in den Lebensalltag integriert und sehr präsent, zu jeder Zeit. Die Verpflichtungen und die persönlichen Möglichkeiten richten sich nach den Gegebenheiten und den Launen des Naturraumes. Der US-

Ethnologe Jay Hansford C. Vest schreibt: „Wilderness, in this context, is the place of an absolute freedom from control – unfettered or un-netted by human activity and hand-of-man action" (Vest 2014, S. 2). Er beschreibt den „Willen der Natur", die „Wild-nis", als einen Ort, dem ein eigener Wille innewohnt und sieht auch einen etymologischen Zusammenhang zwischen dem „Willen" und der „Wildnis". Frau Jensen skizziert die Bedeutung der Natur auf den Halligen ebenfalls als unkontrolliert und vom Menschen nicht beeinflusst, als Instanz, der ein eigener Wille zugeschrieben wird. Trotz des fehlenden Einflusses des Menschen darauf wird die Situation positiv bewertet: Es wird betont, dass die Entscheidung, dort zu leben, bewusst getroffen wurde, und damit kann eine gewisse Eigenverantwortung und Kontrollierbarkeit emporgehoben werden, die eine an dieser Stelle empfundene Ohnmacht im Angesicht von Meer und Wind ausgleichen soll. Denn *nach* der Entscheidung „gerne hier [zu] leben", wird ein großer Teil der eigenen Entscheidungsfähigkeit und Kontrolle an den Naturraum abgegeben. Die empfundene Ohnmacht wird sogar als „eigentlich ganz schön" erlebt, ebenso wie die Tatsache, dass das Wetter, als eines der wenigen und letzten Dinge außerhalb der menschlichen Einflussnahme, noch in seiner ganzen archaischen Kraft ungezähmt sich entfaltet. Nähe zur Natur bzw. eine sehr durchlässige Grenze zur Natur ist, *nach* einer Entscheidungsfreiheit, die einem die zukünftig abgegebene Macht zurückerstattet, wünschenswert und willkommen. Dies steht in einem krassen Gegensatz zu den in den vorigen Kapiteln beobachteten Phänomenen der völligen Abgrenzung und dem Versuch, totale Kontrolle über die Natur außerhalb des Deiches zu bewahren.

Die Halligen als Teil der Uthlande entsprechen in gewisser Weise dem oben besprochenen amphibischen Außendeichsland. Sie sind zwar in etwas größerer Entfernung zum Deich, aber doch *vor* einem Deich gelegen, ebenso wie der Außendeich zumeist trocken, und manchmal mit Wasser überspült. Die Wildnis und das dort waltende, unberechenbare, gefürchtete Chaos haben auf den Halligen Befürwortung und Annahme erfahren und hinterlassen dadurch eine Einstellung in der Bevölkerung, die sich maßgeblich von den Festlandküstenbewohnern unterscheidet. Die Anlandungen vor der Nordfriesischen Küste bilden eine Welt der Grenzen in jeder Hinsicht: In unmittelbarer Nähe befinden sich territorial politische See- und Landesgrenzen (zwischen Deutschland und Dänemark); es besteht eine bewegliche und veränderbare Grenze der Elemente Erde und Wasser direkt auf der Hallig; eine durchgängige Deichlinie und kulturelle Schwellen prägen das Verhältnis zwischen Hallig- und Küstenbewohnern; die hier siedelnden Friesen sind eine seit jeher marginalisierte Volksgruppe, die am Rande der Gesellschaft ein selbstbestimmtes Dasein unterhält und seine Grenzen sowohl gegen die See als auch gegen das Landesinnere mit seinen jeweiligen Machthabern verteidigen und erhalten muss(te). Und doch ist das Merkmal des Halliglebens – obwohl in alle Richtungen von Grenzen und Limits geprägt – eine losgelöste Freiheit, ein Loslassen fester Vorstellungen davon, was Land und was Meer ist – eine räumliche und kulturliche Entgrenzung. Stetige Veränderung, Durchlässigkeit und Offenheit gehören mitunter zu den prominentesten Attributen. Aufgrund der fehlenden Wahrnehmung von Einbrüchen ins Eigene von außen wird die Grenze ihrer Definition nicht gerecht und der Begriff Grenze wäre damit nicht haltbar – obwohl es sich um etwas Grenzähnliches handelt, wenn Elemente einander begegnen und zwei Welten aufeinander treffen. Doch die Durchlässigkeit dieser Grenze widerspricht ihrem Daseinszweck, ihrem Sinn, wenn sie offen ist und Durchgänge ermöglicht – es kommt zu einer Auflösung der gewohnten Struktur, der gesellschaftlichen Ordnung. Die Grenze auf den Halligen zwischen Wasser und Land, zwischen Natur und Kultur, zwischen Wildnis und Zivilisation, impliziert also in bestimmtem Maße eine chaotische Antistruktur in der Rezeption von Grenzen – vergleichbar mit der chaotischen Antistruktur des Außendeichslands, in dem sie sich befinden.

IV Erlebenswelten

1 Im Angesicht der Katastrophe erkenne dich selbst

Katastrophen sind als Gesamtphänomen immer schon „sinnbedürftig" und fordern aus diesem Grund zu einer umfassenden Auseinandersetzung auf – für Betroffene ebenso wie für die globalen Zuschauer. Zweitere erfahren die Auseinandersetzung durch eine visuelle Katastrophenkommunikation, eine mediale Bestätigung für die „panische Kultur" (Sloterdijk 1987, S. 51–69) der Gegenwart, die in der starken Präsenz des Themas in den Medien möglicherweise ein Argument für die oftmals bekundete Behauptung sieht, dass das 21. Jahrhundert das Katastrophen Jahrhundert sein könnte (vgl. Mauch 2010, S. 133–151). Aus diesem Grund könnten Katastrophen Instanzen sein, quasi „semantische Leitfossilien" (Imhof 2004, S. 145–163), durch die der Status Quo und vor allem der Wandel der Gesellschaften als übergeordnetes Phänomen verstanden werden kann. Auch in der internationalen Katastrophenforschung gibt es eine ausgeprägte Befürwortung für die deutlichere Abbildung der Gesellschaftsordnung durch den Einfluss von Katastrophen: „The arrangements of a society", schreibt der Kulturanthropologe Eric R. Wolf, wären „most visible when they are challanged by crisis" (Wolf 1990, S. 593). Würde man nun eine Katastrophe als Krise betrachten, so würde diese durchaus einen umfassenden Blick auf Gesellschaft und Kultur ermöglichen und könnte als heuristisches Instrument verwendet werden. Denn in dem Augenblick der Gefährdung werden (gesellschaftliche) Ordnungen zum Thema gemacht und stellen dadurch eine besondere Möglichkeit dar, den Prozess der Transformation zu verfolgen und zu analysieren. Im Angesicht der Katastrophe wird die Ordnung, in der man lebt, oder die Ordnung, auf die man blickt sichtbar und kristallisiert sich aus der sonst ineinander überfließenden Eingebundenheit in die Umwelt heraus, zerfällt in einzelne Facetten, um sich danach zu einer neuen Ordnung wieder zusammenzusetzen. In diesem Prozess sind die Einzelteile, die spezifischen Verhaltensmuster und der gesellschaftliche Umgang beobachtbar und erkennbar, und er bietet sich an, in seiner einmaligen Differenziertheit erforscht zu werden.

Ein weiterer Ausgangspunkt der internationalen Katastrophenforschung ist die Historisierung des Begriffs Naturkatastrophe, dessen Abgrenzung zu Katastrophengeschehen mit kulturellen oder anderen Ursachen in Frage gestellt wird:

> „Katastrophen sind demnach zutiefst gesellschaftlich bedingte Ereignisse, die zwar einen naturalen Kern haben können, sich aber keinesfalls darauf reduzieren lassen – deswegen hat die jüngste Forschung den Begriff der ‚Sozialkatastrophen' auch für solche Katastrophen vorgeschlagen, die mit Naturrisiken in Zusammenhang stehen" (Schenk 2009, S. 11).

Die Annahme von Naturkatastrophen als hybriden Ereignissen zwischen Natur und Kultur mag zutreffen, doch wie in dieser Formulierung betont, befinden sie sich damit *zwischen* Natur und Kultur. Der Schlussfolgerung von Hinrichsen, Johler und Ratt (2014, S. 64), dass dadurch jede weitere inhaltliche Unterscheidung zwischen Natur und Kultur in Frage gestellt werden kann, ist gänzlich unzutreffend, da es zwei voneinander separierte Bereiche geben muss, um ein *Zwischen* überhaupt zu ermöglichen. Dem von Schenk immerhin noch eine Berechtigung gegebenen „naturalen Kern" – sei dies nun ein naturaler oder technizistischer Kern – ist das Zustandekommen einer Katastrophe überhaupt zuzuschreiben. Denn ohne natürliches oder technisches „Hereinbrechen" einer Gewalt in den kultürlichen Lebensraum gibt es auch keine Katastrophe. Berechtigt aber ist die Öffnung der Definitionsgrenzen im Sinne einer Zusammenführung von verschiedenen Forschungsvorhaben nach ihren Fragestellungen, die unabhängig von der Natur des *Kerns* ähnliche Ziele verfolgen und einander von Nutzen sein können.

2   „Cultures of Disaster"

Die Prädisposition von Kulturen im Umgang mit Katastrophen ist ebenso heterogen wie die Kulturen selbst. Das führt uns zu einem Konzept, welches in der Katastrophenforschung einen zumeist gemeinsamen Nenner fast aller Projekte darstellt und für das weitere Verständnis der kulturspezifischen Erfahrung und des Umgangs essentielle Wichtigkeit besitzt. Es handelt sich hierbei um das Konzept der Vulnerabilität, welches auch nach Oliver-Smith und Hoffman eine Erklärung für die Schnittpunkte von Gesellschaft, Kultur und Natur darstelle, die einen Ausdruck im Katastrophenprozess erfahren. Damit wird das Katastrophengeschehen aus den sozialen, kulturellen und auch den ökonomischen und politischen Grundfesten heraus verstanden, in die es in jedem Fall eingeflochten ist. Unterscheidungen in der Vulnerabilität können beispielsweise in vergleichenden Studien das Vermögen einer betroffenen Gesellschaft zum Wandel und zur Entwicklung oder zur Stagnation bedeuten. Es wird dabei der Frage nachgegangen, ob die eigene Veränderung begünstigt oder sabotiert wird (Oliver-Smith/Hoffman 2002, S. 17).

Oliver-Smith und Hoffman betonen den mittlerweile selbstverständlichen Zusammenhang zwischen Katastrophe und Kultur immer wieder. Das ist nicht verwunderlich, denn die Kommunikation, die Wahrnehmung, die Bedeutungszuschreibung, der Umgang und die Verarbeitung sind kulturgeprägt. Weltweites Katastrophengeschehen bildet doch in verschiedenen Nationen, Gesellschaften und Kulturen differente Techniken und Taktiken im Umgang damit. Mauch sieht, in anderen Worten, in der Bewältigung von Katastrophen politische Institutionen, ökonomische Gefüge, soziale und kulturelle Muster, Wertesysteme und religiöse Strukturen als maßgebliche Faktoren (Mauch 2009, S. 9), ebenso wie natürlich psychologische.

In weiterer Folge kommt die Frage auf, *wie* Katastrophen dieses komplexe Gefüge durchdringen und uns über die Kultur unterrichten können, die betroffen ist. Das führt uns zu den „Cultures of Disaster" – ein Konzept, dem Greg Bankoff in seiner Studie der „natural hazards" auf den Philippinen nachgegangen ist. Danach besteht eine enge Beziehung zwischen „a society's vulnerability and the adaption of its culture in terms of local knowledge and coping mechanisms" (Bankoff 2004, S. 36), nämlich zwischen der Verletzlichkeit einer Gesellschaft und der Anpassung ihrer Kultur in Form von Coping-Strategien und lokalem Wissen. Nicht jede Kultur, die von Katastrophen betroffen ist, wird zu einer „Culture of Disaster" – es handelt sich dabei vielmehr um Kulturen in bestimmten Gebieten der Erde, wo die Gefährdung durch Katastrophen eine tatsächliche Wirkgröße darstellt und das alltägliche Leben der Bevölkerung immerwährend beeinflusst. Bankoff beschreibt aus dieser Perspektive die Bevölkerung auf den Philippinen als ebensolche „Culture of Disaster", die sich mit den gegebenen natürlichen Umweltbedingungen und der möglichen Bedrohung arrangiert und eigene Bewältigungsmuster bildet, indem die Gefahr normalisiert wird und als integraler Teil der Kultur in den Alltag, das Gesellschaftssystem, die Politik etc. einbezogen wird. Das betrifft unter anderem die Art der möglichen Agrarkultur, der landwirtschaftlichen Bewirtschaftung, die Bauweise und spezifische Muster in der Migration, um die Voraussetzungen für ein Leben zwischen Reziprozität und Autarkie dauerhaft zu schaffen. Diese und weitere Strategien ermöglichen den Bewohnern von Gefährdungsgebieten eine signifikante Einschätzung ihres Risikos und werden einerseits mit religiösen Vorstellungen in Einklang gebracht, andererseits zeigt sich dadurch auch eine tief wurzelnde Resignation im täglichen Leben. Denn das Vertrauen, nicht nur, aber auch mit Katastrophen zurechtzukommen, liegt ganz charakteristisch beim eigenen Dorf, den eigenen Nachbarn und vor allem der eigenen Familie – keinesfalls aber bei den Machthabern und der Politik, denen gegenüber eine starke Skepsis, Zweifel und Argwohn bestehen:

> „The result is cultures in which people have successfully striven to come to terms with the thread of hazard in their daily lives, of living in the shadow of the volcano. Such popular attitudes to hazard are largely dismissed in the western discourse of disaster as ‚folk' behaviour to be replaced in due course by the language of rationality" (Bankoff 2003, S. 178).

Das Ergebnis sind Kulturen, die erfolgreich die Bedrohung von Naturrisiken in ihr alltägliches Leben integrieren konnten – eine Herangehensweise, die in westlichen Diskursen zum Thema häufig als „Volksverhalten" abgetan und durch die Stimme der Vernunft ersetzt wird. Bankoffs Beanstandung ist eine Überleitung zu einer aktuellen Diskussion um die „Katastrophenkulturen", die als hauptsächlich in Entwicklungsländern ansässig verortet werden im Gegensatz zu einer „Weltrisikogesellschaft" (Schenk 2009, S. 13). Diese Diskussion ist hier nicht weiter von Belang, wohl aber ihre Grundannahme über die Verortung von Katastrophenkulturen. Denn münzt man das soeben Herausgearbeitete auf das Gebiet und die Bevölkerung der Halligen um, werden maßgebliche Parallelen und Ähnlichkeiten ersichtlich: Überflutungen in Form von „Landunter" und Sturmfluten unterschiedlichen Ausmaßes stellen in dieser Landschaft eine konkrete Unsicherheit dar und beeinflussen den Alltag der Halligfriesen konstant. Um diesen Naturbedingungen adäquat zu begegnen, entwickelte die Bevölkerung Strategien der Bewältigung, durch eine „Normalisierung" der Gefahr, und arrangierte sich dergestalt mit den Einflüssen der Natur. Auch die Bauweise der Häuser richtet sich exakt nach den Naturgegebenheiten, die Warften werden der Höhe der auflaufenden Fluten angepasst und immer wieder erhöht, Sicherheitsräume wurden zuletzt nach der Sturmflut von 1962 in den obersten Stock eines jeden Wohnhauses integriert und tief in der Warft verankert, um im Notfall höchstmögliche Sicherheit zu gewähren. Herr Hayen beschreibt dazu sehr anschaulich, wie mit der Gefährdung im Laufe seines (Er-)Lebens umgegangen wurde und wird und wie sich die Bevölkerung auf der Hallig Langeness so gut wie möglich den Herausforderungen des Lebensraumes anpasst:

> „Aber dieser, wo wir jetzt sitzen, ist schon der Neubau, der 63 gebaut wurde, sagen wir Neubau, ist zwar schon 52 Jahre alt, aber für uns ist es immer noch ein Neubau, nach der Sturmflut. Und auch in diesem Neubau, wenn wir das mal so nennen wollen, und in jedem Neubau, der damals entstand, wurde halt ein Schutzraum integriert, heißt es wurde ein Raum im Obergeschoss gebaut, der aus Stahlbeton geschüttet war, und dieser Raum stand auf vier oder auf sechs Betonpfeilern, die tief in die Warft eingerammt waren, darauf stand dieser Raum, und dieser Raum sollte, wenn nochmal so eine Sturmflut kommt und das Haus zusammenbricht, sollte dann stehen bleiben. Ich glaube fast, so wie der gebaut war, wäre der auch stehen geblieben. [...] Und äh, als die Häuser dann fertig waren, 63, 64, erst mal wurden die einen Meter höher gebaut, damit sie auch aus dem Wasser raus sind, also wie ich schon erwähnte, wir hatten ein Meter zehn im Haus, also müssen wir unser Haus ja mindestens ein Meter höher bauen, damit wir nicht nochmal absaufen hier. Das haben wir auch alle gemacht, und dann sah das natürlich bekloppt aus, wenn so ein Haus so nackt auf der Warft steht, da musste natürlich auch wieder Erde ran, das war dann die nächste Aktion [...]. Das war dann die sogenannte erste Warft-Erhöhung, da hat man dann Erde an die Warften gefüllt, um diese Häuser dann wieder sicherer zu machen, um die Warft-Körper wieder – na, bewohnbar zu machen, könnte man so sagen, und das alles auch wieder gut aussieht und mehr Sicherheit hat, ne. Die Warften wurden dann auch schon teilweise ein bisschen weiter ausgeflacht, damit die See sich da totläuft, wenn es dann mal wieder Sturmfluten gibt, aber da hat man dann nach, ach ich weiß nicht nach wie viel, nach 20 Jahren festgestellt, dass diese Warft-Erhöhungen nur ein Anfang sein könnten, dass war nur notdürftig, wenn ich das mal – ne richtige Warft-Erhöhung, die hatten dann erst in den letzten 30 Jahren durchgeführt. Und dann wurde richtig großzügig aufgewarftet, abgeflacht, [...] und wir haben jetzt wirklich sehr viel Sicherheit bekommen, ne" (Hayen 2014, S. 4).

Die Beschreibungen Herrn Hayens zeigen deutlich die Bewältigungsstrategien auf, die gerade nach einer großen Katastrophe wie der Sturmflut von 1962 überprüfbar sind, verbessert werden können und auf die eventuell noch harscheren Bedingungen abgestimmt wurden. Auch die Formen der landwirtschaftlichen Bewirtschaftung passen sich den häufigen Überschwemmungen in den Wintermonaten an, indem die fruchtbaren Wiesen vor allem als Sommerweide für das Vieh der Festlandbauern genutzt werden. Durch das Leben in einer Gefahrenzone und das konstante Ausgesetztsein ist eine bessere Einschätzung des Risikos essentiell und möglich – wessen sich Herr Hayen bewusst ist und das weiter bestehende Risiko trotz Anpassungs- und Absicherungsmaßnahmen nicht aus den Augen verliert:

> „Trotzdem haben wir jetzt im letzten Jahr im Dezember feststellen müssen, dass es auch schon wieder die Grenze ist, es ist schon wieder rüber gelaufen, ne, bei dem schweren Orkan, Xaver und Christian, wie sie hießen. Da lief das Wasser schon wieder rüber und man muss feststellen, dass man also immer noch auf der Hut sein muss und auch wieder über Nachbesserungen nachdenken muss, ob die Warften vielleicht doch noch ein bisschen höher, oder andere Wellenbrecher vorlagern muss oder was auch immer, oder was man auch unternimmt, um noch mehr Sicherheit reinzukriegen" (ebd.).

Das Ergebnis ist eine Kultur, die sich zumeist erfolgreich mit der Gefährdung durch die Nordsee in ihrem alltäglichen Leben arrangiert. Selbst die Abgrenzung von der Bürokratie und der jeweiligen Politik findet eine Entsprechung in der Halligkultur, die zwar weiter in die Vergangenheit zurückreicht, aber bis in die Gegenwart dem Selbstverständnis der Menschen innewohnt. Die friesische Bevölkerungsgruppe war immer darauf bedacht, autark von den wechselnden Herrschern der Nordseeküste ihr Dasein zu bestreiten, sie war bereit, für ihre Freiheit zu kämpfen, und fand schließlich in der Auseinandersetzung mit der Nordsee und deren Bedrohung einen Grund, ihre Rechte zu behalten und unabhängig zu sein (siehe dazu ausführlicher Kapitel II, 3). Das Vertrauen, auf das sie sich stützen, entspringt also, am hier dargestellten Beispiel der Halligen, ebenso der eigenen Gemeinschaft auf der Hallig, den eigenen Nachbarn und zuletzt der eigenen Warft, die im Falle einer Katastrophe – auf sich allein gestellt – dieser lediglich mit den eigenen Bewältigungsstrategien und dem eigenen Wissen begegnen muss. Auf die Unterstützung der weiteren Gemeinschaft und der Politik kann zwar nach dem Ereignis in Form von Spendengeldern und Förderungen zum Wiederaufbau gezählt werden, der konkreten Bedrohung durch das Meer müssen sie sich aber alltäglich selbst stellen, und das Vertrauen in Einschätzung und Bewältigung liegt im engsten Umkreis. Damit qualifiziert sich die Bevölkerung auf den Halligen selbst nach den eindrucksvollen Standards von Bankoff als „Culture of Disaster" – und das fernab von einem Entwicklungsland oder den Lebensstandards eines solchen. Die Einordnung in dieses spezifische Katastrophenkulturverständnis ergibt sich vielmehr aus dem dauerhaften Einfluss und der umfangreichen Bestimmung, die das Meer auf das Leben dort ausübt.

Daraus folgt, dass „Cultures of Disaster", nach dem Verständnis von Greg Bankoff, durch die alltägliche Präsenz der Bedrohung und die Reaktionsweise der jeweiligen Gesellschaft darauf, bestimmt sein können. Sie beschreiben einen Umgang, der nur in Regionen entwickelt werden kann, in denen in vollem Bewusstsein mit der Gefährdung gelebt wird. Um damit auf die Vulnerabilität und deren Einbettung in soziale, kulturelle, politische, ökonomische Gegebenheiten zurückzukommen: Die bedrohte Ordnung auf den Halligen lässt in diesem Fall auf die Fähigkeit und den Willen der Bewohner schließen, den eigenen Wandel an der Seite und im Angesicht der Nordsee nicht zu verhindern sondern zu bestärken, erst durch den Wandel eine Form der Bewältigung zu finden und im Beibehalten dieses Willens zur Veränderung ihre Widerstandsfähigkeit auszubauen.

3 „Und jedem Anfang wohnt ein Zauber inne ..."

Bevor nun weiter auf signifikante Konzepte und Thesen eingegangen, und die Hallig- und Katastrophenkultur in ihren Einzelheiten und ihrer Gesamtheit untersucht wird, soll vorerst ein Einblick in die Feldforschung auf den Halligen Langeness und Oland geboten werden. Durch die Grundgegebenheiten, den spezifischen Zugang, die Rahmenbedingungen, sollen die „Cultures of Disaster" weiter explorierbar sein. Auf die zugrundeliegende Forschungsfrage und die methodische Vorgehensweise wurde bereits in den Kapiteln I 2 und I 3 ausführlicher eingegangen, weswegen nun die Eindrücke und Hürden im Feld auf der Suche nach den Strategien und der Ätiopathogenese (die ursächlichen Faktoren und die zeitliche Abfolge der Entstehung und Entwicklung) der 1962er Sturmflut im Zentrum des Interesses stehen, und bestehende Vor- bzw. Ausgangsannahmen eine unumgängliche Relativierung erfahren.

Die Forschungsreise fand statt im Mai 2014 und führte, ausgehend von Hamburg, über Bredstedt und Schlüttsiel nach Langeness, der mit knapp 100 Einwohnern – von denen jedoch nur ein Teil permanent die Insel bewohnt – größten deutschen Hallig. Entsprechend einer Feldforschung gehörte das Erkunden und Erschließen der Landschaft ebenso zu der Unternehmung dazu wie das Eruieren des Lebensstils, der Ordnungskonstitution und der Strukturbedingungen des Lebens auf der Hallig. Es stellte den Versuch dar, die Halligbewohner und deren Lebensraum besser kennenzulernen und zu verstehen und im Zuge dessen Gesprächspartner zu finden für offene Leitfaden-Interviews. Um durch diese Ausgangslage einen Kontakt herzustellen und dem Interessensgebiet weiter nachzugehen, galt es, aktiv den Kontakt zu suchen und bei allfälliger Möglichkeit und Dynamik ein Gespräch zu beginnen. Doch war dieses Vorhaben äußerst schwierig umsetzbar, da mit den Langenessern in Kontakt zu treten, kaum „zufällig" oder zwanglos möglich war, um eine möglichst natürliche und entspannte Situation als Basis für den weiteren Prozess zu fördern. Es gab kaum Orte der Zusammenkunft oder Treffpunkte der Dorf- bzw. der Halliggemeinschaft; jeder befand sich auf seiner eigenen Warft, wenn nicht ohnehin gerade ein langer Urlaub bei Verwandten oder Kindern am Festland unternommen wurde. Die Warften lagen mindestens mehrere hundert Meter auseinander – auch ein nachbarschaftlicher Kontakt bestand demzufolge nur, wenn die eigene Warft verlassen, und die Nachbarn auf den anderen Warften dezidiert besucht wurden, was ich während meines vierwöchigen Aufenthalts kein einziges Mal beobachten konnte. Dass auf einer Warft unterschiedliche Familien wohnten, ausgenommen die unterschiedlichen Generationen derselben (Groß-)Familie, kam kaum vor. Abgesehen von den kleinen Höfen und Wohnhäusern gab es ein Gasthaus an der Fähranlegestelle am kleinen Hafen, das zu dieser Jahreszeit jedoch komplett leer war und in wärmeren Monaten lediglich von Touristen, hauptsächlich Tagestouristen, besucht wird. Außerdem gab es ein kleines Kaffeehaus neben dem kleinen Museum, in dem sich aber maximal ein bis zwei Touristen aufhielten. Auf der Straße begegnete man, wenn überhaupt, vereinzelt einem Besucher der Hallig oder noch seltener einem Kind am Heimweg von der Schule. Das waren also die Bedingungen, die für das Vorhaben vorgefunden wurden – und wie leicht vorstellbar ist, sind das nicht gerade die idealen Voraussetzungen, um die Zielgruppe für die Interviewerhebungen – das wären Halligbewohner, gebürtig von Langeness oder einer anderen Hallig, die 1962 die Sturmflut miterlebt haben sollten – zu generieren. Durch ein aktives Besuchen der Warften und ein Vorstellen des Anliegens sollte dieser anfänglichen Schwierigkeit aber beizukommen sein, daher war eine Wanderung auf der Straße entlang der Salzwiesen von Warft zu Warft als nächster Schritt naheliegend. Glücklicherweise gab es bis zu diesem Zeitpunkt schon das eine oder andere kurze Gespräch mit den wenigen Einheimischen, die ich in der unmittelbaren Umgebung meiner Unterkunft finden konnte, und diese rieten von dem geplanten Vorhaben aufs dringlichste ab. Unangemeldet, spontan oder ohne eine vorherige Vereinbarung darüber getroffen zu haben, die Warften aufzusuchen, würde die Menschen vielmehr zusätzlich verschrecken und verärgern, es wäre eine unangemessene Verletzung der Privatsphäre und würde als Invasion und Bedrohung der Ordnung sofort zurückgewiesen werden. Diese wichtige Information erhielt ich zuerst von meiner Vermieterin, die bis dahin mein einziger Kontakt war. Sie bot mir freundlicherweise an, gemeinsam die Telefonliste aller Langenesser durchzugehen, mögliche Interviewpartner auf diese Weise ausfindig zu machen und zu kontaktieren. Doch es eröffnete sich dabei ein weiteres Problem am Weg zu den Gesprächen, die der Feldforschung zugrunde liegen sollten: es gab einige Namen auf der Liste auf welche die Anforderungen für ein Interview passten, doch die Liste war einige Jahre alt, und über die Hälfte dieser für das Vorhaben infrage kommenden Bewohner waren in letzter Zeit verstorben. Es blieben einige wenige übrig, die meine Vermieterin statt meiner anrief, um die Chance auf ein Gespräch zu erhöhen, da die Anfrage so von jemand Bekanntem kommt. Ein einziger der zugegebenermaßen kurzen Liste von Verbleibenden erklärte sich bereit für ein Gespräch, und das blieb das einzige Interview auf diesem Weg; denn niemand der danach von mir selbst telefonisch Kontaktierten nahm den Anruf einer unbekannten Nummer nur entgegen oder, falls doch, war nach kurzem Erklären des Anliegens bereit für ein Gespräch.

An diesem Punkt war es unumgänglich, das Anforderungsprofil für passende Gesprächspartner, nämlich gebürtige Halligbewohner oder Langenesser mit mindestens 52 Jahren, zu verändern oder anzupassen, sollte das Forschungsvorhaben nicht gänzlich aufgegeben werden. Doch die Ermittlung von Wahrnehmungs- und Anpassungsmustern der Halligbevölkerung ist keine deterministische, vorab festgelegte Struktur, sondern kann auch auf induktivem bzw. abduktivem Wege erfolgen. Das zentrale Prinzip der Offenheit soll ja nicht nur auf die Interviewsituation angewendet werden, sondern auch auf die vorangehenden strukturgebenden Ausgangsbedingungen. Das bedeutet, dass unerwartete Probleme im Feld, wie auf Langeness, die nicht vorhersehbar sind, durch eine Änderung der Perspektive bzw. durch Offenheit für eine Modifikation unvermutete Möglichkeiten bieten können. Denn nicht nur in der Erhebung des Materials, auch vor und nach der eigentlichen Untersuchung, gewährleistet eine unschematische Handhabung die größtmögliche Freiheit. Ausgehend davon wurde das Territorium des Forschungsvorhabens von Langeness auf Oland ausgeweitet. Oland ist die unmittelbare Nachbarhallig, die durch einen äußerst schmalen, kilometerlangen Damm mit Langeness verbunden ist. Die Suche nach Gesprächspartnern verhielt sich auf Oland gänzlich anders als zuvor auf Langeness; nicht nur einfacher, sondern auch wesentlich unkomplizierter – und das trotz der viel geringeren Größe und Einwohnerzahl von neun (vgl. Steensen 2016, S. 15) dauerhaft auf Oland lebenden Personen. Gleich blieb jedoch, wenn auch nicht dezidiert ausgesprochen, das Herstellen weiterer Kontakte durch andere Halligbewohner und niemals durch aktives und eigeninitiatives Kontaktherstellen durch unangemeldetes Fragen. Vorab sei noch auf die gänzlich andersartigen Wohnbedingungen hingewiesen, die einen krassen Gegensatz zu Langeness darstellen: Oland besteht bis auf das umliegende Schwemm- und Flachland nur aus einer einzigen Warft, auf der alle Häuser der Hallig stehen und sich um den Fething in der Mitte kreisförmig anordnen.

Abb. 9: Die Warft auf Oland. Alle Häuser sind um einen Fething angeordnet und bilden eine Art Dorfzentrum.

Die größere Kontaktfreudigkeit untereinander kann sehr wahrscheinlich auf diese dörflichere Wohnsituation und die daraus entstehende Gemeinschaft zurückgeführt werden, was sich auf den weit auseinandergelegenen, individuellen Warften auf Langeness gänzlich anders gestaltet. Im Zuge späterer Unterhaltungen und Interviews wurde deutlich, dass die Oländer ihre Hallig zumeist als besser und schöner im Gegensatz zu Langeness darstellten. Demzufolge kann auf einen gewissen Oländer Stolz geschlossen werden.

Abb. 10: Die einzelnen Warften auf Langeness, entfernt zu sehen am Horizont

3.1 Gegenübertragungsanalyse

In diesem Zusammenhang wäre es angebracht und von nicht zu unterschätzender Wichtigkeit, sich mit der Perspektivität in Form einer Gegenüberübertragungsanalyse (vgl. Rieken 2011a, S. 203–208) zu befassen. Es sind die subjektiven Faktoren zu berücksichtigen, die das Unbewusste und seine Wirkungsweise thematisieren und daraus folgend die Wahrnehmung immerfort und gezwungenermaßen infiltrieren. Dazu wäre vorerst einiges zu sagen, denn solche analytischen und tiefenpsychologisch-reflexiven Konzepte sind in Studien dieser Art keineswegs üblich. Nehmen wir exemplarisch die Volkskunde bzw. Europäische Ethnologie heran, passend zu dieser Arbeit, deren Interesse die Kultur, das Verhalten, das Leben der Gesellschaften ist. In fachlich unmittelbarer Nähe befindet sich die Ethnopsychoanalyse, die „unbewusste Vorgänge im Wechselspiel zwischen Kultur und Individuum aufzuklären" (Reichmayr 1995, S. 10; vgl. Reichmayr 2013) versucht, also die Perspektive der Psychoanalyse einnimmt, während sie aber ebenfalls ethnologische Fragestellungen behandelt. Die naheliegende Vermutung, dass einiges im Forschungsprozess einander ergänzen, überschneiden und jeweils inspirieren könnte, trifft jedoch nicht zu, wie auch Bernd Rieken feststellt: „Indes existieren, von wenigen Ausnahmen abgesehen, nur wenige tatsächliche Berührungspunkte" (Rieken 2016b, S. 421). Das lässt sich wohl zurückführen auf ein generell distanziertes Verhältnis zur Psychoanalyse, aus mehreren Gründen. Einerseits – aufgrund des Naheverhältnisses zum Nationalsozialismus (wie bereits erläutert) – distanzierte man sich von einer essentialistischen Einstellung, indem man „zu einem dynamischen Kulturbegriff fand, der im Zuge des Cultural Turns mit einem ausgeprägte konstruktivistischen Akzent versehen wurde" (ebd., S. 428). Die einstigen Forschungsschwerpunkte der Volkskunde wie Studien über Bräuche, Tradition, Musik, etc. (vgl. dazu ältere Einführungswerke, z.B. Brednich 2001; Wiegelmann/Zender/Heilfurth 1977; Bach 1960; vgl. auch Weiss 1946) verloren an Bedeutung und wurden von einem modernen Kulturbegriff abgelöst (z.B. Bischoff/Oehme-Jüngling/Leimgruber 2014; Kaschuba 1999). Die Psychoanalyse aber, die „Raum und Zeit übergreifende Aussagen über ‚den' Menschen zu machen" (Rieken 2016b, S. 428) versucht, hat durchaus naturwissenschaftlich-essentialistische Züge. Andererseits wurde die Psychoanalyse ohnehin mit überholten Konzepten in Verbindung gebracht, da psychologische Einflüsse für die ältere Volkskunde eine bedeutende Basis ihres Wissenschaftsverständnisses ausmachten (z.B. Weiser-Aall 1937; Beitl 2007; Bach 1960). Seit dem Cultural Turn ist dies aber nicht mehr angebracht, die Sichtweise hat sich geändert und ist nicht mehr die „des psychologischen, sondern des sozialen Individuums" (Merkel 2002, S. 254). Ein Drittes spricht für die Distanz zwischen den beiden Disziplinen, denn die Volkskunde sei, so Rieken (2016b, S. 428), ein Orchideenfach, das sich aus Minderwertigkeits- und Unterlegenheitsgefühlen gerne den größeren und stärkeren Fächern anschließt, indem es sich mit ihnen identifiziert, dadurch aber zum „Mainstream" gehört, ganz im Gegensatz zur Psychoanalyse. Ein weiterer Grund dafür, nicht gerade ein Naheverhältnis zu pflegen.

Der Psychoanalyse ergeht es dabei ähnlich wie der germanischen Mythologie – sie wird aus einer Abwehr heraus nicht (mehr) in gegenwärtige Forschungen einbezogen, da die ältere Volkskunde nicht (mehr) dem modernen Kulturbegriff entspricht oder durch den Nationalsozialismus ein zu „heißes Eisen" geworden ist. Durch Abkehr von Konzepten wie der Psychoanalyse geht aber wesentlich mehr verloren, als im Gegenzug gewonnen oder „vermieden" werden kann. Eine bedeutende Übereinstimmung stellt beispielsweise das Interesse am Untersuchen und Interpretieren des Unauffälligen dar, das Carlo Ginzburg (2011, S. 17) die „Andacht zum Unbedeutenden" nennt. In der Europäischen Ethnologie greifen diesen Ansatz u.a. Lindner (2011) und Scharfe (2011a; 2011b) auf. Die Kehrseite davon ist ebenfalls beiden Fachrichtungen zu eigen – nämlich das Ungewöhnliche und Auffallende. Jeggle (2003, S. 27) sieht in den beiden scheinbaren Gegensätzen des Gewöhnlichen, Unbedeutenden und des Ungewöhnlichen, Auffälligen eine Kongruenz, wobei er sich auf Sigmund Freud (1901) bezieht. Die eben genannten Autoren (Jeggle/Lindner/Scharfe) und ein Aufsatzband (Timm/Katschnig-Fasch 2007) bilden die spärlichen Ausnahmen der volkskundlichen Forschung, nämlich jene, denen eine gewisse Offenheit gegenüber psychoanalytischen Einflüssen attestiert werden kann.

Aus dieser Recherche geht deutlich hervor, welchen Stellenwert empirisch-qualitative Ansätze, die psychologische oder analytische Konzepte miteinbeziehen, in der Volkskunde haben. Es ist nicht verwunderlich, dass gerade die Gegenübertragung, bei der es sich nicht nur in der Theorie um psychoanalytische Überlegungen handelt, sondern um die tatsächliche Thematisierung persönlicher Involviertheit, noch seltener in den Forschungsprozess miteinbezogen wird. Rieken verweist auf aktuelle Methodenbände der Europäischen Ethnologie, die keinerlei Handhabung oder Praktik einer ethnopsychoanalytischen Auseinandersetzung mit erhobenen Daten bereitstellen (z.B. Göttsch/Lehmann 2001; Hess/Moser/Schwertl 2013; Hengartner/Schmidt-Lauber 2005 u.a.). Zumindest auf die Relevanz persönlicher Befindlichkeiten wird von einigen wenigen hingewiesen (Kaschuba 1999, S. 206f.; Mohr/Vetter 2014), wobei besonders Rolf Lindners Artikel „Die Angst des Forschers vor dem Feld" (Lindner 1981), in dem er sich ausdrücklich auf Devereux (1992) bezieht, einen wesentlichen Einfluss darauf zu haben scheint. Auch Utz Jeggle verweist auf die Bedeutung tiefenpsychologischer Methoden, wie der freien Assoziation im Verlauf der Feldforschung, indem er empfiehlt,

> „auf die leiseren Laute der Unvernunft zu lauschen und [...] so das Unbewusste und seine Regeln zu entziffern. So ähnlich wird auch eine künftige Feinanalyse kulturwissenschaftlicher Feldforschung vorgehen müssen; sie wird lernen müssen, genau zu sehen und genau zu hören – auf das Feld und auf das in es verstrickte Ich" (Jeggle 1984, S. 46).

Seitdem hat sich nicht viel getan hinsichtlich einer Umsetzung dieser Empfehlungen und Bemerkungen. Erst im Rahmen von Supervisionsgruppen für Feldforschungen wurde auf den Mehrwert ethnopsychoanalytischer Ideen für die ethnologische und volkskundliche Forschung wieder eingegangen (Becker u.a. 2013; Bonz/Eisch-Angus 2016), was zur Folge hat, dass eine ganzheitliche und reflexive Form der Interpretation als nächster Entwicklungsschritt empfohlen wird. Diese Einstellung trifft aber

> „im universitären, sozial- und kulturwissenschaftlichen Betrieb auf vielfältige Erscheinungsformen, die oft mit dem Wunsch nach wissenschaftlicher Eindeutigkeit und Widerspruchslosigkeit einhergehen, sowie mit Machtmechanismen, wie sie Nadig und Erdheim beschreiben" (Bonz/Eisch-Angus 2016, S. 152).

Damit geht es – zumindest in der jüngsten Vergangenheit – in die richtige Richtung, auch wenn es immer noch zum bedauerlichen Selbstverständnis der Volkskunde gehört, dass „diese fächerübergreifende Auseinandersetzung mit Subjektivität, Feldforschung und Psychoanalyse kaum wahrgenommen" (ebd.) wird. Es handelt sich dabei viel eher um eine „Randerscheinung" (Polder/Stadlbauer 2013,

S. 394). Nach und nach kann sich diese aber immer mehr Aufmerksamkeit verschaffen, da ihr Beitrag zu üblichen Forschungsmethoden unbestreitbar ein wesentlicher sein kann. So sieht das auch Jochen Bonz, der 2017 den umfangreichen Sammelband „Ethnografie und Deutung. Gruppensupervision als Methode reflexiven Forschens" herausgegeben hat, und damit der Subjektivität durch den Prozess der Reflexion einen besonderen Stellenwert einräumt. Dabei geht es hauptsächlich um die Effektivität der Methode der Reflexion in der ethnographischen Feldforschung, die im Rahmen von Feldforschungssupervision und ethnographischer Interpretationsgruppenarbeit über einige Zeit erfolgreich zur Anwendung kam und die Landschaft der Möglichkeiten in der Ethnologie in eine neue Richtung lenkt (Bonz u.a. 2017). In diesem Rahmen fließen natürlich psychoanalytische Konzepte mit ein, so auch im Beitrag von Bernd Rieken, der sich besonders den Problemen der Gegenübertragung in der psychoanalytischen Praxis, aber auch in der ethnologischen Feldforschung widmet (Rieken 2017, S. 179–197). Bernd Rieken selbst, so sei an dieser Stelle darauf hingewiesen, der die wenigen tatsächlichen Berührungspunkte der beiden Fächer ebenfalls bedauert, ist der einzige Vertreter der Volkskunde, der auch eine analytische Ausbildung hat (2016b, S. 429). Er ist es auch, der im Rahmen einiger Monographien (Rieken 2000; 2005; 2010) und Aufsätze (2016b) die Konzepte der Tiefenpsychologie und der Psychoanalyse mit den Ausgangspunkten der ethnologischen Forschung zusammenführte und auf dessen Sinnhaftigkeit wiederholt hinwies, sowie für die Methode der Gegenübertragung nicht nur plädierte, sondern sie tatsächlich auch in entsprechenden Analysen umsetzte. In diesem Sinne hat er dem bestehenden Kanon gegen eine solche Entwicklung entgegengehalten und wird damit zum Wegbereiter einer interdisziplinären Verbindung, die auf mehr und mehr Resonanz stoßen und zukünftig eine neue, bereichernde, erkenntnis- und gewinnbringende Strömung in einer „entgrenzteren" Forschungslandschaft begründen könnte.

Die Beobachtungen dieser latenten Tiefenstrukturen eines Faches und des Standes um interdisziplinär-psychoanalytische Forschung führen uns direkt zur Umsetzung in Gestalt einer Gegenübertragungsanalyse in der vorliegenden Studie: Bevor ich die Feldforschung noch angetreten habe, klärte mich mein Dissertationsbetreuer Bernd Rieken über die Freundlichkeit und Offenheit der Friesen auf, die narrative Interviews und deren Zustandekommen zu einer problemlosen Unternehmung machen würde. Trotz der versichernden Ermutigung war mein eigenes Erleben immer ein anderes. Von nennenswerten Schwierigkeiten war aber trotzdem nicht auszugehen, da ich aufgrund der Psychotherapieausbildung über eine gewisse Sicherheit im Umgang und im Sprechen auch mit unbekannten Menschen verfüge. Anders verhielt es sich jedoch tatsächlich während des Aufenthalts auf Langeness – die Realität gestaltete sich gänzlich von den Erwartungen abweichend. Dies löste eine innere Verunsicherung aus, die vorrangig ausgelöst wurde durch das abweichende Bild meines Betreuers von den tatsächlichen Gegebenheiten, in denen sich die Langenesser Offenheit in Grenzen hielt. Die Aussage im Vorfeld über die Mentalität der Friesen beeinflusste meine Erwartungshaltung unbewusst mehr als anfänglich vermutet und resultierte in der noch verstärkten Unsicherheit, dass es an mir liegen könnte, und dies für das Misslingen der Feldforschung konstitutiv sein würde. Erst in Oland, nachdem die Prämissen und Rahmenbedingungen geöffnet wurden, legte sich die unterschwellige Angst. Ausgehend von der naturräumlichen Gegebenheit, dass Oland die kleine und weit weniger bekannte Hallig an der Seite von Langeness ist, wird die Perspektivität, die persönliche Sichtweise, die den Forschungsprozess beeinflusst, erkennbarer und lässt subjektive Beweggründe hinter einem objektiv wahrgenommenen Phänomen vermuten. Die subjektive Identifikation mit den Kleinen und Minderheiten findet sich begründet in der eigenen Sozialisation und gesellschaftlichen Einbettung in eine gewisse Ordnung. Ich bin in einem kleinen Dorf aufgewachsen, welches in ständiger Konkurrenz zum größeren Nachbardorf stand und zudem durch die Zweisprachigkeit an der Grenze zu Italien und Slowenien zu einer Minderheitenkultur am Rande Österreichs zählt. Daher hat mein persönlicher Hintergrund maßgeblich Anteil an einem gewissen Misstrauen gegenüber den Größeren und Mächtigeren. Oland als kleine Hallig hatte eine automatische, unbewusste, emotional bedingte Identifikation meinerseits zur Folge, und zusätzlich entstand durch die im Gegensatz zu Langeness viel stärker erlebte Aufnahmebereitschaft und auch durch den Stolz der Oländer und der betonten Abgrenzung zu Langeness (siehe Freud 1930/1974, S. 104, „Narzissmus der kleinen Differenz") eine bekannte und wohlvertraute Situation. Abgesehen davon war dort zum ersten Mal die Vorhersage Bernd Riekens bestätigt und verstärkte meine unbewusste Identifikation und subjektive Einstellung gegenüber den Kleinen. Solche und ähnliche Einflüsse des Persönlichen werden im Rahmen einer Feldforschung und auch bei lediglich theoretischen Abhandlungen mit entferntem Interpretations- und Deutungscharakter kontinuierlich anzutreffen sein. Sie können bei genauer Beobachtung und Spiegelung des Prozesses erkannt werden. Dadurch wird es aber notwendig, sich dessen bewusst zu werden und sich damit auseinanderzusetzen, um dem Forschungsprozess, dem „Königsweg" der weichen Methode, durch eine Offenlegung und Reflexion die größtmögliche Transparenz zu verleihen. Damit bedient man sich des einzigen Werkzeuges, einer durchwegs subjektiven Haltung und Beeinflussung der Forschungsergebnisse (jedes methodischen Zuganges) entgegenzuwirken (vgl. dazu Jank 2016, S. 243f.). Diese Subjektivität, die immer auch in der Wissenschaft vorhanden ist, wird gespeist von der Perspektivität der menschlichen Erkenntnis (Köller 2004), und ebenso durch die Sozialisationsprozesse, die sich nicht nur im persönlichen Lebensumfeld bemerkbar machen, sondern natürlich auch in der Wissenschaft. Diese zu jeder Zeit individuelle und geprägte Perspektive wird als mögliche Fehlerquelle erkannt, wie in empirischen Wissenschaften. Ziel soll aber nicht der Versuch sein, diese auszulöschen, sondern vielmehr konstruktiv mit ihr umzugehen und durch eine Art Selbstobjektivierung die Perspektivität des eigenen Standpunktes bewusst und transparent zu machen. Denn auch der Versuch, diese Fehlerquelle gänzlich aus dem Forschungsprozess auszuklammern, führt letzten Endes nicht zum Ziel der absoluten intersubjektiven Überprüfbarkeit. Mit dem Objektivitätspostulat verhält es sich nämlich „wie mit dem Polarstern, an dem sich Seefahrer in verflossenen Zeiten orientierten, um ihren Kurs zu bestimmen: Man kann ihn anpeilen, erreichen wird man ihn indes nicht" (Rieken 2010, S. 36). An dieser Stelle kann noch in aller Kürze darauf hingewiesen werden, dass die zufällige Stichprobengröße auf Langeness 5 Prozent (ausgehend von 100 Einwohnern) und auf Oland 44 Prozent (von 9 Bewohnern) der Gesamteinwohner beträgt, und sich diese Zahl auf Langeness noch erhöhen würde, würde man nur die Einwohner rechnen, die permanent auf der Hallig leben, ohne Zweitwohnsitz bzw. Erstwohnsitz auf dem Festland.

3.2 Das Serendipity-Prinzip

Durch die unerwarteten Schwierigkeiten zu Beginn der Feldforschung trat die Notwendigkeit auf, dem anfangs postulierten Prinzip der Offenheit früher als gedacht nachzukommen. Im Feld stellt es jedoch eine enorme Unsicherheit dar, werden plötzlich die einzigen Grundbedingungen zur Auswahl der Stichprobe unhaltbar. Das Generieren neuer, wahrscheinlich sogar passenderer zugrundeliegender Annahmen oder Fragestellungen, da diese durch eine Bezogenheit mit dem Feld entstanden, erfordert Überwindung, gelinde gesagt. Doch es hängt schließlich ab von der Perspektive, die man einzunehmen in der Lage ist, von einer Flexibilität und einer Anerkennung der vorgegebenen Bedingungen, die sich dem eigenen Einfluss entziehen. Wird diese Wende absolviert, kann die so oft gepriesene Offenheit der weichen Methode schon im primären Zugang attestiert werden: Denn was auch als „serendipity pattern" (Merton 1968) bezeichnet werden kann, ist ein erheblicher Bestandteil im Verständnis der postpositivistischen Sozialforschung. „Serendipity" bezeichnet, so der deutsche Soziologe Heinz Bude, „die Entdeckung unvorhergesehener, unnormaler und unspezifischer Daten, die eine neue Sichtweise zwischenmenschlichen Handelns verlangen und eine andere Vorstellung des sozialen Universums mit sich bringen" (Bude 2015, S. 569). Dies entsteht aber nicht einfach von selbst und trägt sich dem Bewusstsein zu, sondern es braucht einen Akteur, einen Forscher, der sich dem Prozess selbst stellt, als Individuum zur Verfügung stellt „und damit die Routinen der paradigmatischen Komplexitätsreduktion überwindet" (ebd., S. 570). Es geht im Wesentlichen um das Finden eines Umganges mit Ungereimtheiten, Begrenzungen und Mehrdeutigkeit, und den Willen, Getrenntes nicht getrennt zu halten, sondern, bedarf es die Situation, eine Vermischung zuzulassen. Zugrunde sollte aber immer das Bestreben liegen, die „Erfahrung von Wahrheit" zum Ausdruck zu bringen und dabei, wenn nötig, über den „Kontrollbereich methodischer Legitimation" hinauszugehen. Was bedeutet dies aber nun für unsere veränderten Bedingungen im Feld, für die Entdeckung, dass geplantes Vorhaben nicht unbedingt das Ertragreichste oder Sinnvollste sein könnte? Das ist der Punkt, an dem die unvorhergesehene Wendung eintritt, an dem eine „neue Sichtweise" gefragt ist und durch diese die „Entdeckung" neuer und überraschender Daten möglich wird.

Es wurde schnell klar, dass die Sturmflut 1962 zwar ein prägendes Ereignis für die Halligbewohner war, aber die Erinnerung sich oft mit anderen Sturmfluterlebnissen vermischte und nicht abgegrenzt als solche erinnert wurde, sondern als Teil einer ganzen Erinnerungs-„Flut". Dieses gesonderte Datum wurde eher in einer Reihe anderer, ähnlicher Daten und Erlebnisse unter dem Aspekt des Selbstverständnisses eingereiht. Daraus ergab sich bald die Einsicht, dass für einen Außenstehenden eine Sturmflut mit den Ausmaßen von 1962 schnell ein Ereignis darstellen konnte, das in seinem vorgefertigten, naiven Verständnis im Gedächtnis und der Mentalität der betroffenen Bevölkerung abgegrenzt und klar hervortreten müsse; die eigentliche Wahrnehmung der betroffenen Bevölkerung hat aber damit wenig zu tun – darin zeichnete sich schon sehr früh in der Feldforschung ein Unterschied zur nordfriesischen Bevölkerung auf Inseln und Festland ab – und war auch mit ein Auslöser, warum die anfängliche Schwierigkeit bestand. Durch das erfolgreiche Erkennen und Anpassen war die unvorhergesehene Wende möglich, wenn auch der Ausgang oder das Ziel unklar und fraglich blieb. Bude schreibt dazu sehr treffend:

> „Es gehört daher zur Kunst der Wissenschaft, Zufälle nutzen und Unentscheidbarkeiten ertragen zu können. Wer sich von der Wissenschaft nur die Sicherheit von Methoden und die Gewissheit von Begründungen erwartet, bringt sich von vornherein um den Reiz der Forschung, der da beginnt, wo man mit Methodengehorsam und Begründungsidealität nicht mehr weiterkommt" (ebd., S. 571).

Damit ist der Boden der Abduktion betreten. Auch schon davor wurde zwar hauptsächlich auf der Vermutung aufgebaut, das etwas der Fall sein könnte; unter den neuen Bedingungen sollte aber ganz gewiss ohne Vorannahmen, nur mit einer Idee, ein fremdes Phänomen versucht werden zu ergründen und zu verstehen. Wie sich in diesem Augenblick weniger eine Hypothese als vielmehr ein Entwurf in sehr unklaren und durchsichtigen Umrissen, kaum erkennbar, bildet, beschreibt Peirce schon vor einem knappen halben Jahrhundert:

> „Der abduktive Schluss kommt wie ein Blitz. Es ist ein Akt der Einsicht, obwohl extrem fehlbarer Einsicht. Zwar waren die verschiedenen Elemente der Hypothese schon vorher in unserem Verstande vorhanden; aber erst die Idee, das zusammenzubringen, welches zusammenzubringen wir uns vorher nicht hätten träumen lassen, lässt die neu eingegebene Vermutung vor unserem Auge aufblitzen" (Peirce 1970, S. 366).

So dramatisch wollen wir es in diesem Fall vielleicht nicht gerade meinen, denn so weit entfernt war die These einer abgesonderten 1962er Sturmfluterinnerung von einer allgemeineren Sturmflut*wahrnehmung* im Besonderen, aber vor allem im Allgemeinen, nun auch wieder nicht. Wohl aber treffend ist die Beschreibung als Blitz, als Einsicht im Sinne eines plötzlich auftretenden Gedankens, der nicht unbedingt absolut dem Bewusstsein zugänglich ist, eher im Hintergrund eine gestaltlose Idee darstellt. So verhielt es sich auch mit dem Gedanken zur undurchführbaren, weil mit dem Feld nicht abgestimmten Ausgangsposition und dem leisen Aufkommen einer entfernten Ahnung, dass es sich bei diesem Thema und dieser Realität des Halliglebens anders verhält. Dabei muss jedoch erneut betont werden, dass sich der Zugang in der Theorie nachvollziehbar, gewinnbringend und zu neuen Aufschlüssen geeignet präsentiert, in der Praxis oder im Feld der Überblick jedoch oft fehlt. Das Aufgeben einer zugrundeliegenden Annahme – einer der wenigen Sicherheiten in einer fremden Umgebung – stellt nicht nur den eigenen Selbstwert in Frage, sondern kann auch schnell zu Frustration und Entmutigung führen. Es ist daher nicht immer einfach, die Situation lediglich durchzuhalten und darauf zu vertrauen, dass der Blick „von innen" wertvolles Material liefert und durch Aufzeichnungen und Reflexion wesentlich zur Feldforschung beiträgt; der spätere Blick „von außen" vermag jedoch aus den Zerwürfnissen und Ahnungen, Irrwegen und neuen Entdeckungen ein Mosaikbild zusammenzusetzen. Und erst aus diesem Zusammensetzen individueller Bausteine wird verständlich, dass

> „die Ergebnisse qualitativer Forschungen [...] daher keine generellen Theorien mit dem Anspruch auf universelle Gültigkeit, universelle Anwendbarkeit und universelle Relevanz, sondern kontextualistische Erklärungen, die von befristeter Gültigkeit, von lokaler Anwendbarkeit und von perspektivischer Relevanz sind. [...] Es handelt sich um eine Form, die die Aufmerksamkeit auf das Komplexe, Zeitliche und Instabile des sozialen Universums lenkt und sich damit vom cartesianischen Ideal der Trennung weg und zum heraklidischen der Transformation hinbewegt" (Bude 2015, S. 576).

Insofern stellt die qualitative Forschungsarbeit als offene Feldforschung und die doppelte Bewegung des abduktiven Schlusses als fortwährendes, kreisförmiges Beziehen des Außen auf das Innen und des Innen auf das Außen (vergleichbar mit dem hermeneutischen Zirkel) eine Parallele dar zur psychoanalytischen Arbeit, wie sie Sigmund Freud beschreibt, und die in einer bestimmten Mentalität des Forschers oder Analytikers resultiert:

> „Die Psychoanalyse ist kein System wie die philosophischen, das von einigen scharf definierten Grundbegriffen ausgeht, mit diesen das Weltganze zu erfassen sucht, und dann, einmal fertig gemacht, keinen Raum mehr hat für neue Funde und bessere Einsichten. Sie haftet vielmehr an den Tatsachen ihres Arbeitsgebietes, sucht die nächsten Probleme der Beobachtung zu lösen, tastet sich in der Erfahrung weiter, ist immer unfertig, immer bereit ihre Lehren zurechtzurücken oder abzuändern. Sie verträgt es [...], dass ihre obersten Begriffe unklar, ihre Voraussetzungen vorläufige sind, und erwartet eine schärfere Bestimmung derselben von zukünftiger Arbeit" (Freud 1923/1998, S. 229).

Bezogen auf die zu Beginn der Arbeit postulierte Forschungsfrage sind nun, bereits relativ früh im Prozess der Erhebung und durch das Haften an den Tatsachen des Arbeitsgebietes, Änderungen durchzuführen zugunsten der „besseren Einsichten". Der konkrete Verweis zur Untersuchung der Sturmflut vom 16./17. Februar 1962 in Zusammenhang mit dem Katastrophenerleben wird ersetzt durch die Annahme eines allgemeinen Katastrophenerlebens. Das kann nicht im Besonderen auf diese Sturmflut bezogen untersucht werden, sondern nur eingebettet in den schon zur Mentalität, zum Alltagsleben und zum Umgang gehörenden allgemeinen

Erfahren und Auffassen dieser Naturereignisse. Daran wird durch eine tatsächliche Gegebenheit anschaulich, wie der Schritt vom Allgemeinen der Katastrophenforschung zum Besonderen der ausgewählten Sturmflut von 1962 zu Beginn getan wird, doch durch die korrektive Einflussnahme des Feldes die Bewegung sich schließt. Es muss erkannt werden, dass das auserwählte Besondere nur im allgemeinen Ganzen geschaut werden kann. Damit kommen wir aber wiederum zu einem Besonderen – nämlich zum individuellen Leben und Erleben einer Katastrophenkultur.

4 Wie Katastrophen zugleich existieren und nicht existieren können

4.1 Vulnerabilität als vorausgesetzte Dimension

Um das Erleben und Einordnen einer Katastrophe von einer spezifischen Bevölkerungsgruppe durch die vielfältige kulturelle Bezogenheit überhaupt erfassen zu können, muss ein Grundverständnis für die sehr unterschiedliche Verletzlichkeit der Menschen generiert werden. Denn davon wird in weiterer Folge abhängen, wie das Naturereignis beurteilt und ob es in die eigene Lebenswelt integriert wird oder nicht. Das unbestimmte Phänomen der Katastrophe mit fließenden Grenzen wird dann erst bewertet und verstanden werden können, wenn der Kontext, der kulturelle Hintergrund, in dem es sich ereignet, mitbeachtet wird. Und eine solche Bewertung sollte ein Ziel der Katastrophenforschung sein (vgl. Voss 2009, S. 107), um im großen Zusammenhang Wissen und Einschätzungsvermögen zur Ressourcengenerierung und effizienten Anwendung zu sammeln. Grundlage, um so ein Verständnis durch das Einbeziehen betroffener und potenziell betroffener Menschen im Sinne der Katastrophenforschung zu erlangen und zu erweitern, ist die jeweils unterschiedliche Vulnerabilität. Durch diesen Unterschied wird das spätere Ergebnis maßgeblich beeinflusst, um nicht zu sagen, überhaupt getragen und bedingt.

Ein integrativer Ansatz zur Einschätzung der Vulnerabilität einer Bezugseinheit, also einer Bevölkerungsgruppe im Verhältnis zu einem Risiko, soll die vielen Faktoren vereinen, die sich in der Komplexität katastrophaler Prozesse miteinander verbinden. Legt man Wert auf eine genaue Ausdrucksweise, werden Prozesse eigentlich erst durch die Vulnerabilität katastrophal. Martin Voss befasst sich genauer mit diesem integrativen Ansatz und weist darauf hin, dass es vor allem auch darauf ankommt, die untersuchte Bevölkerung als „Experten ihres Alltags" zu behandeln und den Rahmen der Forschung immer offen zu lassen für ganz unvorhergesehene Aspekte, die gegenüber den eigenen als wichtiger erachtet werden sollten. In der gegenwärtigen wissenschaftlichen Vulnerabilitätsforschung geht es um unterschiedliche räumliche und gesellschaftliche Bezugseinheiten, unterschiedliche Ökosysteme und unterschiedliche Risiken, denen diese Bezugseinheiten ausgesetzt sind. Einen grundlegenden Unterschied gibt es jedoch in der Frage nach der vorrangigen Kennzeichnung von Vulnerabilität und dem einheitlichen Fokus der Risiken. Es können mehrere Positionen voneinander abgegrenzt werden, so z.B. der Risk-Hazard-Approach oder der Social-Vulnerability-Approach, die unterschiedlichen Definitionen nachgehen und unterschiedliche Relationen zwischen den Risiken und den Bezugseinheiten herstellen (vgl. Voss 2009, S. 108f.; Yamin et al. 2005, S. 5). Darauf soll aber hier nicht näher eingegangen werden, da wir uns hauptsächlich dem integrativen Ansatz widmen, in dem verschiedene Komponenten ohnehin zusammenkommen, um ein Rahmenkonzept zu formen. Nach Turner et al. wird Vulnerabilität dabei als Ausmaß bezeichnet, „to which a system, subsystem, or system component is likely to experience harm due to exposure to a hazard, either a perturbation or stress/stressor" (Turner et al. 2003, S. 8074). Nach dieser Definition sind Naturgefahren wie Stürme, Fluten, Beben oder Vulkanausbrüche nur mehr Elemente unter anderen Elementen, denn es

> „löst sich zugleich der Katastrophenbegriff im Rahmen einer integrativen Vulnerabilitätsanalyse aus der engen Koppelung an ‚extreme Naturgewalten', auf Kosten analytischer Trennschärfe, aber zugunsten der Überwindung von Reduktionismen" (Voss 2009, S. 110).

Katastrophen werden dadurch zu einer nachträglichen Indikation für die Verletzlichkeit einer Bevölkerung oder, anders gesagt, zur „Realfalsifikation" (Dombrowsky 2004, S. 183) gesellschaftlicher Ordnungen. Darunter wird die in der Praxis erfahrene Ungültigkeit einer Theorie über die Beschaffenheit der Welt verstanden. Eine einfache Kausalrelation zwischen einzelnen Elementen rückt dadurch im Vulnerabilitätsverständnis in immer weitere Ferne und wird abgelöst durch die Komplexität und Überlagerung, die Mehrdeutigkeit, Unschärfe und Mehrdimensionalität zu Folge haben (vgl. Voss 2009, S. 110f.).

Im integrativen Rahmenkonzept der Vulnerabilität können mehrere, genauer gesagt vier Elemente voneinander abgegrenzt werden: 1. die Bezugseinheit, also auf welches System die Analyse fokussiert, 2. die Exposition bzw. der Hazard, die Anpassungsfähigkeit der Bezugseinheit auf Störungen, 3. die gesellschafts- und Umweltbedingungen z.B. welche Einflussgrößen in Gesellschaften bestehen, und 4. die Resilienz. Mit Resilienz sind hier Charakteristiken einer Bezugseinheit gemeint, die eine geringere Anfälligkeit für Katastrophengeschehen zur Folge haben. Eingegangen werden soll in diesem Rahmen aber nur kurz auf die Resilienz, um dann an praktischen Beispielen weiter zu arbeiten. Eine generelle Annahme dazu postuliert Voss, indem er aufzeigt, dass ein System

> „dann resilienter ist, wenn es (kognitiv, habituell, biophysisch usw.) flexibel auf Veränderungen in sich selbst und in seiner Umwelt reagieren kann. Diese Flexibilität bzw. Anpassungsfähigkeit wird u.a. vom Grad der Abhängigkeit von sozialen und natürlichen Ressourcen beeinflusst" (ebd., S. 117).

Nun können drei Einflussgrößen unterschieden werden, die Resilienz im hier postulierten Bezug zur Vulnerabilität ausmachen. In der Literatur finden sich verschiedene Interpretationen vor allem zu den beiden Ansätzen „Adaptive Capacity" und „Coping Capacity" (vgl. z.B. Adger 2006; Davies 1996), der dritte Ansatz, „Participative Capacity", wird von Voss (2009) ergänzt. Um einen einheitlichen Ausgangspunkt zu gewährleisten, soll im Folgenden kurz auf diese eigegangen werden. „Adaptive Capacity" beschreibt die Fähigkeit zur Strukturanpassung, die durch bewusste Lernprozesse bedingt sein kann, also aktiv-reflexiv ist, oder, viel häufiger, durch Versuch und Irrtum. Das kann im Kleinen, im alltäglichen Leben, ebenso beobachtet werden, in Form eines „muddling through" (Lindblom 1959), wie in der Evolution. Ist diese Flexibilität aber limitiert, werden beispielsweise erfolgreiche Strategien der Problemlösung ubiquitär eingesetzt, auch wenn sie schon überholt und nicht mehr effektiv wirksam sind; durch die vermeintliche Problemlösung wird dann noch eine Zeit lang das eigentliche Problem im Voraus festgelegt bzw. aus dieser Sichtweise heraus bestimmt (vgl. Dombrowsky 1996). Die „Coping Capacity" andererseits meint alle Arten der produktiven Verarbeitungsformen, die sich aber nicht nur nach Krisen- oder Katastrophenerleben herausentwickeln, sondern prinzipiell in bzw. nach jeder Situation von größerem Stress. Damit werden belastende, außergewöhnliche Situationen allgemein erträglicher und können an die vertrauten, bekannten Abläufe des Alltags angeschlossen, in die bestehende Ordnung eingereiht werden. Dazu zählen soziale Vernetzungen zur Generierung von Halt und Perspektiven ebenso wie Rituale und Bräuche, die unsicher gewordene Vorstellungen von Normalität wieder festigen. Auch Religion zählt zu den Coping-Strategien, indem sie Unbegreifliches erklärbar macht und den fehlenden Sinn stiften kann. Voss sieht darin eine gewichtige Relevanz: „Für die Vulnerabilitätsforschung sind Coping-Strategien von ganz außerordentlicher Bedeutung, sie zwingen zu einer kulturspezifischen Bewertung vermeintlich objektiver Risiken" (Voss 2009, S. 119). Auf der Insel Java in Indonesien z.B. wird der Glaube vertreten, dass den Todesopfern nach einem Vulkanausbruch ein besonderer Stellenwert zukommt, da sie vom Vulkan Merapi als Hochzeitsgäste zu sich gerufen werden (Schlehe 1996). Erst durch das Einbeziehen solcher Verarbeitungsmodelle und Sinnzuschreibungen kann in weiterer Folge die Vulnerabilität ermessen werden. Eine durchwegs komplexe Abschätzung des Verhältnisses von Vorteilen durch Verbleib in der Gefahrenzone und der Möglichkeit eines Verlusts von Hab und Gut oder dem Leben, wird unabdingbar. Martin Voss beschreibt nun eine weitere, dritte Fähigkeit der Komponente Resilienz im Vulnerabilitätsansatz: die „Participative Capacity" (vgl. zur Participative Capacity ausführlicher Voss 2008). Damit wird das Vermögen einer Bezugseinheit bezeichnet, auf das Katastrophengeschehen aktiv Einfluss zu haben, also zumindest die Möglichkeit, irgendeine Art des Einflusses darauf nehmen zu können. Voss sieht darin vor allem das aktive Einfluss-Nehmen durch Kommunikation,

> „denn wer seine eigene Problemsicht, die, wie gesagt, je nach Lebenslage und Kontext sehr unterschiedlich ausfallen kann, auch zur Sprache bringen kann, erhöht damit die Chance, dass seine Probleme auch Gehör finden und er letztlich sogar Unterstützung erhält, dass er also andere für seine Bedürfnisse mobilisieren kann" (Voss 2009, S. 118).

Ihm geht es dabei um die besondere Rolle der Sprache, der Art und Weise des Ausdrucks, und der Gewichtung von Sachargumenten gegenüber moralischen Argumenten. Dadurch entstehen vielen Kulturen, deren Sprachgebrauch sich z.B. durch Metaphern oder Gesten auszeichnet, ein enormer Nachteil durch unzureichende Sinnübersetzung und Verständlichkeit für die Sprachformen z.B. internationaler Organisationen.

> „Wem das nicht gelingt, dessen Participative Capacity ist gering, mit der Konsequenz, dass andere ihre Interessen durchsetzen, die eigenen aber ungehört bleiben und die eigene Position im Verhältnis zu anderen schwächer wird. Man wird zunehmend marginalisiert und so erhöht die fehlende Participative Capacity die Vulnerabilität sukzessive" (ebd.).

Dies ist ohne Zweifel ein wichtiger Punkt, und im Weitesten mag das zutreffen, da es bei Kommunikation auch sehr stark um das Lukrieren finanzieller Mittel und Unterstützung geht, die für Veränderungen und Verbesserungen oftmals nötig sind. Das aktive Einfluss-Nehmen muss aber ebenso die persönlichen und/oder gesellschaftlichen Ressourcen und Fähigkeiten miteinbeziehen, die schon zu Zeiten, als noch nicht zum Beispiel die Vereinten Nationen oder staatliche Subventionierungen für die Unterstützung aufkamen, eine „Participative Capacity" ausmachten.

Diese verschiedenen Kapazitäten als spezielle Perspektiven der Resilienz, die wiederum nur eine unter mehreren Einflussgrößen der Vulnerabilität sind, führen vor Augen, wie umfangreich und aufwendig eine umfassende Vulnerabilitätsanalyse sein würde. Sie bestehen aus vielschichtigen, komplexen Verstrickungen und Einflussnahmen aufeinander, ganz zu schweigen von der beinahe unüberschaubaren Menge an Faktoren, die in die Analyse einer einzigen dieser Kapazitäten einbezogen werden können (müssen). In der Forschungspraxis wird eine solche Komplexität meist nicht erschöpfend empirisch herausgearbeitet werden können. Das liegt an einem Mangel an zeitlichen, Personal- oder diese beiden bedingenden finanziellen Ressourcen, die für eine solche Unternehmung aufzuwenden wären. Damit würde man sich in eine politische Diskussion begeben, die die Frage aufwirft, wie viel finanzielle Mittel in die Erforschung von Katastrophenprävention – nämlich jene Faktoren, wie und warum es überhaupt zu Katastrophen kommt und wodurch Gesellschaften ihre Vulnerabilität kontrollieren bzw. beeinflussen können – investiert werden wollen. Da man es aber eher mit finanzierungsbedingten Einschränkungen der Forschung zu tun hat, belaufen sich die Möglichkeiten auf eng gefasste Untersuchungen und beschränkte Analysen. Nichtsdestotrotz stellt der integrative Rahmen in seiner Komplexität ein Modell dar, welches, beziehen die Studien trotz der Begrenzungen und Verkürzungen diesen mit ein, aus sozusagen einzelnen „Fokusstudien" einen Gesamteindruck generieren kann. Denn „ohne eine Zusammenschau der auf diesem Planeten bestehenden Vulnerabilitäten können wir die Ergebnisse einzelner Analysen überhaupt nicht sinnvoll bewerten" (ebd., S. 119). Möglicherweise im Einzelnen nichtssagende Hinweise auf bestimmte Sachverhalte können durch den integrativen Vulnerabilitätsansatz herausgearbeitet, identifiziert, gewichtet und gewertet und damit in Beziehung zueinander gesetzt werden, wodurch eine relevante Bedeutungszuschreibung erst möglich wird. In weiterer Folge erhöht sich damit auch die „Participative Capacity" durch die Möglichkeit, das in der Wissenschaft Eruierte in der Praxis anzuwenden und in den Prozess der eigenen Betroffenheit aktiv einzubringen. Dadurch ist der integrative Vulnerabilitätsansatz selbst ein Beitrag zur „Participative Capacity" (vgl. ebd., S. 120).

4.2 Jedem seine Katastrophe – Langeness

Mit dieser bedingenden und grundlegenden Theoriebildung zur Verletzlichkeit der Menschen ist das Fundament gelegt, auf dem das Erleben und Einordnen des Katastrophengeschehens der Halligbewohner genauer beleuchtet werden kann. Und obgleich es sich um eine kleine Bevölkerungsgruppe auf einer bzw. zwei kleinen Inseln (Thomas Steensen 2016, S. 10 führt aus, dass und warum Halligen sehr wohl als Inseln bezeichnet werden können!) in der Nordsee handelt, wird die Wichtigkeit des kulturellen Hintergrundes, der kulturellen Einbettung und Bezogenheit eines jeden Einzelnen bei der Beschreibung des individuellen Erlebens deutlich. Es ist also bei weitem noch nicht ausreichend, räumliche, zeitliche und kulturelle Differenzierungen vorzunehmen bei der Analyse von Katastrophen. Selbst innerhalb *einer* Raum-, Zeit- und Kulturdimension kann und muss weiter unterschieden werden. Das ist auch der Bereich, in dem die Ebene der Kultur- und Sozialwissenschaften mit dem Blick auf die Gruppe und die Gesellschaft ergänzt wird durch die Tiefenpsychologie. Nur durch ein genaues Hinsehen und Ausdifferenzieren, auch auf individueller Ebene, für das natürlich ein Einbeziehen des Systems und dessen Dynamik grundlegend ist, wird dem Anspruch einer detaillierten, den Einzelfall nicht benachteiligenden Analyse Rechnung getragen. Der Fokus liegt also hierbei sowohl auf der Gruppe als auch den jeweiligen Individuen dieser Gruppe. Die Bezugseinheit umfasst in anderen Worten die Gemeinschaft der Halligbewohner, im Speziellen jene von Langeness und Oland, und zoomt auf die nächste Bezugseinheit, die einzelnen Mitglieder dieser Gemeinschaft. Das ist deswegen notwendig, weil die Spezifizierung von Raum, Zeit und Kultur und das Verständnis der Gesellschaft unter diesen Aspekten Voraussetzung für den fokussierenden Blick auf das Individuum ist und von diesem fokussierten Blick im Besonderen wieder rückgeschlossen werden kann auf die Gesellschaft im Allgemeinen, was das Verständnis um wichtige Facetten erweitern kann. Im Folgenden widmen wir uns nun in diesem Sinne den individuellen Erlebnissen, Assoziationen und Einordnungen von Sturmfluten der Bewohner von Langeness.

4.2.1 Bente Jensen – Die Besonderheiten der Hallig. Anpassung und Sicherheit im ewig Unsicheren

Auch wenn Herr Jensen im Jahr 1962 noch nicht auf der Welt war um die Sturmflut miterlebt zu haben, gibt es doch einige andere Sturmfluten, die der Gebürtige

Langenesser noch aus seiner Erinnerung schöpfen kann. Es sind nämlich im Laufe seines Lebens eigentlich fast genauso viele Sturmfluten gewesen, wie sein Vater und sein Großvater auch miterlebt hatten:

> „Mein Vater hat eine mehr mitgemacht wie ich in seinem Leben, die 62er. […] Und ich habe nun mittlerweile 76 zwei, 81 die und 90 die, die wir im Haus hatten. Ich habe vier. Mit 40 Jahren. Zu dem Zeitpunkt da war ich ungefähr 20 dann also. Vater ist 65, hat eine mehr mitgemacht, und mein Großvater ist 96 geworden und hat auch noch eine mehr mit –, also das ist, das hat sich schon ein bisschen intensiviert" (Jensen, Bente 2014, S. 10).

Abb. 11: Sturmflut auf den Halligen, Johannes Gehrs 1880

Auch wenn er von der einen Flut, um die es anfänglich beim Interview geht, nicht direkt aus der eigenen Erinnerung erzählen kann, so ist doch fast kein Unterschied zwischen seiner Erfahrung und jener bis zwei Generationen vor ihm. Es wirkt beinahe wie eine Rechtfertigung und wie ein Versuch, das Fehlende wettzumachen und das eigene Wissen als mindestens gleichwertig darzustellen. Abgesehen davon bekräftigt das die These, dass es sich um ein Sturmfluterleben im Allgemeinen handelt, vielmehr als um ein konkretes Ereignis, das, wenn direkt danach gefragt, sich meist ohnehin in einen Erinnerungsfluss einfügt, in dem die Grenzen zwischen den einzelnen Sturmfluten nicht eindeutig voneinander unterschieden sind, wie man im Laufe der Sturmfluterinnerungen noch sehen wird.

Obwohl das Thema zuvor gerade bei den Sturmfluten angekommen war und die Erinnerungen sich schon seit einigen Wortmeldungen auf diese bezogen, gab es ganz unvermittelt eine kurze Verwirrung im Interviewprozess:

AJ: Und wie war das für Sie früher oder für dich früher, diese Sturmfluten mitzuerleben, wie hast du das erlebt?
BJ: Wir sprechen jetzt von Sturmfluten oder von Landunter?
AJ: Von Sturmfluten.
BJ: Also Landunter sind ja die ganz normalen, die mit einem Meter. (Jensen, Bente 2014, S. 4)

Wie es scheint, beginnt Herrn Jensens Gedankengang mit Landunter, da hilft kein Nachfragen und Versichern und Abklären. Es besteht wohl eine kaum zu lösende Verknüpfung dieser beiden Phänomene. Der erste Eindruck, wenn das Wasser in den Wintermonaten auf Langeness steigt, ist für Herrn Jensen nicht in erster Linie eine Bedrohung, sondern etwas Beeindruckendes. Das war schon immer so, auch als Kind, als dieses besondere Phänomen noch ganz andere Vorteile brachte wie einige Tage schulfrei, langes Aufbleiben am Abend und spannendes Schwemmgut an der Warft, das immer gebraucht werden konnte. Die Sturmfluterinnerung beginnt folgendermaßen:

„Landunter ist was ganz Tolles. Also ich finde es immer noch, immer toll, ich finde es, faszinierend ist der falsche Ausdruck, aber es ist immer ganz toll anzusehen, wenn das Wasser so über das Land kommt. Es kommt immer anders, es kommt manchmal da, manchmal da. Das hat man als Kind auch schon gern gemocht" (Jensen, Bente 2014, S. 4).

Es ist eine durchaus positive Auffassung eines Ereignisses, bei dem die Land-Wasser-Grenze nicht nur leicht, sondern absolut überschritten wird. Herr Jensen erinnert sich sogar dezidiert an die Grenzüberschreitung, „wenn das Wasser so über das Land kommt", das aber statt eines Hereinbrechens eher wie ein Überfließen, ein Ineinandergreifen anmutet. Wenn eine Grenze in diesem Bild vorhanden ist, so ist sie nicht sichtbar und ganz gewiss nicht unantastbar, sondern fließend. Seit einigen Jahren ist aber eine kleine, niedrige Grenze vorhanden – ein Sommerdeich. Dieser ist vor allem dazu gedacht, das Land vor zu viel Wasser zu schützen, eine bessere Bewirtschaftung im Sommer zu ermöglichen und nicht immer gleich die gesamte Heuernte bei steigendem Meeresspiegel zunichtemachen zu lassen. Im Falle einer Sturmflut oder auch eines normalen Landunters im Winter kann dieser aber gar nichts ausrichten, im Gegenteil, er verhindert das reibungslose Ablaufen des Wassers und stört mehr als er nützt:

„'96 haben wir dann diesen Deich gekriegt da, wir sagen halt „Deich" dazu. Sollte der überlaufen, tja, dann steht das Wasser wie in einer Schüssel, dann haben wir es hier überall, in allen Häusern. Und dann länger als eine halbe Stunde. Weil, das Wasser kommt ja erst in das Haus rein, wenn der Höchststand erreicht ist, und dann ebbt das gleich wieder, und dann kann es ja gleich wieder raus, wenn man die Tür aufmacht […]. Aber jetzt mit dieser Schüssel, die wir haben, muss das natürlich auch erst draußen richtig erst geebbt haben, bevor es dann wieder rausschwappt. Deswegen wollen wir das nicht so gerne haben" (Jensen, Bente 2014, S. 6).

Dass die Langenesser „halt ‚Deich'" dazu sagen, impliziert schon, dass es sich wohl kaum um einen richtigen Deich handelt, mehr um eine niedrige Aufschüttung. Trotzdem hält diese Aufschüttung das Wasser, im Falle eines Hochwassers, in der Warft wie in einer Schüssel, verhindert das schnelle Ablaufen und erhöht dadurch den Schaden. Bevor das Wasser aus dem Haus und aus der Warft wieder vollkommen draußen ist, muss auch der Meeresspiegel vollkommen zurückgegangen sein, was viel länger dauert als der eigentliche Höchstwasserstand – die Zeit, die das Wasser sonst im Haus war. Wenn der Sommerdeich in den Interviews erwähnt wird, dann zumeist auch mit dieser Bewertung, die nicht unbedingt dessen Vorteil betont. Eventuell stellt er auch einfach ein Hindernis dar in der sonst so freien und entgrenzten Landschaft der Halligen, deren Bewohner eben keine klare Grenze zwischen Land und Meer gezogen haben und ihren Lebensstil, ihr Selbstverständnis, ihre Identifikation auch aus dieser Landschaftsprägung gewinnen. Dass es sich beim Umgang mit dem Meer und der Flut tatsächlich um eine früh entstandene Einstellung handelt, ergibt sich aus folgendem Sturmfluterleben:

> „Man hat auch als Kind so die Bedrohung von Sturmfluten, wirklichen Sturmfluten, nicht so gesehen. Ich habe '76 zwei mitgemacht, an einige Situationen darin kann ich mich erinnern. Ich weiß, dass meine Großeltern und meine Eltern im alten Friesenhaus waren und da die Möbel hochgestellt haben, Teppiche aufgerollt haben. Das Sofa wurde auf den Tisch gestellt, das wurde nicht in den zweiten Stock gebracht, das wurde auf den Tisch gestellt. Oder der Kühlschrank oder der Herd, die wurden dann da auf das Sofa rauf. War ein bisschen wackelig, aber es ging alles, es war ruhiges, war ja ruhiges Wasser dann halt da drinnen, ne. Das war '76. Dann weiß ich so ein paar Sachen dann, wie das Wasser zwischen den Häusern durchging und was so weggeschwommen ist von uns oder, einiges weiß man halt immer, ne. Man hat die Bedrohung aber wohl nicht so wahrgenommen, beziehungsweise, ‚ihr Kinder bleibt im Haus!', dann haben wir natürlich am Fenster geklebt dann, ne. '81 das gleiche noch mal. Da hat man dann schon mitgeholfen dann, die Sachen hochstellen. Museum leer räumen und so was dann. Da war das gleiche, das wiederholte sich da dann, das Schauspiel, ne. Dass das Wasser zwischen den Häusern durchlief, Fensterbankhöhe und ... Aber die Vorsichtsmaßnahmen waren die gleichen wie eh und je. Also der Tisch blieb auf dem Grund, der Teppich wurde erst aufgerollt, der Tisch blieb stehen, das Sofa kam da drauf, und der Herd kam da oben drauf dann, ne. Das waren die gleichen Vorsichtsmaßnahmen wie immer" (Jensen, Bente 2014, S. 5).

Die Erinnerungen sind klar und strukturiert, obwohl Herr Jensen zu dem Zeitpunkt der ersten Sturmfluten erst fünf Jahre alt war. Es läuft immer nach einem gewissen Muster ab, indem erst die ganzen Sachen zuerst von den Eltern und Großeltern, dann, wenn sie alt genug waren, auch mithilfe der Kinder, in Sicherheit gebracht wurden. Dass da nie ein Gefühl von Angst mitschwang, auch nicht als Kind, als dieses Erlebnis völlig neu und ungewohnt war, erklärt sich Herr Jensen folgendermaßen:

„Es war eine Ruhe innerhalb der Familie. Meine Großeltern wurden nicht hektisch, meine Eltern wurden nicht hektisch. [...] Und das überträgt sich auf die Kinder. Dann bricht in mir auch keine Hektik aus, wenn alle anderen ruhig sind, bricht in mir auch keine Hektik aus" (Jensen, Bente 2014, S. 5f.).

Im Gegenteil: Wenn schon längere Zeit sich keine Sturmflut mehr zugetragen hat, werden die Leute fast unruhig, vor allem die Älteren, denn nach einer gewissen Zeit wartet man schon regelrecht darauf, dass wieder eine kommt. Der Umgang mit Sturmfluten und Landunter ist auch in der Gegenwart ein ständiger Begleiter, und mit der Zeit ändert sich die kindlich-verklärte, romantisierte Sichtweise etwas bzw. weitet sich auf alle anderen Lebensbereiche aus, in denen mehr Verantwortung zu tragen und Lösungen zu finden sind. Es verhält sich beispielsweise mit dem Landunter ebenso unberechenbar wie mit den Sturmfluten – es gibt ein ganzes Jahr lang kein einziges, und dann alleine im Dezember 2012 zwölf oder 13 hintereinander. Vor allem der Umgang mit den landwirtschaftlichen Geräten muss täglich an die Möglichkeit einer Flut angepasst werden, ebenso wie die Heuernte oder das Mähen, das aufgrund der Plötzlichkeit und Unberechenbarkeit des Meeres nur schleppend und Stück für Stück erledigt werden kann. Aber dieser Umgang ist tief im Bewusstsein verankert, denn „wir leben mit den Fluten, wir richten uns danach, das ist alles danach ausgerichtet auf die Sturmfluten oder auf Landunter hier" (ebd., S. 8).

Anders verhält es sich nun mit den beiden letzten Sturmfluten und den dazugehörigen Orkanen Christian und Xaver, die im Oktober und Dezember des Jahres 2013 die Halligen heimsuchten:

„Xaver war ein ganz anderes Kaliber. Xaver war ein Wind wie der im Oktober, wie Christian auch, den wir hier nicht gekannt haben. Solche Windstärken haben wir hier noch nicht gehabt. Da können sich nicht mal die alten Leute dran erinnern" (ebd., S. 6).

Der Wasserstand war nicht das Bedrohliche, sondern der Wind, der die Wellen immer höher und höher trieb und ein Ausmaß erreichte, das auf den Halligen bis dahin nicht bekannt war. Es gab zwar kaum Schäden, lediglich kleinere Reparaturen am Dach, aber trotzdem wurden diese letzten Ereignisse als außergewöhnlich und deshalb besonders bedrohlich wahrgenommen, da sie mit unerwarteter und vor allem unbekannter Stärke einfielen. Es wird speziell betont, dass auch die älteren Leute so etwas noch nie erlebt hatten und dass dafür anscheinend keine geeigneten, bewährten Schutz- und Abwehrmaßnahmen getroffen werden konnten. Es handelt sich um ein Ereignis, gegen das die sonst so abgesicherten und angepassten Halligbewohner bis dato keine Vorkehrungen getroffen haben, und trotz des glimpflichen Ausganges wird es aus diesem Grund als besonders bedrohlich empfunden.

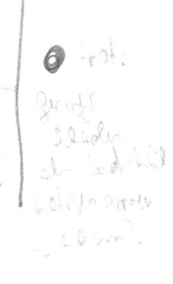

Wie bei den beiden Orkanfluten, so halten sich die Schäden auf Langeness auch bei den anderen Sturmfluten zumeist in Grenzen. Vor allem ein Unterschied wird hervorgehoben, nämlich der gegenüber den anderen betroffenen Regionen: „Wir haben hier lange nicht die Schäden gehabt wie auf den Inseln oder wie auf dem Festland. In Halligen ist lange, lange nicht so viel passiert", betont Herr Jensen und begründet diese Beobachtung einerseits mit der anderen Bauweise, denn „hier wird ja auch darauf geachtet, wenn man ein Dach deckt [...], also auf dem Festland wird jede dritte Pfanne geklammert oder so, hier macht man schon jede einzelne Pfanne fest" (ebd., S. 11), denn damit ist man besser an die Naturbedingungen angepasst. Auch in der restlichen Bauweise wird immer darauf geachtet, dass die Fenster nicht zu groß sind, das Glas nicht bis zum Fußboden reicht und dergleichen, um jeden Schwachpunkt zu vermeiden. Abgesehen davon gibt es natürlich schon eine ganz andere Voreinstellung der Menschen auf den Halligen, „da alle mit Sturm rechnen auch, liegt nicht so viel Kram herum, was fliegen kann oder was wegtreiben kann oder sonst irgendwas" (ebd., S. 11). Dazu kommt, dass jederzeit an noch besserem Schutz und noch passenderen Maßnahmen gefeilt wird, um sich an die immer etwas anderen Naturbedingungen bestmöglich anzupassen und darauf in der Absicherung einzugehen. Denn auch wenn der derzeitige Sturmflutschutz sehr gut ist und die Wassermassen in beinahe jedem Fall abhalten können sollte, ist – zumindest Herrn Jensen – sehr bewusst, dass es schneller als gedacht dazu kommen kann, dass dieser nicht mehr ausreicht und die Möglichkeit, dass der Ausnahmezustand eintritt, jederzeit gegeben ist. Auf die theoretische Sicherheit der bestehenden Schutzmaßnahmen kann man sich nur bedingt verlassen, denn „man glaubt nicht daran" (ebd., S. 12).

4.2.2 Hauke Hayen – Ambivalenz

Für Hauke Hayen ist die Sturmflut aus dem Jahr 1962 noch in lebhafter Erinnerung, auch wenn er nach seinen Angaben aufgrund der langen Zeit, die seitdem vergangen ist, nämlich 50 Jahre, nicht mehr alles so genau weiß. Schon am Tag davor gab es ein Landunter, und der starke Sturm nahm immer und immer weiter zu, bis schließlich am 16. Februar die Nachricht übers Radio ausgesendet wurde, dass eine schwere Sturmflut bevorsteht. Herr Hayen war zu dem Zeitpunkt 11 Jahre alt und besuchte noch die Schule auf Langeness, und auch für ihn waren seine Eltern der erste Anhaltspunkt im Angesicht der bevorstehenden Naturgewalt:

„Mein Vater der war vom Festland hierher eingeheiratet, meine Mutter war von der Hallig, meine Mutter war ganz cool und locker dabei, sagt, na komm, ah, das wird schon nicht so schlimm; Vater [...] der hatte Angst vor Wasser, und war auch, hatte sehr, sehr großen Respekt. Ist ja auch nicht schlimm. Jedenfalls war er auch gleich dabei, Sandsäcke voll zu machen, Schotten zu zimmern, die Türen zuzunageln, Teile hochstellen, die man kann, und meine Mutter sagte immer na no, bleib mal ganz ruhig, das wird vielleicht gar nicht so schlimm. Ja, scheißegal, sagt er, nachher geht das nicht, nu kriegen wir das nicht alles hin, ist der Strom vielleicht weg, und dann kriegen wir gar nichts mehr gebacken" (Hayen 2014, S. 1).

Hauke Hayens Mutter war auf der Hallig geboren und aufgewachsen und hatte von Anfang an einen entspannteren Umgang mit der bevorstehenden Sturmflut – ein Zugang, der schon hier, in den ersten Zeilen des Interviews, eine zwischen Hauke Hayen und seiner Mutter geteilte Einstellung verdeutlicht. Denn die Angst des vom Festland kommenden Vaters wird zwar wahrgenommen und gebilligt, aber eben auch nur gebilligt. Was sich jedoch anfangs als übertriebene Ängstlichkeit und Übervorsichtigkeit des Vaters abzuzeichnen schien, bestätigte sich bald als unerwartete Realität:

„Na jedenfalls hatte er gar nicht mal so unrecht, denn abends da ja ha! [lacht], abends, da kam dann auch diese Sturmflut, das Wasser stieg sehr schnell, und äh – ja ich weiß gar nicht mehr genau – wir hatten glaub ich um Mitternacht so Hochwasser, jedenfalls äh – war das äh – war die Hallig schon sehr schnell vollgelaufen, und das Wasser stieg sehr schnell, und das war kurz nach 8 oder so, und da klopfte das Wasser schon an die Tür, und da sagte Vater: Siehste, gut ich hab die Schotten schon vorgezimmert, ne, das war schon gar nicht so verkehrt. Also da musste Mutter dann ja auch zugeben, dass es schon ok war, aber dann musste man feststellen, dass diese Schotten auch nicht so sehr dicht waren, das war ja auch nur provisorisch; die hat man dann da so ein bisschen Sand dazwischen gekippt, und das wurde dann ein bisschen dichter, aber dann war ganz plötzlich das Wasser so weit gestiegen, dass die Fensterscheiben einschlugen. Und da war natürlich ein Umdenken nötig" (ebd., S. 1).

Zu Beginn dieses Absatzes bestätigte sich die Angst des Vaters, und die Sturmflut kam mit unerwarteter Schnelligkeit und Wucht an das Haus der Familie Hayen. Hier passiert der Umschwung von wissender, entspannter Coolness der Mutter, die aufgrund ihrer Erfahrung üblicherweise nicht nur reliable Verhaltensweisen und Einschätzungen zur Sicherheit gewährleisten konnte, sondern auch als zuverlässige Quelle für Schutz und Geborgenheit stand, hin zu einer Bestätigung der vom unwissenden Vater verbreiteten Angst und Gefahr. Durch die Erinnerung an diese Situation, in der der anscheinende Umschwung passierte bzw. bewusst wurde und die verlässliche, sichere Seite der Eltern plötzlich zu wackeln begann, ändert sich plötzlich die sonst so artikulierte Ausdrucksweise von Hauke Hayen. Zuerst ein relativ gepresstes Lachen, das mehr einem Ausdruck innerer Anspannung gleicht, in einem Moment, der inhaltlich nicht auf ein Lachen schließen lassen würde, sondern eher das Gefühl von Spannung und Bedrohung erweckt. Freud bemerkt in diesem Zusammenhang folgenden spannenden Bezug zum Unbewussten:

„Viele meiner neurotischen, in psychoanalytischer Behandlung stehenden Patienten pflegen regelmäßig durch ein Lachen zu bezeugen, daß es gelungen ist, ihrer bewußten Wahrnehmung das verhüllte Unbewußte getreulich zu zeigen, und sie lachen auch dann, wenn der Inhalt des Enthüllten es keineswegs rechtfertigen würde. Bedingung dafür ist allerdings, daß sie diesem Unbewußten nahe genug gekommen sind, um es zu erfassen" (Freud 1905/2012, S. 183, Anm. 1).

Das wirft die Frage auf, ob es sich hier um ein verhülltes Unbewusstes handeln könnte, das im Laufe des Erzählens näher an die Oberfläche, an die Wahrnehmung des Bewusstseins getreten ist, selbst wenn es, im Gegensatz zu Freuds analytischer Situation, nicht unbedingt ins Bewusstsein geholt werden soll. Auch Freud bemerkt kein Wechselverhältnis des Lachens zum Inhalt, jedoch die in diesem Moment, in dieser Aussage oder diesem Ausdruck bestehende Nähe zum Unbewussten. Nun ist ein Vergleich der beiden Situationen deshalb nicht abwegig, da es sich bei einem offenen, sehr unstrukturiert durchgeführten Interview, wie es in der hier vorliegenden Feldforschung praktiziert wurde, um eine Situation handelt, in der – ebenso wie in einer tiefenpsychologischen Psychotherapie – die freie Assoziation und somit das Unbewusste, das sich unter solchen Umständen leichter zu erkennen gibt, gefördert wird. Sehen wir uns zunächst weitere Elemente an, die den Erzählfluss stören und als Unregelmäßigkeiten auffallen.

In den anschließenden Sätzen bzw. Satzteilen kann ein weiteres Phänomen beobachtet werden: die wiederholte Unterbrechung des Gedanken- und Redeflusses durch mehrere „ähs", die mehr ein orientierungsloses Stammeln und Stocken sind als die für den Redner sonst übliche zusammenhängende und gute Ausdrucksweise. Betrachten wir also nochmal die Situation, in der sich Hauke Hayen als Kind bzw. in seiner Erinnerung befindet: Die zwei gegensätzlichen Positionen der Eltern in der Gefahrensituation lassen ihn sein Vertrauen erst in die erfahrene und unerschrockene Mutter legen, die mit solchen Situationen aufgrund ihrer Herkunft, die übrigens mit Hauke Hayens ident ist, fertigzuwerden weiß. Die Identifikation mit dieser Elternfigur fördert dieselben unerschrockenen Anteile im zwiegespaltenen Kind. Als die Gefahr jedoch akut wird, scheint der ängstliche, unsichere Vater Recht zu behalten und die Mutter die Situation falsch eingeschätzt zu haben. Für Hauke Hayen fällt damit der sichere Ankerpunkt um, oder zumindest wird er instabiler, und die eigenen Anteile von Angst, Panik, Ausgeliefertsein werden stärker. Im Nachhinein gesehen wird die Sturmflut aber überlebt, als Teil der eigenen Identität angenommen, in das Halliglebenintegriert und zugunsten einer psychischen Homöostase die potenzielle Gefahr zumindest im Alltag verdrängt, was sich an der positiven Besetzung des Lebens und des Lebensraumes durch Hauke Hayen zeigt. Durch diese Verdrängung aber bleiben die angstbesetzten Anteile im Unbewussten bestehen und schimmern gegebenenfalls, unter fördernden Umständen, leicht an die Oberfläche durch, wie es in jener Situation am transkribierten Text eindrucksvoll zutage tritt. Viel Zeit über solche Dinge nachzudenken bleibt jedoch nicht, denn jetzt fängt es erst richtig an:

> „Da hat Mutter gesagt: So, jetzt holt ihr euch mal alle ein Kopfkissen, und dann müsst ihr das Loch, erst mal die Scheibe zuhalten damit. Damit das Wasser da nicht rein kommt. Und wir immer so Kopfkissen davor und bei jeder Welle flogen wir als Kinder, ich hab noch einen Bruder, der war drei Jahre jünger, der hatte na-

türlich noch mehr Probleme, sein Kissen zu halten, und so flogen wir bei jeder Welle immer wieder zurück, und dann ging die nächste Scheibe schon kaputt, und dann die nächste Scheibe, und dann äh kam das Wasser volle Kanne aus dem Keller raus, da mussten wir feststellen, dass da unten das Kellerfenster gebrochen war, und das Wasser kam in einem Strahl von einem Meter Durchmesser, sag ich mal, voll aus dem Keller rausgeschossen, dass wir im null Komma nix bis zu den Knien erst mal im Wasser standen. Dann konntest du das mit den Kopfkissen auch schon vergessen, und in kurzer Zeit mussten wir feststellen, dass wir so unser Hab und Gut nicht retten konnten. Der Strom war inzwischen auch weg, da hatte Vater auch schon die richtige äh Nase gehabt und hat gesagt: Na wenn der Panzerkasten absäuft, dann geht das Licht aus. Und dann das war ja auch so. Hat dann kurz mal geknistert und gestunken, im Panzerkasten, und dann war die Sicherung raus, und wir standen im Dunkeln, und dann fummelst du da rum, mit ner Taschenlampe, es war richtig kalt, es war 16. Februar, wie gesagt, und das äh bringt dann auch nicht so viel Spaß. Bis Vater und Mutter sich dann kurzerhand entschlossen hatten, wir geben hier auf, unten, wir müssen auf den Heuboden" (Hayen 2014, S. 1).

In diesem Abschnitt wird der weitere Hergang der Sturmflut beschrieben, die Reihenfolge der Ereignisse, und was mit Fortschreiten der Wassergewalt zu tun war. Und auch hier blitzt, wenn man aufmerksam hinsieht, an drei Stellen ein „äh" auf: „und dann *äh* kam das Wasser volle Kanne aus dem Keller raus", „da hatte Vater auch schon die richtige *äh* Nase gehabt" und „das *äh* bringt dann auch nicht so viel Spaß". Das erste äh kommt in Zusammenhang mit dem Bruch des Kellerfensters, das eine Wasserfontäne aus dem Untergeschoss zur Folge hat, eine zusätzliche, verschärfte Gefahr also, indem die Wassergewalt nicht nur von draußen und oben in das sichere Haus einzudringen versucht, sondern nun auch von unten, aus dem sicheren Haus selbst heraus. Das stellt nun eine ganz andere Dimension von Bedrohung dar. Das zweite „äh" kommt in dem Moment, als abermals eingesehen werden muss, dass der Vater Recht hatte und somit die akute Bedrohung und die Angst gerechtfertigt waren. Und das dritte „äh" taucht auf im ersten Eingeständnis von Unwohlsein, dem Ausfallen von Strom und Licht, Kälte und einer enormen Unsicherheit. In allen drei Fällen lässt sich das zuvor aufgeworfene Muster weiter erkennen, nämlich jenes, in dem wahrscheinlich unbewusste, verdrängte Gefühle von Angst auftreten. Doch folgen wir weiter dem Verlauf der restlichen Nacht von Hauke Hayen und seiner Familie:

„Dann haben wir – hat Mutter eine Flasche Köm genommen, Brot, das noch trocken irgendwie auf dem Küchenschrank lag, und dann sind wir auf den Boden, Vater ist dann noch zwei-, dreimal runtergegangen [...]. Jedenfalls kam er nach kurzer Zeit auch wieder und sagte, ich kann da nichts mehr machen. Da steht jetzt schon über ein Meter Wasser im Haus, und ich kann da nicht mehr runter, das geht nicht. Das Vieh stand schon bis zum Bauch im Wasser und war grad so davor, flott zu werden, sag ich mal, ist aber grad noch gut gegangen. Ja, dann haben wir da oben im Heu gelegen, ich mit meinem Bruder im Arm, wir hatten auch schon ein Loch in Reetdach, das hatte sich schon gebildet, der ganze Dachstuhl der wackelte bei diesen Böen schon immer, und äh dann wusste jeder, na das kann auch jeden Moment zusammenbrechen, die ganze Kiste. Hat's aber nicht, es hat gehalten, und wir konnten den Mond durch dieses Loch immer so schön scheinen sehen. Schön ist natürlich relativ. Aber was wir auch sehen konnten, war die Gischt, von dieser anrollenden See, wir wohnen direkt hier am Ufer, die ging volle Kanne immer übers Haus. Da wird dir dann schon ein bisschen anders" (ebd., S. 1f.).

Abgesehen von einem neuerlichen „äh" in einer Situation, in der Hauke Hayen bewusst wurde, dass der Dachstuhl jeden Moment zusammenbrechen konnte wegen der extremen Windböen, ist die Gegenüberstellung des schönen Mondes, der durch das kaputte Reed-Dach von den Kindern betrachtet wurde, und der über das ganze Haus hinwegstäubenden Gischt, auffallend. Diese Beschreibung fängt ein Bild ein, das eine enorme Kraft und übermächtige Gewalt und gleichzeitig romantisch verklärte Mondschein-Idylle in einer Szene einfängt. Ein Bild, dem wohl nicht nur die Anteile der Eltern und ihrer unterschiedlichen Einstellungen zwischen Gelassenheit und Angst zugrunde liegen, sondern auch die dem Kind eigenen, ambivalenten, alternierenden Gefühle, trotz derer das seelische Gleichgewicht in dieser Lebensrealität erhalten werden muss. Eine eigene Diskussion über Angst oder Nicht-Angst soll an späterer Stelle wieder aufgegriffen werden. Wir fahren fort mit dem Ende der Nacht und der Sturmflut vom 16. Februar 1962:

„Naja. Es war so, und äh Vater hatte dann immer auf die Uhr geschaut, wann Hochwasser ist, damit das dann endlich mal aufhört zu steigen, und eine Stunde vor Hochwasser, da fiel ganz plötzlich das Wasser schon wieder. Da waren wir alle erstaunt, Vater, Mutter haben das natürlich am ehesten realisiert, wir waren ja im Heu eingemummelt, aber sie sagten: Das Wasser fällt schon wieder! Ja was ist denn jetzt los! Ne? Der Wind hatte nicht abgenommen oder wurde nicht weniger, das könnte man sonst darauf zurückführen, aber das war nicht so. Auf einmal fiel das Wasser, und dann haben wir Tage später rausgekriegt, dass am Festland, an der Festlandsküste, einige Deiche gebrochen waren. Da könnte man sich vorstellen, dass da dann eine Entlastung der Wassersäule aufgetreten ist, vielleicht, ne. Also dass das Wasser erst mal in die Köge gelaufen ist, und dann nicht so mehr die Halligen bedroht hat. Ich weiß nicht, ob das, ob das stimmt, jedenfalls haben wir es darauf zurückgeführt. Naja, und dann [...] sagte Mutter, sie hatte ja nicht umsonst die Flasche Köm mitgenommen, erst mal kriegt jeder einen Schluck Köm. Das wärmt, und das ist Medizin, und das ist für alles gut. O! Mein erster Schluck Köm in meinem Leben! [...] Jedenfalls mussten wir da alle einen Schluck von nehmen, das brannte, aber es wärmte, macht's wirklich, und dann sind wir so plopp, umgefallen und sind im Heu eingeschlafen, und gegen Morgen dann wieder wach geworden" (ebd., S. 2).

Erst am Morgen nach der Flut wurden die Schäden, die die Wassergewalt und der Sturm angerichtet hatten, ersichtlich, manches überhaupt erst nach einigen Tagen. Abgesehen von weggespültem Hab und Gut, zerstörten Ställen und Häusern, ertrunkenen Tieren, war vor allem das fehlende Trinkwasser für Mensch und Vieh eine besondere Schwierigkeit. Erste Hilfe kam in Gestalt eines Amrumer Reeders, der mit seinem Boot Wasser in einer aufgespannten Plane zu den Halligen transportierte. Klar wurde auch, dass nicht alle Schicksale in dieser Nacht so glimpflich verlaufen waren. Denn abgesehen von den vielen Todesopfern am Festland, ist auch ein junges Paar auf Langeness mit seinem Neugeborenen nur haarscharf am einbrechenden Dach eines Heudiemens dem Tod durch Ertrinken entgangen.

Dieses einschneidende Ereignis führte in weiterer Folge zu umfangreichen Strategien, die der Vorbeugung dienten, um Derartiges in Zukunft zu vermeiden. Aber auch zur Bewältigung trugen sie einen wesentlichen Teil bei, indem die eigene Ohnmacht gegenüber der Naturgewalt nicht hingenommen, sondern durch Handlungsstrategien die eigene Sicherheit aktiv erhalten und gestärkt werden konnte. In diesem Zusammenhang ist wiederum die Bauweise bzw. die Veränderungen in der Bauweise von vorrangiger Wichtigkeit: Schutzräume wurden zu diesem Zeitpunkt in jeden Neubau integriert, die aus Stahlbeton gegossen und tief in der Warft verankert jeder noch so starken Sturmflut trotzen sollten; die Häuser wurden höher gebaut, um in jedem Fall noch aus dem Wasser zu ragen, und darauf folgte die erste Warfterhöhung, um diese Häuser auch wieder sicherer in der Warft zu befestigen. Die Warftlinie wurde abgeflacht, um die Wucht der Nordsee schon etwas abzuschwächen, bevor sie die Häuser erreicht, und die Warfterhöhung wurde in den folgenden Jahrzehnten erneut in ganz anderem Ausmaß vorgenommen, da sich herausstellte, dass die erste nicht reichen würde. Dadurch ist laut Hayen die Sicherheit enorm gestiegen. Man sieht aber zum Beispiel an neueren, aktuellen Ereignissen,

> „dass es auch schon wieder die Grenze ist, es ist schon wieder rübergelaufen, ne, bei dem schweren Orkan, Xaver und Christian, wie sie hießen. Da lief das Wasser schon wieder rüber [über die Warft], und man muss feststellen, dass man also immer noch auf der Hut sein muss und auch wieder über Nachbesserungen nachdenken muss, ob die Warften vielleicht doch noch ein bisschen höher oder andere Wellenbrecher vorlagern muss oder was auch immer oder was man auch unternimmt, um noch mehr Sicherheit reinzukriegen" (Hayen 2014, S. 5).

Im Unterschied zur Sturmflut von 1962 ist die Sicherheit heute aber etwas größer: „Man sagt, ach komm, Leute, sind erst mal keine Lehmhäuser mehr, und die Warft ist höher gemacht, und die Häuser sind höher, so schlimm wird's ja wohl heute nicht werden" (ebd., S. 5). Diese Zuversicht, die Herr Hayen bezüglich der Bewältigbarkeit einer neuerlichen starken Sturmflut zeigt, ist jener seiner Mutter aus dem Jahre 1962 nicht nur sehr ähnlich, es handelt sich tatsächlich um beinahe dieselbe Formulierung: „[Sie] sagt na komm, ah, das wird schon nicht so schlimm [werden]" (ebd., S. 1). Hauke Hayen ersetzt in seiner eigenen Ausdrucksweise seine Mutter mit dem allgemeinen „man", mit dem er vermutlich die erfahrenen, wissenden und Sicherheit spendenden Halligbewohner wie seine Mutter meint, die seit jeher mit dieser Bedrohung umzugehen wissen und zu denen er mittlerweile auch sich selbst zählen kann. Ergänzt hat er diesen Ausdruck der Zuversicht gegenüber dem seiner Mutter aber durch „sind erst mal keine Lehmhäuser mehr, und die Warft ist höher gemacht, und die Häuser sind höher", was eine Untermauerung der Aussage mit Fakten, mit tatsächlich vorgenommenen Sicherungsmaßnahmen ist. Die Zuversicht, die mit aller Wahrscheinlichkeit durch Sozialisation und Identifikation, durch sein Elternhaus und seinen Lebensraum, geprägt wurde, wird also begründet, um das Gewicht und den Gehalt der Aussage auch im gegenwärtigen kritischen und faktischen Zeitalter glaubwürdig zu untermauern.

Eine Bestätigung seiner These sieht Herr Hayen darin, dass es ja auch diesmal wieder gut gegangen war. Man sollte sich aber deshalb in keiner trügerischen Sicherheit wiegen:

> „Man stellt fest, also, sicher ist man hier nie. Das kann immer passieren, dass das Wasser wieder ins Haus kommt, das kann man nie ausschließen. Aber da muss man mit leben, wenn man hier wohnt, glaub ich, da muss man, das muss man dann wohl irgendwann in Kauf nehmen" (ebd., S. 5).

Daher rührt auch der ständige, unaufhörliche Drang zu überlegen, was noch besser gemacht werden könnte, ob es sinnvollere Lösungsansätze oder einen effektiveren Umgang mit dem Meer gibt, und wie dies mit den Kreisen und dem Land kommuniziert werden soll, um entsprechende Unterstützung zu erhalten:

> „Diese Wünsche werden auch über die Gemeindevertretung und über den Bürgermeister oder über unsere Bürgermeisterin, die wir jetzt zurzeit haben, ja noch weiter an den Kreisen ans Land getragen, damit man sich auch da Gedanken macht, was sollte man in den nächsten Jahren noch machen für die Halligen" (ebd., S. 5).

4.2.3 Tade Behrends – Eine Strategie für alles. Über nonverbale Kommunikation

Bei Tade Behrends handelt es sich um einen Gesprächspartner, dessen Interview unter besonders interessanten Umständen zustande gekommen ist. Anfänglich war er einer jener zwei Personen auf Langeness, die ich auf Anraten meiner Vermieterin versuchte telefonisch zu erreichen, da diese die beiden einzigen waren, die noch in Frage kommen würden, doch er war trotz mehrmaliger Versuche auch für sie, als Einheimische, nicht erreichbar. Also versuchte ich, Herrn Behrends einige Male anzurufen, mindestens jedoch fünf-sechs Mal. Bei jedem einzelnen Versuch aber wurde die Leitung unterbrochen – eine Handlung, auf die durchaus geschlossen werden kann, denn es handelte sich nicht um langes Läuten ohne Antwort und nicht um ein Besetzt-Zeichen von Anfang an, ebenso um keine Weiterleitung an eine Mailbox oder um eine fehlerhafte Verbindung – es waren stattdessen immer unterschiedlich viele Tonsignale, zwischen eins und drei, und ein nachfolgendes Auflegen oder eben Wegdrücken, welches den Anruf beendet. Ich hatte die Möglichkeit auf ein Gespräch mit Tade Behrends bereits abgeschrieben, da ich mir schon beim zweiten oder dritten Anrufsversuch sehr aufdringlich vorkam und nach dem eindeutigen Misserfolg und dem eindeutigen Signal, dass keine Kontaktaufnahme wie auch immer erwünscht sei, keine plötzliche Änderung der Umstände oder der Bereitschaft, doch zu reden, erwartete. Einige Tage später, bei der seltenen Gelegenheit, mit jemandem auf der Hallig ins Gespräch zu kommen, sprach ich beim kleinen Halligmuseum mit einer jungen Frau über mein Forschungsvorhaben, die sich als zukünftige Schwiegertochter Tade Behrends entpuppte. Sie wollte mit ihrem Schwiegervater über mich und mein Anliegen sprechen, gab mir aber zu verstehen, dass ich keine Erwartungen haben sollte, da er generell nicht mit Menschen sprechen wolle, schon gar nicht mit einer Fremden oder über die Sturmflut. Er hatte diesbezüglich in der Vergangenheit alles abgelehnt und verweigert und sei einfach nicht der richtige Typ dazu. Zu meiner und wohl auch zu ihrer Überraschung gab mir aber am nächsten Tag meine Vermieterin Bescheid, dass Tade Behrends mich morgen um 9 Uhr auf seiner Warft erwarte.

Das Interview selbst dauerte lediglich sieben Minuten und beschränkte sich, so gut es ging, auf die nötigsten Antworten und die mindeste Kommunikation. Trotzdem können auch daraus Einsichten gewonnen werden, die abgesehen von dem konkreten Erleben der Sturmflut vor allem über die Person Auskunft geben, und das im Besonderen durch die Einbettung des eigentlichen Interviews in das Davor und Danach. Damit kommen wir in den Wirkungsbereich des Kontexts – der in seinen Anfängen auf Aussagen von Malinowski (1923, S. 146–152) zurückgeführt werden kann: Dieser fordert eine Auseinandersetzung mit Sprache, die, wenn sie sinnvoll verstanden werden soll, extralinguistische und situative Gegebenheiten miteinbezieht. Darauf baut eine interaktionale Soziolinguistik ebenso wie eine Ethnographie der Kommunikation, wobei Letztere unter Kontext „jede relevante Hintergrundinformation über Sprecher, Situation, Hintergrundwissen usw., die zu einem möglichst umfassenden Verständnis der sprachlichen Interaktion beiträgt" (Gruber 1994, S. 51), versteht. In der Enzyklopädie des Märchens wird jener in Bezug auf die volkstümliche Erzählüberlieferung so verstanden, „daß jede gültige Interpretation den ganzen kulturellen, sozialen und situationsbedingten Kontext zu untersuchen hat. Der Sinn eines Texts ist sein Sinn im Kontext" (Ben-Amos 1994, S. 219). Kontext kann aber ebenso als Negativdefinition verstanden werden: „Contextual information is always information that is identified in relation to something else that is the primary focus of our attention" (Schiffrin 1994, S. 363), also als all jenes, was nicht im Fokus unserer Aufmerksamkeit liegt, sondern außerhalb davon. Damit eröffnet sich aber ein schier unendliches Feld an Phänomenen:

> „Because any demarcation of a segment of an actually occurring interaction or occasion of language use as an object of analysis will necessarily leave some portion or aspect(s) of it unincluded, there will always and inescapably be something which can be claimed to be context for what has been focused on" (Schegloff 1992, S. 194).

Diese unüberschaubare Menge an kontextualen Elementen kann dadurch eingegrenzt werden, dass nur verständnisrelevante Teile den Kontext ausmachen. Dadurch befindet man sich aber unmittelbar in einer Tautologie, indem sich Kontext als Information versteht, durch die das Verstehen verbaler Äußerungen erst gesichert wird. Wie man sieht, eröffnet sich hier ein ebenso spannendes wie weites Feld theoretischer Überlegungen, denen hier aber nicht in vollem Umfang nachgegangen werden kann. Ein Leitgedanke zum Thema Kontext könnte jedoch sein, eine Verbindung herzustellen zu dem, was in der jeweiligen Situation vor sich geht, und die Bedeutung zu beachten, die dem Bezugsrahmen von der betreffenden Person gegeben wird:

> „If one is concerned what something in interaction was for its participants, then we must establish what sense of context was relevant to those participants ... And we must seek to ground that claim in the conduct of the participants; they show [...] what they take their relevant context and identities to be" (Schegloff 1992, S. 196).

Die Umstände dieses Interviews zeichnen sich durch einige Besonderheiten aus, die im Folgenden näher erläutert werden sollen. Ein paar Minuten vor neun Uhr, der vereinbarten Zeit, trete ich durch eine Hintertüre des Haupthauses auf Hilligenley, das gleichzeitig die Fähranlegestelle ist, ins Freie, wo ich laut Besitzer des kleinen Gasthauses Tade Behrends finden könne. Ich mache mich also auf die Suche und finde bald einen älteren Herrn, der im Freien steht und etwas herumräumt. Er sieht mich skeptisch an und sagt zuallererst in vorwurfsvollem Ton, dass er schon seit einer Weile auf mich warte. Dann führt er mich schweigend in ein etwas entfernt und abgesondert gelegenes, kleines, altes Gebäude ohne Fenster und mit einem hölzernen Tor. Es erinnert an eine Garage oder einen Stall, ein kleiner Schuppen mit bloßer Erde als Boden. Es ist stockdunkel, kein Tageslicht fällt herein, und das hölzerne Tor fällt durch den starken Wind und Regen an diesem Morgen immer wieder zu. Künstliches Licht gibt es keines. Als sich meine Augen nach einigen Sekunden an die Dunkelheit gewöhnen, erkenne ich einen kleinen Plastikstuhl in der Mitte des Schuppens, von der Größe her muss es ein Kinderstuhl sein. Abgesehen von diesem ist der gesamte Raum völlig ausgeräumt, alle Gegenstände, die üblicherweise dort sein würden, wurden entfernt. Dass es üblicherweise Gegenstände in diesem Raum geben musste, darauf ließen Haken und Halterungen an den Wänden schließen, Abnutzungsspuren im Holz, herumhängende Schnüre und Spuren von breiteren und schmäleren Reifen am Fußboden. Der verlorene einzelne Kinderstuhl in der Mitte des Raumes wirkte völlig fehl am Platz in einer irgendwie unwirklichen Umgebung. Tade Behrends bot mir den kleinen Stuhl an, die erste Äußerung seit der Kundgebung seiner Unzufriedenheit mit meinem Zeitmanagement zu Beginn. Nach kurzem Zögern meinerseits, da mich die Situation etwas stutzig machte und ich auf Anhieb nichts damit anzufangen wusste, bot ich ihm den Sitzplatz an, was er auch gleich annimmt. Ich hocke mich nach kurzem Überlegen, wie mit der eigenartigen Positionierung (ich stehe vor ihm, er sitzt auf einem Kinderstuhl inmitten eines leeren, dunklen Raumes) am besten umzugehen wäre, vor ihn hin auf den Boden. Er möchte wissen, wie ich jetzt hierher gekommen bin, und ist sehr überrascht und leicht schockiert, dass ich in diesem strömenden Regen und Wind mit dem Rad anscheinend über die ganze Hallig gefahren bin, da ich am anderen Ende von Langeness wohne. Mit dieser Antwort hatte er nicht gerechnet, und hier nimmt das kleine Spiel zwischen uns eine Wende. Obwohl Tade Behrends sehr wortkarg ist und seine Antworten nur das Allernötigste beinhalten, er von selbst kaum weiterredet oder zu erzählen beginnt und oft ein Schweigen entsteht, wirkt er plötzlich bemüht und versucht meine Fragen zumindest zu beantworten. Tade Behrends wurde auf Langeness geboren und lebt bis zum heutigen Tage hier, er ist mittlerweile 72 Jahre alt. Seine Erinnerungen an die Sturmflut von 1962 fasst er folgendermaßen zusammen: Sie saßen als Kinder beim Fernseher,

> „und dann kam der Nachbar rüber so OH! Das Wasser schon so hoch, wir müssen alles hoch machen und alles tun [...], und dann haben wir alles hoch gepackt und in die alten Häuser ist Wasser drin gewesen auch, nicht? [..] Das Höchste war da auf 1 Meter 20 im Haus so" (Behrends 2014, S. 1).

Besonders betont Herr Behrends, dass man in so einer Situation eigentlich die ganze Zeit damit zu tun hat, die Sachen aus dem Haus nach oben zu packen, also vor den Fluten und Wassermassen in Sicherheit zu bringen und für nichts anderes wirklich Zeit hat, auch oder schon gar nicht zum Nachdenken. Und außerdem gehört das Leben mit dem Meer und mit den regelmäßigen Überschwemmungen hier zum Alltag dazu:

> „Jo, das kenn wir nicht anders. Das kommt da im Radio, wenn ne Sturmflutwarnung so anderthalb Meter, bei einem Meter geht noch und denn rüber, und müssen schon die Tiere nach Hause holen. Tun wir hier auf die Warft rauf" (ebd., S. 2).

Trotzdem war die Sturmflut eine Herausforderung, und nicht alles war so gut und leicht, wie es jetzt den Anschein macht. Doch diesen schwierigen Aspekt erwähnt Tade Behrends nur ganz am Rande, und schwenkt auch sofort weiter zu dem, was in der nämlichen Situation getan werden konnte, ohne auf das Vorige weiter einzugehen:

> „Das ging so gar nicht gut beim Haus und kam so'n bisschen rein zur Tür da, ham wir, meine Schwester is da nur mehr Eimer ausgekippt und dann wieder raus da. Ja einige wollten gleich abhauen hier von der Hallig [...], ne wo 1 Meter 20 im Haus war" (ebd., S. 1).

Von all seinen Geschwistern war er der Einzige, der auf der Hallig bleiben wollte: „Wir waren elf Kinder. Und keiner wollte hier bleiben. Ich nur" (ebd., S. 2). Trotz beidseitiger Bemühungen geht uns nach sieben Minuten und einigen Schweigepausen endgültig der Gesprächsstoff aus, und ich schalte das Aufnahmegerät ab. Ich stehe aus meiner Hocke auf und Herr Behrends aus seinem Kinderstuhl, und als er die Türe des Schuppens öffnet, uns das Tageslicht blendet und Wind und

Regen ins Gesicht schlagen, fängt er völlig unvermittelt an, von Kindheitserinnerungen zu erzählen. Er berichtet davon, wie sie den Nachbarn als Kinder Streiche gespielt und in deren Häusern und Räumen gewühlt haben, was ihnen besondere Freude bereitete, und zur Strafe in einen dunklen Schuppen gesperrt wurden, um nichts mehr anrichten zu können. Es erheitert ihn sehr, und er lacht fröhlich, als er das erzählt. Ansonsten war aber alles ganz normal hier, betont er immer wieder, und die Sturmfluten waren nie Einschnitte für ihn, sie sind es jetzt nicht und sind es auch nie gewesen. Auch bei den „neueren" Orkanen und Fluten wie Xaver und Christian sei alles „ganz normal". Denn man habe ohnehin etwas zu tun, zu arbeiten, nämlich alles auszuräumen und wegzuschaffen, um es in Sicherheit zu bringen, und danach tue man ganz einfach nichts, ganz normal halt, wie sonst auch. Es ändere sich nichts durch die Fluten. An dieser Stelle, aber auch schon während des Interviews, wurde deutlich, dass Herr Behrends sein anfängliches Misstrauen mir gegenüber überwunden hatte und gerne mit mir sprach. Seine mürrische und griesgrämige Art konnten nicht über die zugrunde liegende Freundlichkeit hinwegtäuschen, die sich in den vergangenen sieben Minuten immer deutlicher in seinen vorsichtigen Augen, aber auch in der steigenden Offenheit im Gespräch zeigte. Es sei an dieser Stelle zu bemerken, dass keiner der anderen Langenesser, die ich bis zu jenem Zeitpunkt getroffen hatte, und das waren doch schon einige, mich zu ihm geschickt oder darauf hingewiesen haben, mit ihm zu sprechen, im Gegenteil, das eine oder andere Mal wurde ich sogar davor gewarnt, denn er sei kein besonders angenehmer Zeitgenosse, und man möchte nicht mehr als unbedingt nötig mit ihm zu tun haben. Die Erfahrung kann ich keinesfalls teilen und erlebe vor allem jetzt im Nachhinein das Zusammentreffen ganz im Gegenteil als besonders eindrucksvolle Begegnung.

Beginnen wir nach der inhaltlichen Schilderung mit einer genaueren Analyse der Gesamtsituation, vor allem den Besonderheiten am Anfang: Es beginnt schon mit einer Unmutsäußerung, dass er bereits des längeren auf mich warte – obwohl es noch kurz vor neun war, und damit sogar einige Minuten zu früh. Der Widerspruch zwischen empfundener und realer Pünktlichkeit lässt auf etwas Zugrundeliegendes schließen, das nicht viel mit der eigentlichen Situation in jenem Moment zu tun hat. Das vereinbarte Treffen mit mir könnte z.B. Gefühle der Unsicherheit und Unkontrollierbarkeit ausgelöst haben, durch die man ohnmächtig wartend einem unvermeidbaren Ereignis entgegenblickt. Tade Behrends Aussage nach zu urteilen bin ich unberechenbar und komme nicht pünktlich, was sich für ihn ganz offensichtlich so angefühlt haben muss, unabhängig davon, ob es der Realität entspricht. In diesem Zusammenhang sei zu erwähnen, dass Herr Behrends von seiner zukünftigen Schwiegertochter bereits über das Thema meines Interesses aufgeklärt wurde, es war klar, dass ich an Sturmfluten und besonders der Sturmflut von 1962 interessiert sein würde. Ebenfalls klar war, dass Herr Behrends nicht gerne spricht, sich aber trotzdem zu einem Interview bereit erklärt hatte, was darauf schließen lässt, dass er einverstanden war, Informationen über dieses Kapitel in seinem Leben mit mir zu teilen. Nun ist Kommunikation nicht nur verbal, sondern immer auch nonverbal zu verstehen und besonders hier, wo die verbale Mitteilungsfreude eingeschränkt ist, obwohl eine grundsätzliche Bereitschaft dazu besteht, besonders wertvoll. Was könnte also diese Konstatierung zu Beginn aussagen (wollen)? Es gibt zwei Faktoren, die in eine ähnliche Richtung weisen: Erstens erinnert die Zuschreibung einer unberechenbaren Zeitlichkeit generell an das Warten auf eine Sturmflut, die ebenfalls bis zu einem gewissen Grad unberechenbar ist und wohl nie pünktlich kommt. Vor allem in Anbetracht des Motivs unseres Treffens ist eine Projektion der mit einer Sturmflut in Zusammenhang stehenden Gefühle auf die Situation, auf mich als Eindringling in diesem Fall, naheliegend, vor allem weil eine unleugbare Ähnlichkeit besteht zwischen der Unsicherheit in der Erwartung einer eher seltenen Sturmflut und einer ebenso seltenen Unterhaltung mit einer Fremden. Zweitens erwähnt Herr Behrends in seiner gesteigerten Mitteilungsfreude am Ende des Interviews einmalig eine zeitliche Uneinschätzbarkeit, und zwar direkt in Zusammenhang mit Sturmfluten. Diese sind unberechenbar und man weiß nicht genau, wann sie kommen. Stellt man sich vor, welches Gefühl von Ausgeliefertsein solch ein Warten mit sich bringen muss und dass die Einwilligung in ein Gespräch mit mir mindestens ebenso ungewöhnlich und bedrohlich für Tade Behrends gewesen sein musste, ist eine Übertragung naheliegend. Ein Inhalt, der unbewusst schon vor meinem Eintreffen durch die innerpsychische Aktivierung des Themas Sturmflut (1962) in ihm angeregt wurde, äußert sich in einer Emotion, die in der Situation nicht mit der Realität übereinstimmt.

Gehen wir weiter zur interessanten Wahl des Ortes für das Interview – die fensterlose Garage. Es handelt sich dabei um einen Raum, der ebenso leblos wie extra ausgesucht wirkt, dunkel, kalt, und vollkommen entleert. Aus meinem Eindruck, dass dieser Raum üblicherweise nicht derart leer ist, müsste folglich geschlossen werden, dass jemand ihn vor meinem Eintreffen ausgeräumt hat. Herr Behrends scheint ihn ganz bewusst für den Zweck des Interviews für mich ausgewählt zu haben, als wir den Schuppen nämlich betraten, war klar, dass der kleine Stuhl in der Mitte extra hergerichtet wurde. Es dürfte zumindest etwas Aufwand betrieben worden sein, um ein geeignetes Umfeld für mich und mein Vorhaben zu schaffen. Was kann also aus dieser besonderen Bemühung und ebenfalls nonverbalen Kommunikation geschlossen werden? Es ist zuallererst ganz offensichtlich, dass ein Eindringen meinerseits in seinen privaten Lebensraum vermieden werden sollte. Ich, also das Fremde, sollte besser im Außen gehalten und nicht hineingelassen werden, die Gefahr war ja im Vorhinein nicht abzuschätzen. Im Falle eines vorangegangenen Wegräumens von Dingen aus dem betreffenden Schuppen wäre eine weitere bemerkenswerte Parallele aufzuzeigen, nämlich jene zur einzig richtigen Erinnerung an die Sturmflut von 1962, dem Wegräumen und Hochräumen der gesamten Habe, zum Schutz vor der Flut. Wie bei der Sturmflut, bei der er „alles hoch machen" und „alles hoch packen" musste und bei der man sehr darauf bedacht ist und viel dafür tut, die Gefahr nicht hinein zu lassen, im Außen zu halten, wo sie nichts kaputt machen kann, und alles, was nicht festgemacht ist, in Sicherheit vor ihr bringt, damit sie es nicht zerstören oder mit sich fortreißen kann, so verhält es sich anscheinend auch in diesem Fall. Die Gefahr in Form des Fremden, also mir, wird nicht ins Innere, ins Haus gelassen, sondern in einem Schuppen – aus dem alles rausgeräumt ist, damit ich nichts zerstören oder mitnehmen kann wie die Flut – einem begrenzten Raum der sicher gemacht wurde, unter Kontrolle gehalten. (Im übertragenen Sinne: geläufige Abwehrstrategien, also planvoll aufgebaute Strategien zur Abwehr einer Gefahr, werden wie gewohnt im Außen angewandt, indem beispielsweise dieselben Handlungen eingeleitet und Vorkehrungen getroffen werden, wie bei der bekannten Bedrohung durch eine Sturmflut, um stellvertretend das in diesem Fall des Interviews gefährdete Innere zu schützen.) Dieses Verhalten entspricht den auf den Halligen notwendigen und erlernten Methoden der Abwehr von Gefahr in Form von Sturmfluten, nur wurde es hier auf eine andere Gefahr von außen angewendet. Nachdem Tade Behrends mich mehrmals telefonisch abgewehrt hatte, mir also wie der Sturmflut die Stirn bot, war er gewillt, sich mit mir auf die eine oder andere Art auseinanderzusetzen und meisterte die ungewohnte, generell vermiedene Situation, überhaupt mit einem Menschen, noch dazu mit einem Fremden, sprechen zu müssen, mit den ihn bekannten Maßnahmen einer erfolgreichen Abwehr. In meiner empfundenen Unpünktlichkeit tat sich die erste Parallele zum Sturmfluterleben auf; zusätzlich stellte der völlig entleerte und unpersönliche Ort sicher, dass ich nichts anrichten konnte, und die spärlichen, kurzen, aufs Nötigste beschränkten Äußerungen im Gespräch boten so wenig wie möglich Angriffsfläche. So sollte also in diesem Fall sein Inneres auf dieselbe Art geschützt werden, wie üblicherweise das Äußere vor größerer Zerstörung und Verlust bewahrt wurde. Schnell stellte sich für Herrn Behrends heraus, dass ich mit dem Rad bei Regen und Sturm den weiten Weg über die Hallig gefahren bin und mich den örtlichen Bedingungen und der rauen Witterung anpasste; ich blieb trotz eigenartiger Umstände bei meinem Vorhaben und ließ mich auch nicht davon abbringen. Er konnte demnach seine einzig bekannte Sicherungsmaßnahme anwenden. Dafür bekam ich am Ende noch das „Geschenk" einer Kindheitserinnerung. Der Streich, der als Beispiel genannt wird, das Durchwühlen der „verbotenen" Räume, der Sachen in Nachbars Haus, ist ein gängiges Spiel unter Kindern, das ihre Neugier und Lust an Gefahr befriedigt. In dem Zusammenhang aber bestätigt dieser Einfall anschaulich die bisherige Analyse: Als Kinder durchwühlten sie die Sachen der Erwachsenen, wie auch die Sturmflut das mit Allem macht, was nicht vor ihr in Sicherheit gebracht wird, und wie ich es mit den Erinnerungen und „inneren Sachen" von ihm vorhatte. Dafür wurden sie in einen dunklen Schuppen gesperrt, um keine weitere Unordnung mehr anrichten zu können, so wie auch die Sturmflut aus dem eigensten Lebensraum draußen zu halten versucht wird, und so wie ich, mit erstaunlicher Ähnlichkeit, um keine Unordnung und keinen Schaden anzurichten, in einen fensterlosen, dunklen Stall oder eine Garage gebracht wurde, in der es keine Dinge gab, die ich durchwühlen konnte. Es wird hier auf bemerkenswerte Weise ersichtlich, wie in einer „Notsituation" oder einer neuen Herausforderung auf bewährte und bekannte Sicherungsmaßnahmen zurückgegriffen wird und Situationen aufgrund der eigenen Perspektive aus eben einer solchen gesehen und bewertet werden. Verbal oder nonverbal zeigen sich derartige unbewusste

Verknüpfungen bei genauem Hinsehen und etwas Glück und lassen die Funktionsweisen von Mechanismen erkennen, die üblicherweise unter dem Deckmantel des Unbewussten verborgen bleiben.

4.2.4 Analyse

Bei diesem fokussierten Blick auf drei individuelle Geschichten des Sturmfluterlebens werden die Realitäten von drei Männern wahrgenommen, die einerseits inhaltlich unterschiedliche Geschichten zu erzählen haben und andererseits durch Zwischenbemerkungen, Unsicherheiten im Redefluss, spontane Rechtfertigungen oder Kommentare und auch nonverbale Kommunikation das Erzählte in einem Bezugsrahmen aufscheinen lassen. Dadurch können Kontext und persönliche Hintergründe zu einem umfassenderen Verständnis des eigentlichen Inhaltes herangezogen werden, der letztendlich das spezifische Erleben und Bewerten der Sturmflut(en) ermöglicht. Der Komponente des Innerpsychischen und deren Einfluss kommt dabei, wie wohl am vorliegenden Material deutlich wird, eine wesentliche Rolle zu. Von dem fokussierten Blick auf das Individuum im Besonderen soll nun eine Grundkonzeption abgeleitet werden, die den Interviewten gemein ist und, zumindest auf Langeness, soweit möglich, ein gesellschaftliches Muster im Umgang mit Sturmfluten darstellt. Das Sturmfluterleben von anderen Langenessern kann eine Referenzgröße darstellen und zur Überprüfung herangezogen werden, wird aber im Folgenden in einem eigenen Kapitel untersucht, da der Geburtsort dieser Personen nicht die Hallig, sondern das Festland ist und diesbezügliche Unterschiede in der Wahrnehmung in der Analyse berücksichtigt werden sollen. Nichtsdestotrotz können diese dann zu dem Erleben der gebürtigen Langenesser in Beziehung gesetzt werden.

Die drei Interviewpartner sind allesamt auf Langeness geboren, aufgewachsen und leben heute, im Erwachsenenalter, noch immer auf der Hallig. Sie sind zum Zeitpunkt des Interviews 43, 65 und 72 Jahre alt, nicht miteinander verwandt und leben oder lebten zu keinem Zeitpunkt auf derselben Warft. Unabhängig voneinander bezieht sich die eigentliche Erinnerung an Sturmfluten aber bei allen dreien auf die Kindheit, auch wenn sie seitdem eine Vielzahl an weiteren Sturmfluten erlebt haben. Es scheinen die ersten Erinnerungen an ein solches Ereignis zu sein, die sich formend in das Gedächtnis der Betroffenen einprägen und die Basis jeder Sturmfluterinnerung ausmachen. Dabei sei anzumerken, dass in keinem Fall das Gespräch von mir auf diese Weise begonnen oder nach der ersten oder frühesten Kindheitserinnerung in Zusammenhang mit Sturmfluten gefragt wurde – die Interviewten wählten das Erleben als Kind bzw. Jugendlicher einheitlich selbst. Das führt direkt zu einem Aspekt der Psychoanalyse und der Individualpsychologie, der in jener Beobachtung augenscheinlich zum Tragen kommt: die frühen Kindheitserinnerungen. Bei besagten handelt es sich im Sinne Adlers um Fragmente, in denen Handlungsmuster erkennbar werden, die Rückschlüsse auf den Lebensstil zulassen. Als Anteil von diesem spiegeln sie auch dessen Ausprägung in der Gegenwart, also z.B. individuelle Überzeugungen, Bewertungen, Muster und Erklärungsstrategien, wider. Adler legt die Bedeutung, die er den Gedanken an die Vergangenheit beimisst, unter anderem in folgendem Textauszug aus dem Jahr 1931 dar:

> „Von allen psychischen Ausdrucksformen gehören die Erinnerungen eines Menschen zu den erhellendsten. In ihnen trägt er Ermahnungen an seine schwachen Seiten und Hinweise auf die Bedeutung gewisser Erlebnisse mit sich herum. Es gibt keine ‚zufälligen Erinnerungen'; aus der unberechenbar großen Anzahl von Eindrücken, die den Menschen treffen, wählt er nur jene als Erinnerungen aus, von denen er – wenn auch nur dunkel – spürt, daß sie für seine Entwicklung wichtig waren. So stellen seine Erinnerungen seine ‚Lebensgeschichte' dar, eine Geschichte, die er sich selbst erzählt, um sich zu warnen oder zu trösten, sich die Ausrichtung auf sein Ziel zu erhalten und sich darauf vorzubereiten, mit Hilfe verflossener Erfahrungen der Zukunft mit einem bereits erprobten Handlungsstil zu begegnen" (Adler 1931/1979, S. 65).

Aus der Sicht Adlers passt sich die Erinnerung ein in die spezifische Lebensgeschichte, sie passt zum Ausdruck des gegenwärtigen Sicherheitsstrebens ebenso wie zu den gegenwärtigen Problematiken oder Lösungsansätzen. Jede Erinnerung, die im Gedächtnis für wert empfunden wird, festgehalten zu werden, steht also in einer ganz speziellen Beziehung zur eigenen Person. Durch diese tendenziöse Apperzeption, d. i. den Versuch, sich selbst und die Umwelt so zu erleben und wahrzunehmen, wie es dem eigenen Lebensstil entspricht, wird das Individuum von innerpsychischen Spannungen entlastet, und sie ermöglicht durch die ausgewählten Erinnerungen ein Sicherungsgefühl und ein homöostatisches Wohlbefinden, das auch in Bedrohungssituationen zum persönlichen Lebensstil zurückfinden lässt. Die Analyse – oder in unserem Fall überhaupt das Wahrnehmen und die Bedeutungszuschreibung – von frühen Kindheitserinnerungen, aufgrund ihrer zeitlichen Nähe zur ersten Formung des Lebensstils, ist nach Adler (1979, S. 164ff.) die beste Methode, den Einstellungen zu sich und seiner Umwelt und auch dem gegenwärtigen Verhalten bzw. Bewerten auf die Spur zu kommen. In unseren Fall der frühesten Sturmfluterinnerungen würde das bedeuten, dass in ihnen Strukturelemente zum Vorschein kommen, die nicht nur die Wahrnehmung des Kindes prägten, sondern sich für den weiteren Verlauf, für die Entwicklung des Lebensstils, als unmittelbar relevant erweisen. Dass alle automatisch bei ihrer frühesten Erinnerung an ein solches Naturereignis zu erzählen begannen, trägt seinen Teil zu einer solchen Bewertung als grundlegend relevant für das Erleben von Sturmfluten bei.

Sehen wir uns diese jetzt nun noch etwas näher an: Bei allen dreien jener frühen Kindheitserinnerungen an Sturmfluten sind es ganz ähnliche Elemente, an die man sich erinnert, auch wenn sich der Umfang und die Detailhaftigkeit deutlich unterscheiden. Bente Jensen fällt beim Thema Sturmfluten zuallererst überhaupt Landunter ein, das er mit durchwegs positiven Gefühlen der Kindheit verbindet wie

Neugier, Spannung, Abenteuer. Die erste Sturmfluterinnerung aus dem Jahr 1976 beinhaltet vor allem ein Bild der Eltern und Großeltern, die im Haus die Möbel hochstellen, um sie vor dem Wasser zu schützen. Die Bedrohung dabei haben die Einheimischen damals weder gesehen noch gespürt, auch nicht 1981, als er dann selbst dabei mithalf, die Habe in Sicherheit zu bringen. Details in der Erinnerung schildern einzelne Möbel – den aufgerollten Teppich, das Sofa auf dem Tisch und den Herd auf dem Sofa etc. Das dazu assoziierte Gefühl ist jenes der Ruhe. In der Erinnerung an die Sturmflut von 1962 wird bei Hauke Hayen ebenfalls diese Zuversicht und Ruhe spürbar, die von seiner einheimischen Mutter ausgeht. Allerdings sorgen der Vater und dessen (begründete) Angst für eine Ambivalenz im damals 13-Jährigen und wahrscheinlich unbewusst ebenso im heute erwachsenen Mann. Besagte Angst ist höchstwahrscheinlich mit ein starker intrapsychischer Grund für die vielfältigen Auftritte und Äußerungen Herrn Hayens zu Sturmflutthemen, indem die unverarbeitete Spannung, die er als Kind erlebte, immer wieder bearbeitet wird, und in der wiederholten Thematisierung ersehnt sie eine Auflösung der Spannung, der gegensätzlichen Emotionen. Aber auch Herr Hayen beschreibt ein Gefühl von Ruhe, als der Mond in das Heu am Dachboden schien, in dem die beiden Kinder lagen. Und auch wenn die Situation durchaus etwas Unheimliches hatte, ist dies dem Leben auf der Hallig zugehörig und eine wirkliche Gefahr dadurch sehr unwahrscheinlich, denn – „so schlimm wird's ja wohl heute nicht werden". Schließlich – betrachten wir wie bisher nur das direkte Erleben während der Sturmflut – kommen wir zu Tade Behrends, der in aller Kürze nur das Hochräumen der Sachen, das Wegräumen und Stapeln im Haus erwähnenswert findet. Lediglich die Schwester, die mit dem Kübel immer wieder Wasser aus dem Haus kippt, fällt ihm noch ein. Damit befinden sich alle drei Interviewpartner ganz eindeutig im Bereich der „Participative Capacity", des Aktiv-Einfluss-nehmen-Könnens, und damit eröffnet sich eine Anwendungsform jener Strategie, die sich von Voss' (2009) Vorschlag, die Einflussnahme bestehe durch Sprache und Kommunikation, unterscheidet und das Einfluss nehmen können durch tatsächliche Aktivitäten und Handlungen erreicht. Der Umgang der Langenesser mit den Sturmfluten zeigt hier Fall auf, wie persönliche und gesellschaftliche, innerfamiliär und familienübergreifend geprägte Ressourcen den Bewohnern einen aktiven Einfluss auf das Geschehen ermöglichen. Aus tiefenpsychologischer Perspektive ist das sehr einheitlich geprägte Bild der Erinnerung an Sturmfluten durchaus plausibel. Durch die „Participative Capacity" werden die eigene Ohnmacht und das Ausgeliefertsein an die Gewalt des Meeres, ebenso wie die sehr eingeschränkte Handlungsfähigkeit ausgeglichen, indem die Möglichkeit besteht, aktiv einzugreifen und für mehr Sicherheit zu sorgen. Die Participative Capacity nach Martin Voss, als wichtige Methode der Kommunikation nach außen, ist ebenso vertreten, indem Probleme oder Problemlösungsvorschläge immer wieder an die Kreise und ans Land weitergetragen werden, um Unterstützung dabei zu erfahren, was noch besser gemacht werden könnte (vgl. Hayen 2014, S. 5). Damit kommen wir zum Erleben und Erfahren von Sturmfluten außerhalb der akuten Situation. Bente Jensen betont die im Vergleich zum Festland oder anderen Inseln sehr begrenzten Schäden auf den Halligen, die mit der anderen Bauweise der Häuser und Dächer, dem Gefasst-Sein auf Sturm und Flut, und den wesentlich besseren Anpassungen an den Lebensraum zusammenhängen. Laufend werden weitere, bessere Schutzmaßnahmen geplant und ausgearbeitet, Schwachpunkte und Angriffsflächen werden, so gut es geht, minimiert und das Leben an die Umweltbedingungen angepasst. Auch für Hauke Hayen hängt das Sturmfluterleben direkt zusammen mit den Strategien der Bewältigung und den Möglichkeiten der Vorbeugung, die eine allgemeine Sicherheit aktiv erhalten und stärken, aber niemals vollkommen garantieren können. Daher ist eine kontinuierliche Weiterentwicklung und Beschäftigung mit aktuelleren Risiken wie Starkwinden und Orkanen unumgänglich, um durch eine sich immer weiter entwickelnde Anpassung an den Lebensraum eine maximale Sicherheit zu gewährleisten. Diese eng mit dem Sturmfluterleben verknüpften Aspekte fallen in die Kategorie „Adaptive Capacity" – die Fähigkeit der Langenesser zu Strukturanpassung und Flexibilität in Form eines bewussten Lernprozesses und/oder trial and error. Auch an „neue" Gefahren wie Stürme und Orkane, die bisher nicht solch extremes Ausmaß erreichten, wird mit der Adaptive Capacity reagiert, indem durch eine intensive Auseinandersetzung das Leben auf der Hallig den Umweltbedingungen weiter angepasst werden soll, um im Falle mit der Participative Capacity die verfügbaren Ressourcen zu mobilisieren und anwenden zu können.

Eine ganz andere „Capacity" bringt Tade Behrends ins Spiel, wenn er eine neue und unbekannte Gefahr, in diesem Fall mich, als eindringende, fordernde Fremde, nicht nur mit einer Sturmflut gleichsetzt, sondern vor allem sein aus dieser Situation bekanntes Gefahrenmanagement auf die neue Situation, d.h. auf mich, anwendet. Er benutzt die Participative Capacity gegenüber einer Sturmflut, um alle Sachen wegzuschaffen und in Sicherheit zu bringen, und leistet damit einen Akt der Strukturanpassung an eine ungewohnte Situation, zeigt also die für ihn einzig mögliche Flexibilität und Adaptive Capacity. Er stellt sein Sturmfluterleben vor allem in nonverbaler Kommunikation in der Situation selbst dar, statt Erinnerungen erzählend mitzuteilen.

Zusammenfassend lässt sich sagen, dass zumindest im direkten Sturmfluterleben die Adaptive Capacity und die Participative Capacity auf Langeness sehr ausgeprägt sind und von den Betroffenen auch direkt mit der Beziehung zu den Naturgefahren in Verbindung gebracht werden. Die Coping Capacity muss an späterer Stelle anhand der Verarbeitungsformen näher beleuchtet werden, da sie in den Interviews auf Langeness nicht wesentlich zutage tritt. Als Bestandteil des integrativen Vulnerabilitätskonzeptes ist die Resilienz, ebenso wie daraus folgend die Vulnerabilität, aber in jedem Fall sehr stark und deutlich auf Langeness ausgeprägt. Schließt man aus den drei Interviews auf ein Ganzes, lässt sich im direkten Sturmfluterleben der Bevölkerung kaum eine geringere bzw. besser kontrollierte Verletzlichkeit im Angesicht von Katastrophengeschehen vorstellen. Dazu sei jedoch ein wichtiger Punkt anzumerken: Weder Bente Jensen noch Hauke Hayen oder

Tade Behrends schilderten das Erleben von Sturmfluten als Einbruch in eine heile Welt, als plötzliche Grenzüberschreitung und fürchterliche Zerstörung des Kultürlichen durch das Natürliche. Jensen und Behrends sind davon noch weiter entfernt, sie bringen die Naturereignisse eher in Verbindung mit dem gängigen Landunter oder der einfachen „Normalität" auf der Hallig. Nur Hauke Hayen holt in seinen Schilderungen besonders aus und vermittelt auch den Eindruck eines etwas unheimlichen Einschnittes in dem sonst friedlichen Halligleben. Der Grund hierfür wurde schon kurz mithilfe der Ambivalenz thematisiert, die ein wichtiger Teil des eigenen Sturmfluterlebens ist, und soll an späterer Stelle noch weiter ausgeführt werden (Kapitel V). Versteht man eine Katastrophe nun aber, wie zuvor schon definiert, als „eine Herausforderung an Gesellschaft und Kultur", als „abrupte Entwicklungen in der Umwelt, die auf eine unzureichend vorbereitete Gesellschaft treffen" und „in der Gesellschaft gewaltige Schäden an Menschenleben und -gesundheit und an materiellen Werten" hervorruft (Storch 2009, S. 7), dann handelt es sich bei Sturmfluten aus Sicht der Langenesser tatsächlich nicht um Katastrophen. Dies wurde in den Interviews zwar nicht dezidiert benannt und ausdrücklich hervorgehoben, lässt sich aber aus den soeben analysierten Daten mit Berücksichtigung der Katastrophendefinition ableiten. Im Weiteren wird diese Entwicklung des erhobenen Materials, weg vom eigentlichen Thema *Katastrophen*forschung, als wichtiger und folgenreicher Teil eben dieses Themas noch an Bedeutung gewinnen.

4.3 Bedrohte Ordnung? – Oland

Wurde im letzten Kapitel die Auffassung von Sturmfluten vor allem in Hinblick auf die Vulnerabilität beleuchtet, soll in diesem Kapitel ein weiteres Konzept miteinbezogen werden, das eine Aufschlüsselung derartiger Ereignisse in ihrer existenziellen Wirkung auf die betroffene Bevölkerung noch weiter ermöglicht: die Ordnung. Der Vulnerabilitätsansatz, als Maß der Anfälligkeit für Katastrophengeschehen, bleibt nach wie vor ein essentielles Gefüge aus Strukturanpassung, aktiver Einflussnahme und Verarbeitung. Damit wird die gesellschaftliche Konstitution aber auch die individuelle Ebene der Verwundbarkeit gegenüber einem Ereignis bewertet. Es wird dabei aber notwendig, die bestehende Ordnung als geschaffene Lebenswelt zu berücksichtigen. Erst darauf aufbauend ergeben sich nämlich spezifische Mechanismen des Umgangs und ein genuines Verständnis, welches sich ja, wie in unserem Fall auf den Halligen, vom Katastrophenbegriff eher distanziert. In diesem Sinne ist ein Ordnungsbegriff zu erörtern, der einer intersubjektiv geteilten Wirklichkeit des Lebens und des Alltags, einer sozusagen natürlichen und historischen Lebenswelt, zugrunde liegt. Daraus gehen des Weiteren ordnungskonstitutive Elemente hervor, die auf ihre Angreifbarkeit durch äußere Einflüsse geprüft werden können und so den Grundstein legen, als Grundgegebenheit konstitutiv sind für die Entwicklung der Vulnerabilität.

Die folgenden Betrachtungen beziehen sich auf einen relationalen Ordnungsbegriff, dessen Bestrebung es ist, eine Differenzierung zwischen objektivistischer Ordnung als äußerem Gefüge von Strukturen und subjektivistischer Ordnung als freiem Schema von Intentionalität aufzuheben. Ordnung ergibt sich vielmehr aus der Beziehung von entstandenen Wissens- und Handlungskompetenzen der Gesellschaft mit dem äußeren strukturellen Gefüge ihres jeweiligen Lebensmodells (die Ausführungen zum Ordnungsbegriff orientieren sich hier hauptsächlich an Anthony Giddens 1997 und Pierre Bourdieu 1979). Daraus resultiert eine Lebenswelt des Alltags, eine Akteur/Umwelt-Relation (Hinrichsen/Johler/Ratt 2014, S. 68), deren innere Wechselseitigkeit und Dynamik besonders berücksichtigt werden müssen. Die ordnungskonstitutiven Elemente sind nämlich keine Determinanten, sondern vielmehr Momente, die eine Bewegungsspanne begrenzen und vorgeben, in denen jeweils begrenzt viele, aber darin unbegrenzte Handlungsmöglichkeiten möglich sind. Besagte wiederum strukturieren ihrerseits die ordnungskonstitutiven Elemente, die zuvor diese Struktur vorgegeben haben, und wirken auf jene zurück. Das Ordnungssystem lässt sich unter dem Gesichtspunkt nicht als gegeben und in seiner Spezifität fixiert verstehen. Es ist vielmehr ein dynamisches und in fortwährender Bewegung befindliches Gefüge aus Beziehungen, das nur insofern relativ dauerhaft und beständig sein kann, als es unentwegt profunde Maßnahmen zur Stabilisierung und Immunisierung ergreift. Das Verhältnis von Ordnung, Bedrohung und ordnungskonstitutiver Versicherung ist gerade in der Beschäftigung mit Katastrophen ein grundlegendes Thema und darin auch deutlich erfahrbar.

Mit diesem kurzen Abriss über Vulnerabilität und ihre Entwicklung bzw. Beeinflussung durch Ordnungselemente als Hintergrund wenden wir uns nun den Sturmflut-Erlebenswelten der vier Oländer zu, die ebenfalls ihre Erfahrungen und Gedanken in Interviews teilten. Ob und inwiefern es zu Bedrohung und Zerstörung von bestehenden Ordnungen gekommen ist, und ob eine existentielle Zäsur durch diese Extremereignisse vorliegt, könnte anhand der Sturmfluterlebnisse ersichtlich werden und daran, ob sie Spuren im Ordnungsgefüge hinterlassen. Darauf soll im Nachfolgenden ein besonderer Fokus gelegt werden, um die zugrundeliegende Konstitution für alle weiteren Strategien des Umgangs und der Verarbeitung (wie Vulnerabilität, Resilienz etc.) so gut es geht zu erfassen.

4.3.1 Johann und Inga Thomsen – Unbewusste Zusammenhänge, Ohnmacht und Ausgleich

Das Ehepaar Johann und Inga Thomsen sind mit 80 und 90 Jahren zum Zeitpunkt des Interviews die ältesten Bewohner von Oland. Sie sitzen am frühen Nachmittag in ihrem Wohnzimmer und sind durch die spontane Anfrage etwas überrumpelt, aber gerne bereit zu erzählen. Es ist der erste und im Nachhinein gesehen auch der einzige Haushalt, der wohlhabend wirkt. Da das Treffen sehr kurzfristig zustande kam, wurde vorab nur erklärt, dass es um Sturmfluten geht, besonders um die Flut von 1962. Herr Thomsen beginnt das Gespräch wie folgt: „Ich habe wohl 1938, '36 war eine Sturmflut, '38 war eine Sturmflut. '38 war die Hallig voll Wasser hier in der Warft" (Thomsen, Johann 2014, S. 1). Dann geht er über zu einer Beschreibung der 62er Flut, die „ein bisschen überraschend" kam, aber „überraschend ist übertrieben", bessert er sich sogleich aus:

> „Das war abends, [...] Fernsehen gab es, und die Familie hat halt Brag [s.u.] oder was war. Und dann saßen wir hier und dann kam mein Onkel, der wohnte nebenan, und er kam rein und sagt, Mensch, die Flut ist schon halb die Warft hoch, und es ist noch so und so lange Nacht. Ja, und dann wurde das Fernsehen ausgemacht, und dann ging das los. Alles, was man hatte, von unten nach oben zu schaffen oder sicher zu machen, und Tiere haben wir im Stall, noch ein paar Kühe und ein paar Schafe, und das wurde alles. Ja, die Kühe blieben draußen, aber die Schafe haben wir im alten Haus. Damals hatten wir das alte Haus noch. Da hatten wir die Schafe dann reingeholt, und das stand alles bis zum Bauch im Wasser. Ja, Wasser, alles, was wir an Eimer und Bottiche hatten und so wurde noch voll Frischwasser gemacht, denn man konnte ja sehen, dass die Zisterne voll Wasser lief, voll Salzwasser und der Fething auch. Man hatte ja nichts mehr, Frischwasser für die Tiere. Ja, und dann kam die Flut, und hier dachten wir, wir waren schwer dran, aber wie wir dann [am] anderen Morgen dann hörten, dass Hamburg so und so viel Tote hatte, da haben wir gesagt, da sind wir ja nochmal mit einem blauen Auge davongekommen" (ebd., S. 1).

Johann Thomsen war im Jahr 1962 28 Jahre alt und hatte mit Inga Thomsen schon seine eigene Familie und Kinder, mit denen er auf Oland in einem eigenen Haus lebte. Bevor er über die Sturmflut vom 16./17. Februar 1962 zu erzählen beginnt, erwähnt er die Sturmflut von 1936 und – seiner Erinnerung nach – 1938, was zwar einer Verwechslung unterliegt, da es lediglich im Jahr 1936 eine Sturmflut gab, aber nichtsdestotrotz wiederum zurückgeht auf die erste Sturmflut, die der Betroffene miterlebt hat. Sobald also das Thema Sturmflut angesprochen wird, auch wenn es sich um eine ganz konkrete Frage nach einer speziellen Sturmflut (nämlich 1962) handelt, ist der erste Gedanke, die erste Assoziation, wieder dem frühesten Kindheitserlebnis mit Sturmfluten vorbehalten, wie wir es schon im vorangegangenen Kapitel auf Langeness bemerkt und untersucht haben. Herr Thomsen erwähnt zu Beginn seiner Schilderung, in Zusammenhang mit der Beschäftigung der Familie an diesem Abend, *Brag*, womit wahrscheinlich ein sehr altes, englisches Glücksspiel gemeint ist, ein Vorläufer des Kartenpokers. Wie schon bei Tade Behrends wurde auch hier die Familie von einem Nachbarn gewarnt, und „dann ging das los". Die Sachen im Haus wurden hochgestellt, die Tiere wurden teilweise, soweit möglich, in Sicherheit gebracht, Trinkwasser wurde in allen vorhandenen Gefäßen eingelagert und die ganze Familie war beschäftigt. Und abgesehen von den Schäden durch das Wasser im Haus, die Verwüstung draußen und die Tiere, die ertrunken waren, ist auch diese schwere Sturmflut verhältnismäßig glimpflich ausgegangen, zumindest für die Halligen und deren Bewohner.

Zum Hergang der Sturmflut erzählt Herr Thomsen erst nach dem Abschalten des Tonbandes und nach dem Interview noch einige Details. Vor allem zu bemerken ist seine plötzliche Begeisterung, zum Beispiel als er von den Tonkrügen und Schüsseln erzählt, die sie während der Flut noch mit Trinkwasser anfüllten, um genug zu trinken zu haben und vor allem den Folgen der Flut, so gut es geht, zu entgehen. Sie füllten alle verfügbaren Gefäße voll und stellten sie auf den Dachboden, wo sie in der Nacht aber froren wegen der kalten Temperaturen und des Frosts, und die schönen Krüge und Schüsseln zersprangen alle. Das war sehr schade, denn es waren besondere und alte Gefäße. Das gefrorene Wasser aber konnten sie am Ende doch noch verwenden, worüber Herr Thomsen sehr lacht. In dieser kurzen Erzählepisode sind verschiedene Elemente des Schwanks zu erkennen, einer Erzählform, die im Allgemeinen mit Humor eine überlegene Figur oder eine Autoritätsperson wie z.B. einen Priester lächerlich macht und darauf hinweist, dass der erste Eindruck von absoluter Macht und Kontrolle solcher Personen täuschen kann. Es geht folglich um die Überlistung einer mächtigen Instanz, was sich in einer plötzlichen Wende in der Erzählung äußert, die für die typische Komik und vor allem für die Befriedigung sorgt, dass der Protagonist es geschafft, und die mächtigere Figur übertrumpft hat. In der Erinnerung von Johann Thomsen sind nun ebendiese Muster erkennbar: Das Meer, die aufgepeitschte Nordsee in Form der Sturmflut, wird dabei zur übermächtigen Instanz, der man sich schnell unterlegen fühlt und nichts entgegenzusetzen hat. Doch Herr Thomsen ist schlau und gewitzt, er lagert Trinkwasser ein, um auch in weiterer Folge der Sturmflut nicht ausgeliefert zu sein. Doch es zeigt sich, dass die Natur stärker und härter ist als gedacht: Die Idee unseres Protagonisten scheitert, die Tonkrüge zerspringen, die Natur hält mit eisernen Banden zusammen und dem Menschen wird ins Bewusstsein gerufen, dass er ihr nichts entgegenzusetzen hat. Doch in letzter Sekunde stellt sich heraus, dass das Wasser, da es gefroren war, einfach aufgetaut werden und so doch noch verwendet werden konnte und der Plan, auch wenn er eine unerwartete Richtung einnahm, doch geglückt sei. Die Sturmflut, die Kälte, die Natur in ihrer Gewalt und Stärke konnten doch überlistet werden. An diesem Beispiel wird auf eindrucksvolle Weise ersichtlich, wie Erzählformen aus realen, wirklichen Situationen entstehen, wie eine unsichere, schwierige Lage in besonderen und ungewöhnlichen Denkweisen resultiert und wie für die tatsächliche Entstehung einer solchen Erzählkategorie innerpsychische Bewegungen ausschlaggebend sind. Denn – wie unschwer zu erkennen ist – entsteht die eigentliche humoristische Aussage am Ende der Erzählung aus einer Überwindung der Minderwertigkeit, die im Angesicht einer solch gewaltigen Instanz wie der tobenden See empfunden wird. Das Übermächtige, dem man sich ohnmächtig ausgeliefert und unterlegen fühlt, wird trotzdem ausgetrickst, was aus der nur schwer zu ertragenden Hilflosigkeit herausführt. Die Motivation für dieses Verhalten bzw. für das In-Erinnerung-Behalten, entspringt also psychischen Motiven, die zumeist unbewusst den Prozess der Selektion und tendenziösen Apperzeption steuern.

Doch zurück zum Interview. Unter den Oländern und Halligbewohnern hatte die Familie Thomsen einen ganz besonderen Status, denn der Großteil aller Familien auf Oland (und auch auf Langeness) musste im besten Fall die Nacht im Dachboden im Heu verbringen. Nicht aber sie: „Alle konnten nicht auf den Boden, weil die da Heu hatten. Wir waren eigentlich mit die einzigen, die nach oben konnten. Die anderen mussten nach oben im Heu" (Thomsen, Inga 2014, S. 2), denn ihr erster Stock war ausgebaut und voll bewohnbar. Frau Thomsen bemerkt auch zu einer späteren Sturmflut: „Alle Nachbarn hatten Wasser im Haus. Außer die Gastwirtschaft und wir nicht" (ebd., S. 5), und hebt den besonderen Stand, den sie und ihre Familie hatte, mit ausgebautem ersten Stock und als eines von zwei Häusern ohne Wasser im Haus, erneut hervor. In weiterer Folge denken Herr und Frau Thomsen sehr ausführlich darüber nach, dass eigentlich sehr viele Häuser mittlerweile leer stehen. Viele ehemalige Nachbarn haben ihr Haus verkauft und sind weggezogen. Noch mehr sind gestorben oder verwitwet und auch weggezogen zu ihren Kindern aufs Festland. Es wirkt fast wie ein Geisterdorf, alles stirbt aus, auch der Großteil ihrer Freunde ist nicht mehr am Leben, und es kommen kaum Kinder nach, die hier bleiben. Das ist eine Beobachtung, die durchaus der Wahrheit entspricht und mit der schwindenden Einwohnerzahl auf den Halligen bestimmt auch viele andere Langenesser und Oländer beschäftigt. Aber diese Ausführungen nehmen einen nicht geringen Teil des Interviews ein und sind mit der Beobachtung verwoben, dass sie zusätzlich zu den guten Abwehrstrategien auf der Hallig noch einen besonderen Status und besonders viel Komfort erreicht haben. Es könnte dieser thematischen Einbettung eine unbewusste Verknüpfung der beiden Inhalte zugrunde liegen. Ihre besondere und entweder durch Wohlstand oder Glück erlangte Position auf der Warft wird dabei mit ihrem dauerhaften Verbleiben und die schwierigeren Verhältnisse der Nachbarn und Freunde zu solchen Zeiten mit deren allmählichem Verschwinden in Verbindung gebracht. Aufgrund der kontextuellen Verflechtung, der besonderen Betonung des eigenen Sich-Abhebens von den anderen und auch aufgrund des Umfanges, den die Untersuchung der Abwanderung und der Verstorbenen erreicht, ist ein (unbewusstes) Zusammenwirken dieser Anteile wahrscheinlich.

In Vergessenheit gerät keine einzige Sturmflut, wie Herr Thomsen recht plötzlich und unvermittelt klar stellt, indem er seine Frau bei einem ganz anderen Thema unterbricht: „62, 76! Dann haben wir 80 haben wir gebaut. 81 war dann eine Sturmflut und 90 war eine Sturmflut. Und jetzt voriges Jahr hier die, wie hieß die noch?" (Thomsen, Johann 2014, S. 4). Damit wäre ein wichtiger Punkt angesprochen, nämlich die Herausbildung einer lokalen Bedrohungstradition (Hugger 1990, S. 25–36), die sich als Folge von wiederholten Konfrontationen und Auseinandersetzungen mit extremen (Natur-)Ereignissen versteht. Darauf zurückzuführen sind auch Aussagen anderer Halligbewohner, wie sie bereits zitiert und benannt wurden, z.B. jene über die gute, erreichte, allgemeine Sicherheit, zugleich aber das Fehlen einer absoluten Sicherheit, das ständige Leben mit einer gewissen Unsicherheit und Bedrohung (vgl. dazu u.a. Hayen und Jensen). Auf der Hallig ist eine

Bedrohungsvergessenheit, wie sie sich „im schleichenden Verfall substantieller Sekurisationselemente" (Hinrichsen/Johler/Ratt 2014, S. 70) äußert, kaum möglich. Schon alleine das alljährliche Landunter, das mehrmals jeden Winter die gesamte Landschaft unter Wasser setzt, hält ein gewisses Gewahrsein und Bewusstsein in den Bewohnern wach und erinnert mit eindrucksvoller Deutlichkeit an die allgegenwärtige Nähe des Meeres. Jan Assmann beschreibt dergleichen als Elemente des kulturellen Gedächtnisses (2013, S. 56f., 59ff., 177–195). Dazu passend weist Frau Thomsen, die auf Langeness geboren wurde und aufgewachsen ist, auf einen besonderen Pfahl hin, der dort an der Ketelswarft steht und an dem die Wasserstände einiger Sturmfluten angezeichnet sind.

Abb. 12: Pfahl mit Sturmflutwasserständen auf Langeness

An die beiden letzten Sturmfluten Christian und Xaver kann sich Herr Thomsen noch deutlich erinnern, denn, da schließt er sich den Aussagen der anderen Interviewpartner an, eine solche Windstärke hatte es bisher nicht gegeben:

> „Die erste, da war, so einen Wind habe ich noch nicht erlebt. So starke Orkanböen waren das. Wenn man hier rausguckte, man konnte nichts sehen. Das war nur, also wenn es schneit. Alles weiß von Gischt. [...] Also nach dem Wind, wenn die Flut voll [...] aufgeprustet wird, dann hätten wir ganz viel Wasser gekriegt. Aber der Wind ließ nach, und das Wasser war halb die Böschung hoch. Und dann, wenn draußen der Wind dann nachlässt, dann ist der Druck weg, und das Wasser geht wieder zurück. Und bei – wer war erst – Christian oder Xaver? Da haben wir etwas mehr Wasser, aber war keine Gefahr hier. War keine Gefahr, nein" (Thomsen, Johann 2014, S. 5).

Trotz der eindrucksvollen Bilder, die veranschaulichen, wieso eine Bedrohungsvergessenheit wohl nicht so schnell aufkommt, gab es keine akute Gefahr, das Wasser war erst halb so hoch, wie es sein könnte. Die Gewalt der Natur und der See lässt sich quasi direkt vom Fenster aus beobachten, ist hörbar, spürbar und sichtbar und verdeutlicht, mit welchem Gegenüber man es hier zu tun hat. Und trotzdem sind genug Vorkehrungen getroffen, um keiner direkten Gefahr ausgesetzt zu sein. Herr Thomsen fährt fort:

> „Dann denkt man schon nach. Wie wird das wohl gehen hier? Aber so schnell wird man nicht unruhig, nein. Nun haben wir ja auch ziemlich hoch gebaut. [...] Wir haben damals neu gebaut, und dann hatte man schon festgesetzt, die Fußbodenhöhe müssen so und so hoch sein über dem NN, nennt man das. Normalniedrigwasser" (ebd., S. 5).

Ein Bewusstsein für die eigene Situation im Angesicht der wütenden See ist ganz eindeutig vorhanden, Unruhe stellt sich aber kaum ein und Angst schon gar nicht. Man weiß, was man an Maßnahmen getroffen hat, und auch die Vorgaben für die Bauweise – offizielle Anordnungen zur Gewährleistung von Sicherheit – haben für eine Kontrolle von außen gesorgt. Dass diese Anordnung von einer Instanz kam, die sich zu diesem Zwecke wohl ausführlich mit den Gegebenheiten auf den Halligen auseinandergesetzt haben musste, sichert die Situation zusätzlich ab und holt sich dadurch eine Art objektiver Freigabe. In einer Zeit, in der technische Daten und Berechnungen neue glaubwürdige Instanzen sind, kann die eigene Wissens- und Handlungskompetenz durchaus von einer verlässlichen Quelle erweitert werden, um vor mir, als Fremder, und vor sich selbst, der Aussage um bedenkenlose Sicherheit mehr Gewicht und Glaubhaftigkeit zu verleihen.

Eine gewisse Unsicherheit bleibt aber immer bestehen, denn:

> „Man weiß ja nicht. Es ist immer – jede Flut ist anders. Jede Sturmflut ist anders. Es kann mal, wenn dann erst tüchtig weht und man guckt auf den Barometer oder

so, und das fällt, dann kann man sagen so, das beruhigt sich wieder, das wird nicht so doll, aber das kann auch anders um" (ebd., S. 6).

Das lebensweltliche Ordnungsgefüge gerät nie zum Stillstand, wird nie zum starren Gerüst, das die präkatastrophische Realität stagnieren lässt, sondern lebt weiter als dynamische Beziehungskonfiguration, die immer wieder die eigenen Stabilisierungs- und Immunisierungsmechanismen überprüfen und anpassen muss, um auf Unerwartetes vorbereitet zu sein. Es scheint beinahe so, als ob das Bewusstsein darüber, dass man nie zu 100 Prozent vorbereitet ist, da es auch ganz anders werden könnte, einen wesentlichen Teil zur Bedrohungstradition beiträgt – nämlich dazu, dass eine konstante Anpassung aus diesem Bewusstsein heraus stattfindet und daher die bestmöglichen Voraussetzungen, gemeinsam mit einem generellen Gefasst-Sein, geschaffen werden.

Als das Interview seinem Ende zugeht, ich mich für das Gespräch bedanke und das Tonband ausschalten will, fängt Frau Thomsen plötzlich an, von etwas anderem zu sprechen: „Mein Mann war gestern, Soden hat er geholt" (Thomsen, Inga 2014, S. 9). Johann Thomsen (2014) ergänzt: „Wird auch wenig. Wird auch wenig. Das ist ein Salzwassergewächs. Also der braucht Salzwasser, um zu wachsen". Suden sehen aus wie Seegras – dunkelgrüne, leicht durchsichtige und dickere Halme, die gekocht und zubereitet werden. Frau Thomsen zeigt mir die Ausbeute ihres Mannes und wie sie es gemeinsam geputzt und verarbeitet haben. Sie erklärt mit einiger Begeisterung: „Und die schmecken schön nachher. Die friere ich jetzt so ein. Immer so in Bündeln. [...] Ja. Und dann mit ein bisschen Sahne bei, und dann gibt es ein Spiegelei zu. Das ist ein Mittagessen für uns" (2014, S. 10). Früher war die ganze Hallig voll davon, jeder hatte genug, aber jetzt gibt es das nur noch sehr selten, es ist kaum genug für die Gänse da, die das auch gerne fressen. Suden wächst an der Grabenkante, an der Halligkante, wo es zwischen häufig überspülter Erde und Salzwasser einen besonderen Lebensraum gefunden hat, fast wie die alteingesessenen Bewohner von Oland, zu denen sich Inga und Johann Thomsen zählen. Auch sie waren einst viel mehr, ein ganzes belebtes Dorf, und heute sind die dauerhaft auf Oland lebenden Menschen beinahe an einer Hand abzuzählen. Der besondere Lebensraum zwischen Erde und Salzwasser scheint auch für viele Oländer zu schwierig geworden zu sein. Das könnte ein Grund sein, weshalb Frau Thomsen gerade dieses Thema noch zum Ende des Interviews aufgreift. Denn wie sie schon bei dem Verschwinden der Nachbarn und deren stärkerer Betroffenheit unbewusst eine Verbindung hergestellt hatte, besteht womöglich eine ebensolche Verbindung auch zwischen den seltenen Suden und den verbliebenen Oländern – zwei der wenigen Lebensformen, die mit den schwierigen Bedingungen des Lebensraumes noch umzugehen wissen und hier eine Nische gefunden haben. Ein weiterer Aspekt des Themas und seiner Dringlichkeit könnte die Botschaft sein, dass sie, die hartnäckigen und zähen Oländer, die es bis heute geschafft haben zu bleiben und zu überleben, sich mit ihren Bedürfnissen direkt an die umliegende Natur wenden. Sogar im feuchten, nassen Schwemmland, und direkt an der Kante der Hallig, kann man Essbares finden und mit der entsprechenden Kenntnis auch sehr gut zubereiten. Nach Erzählungen über die Schwierigkeiten des Lebensraumes, die Sturmfluten, lenkt Frau Thomsen den Fokus auf die vielen Dinge, die jener zur Verfügung stellt. Wenn man damit umzugehen weiß, bietet das Meer, das Salzwasser, einem Nahrung und Ressourcen, die nur in dem Zwischengrenzland existieren, da sie gerade ein solches Zwischengrenzland zum Existieren brauchen. Also auch wenn Sturmfluten die Bewohner zu einer gewissen Anpassung und Vorsicht nötigen, so gibt die Nordsee auf der anderen Seite auch, versorgt und entschädigt für die Strapazen – ein primärobjekthaftes Beziehungsangebot. Die Nähe zur Natur und das direkte, unmittelbare Leben in der Natur werden auch hier wieder als wesentliche Elemente des Lebensstils der Halligbewohner ersichtlich.

4.3.2 Mattes Andresen – Vom Fluch des Deichs und vergessenen Göttern

Als ich auf Langeness keinerlei Kontakt zu jemandem aus Oland herstellen oder erfragen konnte bzw. keiner einen hatte oder weitergab, blieb mir nichts anderes übrig, als mich ins Ungewisse aufzumachen – zu Fuß etwas über eine Stunde über den schmalen Lorendamm durch das Meer. Oland wirkte sehr idyllisch und friedlich, aber fast etwas zu ruhig – eine Weile war keine Menschenseele zu sehen. Es gab nur eine Warft, auf der alle Häuser in kreisförmiger Anordnung um einen zentralen Fething standen. Auf die Warft zu gehen, einen kurzen, steilen Hügel hinauf, wirkte fast, als würde man in einen zusammengehörigen Hof treten, wo man nichts verloren hatte. Bis auf vereinzelte Zäune war keine klare Grenze zwischen den Häusern und Grundstücken erkennbar, es war nicht ersichtlich, ob es sich um Wirtschaftsgebäude, Ställe oder doch um separate Haushalte handelte, und man wurde das Gefühl nicht los, in einen privaten Raum einzudringen, eine unsichtbare Grenze zu überschreiten. Auf dem kleinen Platz in der Mitte der Warft war ein Orientierungsschild, und darauf erkannte man eine Kirche, einen Friedhof, eine Schule, die in jeweils 5 Meter Entfernung nebeneinander standen. Die Schule war alt und verlassen, es wurden wohl keine Kinder mehr hier unterrichtet. Stattdessen aber bog ein älterer Herr um die Ecke und musterte mich mit funkelnden Augen. Mattes Andresen war der erste Oländer, dem ich begegnete. Klein, vom Leben gezeichnet, und mit einem sehr direkten, fast herausfordernden und lebhaften Blick, lud er mich sogleich in das alte Gebäude ein, in dem er gesammelte Objekte ausgestellt hatte. Ich fragte ihn, ob er von Oland sei, und ob er die Flut von 1962 miterlebt hätte, was er bestätigte. Nachdem ich ihm mein Forschungsinteresse dargelegt hatte, war er gerne zu einem Interview bereit, was wir auch sofort in die Tat umsetzten.

Wie sich gleich zu Beginn herausstellte, war Herr Andresen bei der Sturmflut selbst nicht auf der Hallig gewesen, da er eine Lehre an der Küste absolvierte. Er versuchte an diesem Abend aber zu telefonieren, Eltern und Familie waren ja hier – was aufgrund des Sturmes aber nicht mehr möglich war. Am nächsten Morgen machte er sich sogleich auf den Weg nach Oland:

> „Und dann am nächsten Tag bin ich rübergefahren und habe dann vorher angerufen, weil die ganzen, was hier so gebraucht wurde. Brot und Kerzen, der Strom war weg. Und diese Dinge. Das wurde dann ja gebraucht. Und Brot und das habe ich dann alles auf eine Lore gepackt. Den Mast runtergenommen von dem Segel, weil das zu viel Windfang war. Das war ja immer noch so ein Sturm" (Andresen 2014, S. 1).

Herr Andresen übernimmt also die Erstversorgung nach der Sturmflut auf eigene Faust und versorgt die Bewohner von Oland mit dem Nötigsten. Er lädt Brot und Kerzen, und alles, was akut gebraucht wird, auf eine Lore, und fährt über den Damm auf die Hallig. Im Weiteren beschreibt er hauptsächlich die unmittelbaren Folgen der Sturmflut, die er sieht, als er am nächsten Morgen auf die Hallig kommt. Es ist ein trauriges Bild. Alle Zäune zwischen den Häusern sind weg, das Brennholz, auf das die Bewohner angewiesen sind, ebenso, die Wege und Türen sind dafür teilweise nicht mehr zugänglich, da sich Holzpfähle oder Schilder darin verkeilt haben. Ganze Gebäude und Schuppen sind verschwunden, von der Wasserkraft fortgerissen, und die Ställe stark beschädigt. Vor allem die Tiere seien aber in so einem Fall zu beobachten, denn ihnen merkt man an, was eigentlich passiert ist, meint Herr Andresen: „Und eben, wie gesagt, die Tiere merken das. Oder die beiden Hunde. Die lagen den ganzen Tag unter dem Sofa, waren nicht wieder rauszukriegen. Und da muss man eigentlich mehr drauf achten" (ebd., S. 1). Eine weitere Besonderheit der Tiere findet Erwähnung, die aber nicht weiter erklärt wird:

> „Ja, und dann der Stall war eingeschlagen. Und dann vier so große Ochsen, die waren ertrunken. Und die Kühe haben wohl so viel Kraft gehabt, da waren drei Kühe, glaube ich, so viel Kraft gehabt, die hatten sich losgerissen! Und hatten sich in der Ecke da bei der Zisterne, war so eingemauert, [gehalten]" (ebd., S. 1).

Auf die Frage, ob seiner Familie etwas passiert sei, winkt Mattes Andresen ab:

> „Nein. Nein, ich denke, insofern haben wir hier eigentlich Glück, denn wenn tatsächlich mal das wieder so kommen sollte, dann wäre ich lieber hier wie in Eiderstedt. Denn wenn es hier lebensgefährlich wird für die Menschen, dann brechen dort die Deiche" (ebd., S. 2).

Das ist eine spannende Behauptung, die eine kausale Beziehung zwischen der Nordseeküste und den Halligen impliziert. Sind die Halligen bzw. die Menschen dort wirklich in Gefahr, brechen zuerst an der Küste die Deiche. Ob es sich wirklich so verhält, ist nur schwer überprüfbar – Fakt ist jedoch, dass es sich im Februar 1962 tatsächlich so verhalten hat, dass durch einen Deichbruch am Festland die Wassersäule auf den Halligen gefallen ist, noch bevor ein wettertechnisches oder Gezeiten bedingtes Fallen des Wasserpegels eintreten hätte sollen. Bedenkt man die Familie, die sich auf Langeness mit dem Säugling gerade noch auf das Dach eines Heudiemens retten konnte, der auch schon unter Wasser stand und unter der Flut und dem Sturm zusammenzubrechen drohte, kam der Deichbruch und mit ihm die frühzeitige Entschärfung der Situation vielleicht wirklich in letzter Minute, bevor der Heudiemen endgültig zusammengebrochen und die dreiköpfige Familie ertrunken wäre. In diesem Fall würde es sich tatsächlich so verhalten, wie Mattes Andresen es in seiner vollmundigen Aussage behauptet. Auf die Deiche an der Küste bezogen führt er weiter aus:

> „Die halten den Druck nicht mehr aus. Und dann läuft das hier weg. Und wir haben nur den Wasserstand eine Minute lang auf dem Höchststand, und dann ist alles wieder weg. Aber die anderen da hinter dem Deich, die liegen da hinter dem Meeresspiegel, und die können sich nicht mal mehr auf den Schornstein retten. Und hier ist das danach auch, das hat mein Onkel noch in Bewegung gebracht, [...] Mats Andresen, dass in jedem Haus diese Fluchträume reinkommen. Die Betonbunker. Und also, wenn die da rein müssten, ich glaube dann brauchst du bis Hamburg keine Leute mehr suchen" (ebd., S. 2).

Sobald also der Druck des Wassers so hoch sein würde, dass auf den Halligen tatsächlich Gefahr für die Menschen herrschte, würden die Deiche nicht mehr standhalten, und wenn die Deiche brächen, würde das Wasser auf den Halligen zurückgehen. Das würde bedeuten, dass in jedem Fall ein Deich bricht, bevor die Halligen wirklich gefährdet sind, folglich dass die Küste mit ihrem Versuch, die See abzuwehren, dem Konzept des Lebens im und mit dem Meer immer unterliegt. Die Menschen an der Küste sind „da hinter dem Deich", so die Worte von Mattes Andresen, und nicht nur das, sie liegen auch „da hinter dem Meeresspiegel". Es ist möglich, dass er stattdessen „unter dem Meeresspiegel" gemeint hat, da das in diesem Fall eine gängigere Formulierung wäre und das Land hinter dem Deich auch teilweise unter Meeresspiegel-Niveau liegt. Es könnte sich aber ebenso um eine sprachliche Fehlleistung im Sinne Sigmund Freuds (1901; 1916–1917, S. 18–78) handeln, bei dem ein zugrunde liegender, eigentlicher Gedanke unwillkürlich ersichtlich wird und im Redefluss hervortritt. Gesagt wurde nämlich tatsächlich „hinter dem Meeresspiegel", was bedeuten würde, dass nicht die bereits bekannte Tatsache des niedrigen Siedlungsniveaus bei der Gefährdung durch schwere Sturmfluten zum Tragen käme, sondern vielmehr die Lage abseits vom Meer, hinter dem Deich, fern von und *hinter* dem Meeresspiegel. Dies stellt einen Unterschied zwischen Nordseeküste und Halligen dar, der im Laufe der Arbeit auch immer wieder zutage getreten ist, nicht nur in Hinsicht auf die Sturmflutbedrohung und den Umgang damit, sondern auch bezogen auf den damit verbundenen besonderen Lebensstil und die spezifischen Grenzziehungen. Während die Küstenbevölkerung hinter einem imposanten, mächtigen Grenzwall abgeschirmt von Meer und Gezeiten ihr Dasein in vermeintlicher Sicherheit fristet, liegen die Halligen inmitten des bedrohlichen Elements vorwiegend ungeschützt. Es handelt sich also um ein Moment, das Mattes Andresen mitverantwortlich macht für ihre wörtlich prekäre Lage. Die Entfremdung von der Natur und deren Bewegungen, die das Leben im Allgemeinen vielleicht erschweren und eine erhöhte Anpassung notwendig machen, sorgt hier für einen Zustand, der im Notfall der Kraft des Meeres nicht standhalten kann. Das trifft nicht nur auf die Küstenbevölkerung zu, sondern auch auf jene weiter im Landesinneren: „Hier drüben ist ja kein Mensch ersoffen. Sondern in Hamburg" (ebd., S. 3). Diese Aussage von Mattes Andresen fügt sich an die latente Bedeutung der vorherigen an, indem wiederum ganz klar festgestellt wird, dass auf den Halligen nicht ein Mensch sein Leben in der schweren Flut gelassen hat, am Festland jedoch schon, sogar eine beachtliche Anzahl. Er geht sogar so weit zu sagen, dass, wenn die Stahlbeton, Schutzräume auf den Halligen wirklich einmal zum Einsatz kommen sollten, man von der Küste bis nach Hamburg keinen Menschen mehr suchen müsste, weil dann alle ertrunken wären.

In diesen Aussagen Mattes Andresen wird auf besondere Weise ersichtlich, wie sich ein bedrohliches Naturereignis (auf den Halligen) zu einer absoluten Naturkatastrophe (an der Küste) entwickelt und wie die Entfernung von der Natur und der Rückzug *hinter* den Meeresspiegel zu einer bemerkenswert höheren Vulnerabilität führen. Doch kommen wir nun zu einem anderen Aspekt, den Herr Andresen wieder in ähnlicher Manier – nämlich im Vergleich zum Festland – hervorhebt. Er spricht von seinen vielen Tätigkeiten und Aufgaben, die er auf Oland zu erfüllen hat und mit denen er die Gemeinde unterstützt, und von den Ausflügen an die Küste, die er von Zeit zu Zeit unternimmt. Diese Ausflüge haben eine interessante Konnotation: „Und wenn ich dann Lust habe, dann fahre ich mal wieder ein paar Tage aufs Festland in die Zivilisation. Ja, ich sage, ich fahre jetzt wieder hin und kann mich mit warmem Wasser waschen" (ebd., S. 5). Herr Andresen lacht nach diesem Satz, da er sich im Klaren darüber zu sein scheint, das, was er ausdrücken wollte, etwas überzeichnet dargestellt zu haben. Es besteht jedoch kein Zweifel, dass er genau das ausdrücken wollte, denn er fährt fort:

> „Wie wir Strom kriegten, das war hier drüben […], und die Nachbarn, die waren schon etwas älter. Sie hatte die ganzen Steckdosen voll Zeitungspapier gesteckt. Sie meinte, der Strom lief weg. […] Ja. Konnten die auch nicht wissen. Und dann war sie immer zum Zähler und hat geguckt, und wenn der ordentlich lief, meinte sie, wäre alles in Ordnung" (ebd., S. 5).

Was Herr Andresen hier beobachtet hatte, ist keineswegs ein Einzelfall, sondern ein naives Erzählmotiv über technologische Fortschritte unserer Zeit, also Geschichten, die Medien behandeln oder durch besagte ausgelöst werden. Reimund Kvideland fasst dies unter dem Begriff „Media-Lore" zusammen, und fokussiert besonders auf Hörfunk und Fernsehen, die in ihren Anfängen teilweise als „hörend" und „sehend" imaginiert wurden. Er bemerkt an Ende seiner Betrachtungen, dass es sich bei den humoristischen Erzählungen um eine Reflexionsform handelt,

> „die zwischen zwei unterschiedlichen Weltbildern balanciert: einem durch Tradition geprägten Weltbild und dem der Moderne. Modernität wird mittels traditioneller Formen erklärt. So können wir diese Geschichten auch als Verteidigung eines Weltbildes lesen, dem das Supranormale wirklicher als die Technik ist" (Kvideland 2008, S. 383).

In der Aussage im Interviewtext, abgesehen von ihrem humoristischen Wert und ihrer Zugehörigkeit zur „Media-Lore", spiegelt sich eben der Bedeutungsgehalt in einem Beispiel wider, den Mattes Andresen davor schon kundgab. Das Leben auf der Hallig ist vielleicht vieles, aber bestimmt nicht Teil der modernen Zivilisation. Etwas übertrieben ausgedrückt muss man sogar für Warmwasser aufs Festland fahren, quasi um nur annähernd zivilisierte, entwickelte Bedingungen vorzufinden. Dazu kommt, dass die Leute hier auch etwas rückständig sind und wegen der langen Isoliertheit vom Festland und der Modernisierung nicht einmal einen Stromzähler kannten, geschweige denn verstanden. Und der Strom sollte vom Davonlaufen abgehalten werden, indem man Zeitungspapier in die Steckdosen stopfte. Herr Andresen macht deutlich, was seiner Meinung nach das Leben hier ausmacht, abgesehen – oder vielleicht auch gerade wegen – der besonderen Nähe zur Natur. Was er in Bezug auf die Sturmfluten und die Gefährdung auf den so gut in die Naturbedingungen eingebetteten Halligen positiv hervorhob und immer wieder als Vorteil gegenüber des ach so abgetrennten Küstengebiets betonte, hat auch noch andere Seiten. Die Verbundenheit mit der Natur verhindert demzufolge in gewissem Maße die Entwicklung auf vielen anderen Ebenen des Menschseins: Warmwasser, Elektrizität, ein gewisses Verständnis für die Errungenschaften der letzten Jahrzehnte. Die Grundvoraussetzungen für den modernen Menschen im Westen scheinen, laut Andresen, auf den Halligen zu fehlen. Was möchte er aber damit sagen? Wenn wir uns diese zwei Aussagen hintereinander ansehen, fällt Folgendes auf: Die Küste und das Festland unterliegen den Halligen bei Sturmfluten bei weitem – wenn die Situation hier für kurze Zeit brenzlig wird, sind dort schon alle tot. Dafür sind die Halligen rückständig im Entwicklungsstand der Gesellschaft, in wissenschaftlichen, technischen und kulturellen Errungenschaften. Die Nähe zur Natur und der sich daraus ergebende Lebensstil ermöglicht also einen effektiveren Umgang mit Gefahren, die aus der Natur kommen, hält den Menschen aber in seiner Nähe zu ihr in der Entwicklung unten.

Zu Beginn seiner Ausführungen über die Sturmflut wies Herr Andresen auf die Rolle der Tiere während und nach einem solchen Ereignis hin: man müsse da eigentlich ganz besonders darauf achten, da man anhand dessen viel verstehen kann. Nun hat er, bevor er auf die Deichbrüche und die Sicherheit für die Halligen einging, die Kühe und die Ochsen erwähnt, und ihr unterschiedliches Schicksal während der Flut, das bis jetzt irgendwie ohne wirklichen Zusammenhang und Einbezug in den Kontext für sich gestanden hat. Nach den Analysen des darauffolgenden Materials, kann dieses zusammenhanglos für sich Stehende aber durch eben diesen Kontext näher beleuchtet und verstanden werden. Die Ochsen, unter den landwirtschaftlichen Nutztieren sicher die stärksten und mächtigsten, auch größten Vertreter, waren in der Flut ertrunken, während die Kühe, wesentlich kleiner und schwächer, sich losreißen konnten und überlebten. Das ist eine interessante Anmerkung, vor allem wenn man den Grundton seiner darauffolgenden Ausführungen bedenkt – die Überlebenden auf der Hallig und die Toten am Festland. Zusätzlich handelt es sich bei der Landschaftsverbauung an der Küste um ein kolossales, mächtiges und unzerstörbar wirkendes Bauwerk, den Deich, der trotz seiner Wirkung und Stärke der Gewalt des Meeres unterlag. Währenddessen blieben die Halligen – auf den ersten Blick viel schwächer wirkend, ungeschützt und klein – weitgehend verschont; nicht ein einziger Toter war dort zu beklagen. Man sollte also nicht nur im Allgemeinen mehr auf die Tiere achten, wenn man die Situation verstehen will, wie Herr Andresen nahelegt, sondern selbst in seinen eigenen Ausführungen können eben diese Aufschluss geben über ein zugrunde liegendes Phänomen. Es ist im Angesicht der Sturmflut nicht die Mächtigkeit und Imposanz, die dieser standzuhalten vermag, es ist das Losreisen von Fesseln und Begrenzungen, wie es die Kühe taten, um sich an die Flut anpassen, mit dieser mitgehen zu können und durch die Hingabe, nicht das Entgegenhalten, sich selbst zu retten.

Gegen Ende des Interviews erzählt Mattes Andresen noch ein paar Geschichten, die ihm in Erinnerung geblieben sind:

> „Es gibt so Anekdoten, wie die Namen entstanden sind. Oland. [Es] hat sich mal ein Schiff verfahren im Nebel und hat dann plötzlich gesagt, oh, Land! Das ist jetzt aber, das kommt vom alten Land. Oland ist nach den Büchern her die älteste Hallig, die als erstes erwähnt war" (ebd., S. 12).

Die zweite Geschichte bezieht sich ebenfalls auf die Entstehung des Namens einer der nordfriesischen Inseln:

> „Oder so wie Amrum. Der Name Amrum entstand zwischen Föhr und Amrum, [da war] mal so ein kleiner Priel. […] Und wenn man da einen Eimer verkehrt rum reinstellte und darauf trat, dann konntest du mit einem trockenen Fuß nach Amrum kommen. Das war früher auch dichter zusammen. Und dieser Eimer kippte um, und das heißt auf Plattdeutsch Amrum" (ebd., S. 12).

Darüber hinaus bemerkt Herr Andresen:

> „Und dem Captain erzähle ich immer die Älteste [hier] ist die 105 [Jährige]. Ich sage, die Luft ist hier so gesund, wie wir den Friedhof einweihen wollten, mussten wir jemanden erschießen" (ebd., S. 12).

Zwei weitere Geschichten erzählt er nach dem Interview bei Kaffee und Kuchen: Seine Mutter war Hebamme und hatte erst lange nichts zu tun, und dann auf einmal alle Hände voll, was darauf zurückzuführen wäre, dass alle Kinder bei Landunter gezeugt wurden, da dann tagelang nichts anderes zu tun war. Und als er eines Tages mit dem Kapitän der „Störtebeker" auf dem Meer unterwegs war, trug sich eine ganz sonderbare Begebenheit zu, denn er sah den riesigen Schwanz eines Meeresungeheuers oder eher einer Schlange, der so groß war, dass er durch eine kleine Bewegung die See zum Toben brachte und einen gewaltigen Wellengang verursachte, und als sie nach Hause kamen, gab es ein Landunter.

Hierbei stechen mehrere Dinge sofort ins Auge: Während des Interviews erzählte Herr Andresen drei Geschichten, zwei über die Entstehung der Namen Oland und Amrum (zweite vereint die beiden Erzählformen Sage und Schwank), eine über die gute Luftqualität auf Oland. Alle drei wirken wie Geschichten, die man sich vielleicht früher erzählt hat und die allgemein bekannt waren, nicht jedoch von Mattes Andresen selbst erlebt oder erschaffen wurden. Ihnen ist ein humoristisches Element gemein. Die zwei Geschichten, die Herr Andresen nach dem Interview bei Kaffee und Kuchen erzählt, eine Einladung, auf die er damals bestand, sind ebenso wie die Art der Unterhaltung wesentlich persönlicher. Es handelt sich in beiden Fällen um eigene Erfahrungen und Erlebnisse, die im Laufe des Interviews von ihm nicht als objektiv genug empfunden wurden, und außerdem nicht auf die Definition „Geschichte" passen, da es sich hierbei für Herrn Andresen um reale Begebenheiten, und nicht erheiternde Konstruktionen, also Geschichten handelt. Weiters fällt auf, dass keine einzige Geschichte oder persönliche Geschichte bzw. Erinnerung sich auf eine Sturmflut oder ein damit zusammenhängendes Erleben bezieht, eine Tatsache, die in einer derart in Sturmfluterignisse eingebetteten Landschaft doch verwunderlich erscheint. Das kommt daher, dass von außen betrachtet dieses bedrohliche Element eigentlich reichlich Stoff für eine erzählerische Verarbeitung bieten sollte, dies aber augenscheinlich nicht so ist. Es wäre vorstellbar, dass es keinen schlagenden Bedarf gibt, Sturmfluterignisse auf diese Weise aufzuarbeiten, da sie nicht in die bestehende Ordnung hereinbrechen und keine existenzielle Zäsur verursachen. Sie gehören vielmehr zur Ordnung dazu und müssen nicht extra in Form von Sagen oder Mythen thematisiert werden.

Wieso gerade diese persönlichen Geschichten erzählt werden, kann daher rühren, dass in der Küche, wo wir saßen, ein Bild seiner Mutter hing und mit der noch im Untergrund des Bewusstseins schwelenden Frage nach Geschichten diese erinnert wurde. Des Weiteren konstituierte dann die erste die zweite, indem das gemeinsame Element Landunter, das einerseits der Grund für die vielen zeitgleichen Geburten, andererseits die Folge seiner Beobachtung zu sein schien, zu einer Erinnerung durch Ähnlichkeit führt (vgl. Rosenthal 1995, S. 146). Thematischer Ähnlichkeit wird dabei immer mehr Gehalt zugeschrieben als räumlicher oder zeitlicher Nähe der Ereignisse.

Bevor wir nun zu unserem dritten und letzten Interview auf Oland voranschreiten, sollte der letzten Geschichte noch gesondert Aufmerksamkeit geschenkt werden. Wie Mattes Andresen erzählt, war er mit dem ehemaligen Kapitän der „Störtebeker", von dem ebenfalls ein Bild an seiner Küchenwand hängt, öfters auf dessen Schiff unterwegs. Über die Relation zu dem Kapitän könnten an dieser Stelle Überlegungen angestellt werden, sie sind aber für die weiteren Ausführungen und das Verständnis der Geschichte nicht von Belang und werden daher ausgespart. Eines Tages wurde die übliche Arbeit auf dem Schiff aber durch eine bemerkenswerte Beobachtung des Jungen unterbrochen. Seine Beschreibung geht von der eines Meeresungeheuers über zu der einer Schlange. Die Spitze des Hinterteils, die er zu sehen meinte, hatte eine gewaltige Bewegung der See zur Folge – sie verursachte Wellenberge und tobendes Wasser, in weiterer Folge sogar ein Landunter auf den Halligen. Wenn diese Schwanzspitze schon solche Folgen nach sich zog, konnte kaum erahnt werden, was ein wirkliches Aufbäumen dieses Ungeheuers bedeuten würde! Was immer Mattes Andresen gesehen haben mag, spielt nicht wirklich eine Rolle, denn was zählt, ist die Verknüpfung des Gesehenen – ob es nun eine Schlange, ein Ungeheuer oder die Flosse eines sehr großen Fisches war – mit den Folgen, dem stürmischen Meer, dem Anstieg des Wassers. Denn auf der einen Seite ist es eine Erklärung, eine kausale Aneinanderreihung von Ereignissen eines kleinen Jungen, auf der anderen Seite ein Motiv, das sich auch anderswo findet. Einen Überblick über die Art, wie sich die Beschäftigung mit Seeungeheuern im Laufen der Geschichte entwickelte, gibt der US-amerikanische Meeresbiologe Richard Ellis, der damit einen wesentlichen Beitrag zur Kryptozoologie leistet. Er beschreibt eine Kontinuität einschlägiger Vorstellungen, aber auch deren Wandelbarkeit durch Diskursivierung, ebenso wie konkrete Beispiele von dem Monster von Loch Ness über Seeschlangen-Sichtungen, Haie, Wale und Kalmare gigantischen Ausmaßes. Immer wieder findet sich eine überzeugende Argumentation dafür, dass hinter Sichtungen riesiger Seeungeheuer der Riesenkalmar stecken könnte (vgl. ausführlicher dazu: Ellis 1997). Für den hier vorliegenden Fall der vermeintlichen Sichtung einer Seeschlage oder einer riesigen Schwanzflosse, die das Meer in Aufruhr versetzte, müssen wir aber erstmal näher an der Lebensrealität des Erzählers nach möglichen Einflüssen und Erklärungen suchen.

Als wahrscheinlichste Quelle und Inspiration für Mattes Andresens Erinnerung wäre die Ballade „Trutz, Blanke Hans" Detlev von Liliencrons (1844–1909) zu nennen. Es handelt sich dabei um eine populäre Ballade, welche die Rungholt-Flut (s.u., Exkurs nach Kap. 4.3.3), eine schwere Sturmflut im Gebiet der deutschen Nordseeküste und der Halligen, thematisiert und sehr häufig im Schulunterricht durchgenommen wird. In dem Gedicht ist die Rede von einem „Ungeheuer" (Liliencron 1977, S. 130), einem „Untier" (ebd.), das mit seiner „Schwanzflosse" (ebd.) spielt, die Wellen aufpeitscht und für eine gewaltige Flut sorgt, indem es sich am Meeresgrund wälzt. Eine gewisse Ähnlichkeit zur Geschichte Mattes Andresens ist kaum abzustreiten und kommt am ehesten als Einfluss infrage, da sich die Ballade an der Nordsee tatsächlich großer Bekanntheit erfreut. Es ist davon auszugehen, dass sie Herrn Andresen bekannt ist und auch, dass ihre Inhalte sich durch deren Bezug zur eigenen Identität im Gedächtnis abgelegt haben.

Eine weitere Möglichkeit der Argumentation findet sich vor allem in religiösen Motiven. Um aber einen Bezug zu derartigen Einflüssen zu überprüfen, unternehmen wir vorerst einen kurzen Exkurs in die Sozialanthropologie und richten das Augenmerk auf das Konzept des Elementargedankens, mit welchem sich vor allem der Gründervater der deutschen Ethnologie, Adolf Bastian, beschäftigte. Im Rahmen seiner Überlegungen zum menschlichen Werdegang entwickelt er eine Unterteilung der Gesellschaft in drei Abschnitte, deren erster eben die Idee der Elementargedanken beschreibt – die Entstehung der zugrundeliegenden Muster und Ideen in einer Gesellschaft. Die Kultur- und Sozialanthropologin Marie-France Chevron beschäftigt sich in ihrer Monografie zur Anpassung und Entwicklung im Kulturwandel (2004) ausführlich mit dem Werk Bastians und dessen Bedeutung für die gegenwärtige Völkerkunde. Sie zeigt ebenso auf, dass sich im Sinne des Elementargedankens auch kollektive Vorstellungen in einer Gruppe oder Gesellschaft bilden. Bastians These geht von einer Art Grundgedanken aus, die bei allen Völkern und in allen Gesellschaften vorkommen und sich nur in geringem Ausmaß voneinander abheben. Er vertritt damit die Einheit der Menschheit und des menschlichen Geistes (vgl. ausführlicher zu Bastian und seinen Lehren: Seidensticker 1977, Sp. 1324–1327; siehe auch zu Elementarformen des sozialen Verhaltens: Klaus E. Müller 1987). Seine Ideen werden auch in der neueren Literatur der Sozialanthropologie weiter verfolgt und ausgebaut, so zum Beispiel in der Monografie „Was ist den Menschen gemeinsam?" (2007) des Bonner Ethnologen Christoph Antweiler. Antweiler spricht von „Universalien", wenn er auf die Gemeinsamkeiten zwischen den Kulturen aufmerksam macht, die es ob der faszinierenden Vielfalt kultureller Varianten und Diversität nicht zu übersehen gilt:

„Es existiert eine enorme Vielzahl zwischen und innerhalb der Kulturen der Menschen, aber es gibt dennoch viele Phänomene, die in allen Gesellschaften regelmäßig vorkommen. Diese Universalien sind teilweise in der Biologie des Menschen begründet, teils haben sie aber auch andere, soziale, kulturelle und systemische Ursachen" (ebd., S. 10).

Die Essenz, die wir aus diesen überblickhaften Überlegungen der Sozialanthropologie entnehmen, ist die kollektive Vorstellung, der Elementargedanke, der sich trotz vieler Unterschiede der Kulturen immer wieder findet und auch in unterschiedlichen Gesellschaften zutage tritt. Abgesehen von der räumlichen Universalität gewisser Vorstellungen oder Phänomene könnte auch die zeitliche Komponente mit derselben Theorie begründet werden. Das würde bedeuten, dass sich Elementargedanken, Vorstellungen, die der Menschheit kollektiv zugrunde liegen, auch über die Zeit halten und in regelmäßigen Abständen immer wieder vorkommen.

Damit gehen wir über zu religiösen bzw. christlichen Motiven, die bezeugen, dass Vorstellungen von Seeungeheuern schon sehr früh und in anderen Kulturkreisen verbreitet waren bzw. existierten – womit auf die Möglichkeit eines Elementargedankens hingewiesen werden kann. In der Bibel etwa findet sich die Darstellung von der Urwasserschlange Tannin – aus dem Hebräischen für Schlange, Seemonster oder Seeungeheuer – die als Repräsentant der göttlichen Gegenwelt, also als Symbol der Bedrohung der Gesellschaft, das Chaos verkörpert (vgl. Frey-Anthes 2008, 3.2). Eine weitere Gestalt aus der jüdisch-christlichen Mythologie ist Leviathan, hebräisch „der sich Windende", der ein Seeungeheuer mit Zügen eines Krokodils, einer Schlange, eines Drachen und eines Wals verkörpert. Detailliert wird Leviathan im Buch Hiob (Ijob 40,25ff.26, Katholische Bibelanstalt 2016) als bösartiges Seemonster beschrieben und im Mittelalter mit dem Teufel gleichgesetzt, aber auch mit Chaos, Zerstörung und Sündhaftigkeit des Menschen. Das mythologische Motiv wurde häufig in literarischen oder filmischen Verarbeitungen aufgegriffen, so etwa in Heinrich Heines Gedicht „Disputation" (1851, S. 261283), im Roman „Moby Dick" von Herman Melville (1851) oder in diversen Horror-, Dokumentar- oder Fantasy-Filmen und Serien (z.B. Fantasy-Serie Supernatural). Derartige Einflüsse des Christentums sind nicht nur durch die katholische und protestantische Sozialisation möglich, sondern besonders auch durch die Verarbeitung des biblischen Stoffes in zeitgenössischen Medien. Durch die andauernde Konfrontation mit dem Meer und seiner Gewalt noch verstärkt, könnte eine kollektive Vorstellung in Form eines Elementargedankens bestehen und das Motiv der Riesenseeschlage sich so über die Zeit und in unterschiedlichen Gesellschaften, so auch bei den Halligbewohnern, gehalten haben.

Eine weitere Ähnlichkeit des Motivs findet sich auch wieder in der germanischen Mythologie und ist in einer der wenigen schriftlichen Quellen dieser, der Edda des Snorri Sturluson, beschrieben:

> „Hrym kommt von Osten, hebt den Schild vor sich;
> es windet sich Jörmungand in Riesenzorn;
> die Schlange schlägt Wellen, der Adler wird schreien;
> den Toten reißt der Neumondfahle, Naglfar ist los" (Sturluson 1997, S. 75).

Wie bereits an früherer Stelle darauf hingewiesen, handelt es sich bei Jörmungandr um das altnordische Wort für die Midgardschlange oder Weltenschlange, die im Ozean lebt und die Welt, also Midgard, in diesem liegend, umspannt. Sie ist eine der drei germanischen Weltfeinde und wird in der direkten Wortbedeutung auch mit gewaltigem Ungeheuer übersetzt. In diesem Auszug aus der Edda wird nun die Götterdämmerung beschrieben, der Untergang der Welt, zu dem auch die Riesenschlange ihren Teil beiträgt. Sie windet sich im Riesenzorn und schlägt die Wogen und die Wellen in die Höhe, peitscht die Brandung mit ihrem Schwanz, wodurch eine große, die größte Flut entsteht (vgl. Herrmann 2011, S. 345), die in weiterer Folge zum Untergang der Welt führt.

Auch wenn in diesem Rahmen keine eindeutige Antwort auf die Frage geliefert werden kann, woher Herrn Andresens Assoziationen kommen, steht außer Frage, dass eine gewisse Ähnlichkeit zwischen den Elementen der Bedeutungszuschreibung des Erlebnisses eines Jungen, dem Seeungeheuer der Ballade Liliencrons, der christlichen Vorstellung einer Urwasserschlage oder des Leviathan und mythologischen Motiven besteht. Der deutsche Ethnologe Klaus E. Müller zieht im Rahmen seiner Monographie „Die Siedlungsgemeinschaft" (2010a) auf Grundlage vorhochkultureller Dorfgesellschaften, die sich aufgrund ihrer kulturellen Gemeinsamkeiten als Modellgruppen eignen, Rückschlüsse auf komplexe Hochkulturen und Gesellschaften. Er untersucht die verschiedensten Ausdrucksformen und Ausdrucksbereiche von Kultur, Gruppenverhalten und Vorstellungsbildungen und leitet daraus Thesen der Entwicklung ab. In seiner Untersuchung der natürlichen Welt stößt er auf Gedankengut, das Wechselwirkungen, metamorphische Kräfte und Mutationen mit Grenzgebieten und Übergangsbereichen in Verbindung bringt (vgl. S. 269). Die Halligen als Landschaft zwischen den Elementen wären aus dieser Perspektive der Inbegriff eines Grenzgebietes und Übergangsbereichs, nicht nur naturräumlich, sondern ebenso die Besetzung und die innere Bewertung der Menschen betreffend. Seinen Untersuchungen zufolge finden sich „dem Kosmos *Sonderräume* eingelagert […] wie die Tiefen des Ozeans, Höhlen und das Innere von Bergen, speziell Vulkanen, in denen Urmonster, etwa in Drachengestalt, hausten" (ebd., S. 269270). Außerdem beschreibt er „die Scheidung von Wasser und Erde", das „,Ende der Welt' […], den Ozean mit seinem ungenießbaren, salzigen, *lebensfeindlichen* Wasser. Alle diese Gewässer waren von Dämonen oder primordialen Monstern bewohnt" (ebd., S. 270). Die Überlegung, dass es sich bei kontextunabhängigen Konstanten des Kollektivverhaltens, wie Müller (S. 12) es bezeichnet, um einen Elementargedanken handelt, der, laut Antweiler (2007, S. 10), in unterschiedlichen Ursachen des Menschseins begründet ist, scheint angebracht zu sein. Eine tiefere Auseinandersetzung mit dieser Frage müsste aber im Zuge einer sozialanthropologischen Untersuchung vorgenommen werden, die den Rahmen der vorliegenden Arbeit sprengen würde.

4.3.3 Jan Petersen – Entstehen und Vergehen. Im ewigen Wandel

„Von der Nordsee, der Mordsee, vom Festland geschieden,
liegen die friesischen Inseln im Frieden,
und Zeugen weltenvernichtender Wut,
taucht Hallig auf Hallig aus fliehender Flut."

Detlev von Liliencron, Trutz, Blanke Hans (1977, S. 130f.)

Jan Petersen und seine Frau Wibke Petersen betreiben ein kleines Restaurant auf Oland und schenken Kaffee auf ihrer Terrasse aus, hauptsächlich für die eigenen Gäste, glücklicherweise aber auch für „Tagesgäste" wie mich. Wibke Petersen, die ich zuerst kennenlernte, ist nicht gebürtig von Oland oder den Halligen, und sie wollte auch nicht auf Tonband aufgenommen werden, obwohl sie gerne mit mir über das Leben auf der Hallig und über Sturmfluten sprach. Sie verwies mich an ihren Mann, Jan Petersen, der an diesem Tag zwar leider nicht zuhause war, den ich aber im Laufe der Woche telefonisch erreichen konnte und der auch in ein Interview einwilligte. Also machte ich mich einige Tage später abermals auf den Weg über den langen Lorendamm und traf ihn in seinem Garten zu einem Gespräch.

Das Erleben von Sturmfluten haben wir in diesem Interview schnell besprochen, denn allzu viel gibt es dazu nicht zu erzählen. Bei der Sturmflut von 1962 war

Herr Petersen 14 Jahre alt, und was ihm als einziges wirklich im Gedächtnis geblieben ist, ist ein Schweinchen:

> „Nachher hatten wir noch zwei Schweine da, eines war 'n bisschen zurück, war 'n bisschen verkrüppelt, da dachte Vater, dass der wohl – absaufen kann oder was. Für die andern, für das Gute da hat er dann noch ne Pritsche gebaut, und dann war eh alles. Dann warn wir ganz erstaunt, dass wir die Nacht im Wasser dann im Stall gingen und das kleine Schweinchen lebte dann auch noch" (Petersen 2014, S. 1).

Damals wurde keine Rücksicht auf den Nachteil des Schweinchens gegenüber den anderen Schweinen genommen, im Gegenteil: Da es nicht so gesund und leistungsfähig war wie die anderen, wurde es den Fluten überlassen, während die gesunden oder die „guten" Schweine einen Schutz in Form einer Pritsche bekamen. Doch zu jedermann Überraschung lebte das kleine zurückgebliebene Schweinchen nach dieser Nacht noch und war keineswegs ertrunken, auch ohne Schutz. Als Kind können solche Begebenheiten durchaus eine Wirkung haben, die sich einprägt, offenbar mehr einprägt als irgendetwas anderes von jener Nacht. Da wäre zuerst das Gefühl, dem Schweinchen vielleicht helfen zu wollen: Mitleid und Ohnmacht, während man um die Not des Tieres weiß. Gleichzeitig aber die innere Regung, sich an der Position des Vaters, besonders als 14-jähriger Junge an der Grenze zum Erwachsen werden, zu orientieren. Umso größer die Erleichterung am nächsten Morgen, als das Schweinchen noch lebte, und man nicht vor sich selbst eine durch diesen inneren Konflikt ausgelöste Tatenlosigkeit zu verantworten hatte. Was diese Erinnerungsepisode außerdem verdeutlicht, ist eine gewisse Verschonung der Schwachen und Hilflosen. Die gesunden Schweine haben einen zusätzlichen Schutz gebraucht, das kranke und verkrüppelte Schwein hat auch ohne diesen überlebt – die Flut hat Nachsicht mit ihm gehabt. Diese Perspektive setzt eine Grundannahme voraus, in welcher der Wassergewalt der Nordsee zwar eine gewisse Kraft und Macht zugesprochen wird, denn das andere Vieh bedurfte ja des Schutzes, gleichzeitig aber eine Milde und Gnade, die nicht auf pure und rohe Zerstörung aus ist, und damit handelt es sich um ein traditionelles Erzählmotiv. Bei einer rein negativen und aus Angst gespeisten Besetzung würde höchstwahrscheinlich nicht diese Geschichte erinnert werden, sondern eine, in der die gnadenlose Gewalt und Zerstörungswut der Sturmflut ersichtlich wird.

Abgesehen von dieser Geschichte hat Jan Petersen tatsächlich beinahe keine Erinnerungen daran, auch zu den anderen Sturmfluten nicht. Christian und Xaver zum Beispiel, die ein paar Monate zuvor über die Halligen zogen, waren zwar orkanartig und mit besonders hoher Windstärke unterwegs, aber nicht richtig ernst zu nehmen, denn sie dauerten ja nur ganz kurz und waren schnell wieder vorbei. Ein Einschnitt sei eine Sturmflut definitiv nicht, denn „da hat man sich schon dran gewöhnt. Das ist auch, warum wir da nicht so viel zu sagen haben" (ebd., S. 5). Herr Petersen spricht hier von einem Phänomen, dem eine Katastrophenkultur, eine „Culture of Disaster", durch die wiederholte Konfrontation mit Bedrohung zugrunde liegt, aber das durch seine völlige Integration in die Lebenswelt und das Selbstverständnis der Halligbevölkerung nicht mehr aus dieser hervorsticht, sondern in ihr aufgeht, als Teil der Lebensrealität gar nicht getrennt davon gedacht wird.

Nach einiger Zeit des Gesprächs kommen wir auf Rungholt, die Stadt, die tatsächlich vor einigen hundert Jahren in der Nordsee versunken ist, zu sprechen. Daraufhin holt Herr Petersen alte Karten aus dem Haus, die er mir zeigen möchte – darauf sieht man, wie das Gebiet der Halligen und der Nordseeküste früher ausgesehen hat. Vielleicht würde er darauf ja auch Rungholt entdecken oder mir zeigen können, wo es gelegen haben muss. Er meint, dass das einst Nordstrand gewesen ist – dazu müssten wir aber schauen, wie es früher ausgesehen hat. Jan Petersen hat viele dieser alten Karten, die schon vergilbt und teilweise auseinandergerissen sind. Nicht verwunderlich, denn sie reichen einige Zeit zurück. Wir finden zuerst eine von 1912, wo der Lorendamm schon eingezeichnet ist, dann welche aus dem Jahr 1888, die die Landschaft in der Zeit von 1643-1648 darstellen, und von 1640. Eine skizziert sogar die nordfriesische Küste samt Vorland im Jahr 1597, auf welcher Oland noch sehr groß gewesen ist und auf der einige Halligen mehr abgebildet sind, im Gegensatz zu neueren Karten: „Da muss ja Gröde sein, irgendwo. Und da ist Marsch, Nordmarsch. Da kommt Hooge dann. Und das andere alles weggespült" (ebd., S. 11). Was Herr Petersen mir hier eigentlich zeigt, ist die Entwicklung über die Zeit, wie einige Halligen über die Jahrhunderte verschwunden sind, einige andere noch bestehen, sich aber kontinuierlich und völlig in ihrer Form verändert haben. Vieles wurde gänzlich weggespült, ganz so wie auch Rungholt der Nordsee zum Opfer gefallen ist. Mit diesem Einfall, mit mir gemeinsam seine alte und umfangreiche Kartensammlung oder seinen „Schatz" durchzusehen, wie Herr Petersen diese nennt, schlägt er gleich zwei Fliegen mit einer Klappe: Einerseits kann er so untermauern, dass Rungholt wirklich versunken ist – denn bei der unsicheren Beständigkeit im Watt ist das mehr als nur wahrscheinlich. Andererseits – wir verbringen geraume Zeit damit, uns die ganzen Karten durchzusehen, gemeinsam zu versuchen, die alte verblasste Schrift darauf zu lesen und anhand dessen zu verstehen, wie das hier funktioniert – hat Herr Petersen darin ein Medium gefunden, mir etwas näherzubringen, worüber er, wie er es ausdrückt, „nicht so viel zu sagen" hat. Diese These wird noch verstärkt von seiner Nachfrage, als wir mit der Kartenentdeckung fertig sind: „Das hast du alles aufgenommen, in deinem Gerät?" (ebd., S. 13). Er möchte sichergehen, dass dieses Material auch verwendet wird und „artgerecht" aufgezeichnet worden ist von meinem Diktiergerät, denn es betrifft seiner Meinung nach anscheinend genau meine Frage nach den Sturmfluten. Was könnte mir Herr Petersen also in diesem nonverbalen Bemühen mitteilen wollen, was meine Fragen betrifft? Da wäre einerseits das Verstehen, wie das hier auf Oland und den Halligen abläuft. Man kann auf den Karten sehen, dass sich die Form des bewohnbaren Landes immer schon stark verändert hat, manchmal dieses sogar gänzlich verschwunden ist oder an anderen Stellen dazu gewachsen. Es verdeutlicht, dass es sich hierbei um ein Phänomen handelt, mit dem die ansässige

Bevölkerung schon seit hunderten von Jahren zu tun hat, soweit kann es zumindest anhand der Karten nachvollzogen werden. Das würde verdeutlichen, dass die Beziehung zum Wasser, zum Meer und zu seiner manchmal verändernden Kraft seit jeher besteht und zum Leben auf den Halligen dazugehört, kein Einschnitt ist, sondern Teil der Identität. Sturmfluten haben das Landschaftsbild im Watt verändert weit vor den ersten kartographischen Aufzeichnungen und weit bevor Menschen diesen Raum für sich nutzten und hier siedelten. Es kann demzufolge also gar nichts Verwunderliches sein, wie es auch für die Bewohner eines sehr trockenen Gebietes, wie zum Beispiel der Stadt Murcia im Süden Spaniens, nicht verwunderlich ist, dass es kaum regnet – auch wenn diese Tatsache zu gewissen Schwierigkeiten oder Umständen führt.

Rungholt war nur ein Beweis dafür, dass es in diesem Lebensraum dazugehört, zu existieren und nach einiger Zeit wieder zu verschwinden, und auch wenn davon heutzutage nur geredet und „geschnackt" wird, wie Jan Petersen bemerkt, so sind doch seine aufschlussreichen Karten, die den Fortgang und den Wandel über die Zeit so anschaulich darstellen, ein gutes Argument für seinen tatsächlichen Untergang. Dass es ihm selbst wohl nicht viel anders ergehen würde, käme es wieder einmal zu so einem Ereignis, ist klar, denn er „kann nicht schwimmen. Wenn man ein Seemann ist, ein Seemann kann dann nicht schwimmen. Denn wenn er untergeht, dann will er sich nicht so lange quälen" (ebd., S. 14). Das ist nicht nur humoristisch gemeint, man erkennt den Ernst darin, wenn man genauer überlegt: Ein Seemann geht nur dann unter, wenn es ein Schiffsunglück gibt, meistens auf hoher See durch Unwetter oder Stürme, und auch das Schiff untergeht. Da er in diesem Fall aber höchstwahrscheinlich sowieso sterben würde, auch wenn er schwimmen könnte, ist Nichtschwimmen tatsächlich ein schnellerer Tod. Wenn ein Halligmann untergeht, ohne auf hoher See zu sein, dann befindet er sich höchstwahrscheinlich in einer Sturmflut, und sein sicheres Heim wird weggerissen und ist untergegangen, und selbst wenn er schwimmen könnte, sind die tobende Wassergewalt und der schwere Wellengang kaum zu überleben, weshalb er ohne diese Kenntnisse wohl ebenfalls einen schnelleren und weniger qualvollen Tod finden würde. Doch schwimmen hin oder her, das Thema bzw. der Mythos Rungholt ist an dieser Stelle erstmalig in den Interviews aufgetaucht, und daher wollen wir uns im Folgenden etwas näher mit der verschwundenen Stadt beschäftigen, die das Entstehen und Vergehen in dieser besonderen Lebenswelt so schön und tragisch zusammenfasst.

Exkurs Rungholt – die versunkene Stadt

Die Schwere mancher Sturmflutkatastrophen schlug sich auf ganz eigene Arten im kollektiven Gedächtnis der Bevölkerung nieder – so zum Beispiel die unvergleichliche Zerstörung der zweiten Marcellusflut oder ersten Grooten Manndränke vom 16. Jänner 1362, wohl eine der größten Katastrophen, die es in Nordfriesland je gegeben hat. In dieser unvergessenen und zum späteren Vergleich immer wieder herangezogenen Nacht des 16. Jänner (vgl. Woebcken 1924, S. 78) ist die florierende nordfriesische Stadt Rungholt vom Meer verschluckt worden. Als Mythos wurde dieses Ereignis, der Ort, der nach der Flut einfach nicht mehr da war, die längste Zeit gehandelt, da jegliche Aufzeichnungen und Quellen fehlten. In der ethnographischen und geologischen Wissenschaftsliteratur des 19. Jahrhunderts wird dieses den kollektiven Phantasien zugeschriebene Ereignis zumeist gar nicht erwähnt, und in den seltenen anderen Fällen nur in Kapiteln über abergläubische Äußerungen und Sagen. Erst Anfang des 20. Jahrhunderts ergab sich erstmals eine Wende in der Betrachtungsweise der legendären versunkenen Stadt, die vormals als bloße Erfindung, vergleichbar mit anderen im Meer verschwundenen Orten, wie Atlantis, angesehen wurde. Ein Ortsansässiger, der Nordstrander Landwirt Andreas Busch, entdeckte Überreste einer Besiedelung im Watt, bei denen es sich höchstwahrscheinlich um Spuren Rungholts handelt. Doch ohne Erwähnung in einer Urkunde oder einem vergleichbaren Schriftstück konnte nichts untermauert werden, und erst vor einigen Jahren fand dieses schriftliche Dokument, das die Existenz Rungholts bewies, der Niebüller Historiker Albert Panten im Hamburger Staatsarchiv. Mittlerweile kann also endlich belegt werden, was die längste Zeit nur mündlich überliefert und nicht ganz ernst genommen wurde. Und damit war es auch noch nicht vorüber: die Hallig Südfall veränderte sich aufgrund fehlender Kantenbefestigungen stark im 19. Jahrhundert, wurde kleiner und legte dadurch immer mehr Spuren einer Zivilisation im Wattenmeer frei. Rund um die Hallig fand man Mauern, Holzstücke, alte Kochutensilien, die Überreste eines Deiches und sogar Teile menschlicher Skelette (vgl. Rieken 2005, S. 171ff.; Henningsen 2000, S. 85; Newig/Haupenthal 2016).

Die Verarbeitung zu einem mythischen Erzählstoff ist ein Beispiel für die Denk- und Erklärungsweise einst unverständlicher und unberechenbarer Schicksalsschläge, die verwerfliches, sündhaftes Verhalten für Gottes Zorn verantwortlich machten, um die erlebte Ohnmacht und Hilflosigkeit im Angesicht einer solchen Katastrophe zu kontrollieren. Es ist aus psychodynamischer Sicht eine gängige und auch wichtige Form der Verarbeitung, das eigene Ausgeliefert-Sein zu kompensieren, indem man die Gründe für das schreckliche Hereinbrechen einer unkontrollierbaren Gewalt bei sich selbst sucht. Auf diese Weise kann die Hoffnung gehalten werden, das Geschehen doch etwas beeinflussen zu können und damit nicht gänzlich ausgeliefert zu sein.

Noch heute ist diese Geschichte im Gedächtnis der Küstenbevölkerung verankert und erinnert an eine grausamere und unsicherere Zeit. Es werden teils ganz unterschiedliche Positionen eingenommen in der Tradierung und Erklärung der Erzählung. Der Dichter Detlev von Liliencron verarbeitete den ursprünglich mündlich überlieferten Stoff im 19. Jahrhundert, was folglich auch für eine größere Bekanntheit in der Öffentlichkeit sorgte. Es gab jedoch schon frühere Verarbeitungen, u.a. von Anton Heimreich, der vermutlich die Grundlage liefert für eine der bekanntesten Fassungen der Sage, jener von Karl Müllenhoff. Den Kern bildet hier ein konkretes Ereignis, das sich kurz vor dem Hereinbrechen der Flut in Rungholt zugetragen haben soll und das Fass zum Überlaufen brachte. Der Stadtpriester wurde von den gotteslästernden, betrunkenen Männern Rungholts mit einer Sau zum Narren gehalten, die Sakramente wurden entweiht und missbraucht und jede Menschenwürde in den Dreck gezogen. Diese Verdorbenheit und Sündhaftigkeit wird mit Gottes Hilfe, den der verzweifelte Priester nach seiner Flucht im Gebet anruft, schlussendlich mit einer alles verschlingenden Sintflut bestraft, und nur der Priester selbst und drei Jungfrauen können sich retten (vgl. Rieken 2005, S. 177ff.).

Einen etwas anderen Zugang hat Christian Johansen, ein Hallig-Autor des 19. Jahrhunderts, der in seinem für Schulunterricht verwendeten Halligenbuch den Untergang Rungholts zur Erklärung der Entstehung der Watten heranzieht. Zwar kommt auch in dieser Fassung das Erklärungsmodell von Schuld und Strafe nicht zu kurz, doch auf die konkrete Beschreibung der Schandtat wird nicht eingegangen – der gesamten Erzählung unterliegt ein anderes Motiv, das weniger bekannt ist und deshalb hier herangezogen werden soll. Jan Petersen meint, als wir auf Rungholt zu sprechen kommen: „Das ist aber hier Nordstrand oder wo" (Petersen 2014, S. 10). Auch Christian Johansen bezieht sich auf diesen Ort, im Gegensatz zu anderen Fassungen, in denen vor allem die Orte Pellworm oder Südfall erwähnt werden, die gemeinsam mit Nordstrand Teile von „Strand", also Alt-Nordstrand, waren. Da es sich bei dieser Version der Geschichte um einen Auszug aus dem Halligenbuch von Johansen handelt, könnte spekuliert werden, ob unserem Interviewpartner die vorliegende Niederschrift bekannt ist.

Johansen beschreibt zu Beginn seiner Erzählung sehr genau die Beschaffenheit der Inseln und Halligen, die damals noch ein gemeinsames Land bildeten – die „Perle Nordfrieslands" – welches durch Deiche und Dämme geschützt war, und fährt mit der Erzählung wie folgt fort:

> „Die Insassen des Landes Nordstrand waren größtenteils reiche Leute, sonderlich die Rungholter. Rungholt selbst war ein schönes Städtlein mit großen Häusern und stattlichen Kirchen, deren hohe Türme dem Schiffer auf der See schon in weiter Ferne den Weg wiesen in die Schmaltiefe und den Hewerstrom. In Rungholt wurden die Produkte des Landes auf den Markt gebracht, wo sich Käufer aus allen Gegenden Nord-, Ost- und Westfrieslands, aus Sachsenland, Holstein, Schleswig und Grimmahorna – wie die Alten Dänemark nannten – einfanden und jeder an seinem Teil dazu beitrug, Rungholt angesehen und reich zu machen. Aber wie das so geht, die reich und angesehen gewordenen Rungholter vergaßen in ihrem Wohlleben und eben wegen ihres Wohllebens das Beten und Arbeiten und lernten Gott und sein Wort, die Kirche und ihre Diener verachten. Was von den Überschwemmungen in alter Zeit den Rungholtern erzählt wurde, das hielten sie für Fabeln und Märchen und meinten, so etwas passiere heut' nicht mehr, die Deiche und Dünen seien jetzt auch viel stärker und höher, als ehemals, und es müsse eben alles so bleiben, wie es jetzt sei. Wenn sie ihre Freudengelage und Feste hielten – es waren nicht die heiligen Feste der Kirche – und toll und voll geworden waren,

vermaß sich mancher, den ‚blanken Hans' mit gotteslästerlichem Wort herauszufordern: ‚Kahm nu, blanke Hans!' Die See wurde der blanke Hans genannt, weil sie nach den Erzählungen der Alten die Deiche durchbrechen und die eingedeichten Strecken des Landes so mit Wasser überschwemmen könne, dass von den grünen Fennen und weißen Kornfeldern nichts mehr zu sehen, sondern alles in eine blanke Wasserfläche verwandelt wäre. Die Toren. Der ‚blanke Hans' war und ist nichts; aber der lebendige Gott, der die Wasser der Erde in einen Schlauch fasset und sie wieder ausströmen lässt, war damals, ist noch jetzt und wird immerdar sein der allmächtige Gott, der Wolken, Flut und Winde nach seinem Willen lenkt und sich nicht spotten lässt von den schwachen Menschenkindern. Wenn nun jene Toren den ‚blanken Hans', der nicht war und ist, zu necken meinten, spotteten sie mit solchem Wort des Herrn, der da war und ist ein lebendiger Gott, ein Rächer denen, die ihn verachten, und ein Nothelfer denen, die ihn fürchten. Der ‚blanke Hans' kam. Er gehorchte einfach dem, der ihn kommen hieß. Ein heftiger Nordwest trieb die Wogenberge der Nordsee gegen die Dünen, Deiche und Dämme des Nordstrandinger Landes, dass sie zerbrachen und zerbröckelten. Da stürzten die wilden Fluten herein in das bedeichte flache Land, warfen Häuser, Kirchen und Mühlen um, begruben Menschen und Tiere unter den Trümmern und verwandelten den Rungholter Koog in einen blanken See, auf welchem Leichname von Menschen und Tieren, Trümmer von menschlichen Wohnungen, Haus- und Feldgeräte wunderbar durcheinander gewürfelt herumschwammen im Mondschein der kalten Winternacht. Die Bewohner der Köge in der nächsten Umgebung Rungholts hatten vollauf zu tun, die Deichbrüche an ihren eigenen Kögen zu verstopfen, ihre vom Sturm und Meer beschädigten und zerstörten Wohnungen wieder auszubessern und neu aufzubauen. Wie Rungholt sich in den Tagen seiner Wohlmacht um andere Menschen wenig gekümmert hatte, also kümmerte sich nach Rungholts Verödung kein Mensch um die Stätte, wo Rungholt gestanden; nur der im Übermut angerufene ‚blanke Hans' hielt alltäglich zweimal als Flut- und zweimal als Ebbstrom seinen Ein- und Auszug im Rungholter Koog, also, dass die Deichbrüche und Dünenrisse sich zu Seethoren und Gaten erweiterten und die Flut immer ungehinderter ein- und auspassieren konnte. Dann kam der Frost und verwandelte bei stillem Wetter den See des blanken Hans in eine spiegelblanke Eisfläche, die erst zur Zeit der Frühjahrsstürme mit wunderbarem Klirren zerbarst. Aus den mächtigen Rissen stürzten die vom Meere versorgten Wasser der Tiefe hervor. Die Eisschollen wogten auf und ab, fegten den Boden rein, rissen alle Spuren einer Grasnarbe mit sich fort, wühlten den Kleiboden auf und trieben den Morast in gewaltigen Massen vor sich hinaus in die Seegaten und von dort weiter fort in die Tiefen der Nordsee. Also ward Rungholt mit seiner Umgebung eine Sand- und Schlammbank, ein Watt, und ich meine, wir Halligleute müssen unwillkürlich bei den Worten des Propheten Hesekiel an Rungholt denken, das wie Tyrus um seiner Sünden willen verödet zu einem Wehrd im Meere geworden ist" (1866, Die Watten. Entstehung derselben).

In diesem Auszug ist der Wahrnehmungswandel, der sich über die vielen Jahrhunderte von übermächtiger Naturgewalt und Todesangst zu relativem Sicherheitsempfinden durch die sukzessive Domestizierung des Meeres durch den Deichbau vollzog, in einer einzigen Geschichte dargestellt. Die Rungholter fühlten sich durch die verbesserten und erhöhten Dämme sicher und zollten dem Meer, hier geprägt vom christlichen Gedanken eines allmächtigen Gottes, nicht mehr den nötigen Respekt. Doch wurden sie schon bald eines Besseren belehrt, denn egal wie fortschrittlich, ausgeklügelt und technisch versiert die Absicherung auch sein mochte, die Naturgewalt wird immer stärker sein. Johansen verbindet hier eine Lehre zur Entstehung der Watten mit einer Lehre zur Demut – egal wie überlegen sich der Mensch auch fühlen möge, er wird im Angesicht der See (oder Gottes) nie der Überlegene sein.

Die Verbindung solcher Ereignisse mit religiösen Glaubenssätzen findet sich häufig in der Literatur und wurde wahrscheinlich durch die mittelalterliche Christianisierung stark propagiert. Die Deutung einer Katastrophe als „Schema von Schuld und Strafe" (Böhme 2014, S. 274) kann aber auch – im Sinne des seelischen Gleichgewichtes – als notwendiger Verarbeitungsmechanismus angesehen werden, der einem scheinbar sinnlosen Ereignis einen Sinn gibt. Wie schon zuvor beschrieben, ist die ungerichtete generalisierte Angst die am schwersten zu ertragende, denn unter dem Gefühl ständiger allgemeiner Unsicherheit kann ein Leben nicht dauerhaft geführt werden. Die Erklärungsweise einer Sturmflut oder deren Verdichtung zu einer Sintflut oder Sündflut (Rheinheimer 2003, S. 24f.) kann also eine notwendige psychische Vorgehensweise darstellen, bei der die Angst auf ein verständliches und kontrollierbares Objekt oder Verhalten gerichtet und damit ein Weg aus der eigenen Ohnmacht und der Unerklärbarkeit einer Naturgewalt gefunden wird.

Bevor wir nun zu unserem Interview zurückkehren, muss bei der Erwähnung von Rungholt auf eine der wichtigsten Quellen hingewiesen werden, die Ballade „Trutz, Blanke Hans" Detlev von Liliencrons (1844–1909). Es handelt sich hierbei nicht nur um eine Verarbeitung des Sagenstoffes zu einer populär gewordenen Fassung, die für allgemeine Bekanntheit der Geschichte sorgte, sondern es findet sich darin auch ein Motiv wieder, auf das wir im Interviewmaterial bereits auf ganz andere Weise gestoßen sind. Daher könnte eine nähere Betrachtung der berühmten Ballade mögliche gewinnbringende Einsichten gewähren oder Verbindungen zu (unbewussten) Motiven herstellen.

Liliencron prägt eine Darstellung von Rungholt und den Ereignissen vom 16. Jänner 1362, die in Bildhaftigkeit, Dramatik und Ausgestaltung ihresgleichen sucht. Durch den Einfluss auf die breite Öffentlichkeit wurde dadurch aber sehr wahrscheinlich die allgemeine Rezeption mitentworfen, die in der Bevölkerung um 1900 von der versunkenen Stadt kursierte. Hinter den bereits bekannten Motiven um die versinkende Stadt, die von einer gewaltigen Flut verschluckt wird und dieses Schicksal ihrer aus Reichtum entstehenden Überheblichkeit und fehlenden Demut verdankt, zieht sich durch Liliencrons Ballade ein weiteres, ganz anderes Motiv – ein Seeungeheuer, das die Bewegungen des Meeres verursacht. Jenem wollen wir an dieser Stelle nachgehen und sehen uns dafür die entsprechenden Stellen aus dem Gedicht näher an:

> „Mitten im Ozean schläft bis zur Stunde
> ein Ungeheuer, tief auf dem Grunde.
> Sein Haupt ruht dicht vor Englands Strand,
> die Schwanzflosse spielt bei Brasiliens Sand.
> Es zieht, sechs Stunden, den Atem nach innen
> und treibt ihn, sechs Stunden, wieder von hinnen.
> Trutz, Blanke Hans!
>
> Doch einmal in jedem Jahrhundert entlassen
> die Kiemen gewaltige Wassermassen.
> Dann holt das Untier tiefer Atem ein
> und peitscht die Wellen und schläft wieder ein.
> Viel tausend Menschen im Nordland ertrinken,
> viel reiche Länder und Städte versinken.
> Trutz, Blanke Hans!" (Liliencron 1977, 130f.).

Nach der allgemeinen Beschreibung des Seeungeheuers, auf das die schrecklichen Fluten zurückzuführen sind und das am Meeresgrund sein Dasein fristet, geht Liliencron auf die spezifische Situation im Jahre 1362 ein:

> „Und überall Friede, im Meer, in den Landen.
> Plötzlich, wie Ruf eines Raubtiers in Banden:
> das Scheusal wälzte sich, atmete tief
> und schloß die Augen wieder und schlief.
> Und rauschende, schwarze, langmähnige Wogen
> kommen wie rasende Rosse geflogen.
> Trutz, Blanke Hans!
>
> Ein einziger Schrei – die Stadt ist versunken,
> und Hunderttausende sind ertrunken.
> Wo gestern noch Lärm und lustiger Tisch,
> schwamm andern Tags der stumme Fisch.
> Heut bin ich über Rungholt gefahren,
> die Stadt ging unter vor sechshundert Jahren.
> Trutz, Blanke Hans!" (ebd.).

Sehr anschaulich wird der Hergang dargestellt, und sehr anschaulich wird das Monster für die Katastrophe verantwortlich gemacht. Bei der Erklärung des Tidenhubs, der Entstehung der Gezeiten durch das Ein- und Ausatmen des Ungeheuers, handelt es sich um ein altes mythologisches Motiv (vgl. Rieken 2005, S. 198). Zumindest der Aufenthaltsort des Wesens im Meer ist in der Kulturgeschichte schon aus anderen Gegenden bekannt (vgl. Delumeau 1985, S. 49–63) und auch die Bedingung von Ebbe und Flut ist nicht fremd. Doch eines gibt noch Rätsel auf, wie Rieken formuliert:

„Ich weiß nicht, woher Liliencron das Motiv hat, aber festhalten können wir zumindest, dass es, obzwar gelegentlich auftretend, zumindest in der europäischen Kultur wenig verbreitet und bei den Friesen überhaupt nicht vorhanden war" (2005, S. 198).

Dem können wir vielleicht Abhilfe verschaffen, denn zumindest kennen wir aus den Interviews ein ähnliches Motiv aus der Erinnerung von Mattes Andresen. Dieser führt zwar nicht die Gezeiten auf das Meerestier zurück, und auch ist es nicht sein Atem, der die Wassermassen zum Brodeln bringt – er meint aber, die Schwanzflosse des Ungeheuers gesehen zu haben und verbindet den stärkeren Wellengang und den steigenden Meeresspiegel, der für ein Landunter sorgt, mit einer Bewegung des Untiers. Doch abgesehen von der unterschiedlichen Art der Beeinflussung des Meeres – einmal durch den Atem, das andere Mal durch eine bloße Bewegung – wird in beiden Fällen hinter der Meeresgewalt ein Seeungeheuer vermutet. In der vorangegangenen Analyse stellten wir schon kurz einen Bezug zur Ballade Liliencrons her, was nicht ganz abwegig erscheint. Und durch die Theorie der Elementargedanken könnte die Ähnlichkeit in der Beschreibung unterschiedlicher Ansätzen wie dem christlichen, dem mythologischen, der Dichtung und Herrn Andresens Gedanken als kollektive Vorstellung verstanden werden. Folgendes darf ebenfalls nicht vergessen werden: Eine solche Kausalerklärung wie die von Mattes Andresen ist in Anbetracht der Naturgegebenheiten, in denen er sich befand, durchaus verständlich, vor allem, wenn es um Fluten aus der Perspektive eines Kindes geht. Wie die Phänomene in der Umwelt die Erklärungsversuche oder die Phantasiewelt beeinflussen, und welche im Unbewussten abgespeicherten Motive sie evozieren, sollte nicht außer Acht gelassen werden.

4.3.4 Analyse

In diesem Kapitel über spezifische Wahrnehmungen auf Oland nähern wir uns nun auf eine weitere Art dem Thema an, wie eine Katastrophe existieren und zugleich nicht existieren kann. Interessanterweise äußert sich das auf Oland auf ganz andere Art als auf Langeness, denn die beiden Indikatoren für Vulnerabilität bzw. Resilienz, Adaptive Capacity und Participative Capacity, die im bisherigen Material durchgehend vorhanden waren, finden sich auf Oland gar nicht. Dafür treten plötzlich andere Elemente in den Vordergrund, wie z.B. die Coping Capacity, die alternativ ebenso als Resilienz-Indikation wirken kann. Dies könnte daran liegen, dass Oland sich durch die andere Struktur, durch die dörfliche Gemeinschaft auf einer zentralen Warft, andere Strategien zur Resilienz entwickelt hat als beispielsweise Langeness. Die Coping Capacity, wie zu Beginn des Kapitels schon näher ausgeführt wurde, bezeichnet alle Formen konstruktiver Verarbeitung wie z.B. Sinnzuschreibungen und Erklärungsmodelle, um empfundenen Stress erträglich zu machen. Inga Thomsen verbindet in diesem Sinne die geringere eigene Betroffenheit im Gegensatz zur stärkeren Betroffenheit der Nachbarn unbewusst mit deren Abwandern und Sterben, also mit deren Verschwinden von der Hallig. Dadurch kann sie die zwei Momente, die beide zwar objektiv gesehen erklärbar sind, aber trotzdem starke Emotionen (wie Schuld, Angst, etc.) hervorrufen und deshalb sehr wahrscheinlich Stress auslösen, in Zusammenhang gesetzt erklären. Diese persönliche Erklärung bezieht sich nicht auf manifeste Tatsachen oder beobachtbare Fakten, sie stellt vielmehr einen Bezug her zwischen den Gefühlen, kann sie somit binden und der *emotionalen* Unerklärbarkeit beikommen. Ebenso verhält es sich beim Schwank, der auch einer psychischen Motivation entspringt und die eigene Positionierung in der Situation einer Bedrohung klärt und bestätigt. Das Selbstgefühl, das vielleicht in einem solchen Moment ins Wanken gerät und destabilisiert wird, kann dadurch wiedergefunden und gefestigt und die momentane Orientierungslosigkeit überwunden werden. Diese konstruktiven Formen der Verarbeitung eigener Labilität und Emotionalität im Ausdruck von Geschichten und Sinnzuschreibungen ermöglichen nicht nur eine momentane Stressreduktion, sondern – und das wirkt sich tatsächlich in weiterer Folge auf die Resilienz aus – stabilisieren auf lange Sicht. Weitere Elemente der Coping Capacity finden sich auch bei Mattes Andresen wieder, u.a. bei der angenommenen Kausalität zwischen Deichbrüchen und der Sicherheit auf den Halligen. Diese – irrelevant, ob wahr oder nicht – liefert einerseits eine Erklärung für die weitgehende Verschonung der Halligbewohner in der Vergangenheit und schreibt andererseits den teils verheerenden Deichbrüchen, die 1962 viele Tote zur Folge hatten, einen Sinn zu. Denn auch wenn es Menschenleben am Festland kostet, so werden dadurch doch die Menschenleben auf den Halligen verschont. Die Geschichten von Mattes Andresen gehören ebenso zur Coping Capacity indem sie Erklärungsmodelle liefern. Besonders bei dem Erlebnis auf dem Schiff begründen sie nicht nur das Zustandekommen einer wütenden See und eines steigenden Meeresspiegels, sondern messen der vermeintlichen Sichtung einer Riesenschlange, die ein Kind sehr geängstigt haben muss und dementsprechend Stress auslöst, auch einen Sinn bei. Sehr ähnlich verhält es sich auch mit dem Rungholt-Mythos. Die Bezeichnung Mythos wird dabei nicht wegen angezweifelter Faktizität herangezogen, sondern wegen der danach entstandenen Erklärung des Zustandekommens, aus dem Gespräch mit Jan Petersen zu verstehen. Auch hier wird einem sinnlos und brutal erscheinenden Ereignis eine Erklärung beigefügt und dadurch eine gewisse Kontrollierbarkeit der eigenen Betroffenheit hergestellt. Ansonsten wäre eine solche Zerstörung und Bedrohung völlig zufällig und unkontrollierbar, was das psychische Gleichgewicht völlig destabilisieren und ein Leben unter dieser konstanten Unberechenbarkeit auf Dauer nicht ermöglichen würde. Die Erklärung, die Coping Capacity, ist in diesem Falle also konstitutiv für ein weiteres Leben in dieser Bedrohungslandschaft.

Es ist auffällig, wie viele Elemente der Coping Capacity es auf Oland gibt im Gegensatz zu Langeness, wo der Umgang sich komplett auf die Adapitve und Participative Capacity beschränkt. Auffällig ist auch, dass sich umgekehrt keine Indizien der Coping Capacity auf Langeness finden, ebenso wie die Adaptive und Participative Capacity auf Oland gänzlich zu fehlen scheinen. Es wäre zu überlegen, inwiefern sich hierbei der Zugang zu einem funktionierenden Umgang mit einer Bedrohung grundlegend unterscheidet und deshalb entweder aus dem einen, der Coping Capacity, oder aus dem anderen, der Adaptive und Participative Capacity, heraus geschieht und entwickelt. Eine solche Untersuchung anzustellen, könnte in weiterführenden Forschungen und Analysen aufgegriffen und untersucht werden. Hier wenden wir uns aber nun weiterhin der Bemühung zu, das Sturmfluterleben und die zugrunde liegenden Faktoren im Sinne der Katastrophenforschung und als Basis für jegliche weitere Überlegungen zu Psychodynamik, Vulnerabilität, Resilienz, Gesellschaft etc. besser zu verstehen.

Ein Naturereignis wie eine Sturmflut ist, wenn sie unvorhersehbar ist bzw. nicht in den Lebensalltag integriert wird, eine Bedrohung der von einer Gesellschaft verstandenen und praktizierten etablierten Ordnung. An diesem Punkt muss für die Halligen eine andere Sichtweise angenommen werden, denn Sturmfluten sind dort Teil der gesellschaftlichen Ordnung und – selbst wenn immer ein Stück weit unvorhersehbar – in den Lebensalltag integriert. Das besondere Ordnungsgefüge, das die Gefahr und die Bedrohung von außen schon in sich integriert und aufnimmt und dadurch von ihr kaum noch vollständig erschüttert werden kann, ist auch in den Interviews beobachtbar. Diesem Ansatz wollen wir im Folgenden nachgehen, um am Beispiel zu erarbeiten und zusammenzufassen, wie Katastrophen im selben Moment auch keine Katastrophen sein können.

Im Kontext eines Interviews scheint es beispielsweise auf den ersten Blick vollkommen normal zu sein, wenn der Interviewpartner – wie hier Inga Thomsen – plötzlich und recht unvermittelt von Suden zu reden beginnt – dem schmackhaften Salzgewächs, das an der Meeresböschung wächst. Es wirkt wie der Einfall einer älteren Dame, die von den Begebenheiten des Tages, der Woche spricht. Aber wieso ist es gerade dieses Thema, das sie (unbewusst) aus einer Vielzahl an möglichen Themen, die sich an diesem Tag oder in dieser Woche ereignet haben, wählt? Aus irgendeinem Grund muss das Unbewusste gerade die Suden in dem Zusammenhang für erwähnenswert gehalten haben. Bei dieser Überlegung hilft uns wieder der Kontext weiter: Die ganze restliche Zeit wurde über Sturmfluten gesprochen, was auch in meinem Interesse das vorrangige Thema des Interviews war. Dabei wanderte der Fokus vom Sturmfluterleben früher zu heute, zu Verhaltensweisen, dem Leben mit dem Meer auf den Halligen, Ängsten und Bedrohungen, bis er schließlich bei den Suden angelangt war. In welcher Beziehung steht also die Ernte des seltenen Gewächses zum Meer und der Beziehung zum Meer auf den Halligen? Es wird immer wieder betont, wie wohlschmeckend, besonders und wertvoll das Gras ist, welches nur durch die Nähe des Meeres hier wächst, es ist also ein Geschenk, ein geschätztes Nahrungsmittel, das direkt vom Meer gegeben wird. Dadurch wird die Bedrohung, die Unannehmlichkeiten, die von jenem ausgehen, wenn es zu Hochwasser oder Sturmfluten kommt, relativiert, es wird eine Art Gleichgewicht geschaffen. Das Meer ist zwar zu Zeiten wild und ungestüm und hinterlässt beschädigte Häuser und Schmutz, es nährt aber auch, versorgt, und gibt den Menschen, die in seiner unmittelbaren Nähe zu leben wagen. Dieser Ausgleich schafft wieder eine Ordnung, die ein Leben ohne inneren Kampf ermöglicht und ist als Form der Bewältigung gleichzeitig ordnungskonstituierend und selbst Teil dieser Ordnung. Frau Thomsen weist im Rahmen der Erinnerung an alle erlebten Sturmfluten, die ihr Mann erwähnt, auf den Wasserstandsmesser hin, der auf Langeness steht und ein weiteres Element darstellt, das die lokalen Verarbeitungsprozesse und somit die Ordnung prägt. Das Ereignis einer Sturmflut wird damit in die Reihe der bisherigen gleichen Ereignisse aufgenommen. Es wird zu einem Format der Erinnerung und somit zu einem Teil des Ordnungsgefüges und des kollektiven Gedächtnisses (vgl. Hinrichsen/Johler/Ratt 2014, S. 72).

Im Gespräch mit Mattes Andresen wird ein ganz anderes Ordnungselement ersichtlich. Seine Geschichten, Witze und erinnerten Weisheiten – und deren waren es fünf – handeln nie von Sturmfluten oder dergleichen. Wieso tritt ein derartig prägendes, einschneidendes Naturereignis aber nicht darin auf? Weil es – und hier wieder der Bogen zur lebensweltlichen Ordnung – kein einschneidendes Naturereignis auf der Hallig ist. Es wäre mit Sicherheit in irgendeiner Erzählung, einem Schwank, einem Spruch von früher enthalten, wenn es nicht Teil der bekannten Ordnung wäre, aus der es daher auch nicht heraussticht, und nicht in Geschichten verarbeitet werden muss.

Ähnlich wie das Relativieren der bedrohlichen Eigenschaften der See bei Inga und Johann Thomsen ist auch Jan Petersen davon überzeugt, dass bei einer Sturmflut zwar mit Verlusten gerechnet werden muss, sie aber gleichzeitig auch gnädig sein kann und das arme kleine Schweinchen überleben lässt. Einer einseitig negativen Betrachtung wird sofort entgegengewirkt, mehr noch, es ist in diesem Gespräch das einzige, an das sich der Interviewpartner tatsächlich erinnern kann. Und gerade diese „Sprachlosigkeit" oder „Erinnerungsschwerfälligkeit" bildet das nächste ordnungskonstituierende Element, indem zu Sturmfluten einfach nicht mehr zu sagen sei, da sie „ganz normal" sind. Ein „normales" Ereignis bricht nicht in die lebensweltliche Ordnung herein, es wird also durch die situative Verfasstheit des getroffenen Ordnungsgefüges auch nicht zur Katastrophe. Zu einer Katastrophe würde es werden, wenn es soziomateriell verwundbaren Handlungsraum träfe und die ordnungseigenen Verarbeitungskapazitäten überlasten würde, wie dies an der Küste im Falle eines Deichbruchs der Fall ist. Auch anhand der Karten verdeutlicht Herr Petersen nochmals ohne Worte, was er schon das ganze Interview über andeutet: Die Bedingungen hier sind immer schon so gewesen, man sieht es an der sich konstant verändernden Landschaft, in der die Halligen liegen und von der sie Teil sind. Seit jeher hat dies dazugehört und ist deshalb Teil einer Ordnung, die nicht die Menschen geschaffen, sondern in die sie sich integriert haben. Das ist der vielleicht größte Unterschied zu den gesellschaftlichen Ordnungen, wie sie üblicherweise in der Wissenschaft konzipiert werden (z.B. Hinrichsen/Johler/Ratt 2014) – dass es sich hier um eine Ordnung handelt, die nicht von der Gesellschaft, sondern von der Natur und dem Lebensraum aufgestellt wurde, und in die sich die Gesellschaft eingegliedert hat.

Abgesehen von der Erkenntnis des besonderen Ordnungsgefüges und seiner Ausprägung in jedem Gespräch auf Oland sei im Folgenden noch auf eine interessante Parallele hingewiesen: Es betrifft die Motive in der Rungholt-Sage bei Johansen – nämlich dass die Rungholter sich durch ihren Reichtum, ihre verbesserten und erhöhten Dämme sicher fühlten und dem Meer in ihrer Überheblichkeit nicht mehr den nötigen Respekt erwiesen, die Naturgewalt aber immer stärker sein wird, wie sich am Ende herausstellte. Dies lässt die etwas rätselhaft gebliebene Beobachtung von Mattes Andresen, dass die Küste bei einer Sturmflut den Halligen unterliegt, die Halligen aber bezüglich Entwicklung, Modernisierung und Materialismus der Küste unterliegen, ja gleichsam rückständig seien, in einem anderen Licht erscheinen. Das Augenmerk wurde in der genaueren Betrachtung der Rückständigkeit auf die Halligen gelegt, wo es vielleicht eigentlich um die Küste gegangen ist: Die Halligen seien zwar hinten nach in der Entwicklung, aber gerade deswegen vielleicht nicht überheblich, abgehoben, ignorant gegenüber der Natur und weit entfernt von einem Gefühl der Unverwundbarkeit. Wenn der größte Wohlstand der Küstengebiete aber auf Gegenteiliges schließen ließe und wir uns Herrn Andresens vorangegangene Aussage in Erinnerung rufen, dass diese bei Sturmfluten lange vor den Halligen zerstört werden, dann hätten wir hier ein „Rungholt-Motiv": Die Deiche entlang der Nordsee wurden ursprünglich gebaut, um mehr Wohlstand zu erhalten, das Land besser, häufiger, und intensiver bewirtschaften zu können – wie auch die Rungholter ihren Reichtum den besseren, stärkeren und moderneren Deichen verdankten. Hier schließt sich der Kreis, denn genau durch diese entstand ein Gefühl der Macht und Unverwundbarkeit, da man die Natur außen vor hielt. Ähnlich wie bei der heutigen Küstengesellschaft? Absolute Zerstörung durch die zornige See, die die Machtverhältnisse wieder gerade rückte, war die bittere Konsequenz für Rungholt – laut Mattes Andresen auch das Schicksal aller hinter dem Deich Lebenden. Hier tut sich plötzlich ein Motiv einer zuvor schwierigen und etwas unverständlichen Erzählfolge auf, die nicht richtig in Zusammenhang gebracht werden konnte. Doch durch diese Perspektive – ein altes Sagenmotiv, das auf Schuld, indem der Natur nicht genügend Respekt erwiesen wurde, und Strafe, als Rache der Natur, aufbaut – wird ein mögliches zugrundeliegendes Gefüge in der Erzählstruktur ersichtlich und die Methoden des menschlichen Geistes und des Unbewussten wieder einmal beeindruckend deutlich.

4.4 Resilienz und Lebensstil – Halligen vs. Festland

Das Konzept der Resilienz wurde bisher nur als ein Element des integrativen Vulnerabilitätsansatzes aufgegriffen, in dem es für wertvolle Einsichten in den Grad der Verletzlichkeit einer Gesellschaft sorgte. Anhand von Adaptive, Participative und Coping Capacity konnten direkt am Interviewmaterial Strategien des Umganges im Individuellen und – da sich die Strategien durchgängig abzeichneten – auch im Gesamten verortet und somit auf eine, wenn überhaupt, sehr geringe Vulnerabilität geschlossen werden. Resilienz ist aber mehr als das. Und besonders auf den Halligen, die bisher immer wieder mit ganz eigenen, ganz ungewöhnlichen Facetten des Umgangs und der Besetzung bedrohlicher Phänomene überraschten, wäre es interessant, auch diesen Begriff auf seine Haltbarkeit und Relevanz zu überprüfen. Das ist, gerade wenn es um solch ein Konzept des erfolgreichen Umgangs mit widrigen Umständen oder Störungen geht, insbesondere anhand einer Referenzgröße umsetzbar. Es kann ein Abgleich vorgenommen werden, und dadurch tritt erst die Resilienz deutlicher aus der verschwommenen und unklar differenzierten Masse des lebensweltlichen Gefüges hervor. Zwei Interviews sollen in diesem Sinne herangezogen werden, beide gegeben von Langenessern, die ihre Kindheit und Jugend auf dem Festland an der Küste bzw. in Küstennähe zubrachten und erst im frühen bzw. späteren Erwachsenenalter auf die Hallig zogen. Wie schon in den beiden vorhergehenden Kapiteln soll auch hier vorerst besonders das Sturmfluterleben in den Mittelpunkt gerückt werden, um sich den gefragten Konzepten von einer Seite anzunähern, die ohnehin dem Forschungsinteresse dieser Arbeit zugrunde liegt und eine umfangreiche Bearbeitung erfordert.

Vorerst aber noch einige Worte zur Resilienz, die aus vielerlei Gründen nicht völlig unbekümmert als Begriff oder Bedeutung übernommen und angewandt werden kann. Gehen wir zuerst auf die Etymologie des Wortes ein: die Wortwurzel leitet sich her aus dem lateinische Ursprung *resilire* und ist mit „zurückspringen" oder „abprallen" zu übersetzen. Das kann nun unterschiedlich ausgelegt und von unterschiedlichen Disziplinen in der Wissenschaft auf unterschiedliche Bezugseinheiten angewandt werden, was im Laufe der Zeit auch passiert ist. Bereits in den Schriften von Seneca, Ovid und Cicero (vgl. Alexander 2013, S. 2708) wurde Resilienz in dieser Bedeutung der ursprünglichen Übersetzung verwendet, findet später Eingang in die Wissenschaft und wird im 18. und 19 Jahrhundert für die Beschreibung dafür verwendet, wie sich Stahlverbindungen aufgrund ihrer mechanischen Dehnbarkeit von einer Belastung oder einem Schaden erholen (vgl. ebd., S. 2708). In weiterer Folge wird die Verwendung des Begriffs noch heterogener, und vor allem im 20. Jahrhundert definieren unterschiedliche Disziplinen das Resilienzkonzept für sich. Darauf soll im Folgenden etwas näher eingegangen, und einige der jüngst publizierten Auslegungen beleuchtet werden; denn wenn man von Resilienz spricht, muss erst differenziert und folgend angeführt werden, welche Form, welches Konzept davon eigentlich gemeint ist.

Der deutsche Volkswirtschaftler Rüdiger Wink, der sich unter anderem im Zuge eines neuen Sammelbandes zu multidisziplinären Perspektiven der Resilienzforschung (2016) näher mit dem Thema beschäftigt, definiert Resilienz als „erfolgreichen Umgang mit einer Störung (einem ‚Schock', widrigen Umständen), insbesondere durch Anpassungsfähigkeiten oder Möglichkeiten zur Verringerung der Verletzlichkeit" (Wink 2016, S. 1). Er weist außerdem auf einen wichtigen Unterschied in der Anwendung hin, wonach hauptsächlich erkrankte oder beeinträchtigte Personen auf ihre Resilienz untersucht werden (ebd., S. 3). Lediglich in den Gesundheitswissenschaften, in der Salutogenese, also der Untersuchung gesunder Menschen aus dem Verständnis von Gesundheit als fortwährendem Prozess, wird der Fokus auf Resilienz bei unbeeinträchtigten Menschen gelegt (Antonovsky 1997). In diesem Sinne würde sich die Untersuchung von Resilienz auf den Halligen wahrscheinlich als Beitrag zur Salutogenese verstehen, die in Anbetracht der besonderen Lebensumstände im besten Fall beleuchten wird, wie dieses Konzept der Widerstandfähigkeit erfolgreich umgesetzt werden kann. Somit könnte nicht nur ein besseres Verständnis für Negativ-Faktoren und mangelhaft resiliente Strategien generiert werden, sondern ebenso Einsicht in eine gelungene Anwendung. Offen bleibt aber an dieser Stelle noch die Frage, ob die Situation auf den Halligen, die Naturereignisse und Sturmfluten, überhaupt als Krise oder Schockereignis zu verstehen sind. Denn dies wird vor allem durch „historische und kulturelle Kontextbedingungen bestimmt, da diese zugleich den Referenzmaßstab ‚Normalfall' beeinflussen" (Wink 2016, S. 3f.). Es muss also auch hier darauf geachtet werden, dass nicht die Perspektive „von außen" die Rezeption der Umstände bestimmt, sondern die Bewertung der Situation „von innen" zu den nötigen Rückschlüssen führt. Forschungsmaterial aus Feldforschung, Interviews oder Gesprächen ist daher für ein Einbeziehen der eigentlichen, nicht der vorgestellten Lebensbedingungen, unbedingt notwendig.

Auch Insa Fooken, Seniorprofessorin am Arbeitsbereich Interdisziplinäre Alternswissenschaft an der Goethe-Universität in Frankfurt, beschäftigt sich mit dem Begriff Resilienz, besonders aus psychologischer Perspektive. Sie sieht darin einen „langfristig hilfreichen und konstruktiven Umgang der Menschen und der Menschheit mit individueller und kollektiver Bedrohung, Trauma, Belastung, Beschädigung, massivem Stress, Defiziten und Risikolagen" (Fooken 2016, S. 13). Sie betont nochmal etwas ausführlicher als Wink, wie der Resilienzbegriff in der Psychologie einem Auffassungswandel unterlegen ist und dadurch andere, neue Möglichkeiten geschaffen wurden:

> „Innerhalb der Psychologie wurde mit dem Fokus auf Resilienz in jedem Fall ein nachhaltiger Perspektivenwechsel eingeläutet, der den oft vereinseitigenden Blick auf ausschließlich pathogene Folgen von widrigen Lebensbedingungen, Trauma, und Risiken erweiterte, indem individuelle und soziale Ressourcen und somit die Möglichkeiten einer hinreichenden Wiederherstellung von psychischer Sicherheit akzentuiert werden" (Fooken 2016, S, 14).

Ob Sturmfluten auf den Halligen als fatale Einschnitte und katastrophale Schicksalsschläge bewertet werden oder doch als Herausforderung, die von den Bewohnern gemeistert werden kann und der man sich zu stellen weiß, hängt also von den Ressourcen ab, die zur Verfügung stehen. Diese Ressourcen, ebenso wie das Schädigungsvermögen einer Bedrohung, sind jedoch nicht von objektiven Parametern wie Adaption oder Leistungsvermögen abhängig, sondern werden vielmehr durch subjektive Bewertung und Bedeutungszuschreibungen generiert. Dadurch ergibt sich eine individuelle Variabilität in der Entwicklung von Resilienz, die auf unterschiedlichen Wegen und mit unterschiedlichen persönlichen Deutungen und Bewertungen erreicht werden kann – interindividuell, also mehrere Personen betreffend, oder intraindividuell, innerhalb eines einzelnen Menschen. Resilienz kann außerdem auch als Ausdruck von Nachsicht gesehen werden, die ein System, wie die Halligen gegenüber einer Störung, also einer Sturmflut, aufbringt. Das bedeutet, dass Resilienz – im Falle, dass ein System gestört wird – die Fähigkeit beschreibt, „mittels derer die Systemelemente wieder neu ausbalanciert werden können" (ebd., S. 24). Hier ergibt sich eine auffallende Ähnlichkeit zum Ordnungskonzept, das sich trotz ständiger Einflüsse darauf einen Zusammenhang, eine Ordnung aufrechterhält und durch die Elemente, die ihm immanent sind, nicht so gestört wird, dass es das Gleichgewicht gänzlich verliert. Es wäre zu überlegen, ob so auch bei dieser Auffassung von Resilienz ein System im Sinne einer Ordnung gemeint sein könnte, das in sich beweglich ist, formbar und veränderbar und in dieser Wandelbarkeit und Anpassungsfähigkeit an z.B. die Anforderungen der Umwelt, trotzdem in seine ursprüngliche Form „zurückspringen" kann.

Wirft man einen konzentrierteren Blick auf die aktuelle Landschaft der Resilienzforschung, stößt man auf eine Unterscheidung im Denken von Resilienz, die diesen Überlegungen ähnlich ist: Auf der einen Seite steht der Ansatz der „engineering resilience", auf der anderen Seite der Ansatz der „ecological resilience", denen jeweils ein unterschiedliches Verständnis von Stabilität zugrunde liegt (vgl. Holling 1996; Gunderson/Holling 2002). Die „engineering resilience", die heute in den meisten Studien zur Anwendung kommt, beleuchtet ein klar abgegrenztes, umrissenes System, was eine „insgesamt stabile, bestimmbare und berechenbare Umwelt des Systems" (Voss/Dittmer 2016, S. 186) voraussetzt. Demgegenüber weist die „ecological resilience" aber darauf hin, „dass sich komplexe Systeme *nicht* deterministisch, *nicht* vorhersehbar, *nicht* mechanistisch und auch nicht *systematisch*, sondern *systemisch* verhalten" (ebd.). Dabei ist nicht Stabilität als Normalzustand anzusehen wie beim Ansatz der „engineering resilience", sondern ein Wandel, in dem Raum, Zeit und alle Dimensionen zusammenwirken und die Veränderung mal schneller und dann wieder langsamer vonstattengeht (vgl. Gunderson/Holling 2002, S. 25ff.). Der Fokus liegt dabei auf der Dynamik. Im Rahmen des ökologischen Ansatzes soll folglich untersucht werden, „warum manche Störungen von manchen sich fortwährend wandelnden Systemen absorbiert werden können oder abprallen und somit die Fortexistenz des Systems nicht in Frage stellen" (Voss/Dittmer 2016, S. 186). Das ist auch die Frage auf den Halligen, besonders da es sich in relativer räumlicher Nähe ganz anders verhält. Damit kann auch die Frage beantwortet werden, ob es sich in dieser besonderen Landschaft überhaupt um Resilienz handelt, wenn die Störung nicht unbedingt als solche wahrgenommen wird, da sie Teil des bestehenden Ordnungsgefüges ist. Doch Resilienz ist nicht nur die erfolgreiche Anpassung an eine Störung, sondern, im positiven Fall, auch einfach der Umgang mit einem potenziell zerstörerischen Ereignis, das, ohne existentiellen Schaden anzurichten, verarbeitet oder integriert werden kann. Mit anderen Worten ist damit folgende Frage gemeint, der anhand von Untersuchungen nachzugehen wäre und die sich im Besonderen in Bezug auf die Halligen stellt:

„Was waren die Bedingungen, die es dem System ermöglichten, eine Phase stärkeren (Umwelt-)Wandels soweit zu durchstehen, dass es als Form weiterhin von anderen Formen abgrenzbar ist und als sich selbst organisierender Prozess weiterhin existiert?" (ebd., S. 187).

Insofern könnte Resilienz in diesem Falle als Strategie gesehen werden, die Ordnung eines Systems zu wahren und die, wenn sie Erfolg hat, in eben jenes System aufgenommen und integriert wird, selbst also Bestandteil der Ordnung wird, und sich demzufolge darin auflöst, nach außen hin nicht mehr als definierte, abgegrenzte Strategie sichtbar ist.

Diese beiden Ansätze der mechanischen und ökologischen (oder nach Voss/Dittmer: systemischen) Resilienz, die sich auf den ersten Blick gegenüberstehen, sind aber durchaus vereinbar und konstituieren einander. Ein Einbeziehen beider Perspektiven ist nicht nur wünschenswert im Sinne eines umfassenden Verständnisses, das Eine ergibt sich auch aus dem Anderen, sie bedingen einander. Voss und Dittmer gehen dieser Integration beider Ansätze nach, indem Resilienz vorerst

„nur unter Bezugnahme auf gesellschaftlich konstituierte, normativ ethische Wertungen auf gesellschaftliche Zusammenhänge beobachtet werden kann. Es gibt also Resilienz nicht per se, sondern nur für Beobachter, die die Resilienz von etwas (von ihnen Definiertem) in Bezug auf etwas (von ihnen Definiertem) beobachten" (2016, S. 190).

Dadurch wird Resilienz zu einer „mechanischen Kenngröße" (wer bewertet was unter welcher Bedingung), also zu mechanischer Resilienz, die in einem klar umgrenzten Raum spezifische Prozesse untersucht. Was diesen eindeutig umrissenen Enklaven aber zugrunde liegt, sind Voraussetzungen, die jene überhaupt erst möglich machen, aber schon Teil der systemischen Resilienz darstellen. Diese wirklich zu verstehen, so Voss und Dittmer, „heißt in letzter Konsequenz, ethnographisch in eine Kultur einzutauchen, [und] sie sich von innen heraus (,emisch') selbst als konkrete Lebenswelt anzueignen" (ebd., S. 191). In einem Forschungsunternehmen geht es bei der Frage nach Resilienz aber meist um eine bestimmte Störung einer Lebenswelt oder eine spezifische Gefahr für eine Bevölkerungsgruppe, womit dann wieder die mechanische Resilienz zum Tragen käme und somit im Endeffekt beide Ansätze für eine umfassende Perspektive benötigt werden; die mechanische in Hinblick auf das untersuchte Problem und die systemische als notwendiges Begreifen der zugrundeliegenden Bedingungen.

Diese sich gegenseitig konstituierenden Ansätze der mechanischen und systemischen Resilienz zu vereinen, statt sich der Einfachheit halber nur auf einen zu konzentrieren, ist herausfordernd und nicht immer einwandfrei durchführbar. Da es sich nun aber nicht nur um das Sturmflutphänomen und nicht nur um das System der Halligbevölkerung, auf die dieses Phänomen einwirkt, handelt, sondern zusätzlich um die historische und soziokulturelle Einbettung in einen komplexen Zusammenhang, soll gerade ein derart ganzheitliches Verstehen in dieser Arbeit umgesetzt werden. Die Einbettung und vielfältigen Zusammenhänge wurden in den vorangehenden Kapiteln schon ausführlich diskutiert, es steht nun also an, tiefer in die Materie und das Material einzutauchen, um diesem Ideal des komplementären Resilienzverständnisses auf den Zahn zu fühlen.

4.4.1 Heike Jensen – Das Streben nach Kompensation

Nach dieser Einführung und einer ersten theoretischen Bestandsaufnahme zur Resilienz in Auszügen des wissenschaftlichen Diskurses widmen wir uns nun wieder dem Erhebungsmaterial, um etwaige Zusammenhänge oder zugrundeliegende Verhältnisse ausfindig zu machen und unter die Lupe zu nehmen. Heike Jensen ist eine von zwei Bewohnern, mit denen ich die Gelegenheit hatte, ein Interview zu führen, die am Festland geboren und aufgewachsen und im Erwachsenenalter auf die Hallig gezogen sind. Sie ist im Alter von 24 Jahren, im Zuge ihrer Hochzeit mit Bente Jensen, nach Langeness gekommen, wo sie seitdem mit diesem, ihren Kindern und ihren Schwiegereltern lebt. Zum Zeitpunkt des Interviews ist sie 42 Jahre alt, betreibt mit ihrem Mann eine kleine Landwirtschaft und ist fortwährend beschäftigt mit Haushalt, Stall und Organisatorischem, ohne jedoch allzu gestresst zu wirken. Das Interview findet in der großen Küche des Hauses statt, während ich beim Küchentisch sitze und sie friesische Kekse bäckt. Das Gespräch beginnt mit ihrer Herkunft und ihrem Elternhaus, das nahe an der Küste gelegen ist, und geht über zum konkreten Sturmfluterleben – also bei diesem Thema wieder in die Kindheit und zu den ersten Erinnerungen daran zurück. Frau Jensen konnte damals „immer den Sturm von der anderen Seite vom Deich sehen" (Jensen, Heike 2014, S. 1). Sie fährt mit ihrer Erinnerung an die dortige Situation fort:

> „Man hat das Gefühl eigentlich auf dem Festland, man sitzt da auf der sicheren Seite. Wobei ich jedenfalls auch den Sturm 1990 eben halt noch gut in Erinnerung habe als Kind. Meine Eltern wohnen ja eben halt in der Nähe von Dagebüll, und damals drohte eben halt in Dagebüll der Deich zu brechen. Der war so stark beschädigt worden von der Sturmflut, dass der drohte zu brechen" (ebd., S. 1).

Heike Jensen beschreibt an dieser Stelle zwei konträre Eindrücke: Einerseits hatte man am Festland das Gefühl, geschützt durch den hohen, massiven Deich direkt an der Grenze zum Meer, „auf der sicheren Seite" zu sein, andererseits schwebte der mögliche Deichbruch bedrohlich über den Köpfen der Menschen. Sie saß mit ihrer Mutter und ihren Geschwistern „auf gepackten Koffern", und das, obwohl sie doch ein Stück im Hinterland wohnten. Doch es handelt sich dabei um eine Gegend, die „um 1570 herum erst eingedeicht worden ist. Also auch früher mal, ich sag mal, zum Meer gehörte" (ebd.). Außerdem kommt noch eine Schwierigkeit hinzu, denn das Land dort „liegt so tief, das wäre mit das Nächste gewesen, was danach abgesoffen wäre" (ebd.). Frau Jensen fährt fort:

„Und wenn die den Deich in Dagebüll nicht zu halten gekriegt hätten, dann wäre also selbst der Hof von meinen Eltern unter Wasser gewesen. Mein Vater selber war nicht da, weil der eben halt bei der Freiwilligen Feuerwehr ist und die Freiwillige Feuerwehr also von Dagebüll selber, konnte den halt vom Nachbarort, […], die waren von dem Einsatz da eben halt Sandsäcke und Strohballen und so was eben halt in den Deich zu stecken, um möglichst diesen Deich auch zu halten, was auch Gott sei Dank geklappt hat" (ebd.).

Die letzte Passage wirkt im Gegensatz zu den anderen, sonst sehr gut artikulierten Sätzen eher ungeordnet und etwas chaotisch, wie eine Beschreibung einer Situation, die eigentlich bekannt ist, deren Ausdrücken aber schwerzufallen scheint und von einigen „eben halt" Phrasen durchzogen ist, was das Ganze noch unkoordinierter wirken lässt. Der Absatz beginnt mit einer Spekulation, was passiert wäre, wäre der Deich damals gebrochen, und endet mit der Dankbarkeit darüber, dass das nicht passiert ist. Es könnte also die Vermutung angestellt werden, dass die plötzliche Schwierigkeit im Ausdruck an dem Thema des möglichen Deichbruchs liegt oder an dem Gefühl von damals, das während der Erinnerung an die damalige Situation aufkommt, das gegenwärtige Empfinden beeinflusst und im sprachlichen Ausdruck latent erkennbar wird. Direkt danach knüpft Frau Jensen an eine frühere Sturmflut an, bei der sie noch ganz klein gewesen ist:

„Und von der Sturmflut 1976 weiß ich eben halt nur, dass das Wasser richtig schon über den Deich so rüber klatschte, dass man es auf dem Festland, also auf dem Hinterland sogar sehen konnte. […] Da weiß ich nur, das Kuriose war eben halt so, da wohnten meine Eltern noch […] dichter am Deich eben halt dran. Und ja, ich sage mal, guckten aus dem Fenster, sahen halt die Gischt über den Deich rüber schwappen, und hinter denen brannte der Tannenbaum ab" (ebd., S. 1f.).

Dieses Bild untermalt sehr deutlich, was der Anblick der „überschwappenden" Flut, die schon über den Deich zu kommen drohte, in den Küstenbewohnern, die ihrerseits tiefer lagen als der normale Meeresspiegel und um einiges tiefer lagen als der Deich, auslöste. Hätte das Wasser einen Weg gefunden, über den Deich zu kommen, oder hätte der Deich nur ein kleines bisschen unter der Kraft des Wassers nachgegeben, wären nicht nur die Häuser unter Wasser gestanden. Die aufgestaute Flut hätte dadurch ein Ventil gefunden und wäre mit vollem Druck und voller Geschwindigkeit in das Landesinnere geschossen. Von dem Anblick der schlagenden Wellen auf Höhe des schützenden Deichs, die die Wahrscheinlichkeit eines solchen Ereignisses noch deutlicher vor Augen führten, bemerkte die Familie, wie gelähmt, nicht einmal, dass hinter ihnen der Christbaum abbrannte. Dieses kurze Bild sagt, ohne viel direkt darüber auszusagen, eine ganze Menge über die Wirkung, die das Ereignis auf die Menschen in jener Nacht hatte. Anschaulich sind auch die Wellen, die über den Deich schlugen, und damit wird die Grenzziehung umso klarer, die an der Küste geschieht. Ein tobendes Element, das droht, über eine definitive Grenze hinwegzupreschen oder – noch schlimmer – die Grenze gleich vollkommen niederzureißen, zeigt durch diese Überschreitung die Grenze erst richtig auf. Wenn es auch davor nicht so wahrgenommen wird, im Moment einer Sturmflut wird die Trennung zwischen Land und See plötzlich so klar wie nie zuvor und entwickelt gerade deshalb ein massiv zerstörerisches Potenzial, da es zu einem Kräftemessen zwischen Wassergewalt und Deich kommt.

Auf die Frage, wie sie persönlich die Sturmflut in Erinnerung hatte, die früheste, an die sie sich erinnern konnte, und ob sie Angst gehabt hätte, erwiderte Frau Jensen:

> „Ja. Zumindest so, dass ich damals so für mich sämtliche Zeitungsausschnitte zu der Sturmflut eben halt auch gesammelt habe und das so ein bisschen so zusammengestellt habe, was eben halt die Zeit über dann auch so passiert ist, weil es auch wahnsinnig in den Medien damals schon präsent war. [...] So wie mit vielen Naturkatastrophen" (ebd., S. 2).

In dieser Antwort finden sich gleich mehrere „Premieren" in der Interviewführung auf den Halligen. Zuerst – ganz offensichtlich – das Zugeben von Angst. Heike Jensen hatte ganz eindeutig geantwortet, vor der Sturmflut Angst gehabt zu haben, was kein einziger Halligbewohner bisher ausgesagt hatte, nicht einmal entfernt. Weiters erstmalig ist die Bezeichnung des Ereignisses als Naturkatastrophe – ebenfalls ein Wort, das kein einziger Halligbewohner bisher in der Mund genommen hat. Mit der Angst, die sie damals empfunden hat, verbindet Frau Jensen ihr Verhalten nach der Sturmflut. Sie sammelte Zeitungsartikel, Berichte, die mit der Sturmflut direkt in Zusammenhang standen, aber auch solche, die die Ereignisse rund um die Sturmflut näher beleuchteten und was „die Zeit über dann auch so passiert ist". Das kann, gerade in Verbindung mit Angst, als eine interessante Strategie im Umgang mit der gewaltigen übergroßen Bedrohung gesehen werden, in deren Angesicht man sich – direkt hinter dem Deich, der vielleicht stark genug ist, vielleicht aber auch nicht – ziemlich ausgeliefert und ohnmächtig fühlt, ohne entsprechende Handlungsoptionen oder Techniken, Strategien im Umgang damit. An dieser Stelle sei ein Zitat von Michel Foucault angeführt, der bemerkt,

> „daß die Macht Wissen hervorbringt (und nicht bloß fördert, anwendet, ausnutzt); daß Macht und Wissen einander unmittelbar einschließen; daß es keine Machtbeziehung gibt, ohne daß sich ein entsprechendes Wissensfeld konstituiert, und kein Wissen, das nicht gleichzeitig Machtbeziehungen voraussetzt und konstituiert" (Foucault 1981, S. 39).

In diesem Sinne ist es sehr wahrscheinlich, dass Frau Jensen in ihrer bewusst oder unbewusst empfundenen Ohnmacht anfing, sämtliche Zeitungsausschnitte und jedes Material zur und um die Sturmflut zu sammeln, zu lesen und aufzubewahren, mit der Intention, Wissen über das bedrohliche Ereignis zu sammeln und anzuhäufen, um der Ohnmacht zu entgehen. Wenn nur genug Wissen zusammengetragen werden konnte und sie verstehen könnte, wie eine Sturmflut funktioniert, was genau passiert, zusätzlich auch was davor und danach geschieht, also ob es womöglich Anzeichen, Vorzeichen gibt, die man beachten könnte, dann wäre sie nicht mehr ohnmächtig ausgeliefert, sondern würde durch ihr erworbenes Wissen ihre

Macht wiedererlangen und der Gefahr nicht mit leeren Händen gegenüberstehen. Dies ist auch ein eindrucksvolles Beispiel dafür, wie das Streben eines Individuums im Angesicht einer existentiellen Bedrohung 1.) die adaptive capacity, die Flexibilität durch Lernen, und 2.) die participative capacity, den Versuch, im Falle aktiv Einfluss nehmen zu können, auszubilden versucht. Die Vulnerabilität wird also durch ganz konkrete Verhaltensweisen versucht zu reduzieren. Das ist eindrucksvoll dafür, wie – ganz im Sinne Alfred Adlers (1983, S. 166) – das Streben nach Kompensation der ursprünglichen Minderwertigkeit darin seinen Ausdruck findet.

Dieses Erlebnis einer Sturmflut war für Heike Jensen dann auch das letzte am Festland. 1996 zog sie fix auf die Halligen und hat seitdem Sturmfluten nur noch direkt dort miterlebt.

> „Und hier vor Ort war es eben halt anfangs schon wieder ein ganz anderes Gefühl. Weil man sitzt hoch. Man hat das Wasser rund herum. Man weiß, dass das Land untergeht und dass das einfach dazu gehört. Dass es eben halt Sturmfluten gibt. Davon hatte man bis jetzt eben halt dann auch, ich sage mal, nur gehört. Bis man es eben halt jetzt auch selber dann mitgemacht hat" (Jensen, Heike 2014, S. 3).

Dieses Bild ist ein ganz anderes als das vorige am Festland. Nicht nur die Situation ist eine andere, da man an einem höheren Punkt ist als das Wasser und es um sich herum im Blick behalten kann, auch das Gefühl, das damit einhergeht, unterscheidet sich von jenem auf dem Festland. Die Tatsache, dass das Wasser auf den Halligen manchmal das Land überschwemmt und bis an die Grenze der Warft kommt, dann aber wieder zurückgeht, gehört einfach zum Alltag dazu. Ebenso wie die Sturmfluten dazu gehören, was dann einfach eine extremere Ausprägung darstellt. Diese Lebensrealität, in der Landunter und Sturmfluten einen fixen Bestandteil der Existenz ausmachen, kennt man zwar von Erzählungen, begreifen kann man sie allerdings erst, wenn man sie selbst miterlebt und als in das Leben auf den Halligen integriert versteht. Was Heike Jensen hier beschreibt, ist nicht nur ein anderes Bild, eine andere Rezeption der Dinge, es liegt dieser Szene vielmehr auch eine ganz andersartige Besetzung, ein völlig divergentes Verständnis und Gefühl zugrunde. Auf die Frage, ob das Meer und das Wasser auf den Halligen für sie eine Bedrohung darstellen, da es durch die unmittelbare Nähe immer wieder hereinbrechen kann, antwortet Frau Jensen:

> „Nein, eigentlich habe ich keine Angst davor, weil es wird bei uns ja eigentlich, ich sage mal, bei uns gehört das Landunter im Winter gehört dazu, so wie bei Ihnen in den Alpen eben halt der Schnee zum Winter gehört. [...] Wir brauchen das Landunter auch einerseits dann auch im Herbst, im Winter, dafür, dass die Wiesen, also wir sagen ja Fennen, dass die im Prinzip wieder sauber werden. [...] Und das gehört einfach dann auch nochmal wieder mit dazu" (ebd., S. 7).

Wenn es, wie in den Jahren vor dem Interview, im Winter oft zu ungewöhnlich viel Schnee und Eis auf den Halligen und im Watt kommt, dann muss nicht nur die

Fährverbindung teilweise eingestellt werden, weil der Eisgang so stark ist, den Bewohnern fehlt dann auch regelrecht das Landunter in ihrem gewohnten Alltag. Was hier noch besonders ins Auge sticht, ist die Tatsache, dass Frau Jensen die Frage, ob das Meer und das Wasser eine Bedrohung auf den Halligen wären, ob sie Angst hätte, ganz klar verneint, wohingegen sie die Frage, ob sie am Festland Angst vor der Sturmflut hatte, ebenso direkt und klar bejaht. Was einerseits berücksichtigt werden muss, ist die Zeit, die zwischen der Sturmflut am Festland liegt und der Gegenwart auf den Halligen, und dass in dieser Zeit vielerlei Wissen über die Bewegungen des Meeres von ihr gesammelt werden konnte. Sie weist aber weder beim Gefühl am Festland noch heute auf der Hallig darauf hin, dass es anders gewesen wäre, hätte sie mehr gewusst oder wäre besser informiert oder erwachsen gewesen. Im Gegenteil, sie hält sogar fest, dass die Erwachsenen vom Anblick der Wogen über dem Deich so gelähmt und erstarrt waren, dass sie den Tannenbaum abbrennen ließen. Die Angst bzw. die fehlende Angst vor dem Meer und vor Sturmfluten hängt also sehr wahrscheinlich vom Ort ab, an dem man sich befindet und in dem man sozialisiert ist, wobei der Ort hier keineswegs nur räumlich gesehen wird, sondern als Konglomerat von Raum, Natur, Kultur – als gesellschaftliches System, dem entsprechende Bedeutungszuschreibungen, Perspektiven und Kapazitäten immanent sind, kurz – als Ordnungsgefüge.

Frau Jensen erinnert sich an die Sturmflut bzw. den Orkan Xaver aus dem Winter vor unserem Gespräch, bei dem am Festland viele Bäume um- und auf Häuser drauf gestürzt sind, wovor sie auf den Halligen, da es kaum Bäume gibt, verschont geblieben sind. Aufgrund der Gezeiten lief dann auch besonders viel Wasser auf, was Frau Jensen schon etwas beunruhigte, vor allem, da Bente Jensen zu dem Zeitpunkt nicht zuhause war:

> „Mein Mann war gerade nicht da. Der saß noch auf dem Festland. Der machte gerade einen Feuerwehrlehrgang, und dann hatte ich aber Gott sei Dank auch meinen Schwiegervater da, und er ist eben halt, ich sage mal, schon Sturm erfahren. Er hat die 62er Flut mitgemacht, 76, 81, 90. Hat er eben halt alles schon mitgemacht. Und das war für mich schon soweit dann ein beruhigendes Gefühl, dass ich weiß, da ist einer. Wir haben soweit dann alle Vorkehrungen hier auch getroffen. So dass man eben halt, auch wenn das Wasser soweit hochsteigt, dass es also bis in die Warft …" (ebd., S. 4).

Auch wenn ihr Mann in dieser Nacht nicht auf der Hallig war, was Frau Jensen vorerst beunruhigt, ist sie sehr erleichtert und froh, ihren Schwiegervater an der Seite zu haben, der sich mit Sturmfluten bestens auskennt. Sie untermauert das, indem sie alle schweren Fluten aufzählt, die er bisher (erfolgreich) überstanden und gemeistert hat. Um nicht verwundbar zu sein bzw. um die Verwundbarkeit so gering wie möglich zu halten, wird hier ein weiteres Mal die Wichtigkeit der adaptive und participative capacity klar, die beide durch die konstante Exposition unter der Halligbevölkerung wesentlich besser ausgeprägt sind als bei ortsfremden Personen. Mit so einem Menschen auf derselben Warft kann von dessen Fähigkeiten und Bewältigungsstrategien im Moment der Bedrohung profitiert und die eigene Vulnerabilität verringert werden. Dass sich Heike Jensen auf einen Ort wie die Halligen einlässt, dort ihr Leben aufbaut und gemeinsam mit ihrem sturmfluterfahrenen Schwiegervater alle nötigen Vorkehrungen trifft, lässt darauf schließen, dass sie sich im Zuge dessen selbst das Werkzeug, die Methoden und Strategien, die adäquate adaptive und participative capacity für einen erfolgreichen Umgang mit der Bedrohung aneignet und sozusagen vom Profi lernen kann. Damit würde sie das Projekt, das sie bei ihrer ersten großen Sturmflut als Kind begonnen hat, bei der sie auch Angst und Ohnmacht verspürte, fortsetzen und zusätzlich intensivieren. Damals begann sie damit, Zeitungsausschnitte zu sammeln, alles, was sie konnte, über die Gefahr zu lernen, um ihr beim nächsten Mal nicht derart hilflos und ausgeliefert gegenüberzustehen. Später verlässt sie das vermeintlich sichere Festland, das jedoch von Deichbrüchen und der über den Deich klatschenden Flut bedroht wird, um sich inmitten der Nordsee, auf den Halligen, niederzulassen und ist dadurch dem Objekt, das sie so detailliert wie möglich studieren will, noch näher. Zusätzlich kann sie dort von den erfahrensten und besten Experten im Umgang mit Fluten lernen, die ihr ganzes Leben lang ihre Methoden und Fähigkeiten ausgebaut und erweitert haben. Das Lernen geht also vom Sammeln von Medienberichten über zu der tatsächlichen Konfrontation – sie erweitert seit ihrer Kindheit die adaptive capacity, um durch Strukturanpassung, Flexibilität und Lernen die participative capacity, nämlich aktiv Einfluss auf das Geschehen nehmen zu können, zu erreichen. Aus Sicht der Individualpsychologie wäre an dieser Stelle eine tiefenpsychologische Erklärung der innerpsychischen Prozesse vorzunehmen, die eine auffallende Ähnlichkeit mit der adaptiven und teilnehmenden Kapazität hat und in weiterer Folge auch mit dem Konzept der Vulnerabilität. Es ergibt nämlich die Kompensation einer früh empfundenen Minderwertigkeit (gegenüber der Gewalt des Meeres), die sich seitdem in wandelnden Aspekten durch das Leben zieht, ein Element des Lebensstils von Frau Jensen. Dabei fällt auf, dass dies nicht nur aus der empfundenen Unterlegenheit als kausalem Wirkfaktor bedingt wird, sondern dass ein Streben nach etwas, ein Streben nach Überwindung und Bewältigung dieser Minderwertigkeit, ein finaler Wirkfaktor also, hierbei ebenso zum Tragen kommt. Gerade in der Individualpsychologie wird dieses finale Motivationskonzept vertreten, das von einem allgemeinen Streben weiterführt zu einem Streben nach Sicherung (vgl. dazu Sicherungstendenz), bei dem die erlebte Unsicherheit zukünftig von völliger Gesichertheit abgelöst werden soll. Adler erklärt dies folgendermaßen:

> „Wir alle streben nach einem in der Ferne liegenden Ziel, durch dessen Erreichen wir uns stark, überlegen, vollkommen fühlen werden. Professor Dewey nennt diese Tendenz sehr richtig das Streben nach Sicherheit. Andere bezeichnen es als Selbsterhaltungstrieb. Aber welche Namen wir ihm auch geben, wir finden in jedem menschlichen Wesen diese große Linie der Tätigkeit – der Kampf aus einer unterlegenen in eine überlegene Stellung aufzusteigen, von Niederlage zu Sieg, von unten nach oben. Er beginnt in unserer frühesten Kindheit, er setzt sich fort bis zum Lebensende" (Adler 1931/1979, S. 157).

Es ist aus dieser Perspektive nicht verwunderlich, dass Heike Jensen, die früh in ihrer Kindheit die Minusposition gegenüber dem Meer zu spüren bekommen hat, ein Leben auf der Hallig wählt. Dort haben die Menschen gelernt, sich nicht minderwertig gegenüber der Natur zu fühlen, sondern durch konstante Anpassung und die Integration der See in die gesellschaftliche Ordnung entsprechende Strategien zu entwickeln, die Minderwertigkeit, und in weiterer Folge auch die Vulnerabilität, zu minimieren und ein (seelisches) Gleichgewicht im Leben an der Seite der Nordsee zu finden.

4.4.2 Peter Dreyer – Mensch wie Meer?

Peter Dreyer ist der Besitzer des Gasthauses Hilligenley bei der Fähranlegestelle auf Langeness. Er ist nicht gebürtig von der Hallig, sondern von der Küste, hat aber vor 25 Jahren die Gaststätte auf Langeness gekauft und betreibt sie seitdem. Er ist sehr interessiert an dem Zustandekommen verschiedener Situationen in Zusammenhang mit Sturmfluten, Wasserständen und Methoden, um die Kraft der See vor seinem Haus zu schwächen, und kennt sich auch gut damit aus. Zum Beispiel hat er einen sogenannten Steinigel vor der Warft Hilligenley, damit das Wasser sie nicht mit voller Wucht trifft, sondern quasi „gekämmt" und beruhigt wird und dadurch an Kraft verliert. Er ist gerne bereit, sein Wissen und seine Geschichte zu teilen, und gibt spontan ein Interview, bevor er wieder weiter muss. Bei der Sturmflut von 1962 war er zwölf Jahre alt und noch auf dem Festland, wo er in Küstennähe geboren und aufgewachsen ist. Selbst noch ein Kind musste er trotzdem schon mithelfen und vollen Einsatz zeigen bei den vielen kritischen Situationen in jener Nacht:

> „Da war es ja dann, '62 war ja dann, ständig war da ja was im Rundfunk und so, nicht. Und wir haben ja auch miterlebt, dass Bäume umklappten, und ich weiß, meine Nachbarin damals, ja, die war jetzt hochschwanger und sollte jeden Moment losgehen, dass die da ins Krankenhaus soll zur Entbindung, und da haben wir dann praktisch in der Nacht eben da noch einen Baum, der grade bei denen über die Auffahrt gefallen war, sozusagen wieder räumen müssen" (Dreyer 2014, S. 3).

Trotz des Sturmes, der sogar große, starke Bäume nach der Reihe entwurzelte, musste er damals, noch ein Kind von 12 Jahren, in diesem Sturm mithelfen und das Nötigste erledigen. Der Sturm erschwerte die Arbeiten am Deich und die wichtigsten Schadensbehebungen extrem, und je länger es dauerte, umso schwieriger wurde es, das Schlimmste abzuhalten. „Man hofft ja nur, dass nicht noch eine zweite Flut hinterherkommt" – denn selbst ohne zweite Flut direkt danach, die Schäden in unvorstellbarem Ausmaß angerichtet hätte, „hat es schon verheerende Schäden gegeben damals. Da ist ja auch, '62, ist auch bei Hamburg eben halt sehr viel passiert, da hat es ja auch viele Tote gegeben" (ebd., S. 5). Es waren nicht alle gleich betroffen damals, je nachdem, wo im Landesinneren ihr Wohnsitz war. Doch besonders in Hamburg, das knapp 100 Kilometer von der Nordseeküste entfernt ist, waren die Schäden verheerend und es starben um die 300 Menschen – die Bedrohung war also nicht nur in direkter Küstennähe sehr groß. Trotzdem konnte man die Gefahr dort besonders deutlich spüren: „Wenn ich natürlich gleich hinter dem Seedeich wohne, hinter der ersten Linie, hinter der ersten Küstenlinie, dann ist es ganz schön kriminell" (ebd., S. 9). Es ist naheliegend, dass man in so einer Situation Angst hat – vor der Wassergewalt, vor der völlig rotierenden, rasenden, unberechenbaren Natur, vor einem Deichbruch, gerade als Kind. Peter Dreyer hatte Angst, das weiß er, denn die Konsequenzen, wenn der Deich tatsächlich bricht, sind enorm.

Auch wenn die Halligen mindestens ebenso betroffen sind von den Sturmfluten und vor allem dem Wind, der hier noch stärker ist, da kein Hindernis im Wege steht und ihn bremsen könnte, ist der Umgang und das damit verbundene Gefühl doch ein ganz anderes. Das liegt laut Herrn Dreyer vor allem daran, dass sich die ganze Situation anders zusammensetzt und somit auch die Elemente sich ungleich verhalten:

> „Das Wasser ist natürlich hier anders wie auf dem Festland, ne. Da gibt es ja immer draußen diese Küstenlinie, wo da eben halt dieser Druck drauf ist, und hier bei uns ist es ja praktisch sozusagen rundherum das Wasser und so, ne. Und da hat man natürlich, wie gesagt, das Wasser gleich immer sozusagen im Auge" (ebd., S. 8).

Diese Beschreibung macht ganz deutlich, welchen Effekt Grenzen hierbei haben: Am Festland, an der Küste, schützt der Deich das Landesinnere vor der Flut, ist aber einem enormen Druck ausgesetzt, dem er nicht unbegrenzt standhalten kann, wohingegen auf der Hallig das Wasser überall ist, rund um einen herum, aber nie eine solche Kraft und Macht erreicht, als wenn ihm ein Riegel vorgeschoben wird. Das Fehlen einer Grenze schützt den Lebensraum und auch das eigene Leben wesentlich mehr, als es eine mächtige, imposante, massive Grenze je vermag. Das wird auch der Grund dafür sein, weshalb Herr Dreyer jetzt nicht mehr mit der Angst leben muss, wenn eine Sturmflut kommt. Auf die Frage, ob so ein Ereignis auf der Hallig bedrohlich ist und er Angst hat, erwidert er: „Also hier überhaupt nicht mehr, ne. Also hier habe ich gar keine Bedenken mehr, muss ich sagen" (ebd., S. 5). Er bezieht sich damit wieder auf sein Gefühl und seine Angst am Festland, indem er nicht einfach sagt: „Hier überhaupt nicht", sondern eher „hier überhaupt nicht *mehr*". Das impliziert, dass es nicht immer so gewesen ist und er sich durchaus bedroht und verängstigt gefühlt hat, bevor er nach Langeness kam.

Im Verlauf des Interviews wird ein weiterer Aspekt thematisiert, der sich im Innen wie im Außen spiegelt, fast wie eine Gewissheit, die sich in diesem Lebensraum auf allen Ebenen wiederfindet. Alles passiert nämlich in Phasen: Sedimente werden angeschwemmt und abgetragen, die Form verändert sich in einem konstanten Kommen und Gehen. Das veranschaulicht Herr Dreyer an einem eindrücklichen Beispiel:

> „Da, wo heute eine Sandbank ist praktisch, die ziemlich hoch ist, wo man also praktisch mit dem Schiff nicht mehr längs fahren kann, das kann sein, dass man praktisch da [...] morgen, übermorgen, in nächster Zeit, auf ganz, ganz kurzen Abstand, dass das so sich wieder verändert hat, dass man plötzlich wieder durchfahren kann [...]. Und plötzlich kommen durch irgendwelche Bauten oder auch Windverhältnisse neue Strömungsverhältnisse zustande, und dann wird das richtig auf einmal wieder verschlammt. 30 Jahre war ja, dann wird das plötzlich wieder freigelegt, dann kann man auch mal wieder da lang fahren, wo man sagt, Mensch, vor 30 Jahren konnte ich hier auch lang fahren, zwischendurch war das alles zu. Also da ist immer Bewegung drin, ja" (ebd., S. 2).

Später im Interview bemerkt er sehr Ähnliches über die Bevölkerung auf der Hallig, die Menschen, die hier leben und eine Gesellschaft bilden, die sich immer wieder aufs Neue in diesem Kreislauf, diesen Phasen wandelt und dreht:

> „Und so ist immer so ein Werdegang so von Abschnitten, sagen wir mal, von zwanzig Jahren, da ist auf einmal immer so ein Umschwung zu sehen, da erlebt man praktisch alle Situationen mal durch [...]. Es ist ja so, es werden neue geboren praktisch, und irgendwo sterben wieder welche weg. Das sind immer so Phasen, so Zeiten [...]. Das ist also, faszinierend ist das, ja" (ebd., S. 12f.).

So wie sich die Insel, die Hallig, das ganze Watt verändert, so veränderten sich auch die Gesellschaft und die Bewohner der Hallig in Zyklen und Phasen, die nach 20 bis 30 Jahren wieder von vorne anfangen, und sich kontinuierlich erneuern. Die äußere Lebenswelt, der Wandel der Natur und die ewige Veränderung spiegelte sich also im Inneren der Gesellschaft, reflektiert in der Kultur und Struktur der Halligbewohner, die so nahe mit diesen Phasen und Zyklen zusammenleben, von ihnen abhängig sind und profitieren. Die Anpassung erreicht aus dieser quasi philosophischen Perspektive noch eine ganz andere Dimension, wenn die Anpassung nämlich nicht nur in den äußeren Lebensbedingungen, Bauweisen, Vorkehrungen und der Ausrichtung danach stattfindet, sondern selbst im Inneren des ganzen Systems. Es ist quasi ein Bestandteil der Ordnung, ein Element, das das Leben dort ausrichtet, aber auch in das Leben selbst übergeht. Das Ordnungsgefüge beginnt, da es sich so eng verwoben mit der See entwickelt und mit dieser identifiziert, sich mit der Zeit wie sie zu verhalten. Alles ist im Fluss, statt durch Grenzen gezeichnet, auch die Menschen. Um eine solche Beobachtung anstellen zu können, die nötige Distanz zu haben um sie überhaupt wahrzunehmen, muss vielleicht jemand von außen kommen, der sich auf die Ganzheit des Lebens auf einer Hallig einlässt und doch andere Voraussetzungen mitbringt um nicht alles als selbstverständlich und in die gewohnte Ordnung integriert zu erleben. Jemand wie Peter Dreyer.

4.4.3 Analyse

Ob von Resilienz gesprochen werden kann oder nicht, hängt immer davon ab, ob es sich beim Untersuchungsgegenstand um Schädigungen, Gefährdungen, Traumen, Bedrohungen etc. handelt. Es ist aber eine, wenn nicht *die* Besonderheit von

Resilienz, dass es im Falle einer Belastung oder Störung des Gleichgewichtes nicht zu den erwarteten Problemen und Beeinträchtigungen des Lebensvollzuges, zu pathologischen Lebensumständen der Gesellschaft und ihres Umfeldes kommt. Somit schließen sich eine ausgeprägte, hohe, gute Resilienz und das Erkennen von lebensbeeinträchtigenden Wirkfaktoren, an denen Resilienz erkennbar werden würde, aus. Es ist also nicht unbedingt ein Leichtes, Resilienz in einer gut angepassten Bevölkerung manifest vorhanden beobachten zu können, es muss in dem Fall noch mehr Aufmerksamkeit auf die latenten Inhalte und Strukturen gelenkt werden. Für dieses Unterfangen sind besonders Konzepte wie jene der Vulnerabilitätsfaktoren, der Ordnungsgefüge oder Grenzwahrnehmungen hilfreich und relevant, um über diese Umwege die Wirkfaktoren beobachten zu können, die letzten Endes die Resilienz bedingen. Das Ergebnis – liegt der Fokus nicht auf pathogenen Aspekten – ist nämlich immer ein zumindest hinreichend guter Lebensvollzug – eine schwierige Ausgangslage zum Eruieren von spezifischen Verhaltensweisen im Umgang mit einer Gefahr.

> „Somit entspricht die Frage nach der Resilienz der Frage, wie und unter welchen Bedingungen trotz Risiko und Schädigung sowie gegen alle Erwartung und Wahrscheinlichkeit ein solcher Lebenszusammenhang hergestellt werden kann" (Fooken 2016, S. 28).

Je mehr man sich bemüht, das Resilienzphänomen einzugrenzen, die Vielschichtigkeit in Literatur und Theorie auf eine exakte Definition herunterzubrechen, umso mehr wird einem das Scheitern dieses Vorhabens bewusst. Daher entwickelten Masten und Obradovic (2007) die Bezeichnung „umbrella construct", das wohl so zu verstehen ist, dass es wie ein Schirm die Tropfen in vielerlei Richtungen abrinnen lässt, niemals jedoch in exakt dieselbe, da die Umstände, der Kontext nie exakt derselbe sein kann. Verschiedene Einflussgrößen bilden einen Interaktionskontext, der Voraussetzung für eine Erfassung von Resilienz darstellt und diese in dem Sinne nicht nur als Konstrukt, als fixierte Größe bestimmt werden kann, sondern immer auch als Prozess. In diesem Ansatz ergibt sich nun die Möglichkeit, auch wenn die Bedrohung integriert erscheint und nicht als invasives Element das bestehende System zerstört, die Resilienz als Prozess *in* diesem System herauszufiltern und zu erschließen.

Sehen wir uns aber vorerst die beiden Interviews an, die erstmals einen Vergleich zum Festland herstellen können und einen bedeutenden Unterschied aufzeigen. Beide Gesprächspartner, Heike Jensen sowie Peter Dreyer, beschreiben eine klare Grenze zwischen sich und der Nordsee als Realität an der Küste. Dass eine Deichlinie existiert, ist klar, doch es besteht auch ein Effekt auf die Küstenbevölkerung und deren Wahrnehmung der eigenen Position im Unterschied zum „Außen". Diese Rezeption ist ein entscheidendes Merkmal, denn wie in Kapitel III (3–6) ausführlich eruiert wurde, bestimmt eine bestehende Grenze, wie der Deich, ob eine Grenzüberschreitung, ein Hereinbrechen in das Eigene, in die Lebenswelt, überhaupt zustande kommen kann. Weil der Deich als Grenze das Wasser abhält und draußen hält, kann er überhaupt erst von der überschwappenden Flut, die wunderschön bildlich von Frau Jensen als an dieser Grenze rüttelnd dargestellt wird, überschritten und/oder völlig zerstört und „durchbrochen" werden. Eine Folge dieser Positionierung hinter der Grenze ist bei beiden Gesprächspartnern Angst. Das ist umso auffälliger, als es kein einziger anderer Halligbewohner, nicht mal bei direkter Nachfrage, so bezeichnet (und erlebt) hat. Heike Jensen hatte Angst als Kind, sie hatte Angst als Jugendliche und begann ihre empfundene Hilflosigkeit und Schwäche gegenüber dieser Bedrohung durch eine Anhäufung von Wissen zu kompensieren. Ihre Eltern und Großeltern ließen beim Anblick der Flut, die über den Deich schlug, den Christbaum hinter sich abbrennen, weil sie vor Angst wie gelähmt waren. Und Peter Dreyer spricht ebenfalls von seiner Angst, die er damals als zwölfjähriger Junge und auch später hatte, als er und andere aus dem Dorf die ganze Nacht im tobenden Sturm die Deiche zu halten versuchten. Die Wirkung, die die Bedrohung oder Störung auf das Bezugssystem ausübt, hat einerseits sicherlich den noch weiter verbesserten Ausbau der Deichlinie, die Instandhaltung, Restaurierung, Erhöhung und Potenzierung der bestehenden Grenze, die noch massiver sein sollte zum Schutz gegen die See, zur Folge; andererseits aber wirkt die Störung im Bezugssystem auch auf einer emotionalen, psychischen Ebene, indem ein solches Ereignis Ängste auslöst und aufgrund der weiteren Exponiertheit auch erhält. Dabei muss man bedenken, dass beide Personen im Laufe ihres Lebens ihre Heimat verlassen haben und auf die Halligen gezogen sind, was mit der empfundenen Bedrohung an der Küste unterschwellig zu tun haben kann. Auch stellen sie wohl kaum eine repräsentative Größe der Küstenbevölkerung dar, um spezifischen Fragestellungen oder Untersuchungen zum Festland weiter nachzugehen. Trotzdem bieten sie eine gute Referenzgröße der Wahrnehmung und Wirkung unter anderen Voraussetzungen und sind, da sie ihren Lebensmittelpunkt bewusst nach Langeness verlegt haben, auch dort Beobachter mit anderem Fokus als die Einheimischen. Das unterschiedliche Erleben an zwei Orten kann dadurch von einer Person erzählt und verglichen werden – so fallen auch variable Persönlichkeitsfaktoren weg, die eine Untersuchung anderenfalls beeinflussen könnten.

Kehren wir aber zurück zum tatsächlichen Erleben der Situation, so stellt sich des Weiteren heraus, dass Heike Jensen und Peter Dreyer erneut einer Meinung sind: Beide betonen, dass Landunter zum Alltag und zum Leben dazugehören, dass das Wasser und das Meer rundherum eine Sicherheit bieten, eine Kontrollierbarkeit oder zumindest eine Sichtung und persönliche Einschätzung der Gefahr. Das Fehlen einer Grenze zwischen Land und Meer wird als dazugehörig erlebt – im übertragenen Sinn könnte das bedeuten, dass nicht nur das Landunter und die verschwimmende, inexistente Grenze zwischen Meer und Land zum Dasein dazu gehören, sondern das Meer selbst zum Leben auf der Hallig, und das Leben auf der Hallig zum Meer. So entsteht ein gegenseitiges Aufnehmen des Einen in das Andere, eine Integration des Elementes in das Selbst und eine Integration des Selbst in das Element. Dadurch wird nicht nur auf eine Grenze verzichtet, sondern das Verständnis erweitert und neue Anteile gebildet, die zu einem Ganzen gehören.

Eine Parallele wird ersichtlich zu einer Rezeption Adlers, der einen Begriff der Einheit prägt, welcher einen Zusammenhang aller einzelnen Faktoren im Leben eines Individuums nach sich zieht: „Leugnet man diesen Zusammenhang, dann geht es so zu, wie wenn man aus einer Melodie einzelne Noten herausnimmt, um sie auf ihren Geltungswert, auf ihren Sinn zu prüfen" (Adler 1982b, S. 41). Das Leben auf der Hallig, der besondere Lebensstil, könnte aus diesem Verständnis heraus als eine Melodie gesehen werden, die das Meer als zusätzliche Note in sich integriert bzw. selbst in die größere Melodie der Natur einbezogen ist. Es wird als Teil eines Ganzen erlebt, der ohne das Andere nicht das Gleiche wäre. Eine Umkehrung eines Konzepts der Psychoanalyse kommt hierbei zusätzlich in der Sinn – bedrohliche und abzuwehrende Anteile des Selbst werden demzufolge nämlich oftmals ins Außen projiziert, um ein seelisches Gleichgewicht zu gewährleisten. Beobachtet werden kann dieses Phänomen besonders anschaulich in dämonischen Volkserzählungen und Sagen, in denen das eigene Böse im Außen personifiziert und dadurch auch verteufelt, abgewertet und, besonders wichtig, abgewehrt werden kann. Hier verhält es sich gegenteilig, das Bedrohliche im Außen wird nämlich introjiziert und zum Teil des Selbst und des gesellschaftlichen Systems gemacht, wodurch es ebenfalls an Bedrohlichkeit verliert. Es ist also keineswegs verwunderlich, dass das Wasser und das Meer auf den Halligen nicht als Bedrohung wahrgenommen werden und sowohl Heike Jensen als auch Peter Dreyer ein Gefühl von Angst, das sie zuvor in ähnlichen Situationen am Festland empfunden haben, klar verneinen.

An dieser Stelle sollten wir uns wieder den zwei Konzepten bzw. Rezeptionen der Resilienz widmen, die in der Einleitung herausgearbeitet worden sind: Anhand der mechanischen Resilienz kann die Wirkung der Störung auf das beobachtete System betrachtet werden, in unserem Fall die Angst bei und nach einer Sturmflut am Festland bzw. keine Angst beim selben Ereignis auf der Hallig. Diese Beobachtung kann aber nur in Bezug gesetzt und verstanden werden, wenn wir das ökologische bzw. systemische Resilienzkonzept heranziehen, welches das Ganze, das Zugrundeliegende, die Voraussetzungen und die Einbettung berücksichtigt, die sich historisch und soziokulturell ergeben. Das wäre in unserem Fall das umfassendere Verständnis des Kontextes, wie es dazu kommt und welche Konsequenzen es hat, also die Wahrnehmung einer massiven, aber nicht absolut sicheren Grenze am Festland bzw. das Ineinander-Übergehen von Meer und Lebensraum auf der Hallig. Dies sind zwei sehr unterschiedliche Arten der Lebensführung, und sie haben – zumindest in dieser Arbeit auf den Halligen untersuchbar – Auswirkungen auf das ganze System, das ganze gesellschaftliche Ordnungsgefüge, nicht nur im Falle einer Sturmflut. Damit wird eine Form von Resilienz angesprochen, die in der jeweiligen Ordnung aufgeht, sich nicht nur im Zuge einer akuten Bedrohung messen lässt, sondern übergeht auf den gesamten Lebensstil. Hierbei wird wiederum deutlich, dass Resilienz nicht nur als Konstrukt, als Momentaufnahme und statischer Zustand, sondern besonders auch als Prozess gedacht werden muss.

Die Ausführengen verdeutlichen einen Zusammenhang zwischen Resilienz und Ordnung – beide funktionieren auf ähnliche Weise: Die Ordnung ist ein Gefüge gesellschaftlicher Normen, Richtlinien, Verhaltensweisen, und Bedeutungszuschreibungen, das als fortwährender Prozess immer in Bewegung ist, um die Bedrohung, auch neue Bedrohungen (wie die in letzter Zeit vermehrt auftretenden unverhältnismäßig starken Stürme, siehe Bente Jensen), immer wieder in das Ordnungsgefüge zu integrieren. Die Resilienz kann ebenfalls als Prozess verstanden werden, die den Umgang bzw. den Effekt einer Störung auf das Bezugssystem thematisiert und insofern – zumindest auf den Halligen – einen Teil der Ordnung bildet. Dies wurde im Besonderen sichtbar durch die vorangehenden Analysen und Untersuchungen der Interviewtexte, des Sturmfluterlebens und der ordnungskonstituierenden Elemente des Lebens auf den Halligen, denen die Küstenrealität im Sturmfluterleben gegenübergestellt werden konnte. Möglich wurde es durch das Erleben und die Bewertung von Sturmfluten und die Lebensrealität jener zwei vormaligen Küstenbewohner auf der Hallig. Ohne diesen Vergleich hätte der andere Umgang am Festland – auch im persönlichen Empfinden von Angst etc. – möglicherweise auf die unterschiedliche (früh-)kindliche Prägung und Sozialisation zurückgeführt werden können, die den jeweiligen Bezug zur Nordsee erklären würde. Dies wäre jedoch ein Trugschluss, denn beide Festlandbewohner haben ihre Bewertung und ihr Empfinden nach dem Umzug nach Langeness geändert, sie sind beide in die Gesellschaft integriert und somit Teil der Ordnung, die eine neue Bewertung, ein neues Empfinden und auch eine neue Resilienz mit sich bringt. Der Bezug zur Nordsee ist also keineswegs nur früh geprägt und dadurch bestimmt, er ändert sich völlig durch eine andere Herangehensweise, durch die Entgrenzung, das Aufgehen in und das Integrieren von dem Element ins Leben. Er wird durch ein anderes Ordnungsgefüge, eine andere Form von Widerstandsfähigkeit, neu bestimmt. Eine interessante Frage wäre noch, sich die Entwicklung von Wirkung und Umgang mit Störungen von Küstenbewohnern anzusehen, die auf einer Hallig leben, aber nicht in die gesellschaftliche Ordnung integriert sind: Hätte sich für sie auch alles geändert alleine durch die landschaftlichen Bedingungen, das Fehlen von Grenzen und die obligatorische Auseinandersetzung mit dem Meer als nicht begrenzbar, oder wäre das nur durch eine Integration in das historisch und soziokulturell gewachsene Ordnungsgefüge gelungen? Dem kann an dieser Stelle jedoch nicht nachgegangen werden, da besagte Küstenbewohner dazu völlig isoliert leben müssten, um den Einflüssen der gesellschaftlichen Ordnung nicht ausgesetzt zu sein.

Zusammenfassend lässt sich sagen, dass Resilienz als interaktives Phänomen, als multidimensionales und hypothetisches Konstrukt, das den Habitus des dynamischen Gefüges „Hallig" gegenüber hereinbrechenden Störungen wie Sturmfluten erfassen will, eben dort besser in den Lebensalltag integriert ist als auf dem Festland und sich nicht nur in der Katastrophensituation äußert, sondern in sämtlichen kleinen, alltäglichen Bewegungen und Verhaltensweisen. Ein typisches Kennzeichen dafür ist, dass die Gesellschaft, obwohl sie sich in einer Hochrisikozone befindet, trotz entgegengesetzter Erwartungen besser abschneidet als die Umstände es eigentlich vermuten lassen würden. Dies ist auf den Halligen allzumal erfüllt, ebenso wie die herausragende Widerstandsfähigkeit und die Aufrechterhaltung der Funktionsfähigkeit *nach* einem Naturereignis wie einer Sturmflut. Die positive Anpassung ans Meer und die Umweltbedingungen, die über die Zeit entstanden ist und sich sowohl im Außen als auch im Innen der Gesellschaft zeigt und ausprägt, ist auch dynamisch, beweglich, entwicklungsfähig und durchaus bewusst darauf ausgerichtet, immer die neuesten Entwicklungen der Natur, wie die Orkanstürme, miteinzubeziehen (vgl. dazu Bente Jensen und Hauke Hayen). Die Adaptionsprozesse befinden sich immer im Wandel, sind bereit für Veränderung und Modifikation, versuchen neuere Gefahren wie die unerwarteten Stürme sogleich in ihre Lösungsansätze und somit ihre Ordnung miteinzubeziehen; sie haben sich also sogar in dieser Dimension der steten Veränderung dem Meer und seinen Gezeiten angepasst. Die Halligen als Ordnungsgefüge, das sich hier aus den individuellen Ergebnissen des Gesprächsmaterials zusammengesetzt und immer weiter ausgebaut wurde, sind folglich eine Hochburg der Resilienz, eine Erfolgsgeschichte, die vermutlich gerade durch die völlige Integration dieses Konzepts in die gesellschaftliche Ordnung derart effektiv ist.

Zu guter Letzt sei auf eine Verbindung hingewiesen, die Resilienz in einem neuen Licht erscheinen lassen wird und nochmals unterstreicht, dass sie als Strukturlinie der gesellschaftlichen Ordnung gerade am richtigen Platz vermutet wurde. In der Individualpsychologie zählt ein frühkindliches Minderwertigkeitsgefühl, das als Mangel erlebt wird und ein Streben nach Kompensation, einer Überwindung dieser Minderwertigkeit, hervorruft, zum Grundverständnis des Menschen und zu den zentralen Annahmen. In diesem Sinne wird automatisch – im Falle einer regulären Entwicklung – nach einem konstruktiven Umgang gesucht – einer Überwindung und Bewältigungsmöglichkeit von Schwierigkeiten und Störungen im Leben. Dies ist, sieht man genau hin, beinahe dasselbe, wovon das Konstrukt der Resilienz ausgeht (vgl. dazu auch Fooken 2016, S. 18). Das Ergebnis dieses Strebens nach Kompensation von Minderwertigkeit ist ein individueller Lebensstil, der nicht nur mit der Frage zu ergründen ist, woher er kommt, sondern auch, wohin er geht (causa efficiens und causa finalis). Ist die Resilienz nun ein Strukturelement des Ordnungsgefüges auf den Halligen, und die Überwindung von Minderwertigkeit, die sich im Lebensstil abbildet, beinahe gleichzusetzen mit Resilienz, so wäre die gesellschaftliche Ordnung, die im Sturmfluterleben und im Alltag, im Verhalten, im Umgang und in der Bewertung in den Interviews zutage getreten ist, quasi als Lebensstil nicht bloß eines Individuums zu verstehen, sondern einer ganzen Gesellschaft. Wird man in diesen Lebensstil hineingeboren oder später aufgenommen, kann er als übergeordnete Struktur fungieren, innerhalb der sich die Halligbewohner entwickeln können, und er in jedem Ausdruck, in jedem Kausalverständnis, in jeder Bedeutungszuschreibung in Erscheinung tritt.

Ob Grenzwahrnehmung, Ängste, Vulnerabilität, adaptive, teilnehmende oder bewältigende Kapazitäten, mechanische oder systemische Resilienz – all diese Aspekte zur Durchleuchtung einer Gesellschaft, des besonderen Umganges mit Sturmfluten, und der psychischen Spuren dieser Exponiertheit, finden sich in der Ordnung und dem Lebensstil einer Gesellschaft wieder, die dem Untersuchungsgegenstand die Bezeichnung „Katastrophe" abspricht. Versteht man aber, wie es dazu gekommen ist bzw. welchen Zweck es erfüllt, wird auch klar, dass dabei von einer Gesellschaft gesprochen wird, die das Ereignis zu dem gemacht hat, was es für sie ist: keine Katastrophe.

5 Der Lebensstil eines Systems – individualpsychologische Überlegungen

Die Informationen und die Zusammenhänge, die im letzten Kapitel immer wieder individuell und in der darauffolgenden Analyse herausgearbeitet worden sind, stellen einen reichen und vielschichtigen Fundus an Quellenmaterial dar. Aus diesem Grund allein wäre es schade, die Möglichkeit nicht zu nutzen und keine weiteren Erkenntnisse daraus zu gewinnen, vor allem da es schwierig ist, die einzelnen Konzepte, die aufgrund ihrer Komplexität auch im Einzelnen bearbeitet werden mussten, in einem Überblick zu sehen und die interkonzeptualen Bezogenheiten zu erkennen. An dieser Stelle soll dazu die Individualpsychologie herangezogen werden, deren Menschenbild und Ideenlehre dieser Arbeit zugrunde liegt und deren Grundverständnis es auch ist, die Teile in einem Ganzen (wieder) zusammenzuführen.

Bevor aber weiterführende Überlegungen angestellt werden können, muss nochmals auf einige der Aspekte eingegangen werden, die aus den individuellen Analysen hervortreten. So war einer der Aspekte die erste Sturmfluterinnerung, die für viele der Interviewpartner den grundlegenden, wegweisenden und typischen Modus darstellt, der sich auf alle weiteren Erlebnisse dieser Art überträgt. Sie konnten zumeist nicht mit einer anderen Erinnerung anfangen. Die erste Sturmfluterinnerung schien viel zu prägen, was das spätere Erleben verständlicher macht. Wie die erste Kindheitserinnerung ist in dem Fall die erste Sturmfluterinnerung der früheste Ausdruck des individuellen Lebensstils, der sich schon im kindlichen Verständnis zeigt und entwickelt. Ein anderer Aspekt war die erlebte Minderwertigkeit, der durch Kompensation, durch ein Streben nach Überwindung, beizukommen versucht wird. Diese Entwicklung konnte zwar besonders im Falle von Heike Jensen beobachtet werden, ist aber auf die anderen Halligbewohner ebenso anwendbar – immerhin wird durch die adaptive capacity und die participative capacity fortwährend versucht, sich an die Umweltbedingungen weiter und immer besser anzupassen. Das lässt zwar die zugrundeliegende Minderwertigkeit nicht so deutlich erkennen wie bei den ehemaligen Festlandbewohnern, stellt aber nichtsdestotrotz ein Verhalten dar, das durch Anpassung und Adaption versucht, das Ziel zu erreichen, durch welches man sich sicher, stark und überlegen fühlt – ein Streben nach Sicherheit. Auch dies ist ein – oder besser gesagt sind Aspekte, die den individuellen Lebensstil konstituieren, denn man muss

> „annehmen, dass am Beginn jedes seelischen Lebens ein mehr oder weniger tiefes Minderwertigkeitsgefühl steht. Dies ist die treibende Kraft, von der alle Bestrebungen des Kindes ausgehen und sich entwickeln, die ein Ziel erfordert, von dem das Kind alle Beruhigung und Sicherstellung seines Lebens für die Zukunft erwartet und die einen Weg einzuschlagen zwingt, der zur Erreichung dieses Zieles geeignet erscheint" (Adler 1927a/2007, S. 72).

Das Ziel auf den Halligen, das die dortige Bevölkerung bestrebt ist zu erreichen, ist die erfolgreiche Anpassung an den Lebensraum Nordsee, die Verbesserung bereits vorhandener Strategien und die Entwicklung neuer. Die Widerstandsfähigkeit, die Resilienz, die sie dadurch aufbauen, ohne dass es vom gewöhnlichen Lebensalltag getrennt wird, ist auch eine Kompensation, ein Streben nach immer höherer Sicherheit durch die Einpassung in eine Nische. Da es dabei keine Grenze gibt, weder eine natürliche noch eine geschaffene, also kulturliche, wird das Bild noch unschärfer. Dadurch sind die Kompensation und das fortwährende Streben völlig in das Leben, den Alltag, die Realität integriert, nicht davon zu trennen, und äußern sich in jedem Ausdruck der Person. Die Resilienz zeigt sich dann nicht nur in spezifischen (Not-)Situationen, die durch eine Überschreitung oder Verletzung der Grenze entstehen. Der Lebensstil ist also durchzogen von dieser Dynamik – sie macht nicht nur einen Teil von ihm aus, sondern liegt ihm quasi als strukturgebendes Element zugrunde.

Entgrenzung, wie sie auf den Halligen anhand des Kulturräumlichen beobachtbar ist, bedeutet auch, dass das Ich im Gegensatz zur Umwelt nicht klar abgegrenzt ist. Die notwendige Anpassung ans Meer wird als Ich-Anteil integriert und nicht mehr im Außen wahrgenommen, sondern als zum Selbst zugehörig. Dadurch erweitert sich der Radius um das Ich und schließt den Lebensraum, das Meer und die dazugehörigen Bedingungen mit ein – die verschiedenen Anteile dieses gesellschaftlich-kulturellen Gefüges werden somit zu einer Einheit zusammengefasst. Auch Adler vertritt eine ganzheitliche Sichtweise des Menschen, womit er betonen will, dass ein Individuum nur ganzheitlich, als Einheit und im Gesamten, erfasst werden kann. Er sieht es als notwendiges Ziel der Individualpsychologie,

> „diese Einheit in jedem Menschen zu beweisen – in seinem Denken, Fühlen und Handeln, in seinem sogenannten Bewußtsein wie Unbewußtsein, in jedem Ausdruck seiner Persönlichkeit. Diese Einheitlichkeit nennen wir Lebensstil des Individuums" (Adler 1983, S. 72).

Es führt also auch der hier verfolgte Weg wieder zum Lebensstil, der diese Einheit darstellt und in dieser Ganzheit einerseits alle Facetten und Teile beinhaltet, andererseits in jedem Ausdruck, jedem Teil, ein Abbild des Ganzen ist: „Sein Inhalt ist durch eine einzelne Weise seines Ausdrucks nicht zu erschöpfen, aber wir können es in allen seinen Äußerungen erkennen" (Adler 1931/1979, S. 56). In diesem Sinn kann, rückbezogen auf die Erweiterung des „Ich-Radius", darauf hingewiesen werden, dass ein Unterschied zwischen Individualpsychologie und Sozialpsychologie nur scheinbar vorhanden ist. Individualpsychologie

> „ist zwar auf den einzelnen Menschen eingestellt [...], allein sie kommt dabei nur selten, unter bestimmten Ausnahmebedingungen, in die Lage, von den Beziehungen dieses Einzelnen zu anderen Individuen abzusehen. Im Seelenleben des Einzelnen kommt ganz regelmäßig der andere als Vorbild, als Objekt, als Helfer und als Gegner in Betracht, und die Individualpsychologie ist daher von Anfang an auch gleichzeitig Sozialpsychologie in diesem erweiterten, aber durchaus berechtigten Sinne" (Freud 1921, S. 73).

In den Analysen der Interviews, selbst als es noch viel mehr als hier um die individuelle Rezeption und die unterschiedlichen Ausdrücke des persönlichen Sturmfluterlebens gegangen ist, kristallisierte sich schon das Konzept der Ordnung als vielen Elementen Gemeinsames heraus. Auch diese Ordnung, die ein der Gesellschaft zugrundeliegendes Gefüge beschreibt, ist als Einheit und in einer Gesamtheit zu verstehen, da sie alle Aspekte des Lebens auf der Hallig inkludiert. Sie wäre es, die dem Lebensstil der Individualpsychologie an dieser Stelle gleichzusetzen wäre, zumindest mit ihm verglichen werden kann. Das Sturmfluterleben der Hallig-bewohner entbehrt den erwarteten Traumen und Störungen, es wird nicht als existentielle Zäsur aufgefasst, nicht mal als Katastrophe verstanden. Dies ist daraus erklärbar, dass die See mit ihren Launen, und so auch die Sturmfluten, in die bestehende Ordnung integriert sind, so wie auch der Mensch in seiner entgrenzten Beziehung zum Meer als Einheit, als Ganzes verstanden werden muss; dieses konstituiert den Lebensstil. Die gesellschaftliche Ordnung der Halligen könnte also auch als Lebensstil beschrieben werden, dem das Erleben von Sturmfluten eingeschrieben und immanent ist – der Lebensstil einer ganzen Gesellschaft. Der Inhalt dieses Lebensstils ist nicht in einzelnen und singulären Ausprägungen erfassbar, sondern, wie Adler betonte, in jedem seiner Ausdrücke zu erkennen. Das ist auch, was in den vielschichtigen Gesprächen mit den Halligbewohnern immer wieder ermittelt werden konnte: Egal wie banal, wie eigenartig oder zusammenhangslos manches auch auf den ersten Blick erscheinen mochte, es war darin immer der Lebensstil zu erkennen, der allem zugrunde liegt. Das Konzept der Einheit wird in diesem Sinne aus dem eigentlichen Kontext des Individuums gehoben und auf eine größere Bezugseinheit angewandt, die einen eigenen Lebensstil – man könnte sagen, einen Sturmflut-Lebensstil – hat. Besondere Umstände erfordern manchmal besondere Herangehensweisen, und da sie im individualpsychologischen Grundverständnis von Einheit, Teilen im Ganzen, und Gemeinschaft bleibt, ist eine Kontextverschiebung, also eine Verschiebung des Konzepts Lebensstil vom Individuum auf das ganze System, die ganze lebensweltliche Gesellschaft, vielleicht sogar ein fruchtbarer Grund für einen Perspektivenwechsel. Die Situation auf den Halligen hat jedoch in jedem Fall gezeigt, dass das Große und Ganze wirklich notwendig ist, um auch nur einen Teil davon zu verstehen, und dass manches Mal alles auch ganz anders sein könnte, als es vorerst erscheint.

V Angst

1 Der Abgrund und das Auge

In den Untersuchungen über das Sturmfluterleben, die Vulnerabilitäten und Resilienzen, die psychischen Verstrickungen, den Lebensstil der einzelnen Halligbewohner sowie einer ganzen Gesellschaft, ist ein Thema immer wieder am Rande aufgeschienen, aber nie ausführlich behandelt worden: die Angst. Lediglich im letzten Kapitel wurde sie als solche thematisiert, aber wiederum nur als ein Phänomen, das dem Sturmfluterleben am Festland zugeschrieben wurde. Auf den Halligen verschwand diese Angst dann wie von Zauberhand, und auch wenn wir jenem Aspekt schon etwas Aufmerksamkeit zukommen ließen, besonders im Vergleich der emotionalen Kondition während bzw. nach einer Sturmflut zwischen Festland und Hallig, so reicht das wohl kaum aus. Wo ist die Angst auf den Halligen hin? Ist es wirklich bloß die landschaftliche Einbettung in die Nordsee, die Entgrenzung und der wechselseitige Übergang zwischen Mensch und Element, die ihrem Verschwinden zugrunde liegen? Wie kann das Phänomen Angst nun tatsächlich verstanden werden, was macht es mit den Menschen bzw. was bedeutet sein Fehlen? Es ergeben sich, wie man sehen kann, mannigfache Fragen zu dem Thema, dem kaum je genügend Aufmerksamkeit in wissenschaftlichen Arbeiten zuteilwird. Und eben aus diesem Grund, und da es wirklich eine bemerkenswerte Tatsache ist, dass Angst in Zusammenhang mit Sturmfluterleben auf den Halligen gänzlich zu fehlen scheint, soll der Angelegenheit an dieser Stelle nachgegangen und ein eigenes Kapitel gewidmet werden.

In der heutigen Gesellschaft, ebenso wie in antiken Kulturen, ist die Existenz von Angst beständiger Teil der Vergangenheit, Gegenwart und Zukunft. Man findet sie sowohl in alltäglichen Bereichen des Lebens (z.B. Alpträume) als auch ausgelöst durch traumatische Erfahrungen oder Katastrophen. Der Historiker Jean Delumeau geht in seiner umfassenden Studie über die „Angst im Abendland" einem der alltäglichsten Aspekte der europäischen Mentalität auf den Grund: „Die Angst ist jedenfalls ein wichtiger Bestandteil der menschlichen Erfahrung, trotz der Anstrengungen, sie zu überwinden" (Delumeau 1985, S. 19). Es ist durchaus kein einfaches Unterfangen, der Angst als solcher auf den Grund zu gehen, um sie konkret einzuordnen, zu verstehen und sinnvoll anzuwenden. Denn es handelt sich um ein Phänomen, das es einerseits differenziert zu betrachten gilt und das andererseits bei Weitem nicht immer manifest an der Oberfläche der Betrachtung zu finden ist. Unbestreitbar ist aber, dass es vielleicht, wie Niklas Luhmann (2008, S. 158) betont, das einzige Apriori von modernen Gesellschaften ist, bei dem die Gesellschaftsmitglieder übereinstimmen, und das einzige Prinzip, das, wenn alle anderen Prinzipien relativ geworden sind, absolut gilt. Auch Sartre äußert sich dazu: „Alle Männer haben Angst. Alle. Wer keine Angst hat, ist nicht normal" (1962, S. 52). Damit spricht auch er die Omnipräsenz an, die dieses Gefühl in der Gesellschaft hat. Es ist aus diesem Grund verwunderlich, dass einer klaren Abgrenzung zu anderen Begrifflichkeiten desselben Themenkomplexes lange Zeit relativ wenig Aufmerksamkeit zu Teil wurde und unter Diskutierenden wenig Einigkeit über eine klare Trennung zu Bezeichnungen artverwandter Gefühle wie Furcht etc. herrschte und teilweise immer noch herrscht. Der dänische Philosph Sören Kierkegaard schließt sich dem bisherigen Kanon über Angst als zugrundeliegendes gesellschaftliches Phänomen, das jeden betrifft, an – aber auf eine etwas andere Art. Wird es nämlich geleugnet, deutet dies nicht auf die Unbetroffenheit, sondern vielmehr auf die Dummheit des Redners hin: „Sollte der Sprechende dagegen meinen, es sei eben das Große an ihm, daß er nie Angst gehabt habe, so werde ich ihm mit Freuden meine Erklärung dafür eröffnen: das kommt, weil er sehr geistlos ist" (Kierkegaard 2005, S. 634). Kierkegaard bemerkt auch die undankbare Rolle der Angst in der Wissenschaft, die kaum als eigenständiges Phänomen von anderen abgegrenzt und definiert wird. Er nimmt selbst eine erste Unterscheidung vor:

> „Der Begriff der Angst wird fast nie in der Psychologie behandelt; ich muß daher darauf aufmerksam machen, daß er gänzlich anders ist als etwa Furcht und ähnliche Begriffe, die sich auf etwas Bestimmtes beziehen; die Angst dagegen ist die Wirklichkeit der Freiheit als Möglichkeit für die Möglichkeit" (ebd., S. 488).

In der Psychiatrie unterscheidet man mittlerweile zwischen Begrifflichkeiten wie Angst und Furcht, ebenso wie Delumeau es in seinem Standardwerk vornimmt. Es handelt sich dabei

> „um zwei gegensätzliche Pole, um die Wörter und seelische Fakten kreisen, die zugleich miteinander verwandt und voneinander verschieden sind. Entsetzen, Schauder, Schrecken gehören eher in den Bereich der Furcht; Besorgnis, Beunruhigung und Melancholie zur Angst. Erstere bezieht sich auf etwas Bekanntes, letztere auf etwas Unbekanntes. Die Furcht wird von etwas Bestimmtem hervorgerufen, dem man entgegentreten kann. Die Angst hingegen ist die schmerzhafte Erwartung einer Gefahr, die um so beunruhigender ist, als man sie nicht genau definieren kann: Sie ist ein Gefühl allgemeiner Unsicherheit. [...] Wie die Furcht ist die Angst ambivalent. Sie ist Vorgefühl des Ungewöhnlichen und Erwartung des neuen; Schwindel vor dem Abgrund und Hoffnung auf Erfüllung. Sie ist zugleich Scheu und Sehnsucht" (Delumeau 1985, S. 29).

Delumeau fügt der Angst am Ende noch das Moment der Ambivalenz hinzu, das vor dem Abgrund erschreckt und gleichzeitig im Unbekannten, Ungewissen die eigene Hoffnung erfüllt sehen könnte. Hoffnung deshalb, weil im Unbekannten und Ungewissen zwar einerseits das Schreckliche warten könnte, andererseits aber auch die Möglichkeit, das Neue, Unerwartete im positiven Sinn. Es ist eine Zwiespältigkeit und Widersprüchlichkeit, die eine innere, psychische Zerrissenheit hervorruft und zwei gleichzeitig und nebeneinander bestehende Gefühle, Gedanken oder Zustände auslöst. Kierkegaard spricht nicht von Ambivalenz, sieht aber auf ganz andere Weise auch zwei unterschiedliche Momente, die sich in der Angst vereinen und die eine höchst relevante Perspektive für unsere weiteren Überlegungen einbringen:

> „Angst kann man vergleichen mit Schwindel. Wessen Auge in eine gähnende Tiefe hinunterschaut, der wird schwindlig. Der Grund seines Schwindels aber ist ebensosehr sein Auge wie der Abgrund; denn gesetzt, er hätte nicht hinuntergestarrt! So ist die Angst der Schwindel der Freiheit, der aufsteigt, wenn der Geist die Synthese setzen will und die Freiheit nun hinunterschaut in ihre eigene Möglichkeit und dabei die Endlichkeit ergreift, um sich daran zu halten" (Kierkegaard 2005, S. 512).

Die Ambivalenz könnte also auch jenes Moment sein, das sich aus dem eigentlichen „Abgrund", dem Ereignis selbst auf der einen Seite, und dem „Auge" des Betrachters, der subjektiven Perspektive auf der anderen Seite, zusammensetzt. Dadurch würde ein- und dasselbe Ereignis mit unterschiedlichen Augen unterschiedlich wahrgenommen und bewertet werden, da das Auge immer mitverantwortlich dafür ist, ob beim Anblick des Abgrundes Schwindel empfunden wird oder nicht. Der Abgrund allein kann keinen Schwindel auslösen, wenn er nicht gesehen wird, ebenso wenig kann aber das Auge allein Schwindel zur Folge haben, wenn es keinen Abgrund gibt, den es hinunterschaut. (An dieser Stelle könnte erneut eine Diskussion über Konstruktivismus und Neuen Realismus aufgegriffen werden, da ein Objekt vorhanden sein muss, damit das Auge ein entsprechendes Sinnfeld bilden kann und dadurch keine völlige Konstruktion der Wirklichkeit möglich wäre etc., vgl. dazu Gabriel 2012, 2013, 2014.)

Wenn wir kurz bei dieser Terminologie Kierkegaards bleiben, kann die Situation in bzw. an der Nordsee, zumindest das, was bisher zur Angst gesagt oder nicht gesagt wurde, in einem etwas anderen Licht gesehen werden: Das Phänomen der Sturmflut ist immer dasselbe, es passiert auf den Halligen, und es passiert an der Küste Nordfrieslands, es ist immer der Abgrund, in den mehrere Menschen zur gleichen Zeit blicken. Einmal ist das Auge das eines Küstenbewohners, der den Abgrund hinunterschaut und im Schwindel zurücktaumelt, ein anderes Mal ist es das Auge eines Halligbewohners, und der Schwindel bleibt aus. Das Auge ist, je nachdem, wo es sich befindet (nicht mal wessen Auge es ist, denn mit der Integration der Festlandbewohner in die Ordnung der Hallig ändert sich sozusagen auch deren Auge), ausschlaggebend für die Wahrnehmung des Abgrundes. Zusätzlich wird, durch den Deich entlang der Küste, quasi ein landschaftliches Element aufgezogen, das den Anblick des Abgrundes die meiste Zeit verhindert, außer man begibt sich bewusst auf den Deich und schaut übers Meer. Die Beziehung zum Meer ist am Festland wesentlich distanzierter – im Normalfall würden sich Auge und Abgrund nicht so schnell begegnen, und der Schwindel bliebe aus, wie schon Kierkegaard darauf verweist: „Gesetzt, er hätte nicht hinuntergestarrt!". Zur Zeit der Sturmflut aber, so beschrieb es Heike Jensen zuvor schon sehr anschaulich, schlug die Flut, schlug die wütende Nordsee über den Deich, und das Auge musste nun in den Abgrund schauen. Es war kein gewohnter Anblick, kein Bild, das man von der sonst hinter den Deich zurückgedrängten Nordsee kannte. Eher war es, als würde man plötzlich das wahre Gesicht in der Gestalt des Meeres erkennen, das so lange, beinahe wie in einer Verkleidung, hinter verschlossener Tür auf und ab gegangen ist und nun plötzlich seine Natur zu erkennen gibt.

> „Wenn der Tod sich zeigt in seiner wahren Gestalt, als der knöcherne, freudlose Sensenmann, so betrachtet man ihn nicht ohne Schrecken; wenn er aber, um der Menschen zu spotten, die sich einbilden, seiner spotten zu können, in Verkleidung auftritt, wenn nur der Betrachter sieht, daß der Unbekannte, der alle berückt mit seiner Höflichkeit und alle in den wilden Taumel der Lust versetzt, der Tod ist, dann packt ihn ein tiefes Grauen" (Kierkegaard 2005, S. 557).

Das Grauen und die Angst tief in den Knochen der Menschen, die beim Anblick der überschlagenden Flut den Christbaum hinter sich abbrennen lassen, da sie plötzlich den Tod, den Abgrund hinter der (Deich-)Verkleidung sehen, stehen hier im Gegensatz zu den Menschen auf den Halligen, die tagein, tagaus das bloße Knochenskelett des Abgrundes vor Augen und rund um sich haben. Dessen Anwesenheit löst keinen Schauer und keinen Schwindel aus, es gehört zum Leben wie der Tod dazu.

Soviel einführend zur Angst und zu deren Zusammenhang mit dem Sturmfluterleben, wie sie in den Interviews thematisiert und zur Sprache gebracht wurde. In weiterer Folge begeben wir uns nun aber auf die Suche nach der Angst auf den Halligen, wozu zu Beginn ein kleiner historischer Abriss angebracht ist, um auch einen entsprechenden Vorbau bzw. Kontext für die Untersuchungsergebnisse zu schaffen.

2 Zeit: Das Maß jeder Bewegung

2.1 Höllenschlund und Nebel des Todes

Wie die landschaftlichen Veränderungen an der Küste der Nordsee unterliegt auch die Mensch-Natur-Beziehung oder die Wahrnehmungsperspektive einem kontinuierlichen Wandel kollektiver Werte und Besetzungen. Vom Ort der Angst wurden die Nordsee und die angrenzenden Gebiete im Laufe der Zeit zu einer ästhetisch wahrgenommenen Landschaft, die durchaus Positives zu bieten hat. Dieser Wahrnehmungswandel vollzog sich auf verschiedenen Ebenen nacheinander und in aufeinanderfolgenden Abschnitten, wobei aber ebenso auf die Gleichzeitigkeit, die Synchronizität, die der Veränderungsprozess – die fortschreitende, kollektive Umwertung – innehat, hinzuweisen wäre.

Die Angst im Lebensraum Nordsee ist ein aus vielen Quellen gespeistes Empfinden, dessen zentrale Rolle aber schon in der bloßen Grundhaltung gegenüber dem

Meer ersichtlich wird. Zu Beginn der Neuzeit war die Angst in Europa allgegenwärtig, weshalb sich landgebundene Bevölkerung damals von vermeidbaren Gefahren wie dem Wasser so gut es ging distanzierte – nicht nur die Bewohner des Landesinneren, sondern auch jene der Küste (vgl. Delumeau 1985, S. 49). Wasser galt „in seiner plumpen Größe, Macht, Unberechenbarkeit, Tiefe und Finsternis als Anti-Element" (ebd., S. 55). Vor allem im Mittelalter wurde dieses „Anti-Element" gleichgesetzt mit großem Übel, dem Reich des Teufels und dem Eingang zur Unterwelt (vgl. Mollat du Jourdin 1993, S. 241–244). Die konkrete Angst vor dem Teufel, die vom gesamten Kollektiv wahrgenommen wurde, war trotz der ohnehin schon bestehenden Unsicherheit über Unbekanntes und Bedrohliches zusätzlich noch von der Kirche angefacht und verbreitet. Dinzelbacher (1993, S. 285f.) spricht bei dieser konkreten, kollektiven Angst vor dem Teufel von einer sogenannten Realangst. In dem Zusammenhang ergeben sich auch Gedanken über die Angst vor Meeresungeheuern und Seeschlangen, die Schiffe und Seeleute bedrohten und mit sich in die Tiefe rissen, aber auch für die ganze Erde den Abgrund und Untergang bedeuten konnten. Die Angst vor Ungeheuern steht seit jeher im Zusammenhang mit der Tiefe des Meeres, dessen Unberechenbarkeit und Unsicherheit leichter anhand von Kreaturen, auf die diese Eigenschaften projiziert wurden, vorgestellt werden konnte. Solche Gedanken könnten einerseits auf die Zeit vor der Christianisierung zurückgehen, in der noch andere Erklärungen üblich waren, andererseits aber auch auf die Dämonen der Hölle. So könnte an dieser Stelle eine Verbindung hergestellt werden zu den Beherrschern der Unterwelt, nicht im christlichen Sinne zum Teufel, aber zu dem vielschichtigeren und weiter gefächerten Äquivalent des ursprünglichen Götterglaubens der nordischen und germanischen Mythologie: Loki und vor allem dessen Kinder. Loki ist ein schwer zu fassender und zu definierender Asengott, und die Meinungen über seinen ursprünglichen Charakter und seine Rolle im Schicksal der Götter teilen sich in der wissenschaftlichen Diskussion. Fest stehen jedoch seine Vielgestaltigkeit und sein Hang zu Listen, dem Chaos, dem Bösen, und eine sehr früh vorhandene Verbindung zum späteren christlichen Teufel. Dies bemerkt unter anderen auch der deutsche Nordist Eugen Mogk: „Schon ehe die mittelalterlichen Teufelssagen nach dem Norden kamen, war Loki zu einer Teufelsgestalt geworden" (1913, S. 58). Drei seiner Kinder waren Hel, die Totengöttin und Wächterin über die Unterwelt, Fenrir, oder Fenriswolf, der, ebenso wie Jörmungandr, die Midgardschlange, eine wesentliche Rolle spielt im Untergang der Welt, der Götterdämmerung Ragnarök. Jörmungandr, die ungeheuerartige Riesenseeschlange, gehört, wie schon an anderer Stelle beschrieben, somit zu den drei germanischen Weltfeinden, die das Meer derart beherrscht, dass es die gesamte Menschheit und die ganze Welt in das Reich der Finsternis stürzt. Dass eine Überlagerung der Wirkungsgebiete der Weltfeinde während der Christianisierung durch den Teufel stattgefunden haben könnte, ist naheliegend.

Ein anderer oder weiterer Zugang zur Nährung der kollektiven Angst vor dem Meer besteht in den in der Neuzeit verbreiteten Seuchen wie Pest, Typhus und Malaria. Es ist die Angst vor Krankheiten, die durch die mangelhaften hygienischen Standards und die schlechte bis fehlende Wasserversorgung nicht nur schneller ausbrachen, sondern auch durch die rasche räumliche Verbreitung und lang anhaltende Wirkdauer an oberster Stelle der Todesursachen stand (vgl. Vocelka 1993, S. 295). Die Bedrohung, die dabei vom *Meer* ausging, bezog sich auf Nebel- und Dampfschwaden, Fäulnisdämpfe und Verwesungsgerüche, die über die Marschen zogen und als vermutete Krankheitserreger ein Sinnbild des Bösen waren. Der ausführlichen Geschichte zum Verständnis der Malaria in Nordwesteuropa geht der niederländische Küstenhistoriker Otto Knottnerus (1999, S. 25–39) nach. In seinem Beitrag zur Kulturlandschaft der Nordseemarschen, „Die Angst vor dem Meer", beschreibt er die von der Meeresluft ausgehende Bedrohung. Sie wurde vom Wind an die Küste und ins Landesinnere getrieben, und löste die schweren Seuchen angeblich aus: „eine nordische Luft, [...] die kalt, hart, brackig und mit vielerlei Dämpfen verunreinigt ist [...], die aus dem Meer, den Seen und dem Schlick aufsteigen" (ebd. 1997, S. 151). Dieses Erklärungsmodell lebensbedrohlicher Gefahren eines Lebens nahe der Nordseeküste ist ein weiterer Versuch, dem Unerklärlichen, Unbegreiflichen eine Form zu geben, es zu veranschaulichen und somit greifbar zu machen – diesmal nicht in Gestalt von Meeresungeheuern, sondern dem oftmals sichtbaren Nebel über der feuchten Landschaft. Es ist die Suche nach einer Ursache und einem Feindbild, um dem allzu menschlichen Bedürfnis nach Erklärung und Ermächtigung im Ausgeliefertsein an eine zerstörerische Macht entgegenzuwirken. Denn nur gegen das, was man erfassen und benennen kann, kann eine Abwehr gefunden werden. Bezieht man auch die Erlebnisqualität einer Landschaft und ihrer Erscheinung mit ein, könnten der Nebel, das feuchte Meeresklima, die Dampfschwaden eine melancholische, bedrückende, eintönig graue, aber auch unheimliche Wirkung auf die Bewohner gehabt haben (vgl. dazu Hellpach 1977, S. 22). Dieses sinnliche Erfahren einer Naturerscheinung kann dazu führen, dass im Inneren bereits vorhandene Ängste auf das Objekt im Außen, in unserem Fall den Seenebel, projiziert werden.

Der real wirksame Faktor für die erhöhten Sterberaten nach schweren Sturmfluten war jedoch nicht der angeblich giftige Nebel, sondern ein ganz anderer: die Anophelesmücke als Überträgerin des Malariaerregers verbreitete sich in den jetzt noch feuchteren Landstrichen schlagartig und löste seuchenartige Episoden des Malariafiebers aus, die eine überdurchschnittlich hohe Sterberate nach sich zogen (Knottnerus 1997a, S. 153). Das Erklärungsmuster der giftigen Dämpfe als Krankheitsursache blieb an der Nordseeküste aber weitaus länger erhalten als im wohlhabenderen Binnenland, nämlich bis zum Ende des 18. Jahrhunderts (ebd., S. 162ff.), was daran liegen könnte, dass es die Bevölkerung dort immer vor Augen hatte. Das Meer vor dem eigenen Haus blieb übermächtige Natur und übernatürliche Macht.

2.2 Das ungeheure Nichts der Unwissenheit

Als weiterer Faktor der Angst an der Nordsee können die Nutzung als Handelsweg und der Fischfang gesehen werden. Für die meisten Küstenbewohner war die Fischerei für den eigenen Bedarf oder eine Anstellung als Fracht- oder Handelsschiffer essentielle Grundlage, um den Lebensunterhalt zu sichern. Bereits im 15. und 16. Jahrhundert fuhren die Insel- und Halligfriesen zur See, sie mussten sich auf das unsichere Element begeben, sich unbekannter Gefahr aussetzen, um zu überleben (vgl. Jensen 1927, S. 200), denn die landwirtschaftlichen Erträge auf den vorgelagerten Inseln reichten kaum für eine ausreichende Versorgung aus. So wurde die gewerbliche Seefahrt grundlegender Bestandteil und Basis der wirtschaftlichen Situation der Bevölkerung, die trotz der damaligen ersten Seekarten als gefährliches Unternehmen von Schiffsunglücken geprägt war. Im 17. Jahrhundert waren die Fischgründe und Heringsschwärme beinahe verschwunden, die Insulaner mussten sich eine neue Lebensgrundlage suchen und fanden sie in dem zu dieser Zeit sehr modernen, aber äußerst risikoreichen Walfang. Der Großteil der arbeitsfähigen Männer, im Jahre 1701 waren es von den beiden Inseln Sylt und Föhr alleine 2000, begab sich auf Grönlandfahrt (Jensen 1927, S. 202), um die begehrten Tiere zu jagen – trotz der gefährlichen Wetterverhältnisse, der unberechenbaren Strömungen und des arktischen Eismeeres, auf dem sie fast das ganze Jahr, vom Petritag im Februar bis September, verbrachten (vgl. Jensen 1927, S. 437ff.). Noch im selben Jahrhundert wurde der Walfang durch Überfischung und beinahe Ausrottung der Grönlandwale unrentabel, und die Haupteinnahmequelle der nordfriesischen Seefahrer verlagerte sich diesmal auf die Handelsschifffahrt. Diese übertraf die Grönlandfahrt noch bei weitem an Unannehmlichkeiten, die Männer waren meist jahrelang auf den Weltmeeren unterwegs. Sie entfremdeten sich von ihren Familien und mussten sich schweren Stürmen, Piratenangriffen und tropischen Krankheiten aussetzen (vgl. Feddersen 1995, S. 20). Aber auch diese Zeit ging einem Ende zu und wurde unter anderem durch die Dampfschifffahrt abgelöst. Viele widmeten sich nun vermehrt der Bestellung des Landes und der Kleinfischerei für den Eigenbedarf, der regionale Verbrauch gewann an Bedeutung. Dadurch wurde das Meer im Kleinen nutzbar. Die Angst wich weiter durch die Gründung von Rettungsstationen, Notwachen, den Einsatz von Rettungsbooten und Seenotrettungskreuzern. Durch die Verbesserung in der Technik und der Navigation und die Verbesserung des Verkehrswesens (Steensen 1995, S. 210f.) ergaben sich zusätzliche grundlegende Veränderungen in der Wahrnehmung der Nordsee. Die Küstenbewohner sowie die Insel- und Halligbewohner hatten im Laufe der Jahrhunderte keine Wahl, als sich, um zu überleben, ihrer Angst vor dem bedrohlichen Meer in der risikoreichen Schifffahrt zu stellen, und konnten diese somit, durch den allmählichen Vollzug eines Wahrnehmungswandels, integrieren. Das Meer wurde vom unbekannten Ungeheuer durch ein reales Einlassen darauf zu einem immer noch gefährlichen, aber ebenso lebensspendenden Mitbewohner. Die Kenntnis seiner Tücken, Untiefen und Unberechenbarkeit ermöglichte einen anderen Umgang damit und eine Sicherheit durch Erfahrung und Wissen. Denn Unwissenheit, so weiß schon Kierkegaard, löst Angst aus:

„Sie ist Unwissenheit, [...] eine Unwissenheit, die vom Geist bestimmt ist; aber das ist gerade Angst, weil es eine Unwissenheit im Nichts ist. Hier gibt es kein Wissen um Gut und Böse und so weiter; vielmehr entwirft sich in der Angst die ganze Wirklichkeit des Wissens als das ungeheure Nichts der Unwissenheit" (Kierkegaard 2005, S. 490).

Angst bedeutet demnach, „das ungeheure Nichts der Unwissenheit" zu erfahren – je mehr Wissen, Erfahrung und Vertrautheit vorhanden ist, desto eher kann der Angst entgegengewirkt werden.

2.3 Sehnsucht nach der Küste – ein kollektiver Wahrnehmungswandel

Nach der Handels- und Fischfangschifffahrt stellte sich langsam die zweite große wirtschaftliche Epoche – der Tourismus – ein. Mit ihm veränderte sich die Wahrnehmung der Nordsee und der Küstenlandschaft kollektiv. Seinen Beginn fand der Tourismus im Seebäderwesen, das mit der Eröffnung des ersten deutschen Nordseebades im Jahre 1797 in Norderney dem Gesundheits- und Erholungsgedanken des Bürgertums genüge tat (vgl. zur Entstehung der Seebäder: Kürtz 1994, S. 93–96). Diese Entwicklung des Seebädertourismus ist nicht nur ein Wahrnehmungswandel der Küstenbevölkerung, der von der Existenzgrundlage der Fischerei und des Walfanges hin zur landschaftlichen Vermarktung des Lebensraumes führt, sondern ist auch ein Indikator für die Veränderungen, die sich in ganz Europa in der Gesellschaft abzeichneten – besonders das Bildungsbürgertum war in dieser Epoche gezeichnet durch ein stets Gefühl des Verlustes der Natur durch Verstädterung und Verschmutzung der urbanen Lebensräume (vgl. Corbin 1999, S. 88).

Die Seebäder waren zu Beginn nur schwer erreichbar und die Reise in die Nordseemarschen aufwendig und beschwerlich. Das neu entdeckte Reiseziel wurde also nur langsam in Anspruch genommen, einhergehend mit der Entwicklung und dem Ausbau von Infrastruktur wie Straßen und Fähren. Außerdem waren die Mythen um die Meeresungeheuer, die Riesenseeschlangen und Wasserdämonen noch lange nicht vergessen und evozierten Misstrauen und Angst (vgl. Bengen/Wördemann 1992, S. 20). Zur neuen Bewertung einer eigentlich bedrohlich erlebten Landschaft, die plötzlich der Gesundheit zuträglich sein sollte, musste also ein weiterer Wahrnehmungswandel erfolgen. In diesem Fall wurde er von der um 1800 beginnenden Epoche der Romantik ausgelöst. Natur und ursprüngliches Leben bekamen eine neue Bedeutung, die Einfachheit des Landlebens wurde idealisiert und mannigfach in der Kunst dargestellt. Jean-Jaques Rousseau schrieb „Zurück zur Natur", und Ende des 18. Jahrhunderts wurden zuerst die Alpen, dann der Rhein, der Harz und die Insel Rügen als Erholungsoasen entdeckt. Durch Gedichte, Bilder, Musik wurden den Sinnen idealisierte Naturbilder vermittelt, die gerade im Bildungsbürgertum auf hungrige Seelen stießen und in weiterer Folge auf Reisen gesucht wurden. So erschlossen sich auch Gegenden wie die unwirtsame Nordseeküste nach und nach (vgl. Bluhm 1986, S. 29). Abgesehen von der Romantik, die als Wirkfaktor für die Ablösung der Angst, hin zur neuen Wahrnehmung von Naturerscheinung fungierte, sollte auch das Bedürfnis erwähnt werden, der wachsenden Sorge um den Verlust der Natur entgegenzuwirken:

> „Die Elite der Gesellschaft fürchtet ihre eigenen artifiziellen Wünsche, ihre Lustlosigkeit, ihre Neurosen, ihre Fieber und Leidenschaften. Sie fühlt sich wegen mangelnder Anteilnahme am Rhythmus der Natur mit dem sozialen Tod bedroht. Aus dieser Perspektive heraus ist das seit Mitte des 18. Jahrhunderts wachsende Verlangen nach den Meeresküsten zu begreifen" (Corbin 1999, S. 88).

Es stellt sich die Frage, inwiefern dieser Wahrnehmungswandel auch die Küstenbewohner betraf oder ob er sich, wie zu vermuten wäre, eher auf die elitären Kreise wie Künstler, Gelehrte und die Oberschicht beschränkte. Rheinheimer (2003, S. 38) meint dazu, dass „die Küstenlandschaft losgelöst von lebensweltlichen Erfahrungen, sowohl für Eingesessene als auch für Fremde, allein durch ihre Schönheit identitätsstiftend wirkt". Tatsächlich fehlen aber jegliche Aufzeichnungen zu einem Wahrnehmungswandel der direkt betroffenen Nordseebevölkerung zu dieser Zeit. Dass jener denselben Weg genommen hat wie bei den Reisegästen, kann aber so gut wie ausgeschlossen werden, da die arbeitenden Landleute kaum Zugang zu Kunst, Bildung oder dergleichen hatten. Es könnte sich Gedankengut von der wachsenden Anzahl der Touristen langsam übertragen haben oder der Wandel ging auf anderem Wege vor sich, zu einer genauen Antwort werden wir in diesem Rahmen aber nicht kommen – es steht nur fest, dass er stattgefunden hat.

3 Das Meer in mir, das Feuer da draußen – verkehrte Welt

3.1 Introjektion in Teilen und im Ganzen

Vor diesem Hintergrund einer geschichtlichen Einbettung widmen wir uns nun dem spezifischen, also individuellen Erleben von Angst auf den Halligen. Mit Sturmfluterleben oder dem omnipräsenten Meer wird sie, wie bereits erkannt werden konnte, nicht in Verbindung gebracht und anscheinend in diesem Kontext nicht erlebt. Die Frage bleibt aber, wo die Angst dann zu finden ist, wenn nicht bei dem, was naheliegend und offensichtlich wäre – gerade weil die Angst immer zur menschlichen Existenz, zur *conditio humana*, gehört. Eine Antwort auf diese Frage gaben die Halligbewohner einheitlich, beinahe vollkommen kongruent, aber unabhängig voneinander. Sehen wir uns zuerst direkt die Aussagen der Gesprächspartner an, um in weiterer Folge eruieren zu können, woher diese ungewöhnliche Angst wirklich kommt, wohin sie führen soll, was ihre Wirk- und ihre Zielursache ist.

Hauke Hayen ist der Einzige der gebürtigen Halligbewohner, der sich überhaupt auch zu einem angstähnlichen Gefühl gegenüber einer Sturmflut äußert, und zwar jener vom 16./17. Februar 1962, als er mit seinem jüngeren Bruder im wackelnden Dachboden im Heu lag:

> „Da wird dir dann schon ein bisschen anders. Es wird immer wieder gefragt, ob wir Angst hatten. Ich weiß nicht, ob man das Angst nennen soll [...]. Vater hat mit Sicherheit Angst gehabt. Und ich kann das Gefühl schwer wiedergeben, es war was Unheimliches, so da jetzt mit diesen Naturgewalten da alleine gelassen zu werden" (Hayen 2014, S. 2).

Er differenziert ganz klar zwischen dem Gefühl des Vaters, das mit Sicherheit Angst war, und seinem eigenen – einem anderen, schwer fassbaren, schwer benennbaren Gefühl, das aber keine Angst ist. Es ist vielmehr, nach seiner Beschreibung zu urteilen, ein numinoses Erleben, das er mit dieser Situation verbindet (vgl. zum numinosen Erleben Otto 2004, S. 23; Rieken 2011b, S. 12; Freud 1919/1986, S. 229–268). Tatsächlich Angst hat er aber nicht. Noch deutlicher geht es weiter – in Bezug auf die Sturmfluten empfindet oder beschreibt keiner wirklich angstähnliche Gefühle:

> „A.J.: Haben Sie Angst gehabt? [wir sprechen von der Sturmflut 1962]
> Tade Behrends (T.B.): Ne! Angst hab ich nich haben. [...]
> A.J.: Jetzt auch nicht? [bezogen auf aktuelle Sturmfluten]
> T.B.: Ne." (Behrends 2014, S. 1).

Tade Behrends Aussage ist ganz klar und ebenso kurz, während Mattes Andresen schon einen Grund zu nennen weiß und nicht versäumt zu erwähnen, dass damals noch nicht einmal die Warft erhöht war, die Sturmfluten die Bewohner also noch viel stärker trafen, und trotzdem nicht beängstigend waren:

> „A.J.: Können Sie sich erinnern, haben Sie Angst gehabt vor Sturmfluten oder vor Fluten überhaupt?
> M.A.: Gar nicht. Die habe ich nun so oft miterlebt. [...]
> A.J.: Und da haben Sie auch früher als Kind nie Angst gehabt davor?
> M.A.: Nein, nein. Und da war ja gar nicht erhöht" (Andresen 2014, S. 7–8).

Jan Petersen kann ebenfalls kein Gefühl von Angst wahrnehmen, und er begründet es damit, dass es sich um ein Ereignis handelt, das ohnehin nicht abzuwenden ist, das dazugehört zu diesem Lebensraum:

> „A.J.: War es irgendwie ein, ein beängstigendes Erlebnis?
> J.P.: Eigentlich ist das nicht, keine Angst, was das war, nich, das kommt!" (Petersen 2014, S. 1).

Bis auf Hauke Hayen, der die Situation im Jahr 1962 auf dem Dachboden unheimlich fand, konstatieren alle Halligbewohner ganz klar, keine Angst vor Sturmfluten, Wasser oder dem Meer zu haben. Hauke Hayens Gefühl entspricht eher einem numinosen Erleben als einem Angsterleben, weicht dadurch zwar etwas von den anderen ab, kann aber unter dem Untersuchungsgegenstand der Angst ebenfalls als negativ gewertet werden. Wo die Angst in diesem Zusammenhang geblieben ist, wird zum Großteil aus den Ausführungen bisheriger Kapitel klar – sie wird durch die Integration des Elements in die gesellschaftliche Ordnung vom bedrohlichen Äußeren zum bekannten Inneren, zum Teil des eigenen Gefüges, und damit relativ obsolet. Es findet eine Identifikation mit dem Meer statt – ein Phänomen, dem an dieser Stelle weiter auf den Grund gegangen werden soll.

Es gibt in der Tiefenpsychologie verschiedene Begrifflichkeiten, die einen ähnlichen Prozess beschreiben und in der Diskussion über eine genaue Abgrenzung untereinander bisher zu keinem endgültigen Resultat geführt haben (vgl. Vodopiutz 2009, S. 324). Zumeist wird eine Unterscheidung hinsichtlich der unterschiedlichen Entwicklungsstufen und Reifegrade vorgenommen, in denen sich das Individuum zu Zeiten der strukturbildenden Prozesse, also der strukturellen Entstehung und Prägung einer inneren, psychischen Welt, befindet. Hier von Interesse sind die Introjektion, die eine grobe und undifferenzierte Verinnerlichung beschreibt, die Identifizierung als reife Form einer Assimilation, und die Internalisierung, häufig ein Überbegriff für Eingliederungen in das Selbst allgemein (vgl. ebd.). Bei der Internalisierung werden Eigenschaften des betreffenden Objektes in das Selbst aufgenommen, „wobei die intersubjektiven Beziehungen zu intrasubjektiven Beziehungen umgewandelt, assimiliert" und in die psychische „Struktur des Subjekts/Selbst integriert werden" (ebd., S. 323). Introjektionen beschreibt Springer (2009, S. 332) als phasenspezifisch und an spezielle Entwicklungsstadien gebunden, die ebenfalls u.a. den Beziehungsstil des introjizierten Objekts hereinnehmen und großen Einfluss auf die Identitätsbildung haben. Die Identifizierung als reifste Ausformung definiert sich als psychischer Mechanismus,

> „der sowohl für die normale Entwicklung der intrapsychischen Struktur konstituierend ist als auch als Abwehrmechanismus einer pathologischen Konfliktbewältigung dient. [...] Die narzisstische, ich-bildende Funktion und die Beziehungsfunktion treffen zusammen, Selbst- und Objektbesetzung [die Verknüpfung seelischer Energie mit dem Selbst oder einer bestimmten Vorstellung, einem Gegenstand, einem Objekt] bedingen einander" (Frank-Rieser 2009a, S. 296–297).

Dabei kann es sich durchaus um eine einfache Assimilation, also Anpassung eines Objektes an das Selbst handeln, wie es in unserem Fall geschieht. Es dreht sich also grob um eine Verinnerlichung eines äußeren Objekts und der *inter*subjektiven Beziehung zu diesem Objekt, was eine *intra*subjektive Bezogenheit zur Folge hat. Die Beziehung zum Objekt verlagert sich vom Außen ins Innen und wird dadurch zu einem Teil des Selbst und in die psychische Struktur, in die zugrundeliegende Ordnung, integriert. Diese Verlagerung der Bezogenheit, im Kontext der frühkindlichen Entwicklung, findet in einer Phase statt, in der auch das Ich gebildet wird. Sie hat dementsprechend Einfluss auf dessen weitere Entwicklung, die sich fortan mit dem internalisierten Aspekt als immanenten Anteil vollzieht. In den Ausführungen über das Ordnungsgefüge und den „Sturmflutlebensstil" auf den Halligen, die alles Handeln und Verstehen der ansässigen Bevölkerung zu konstituieren scheinen, wurde eben jener Mechanismus der Introjektion und Identifikation erkennbar – das Meer war als Teil des Selbst und als Teil der Gesellschaft in die Ordnung integriert. Zum damaligen Zeitpunkt wurde, im Bestreben, die kulturelle Referenzgröße zu eruieren, von einem System ausgegangen, das der ganzen Halliggesellschaft zugrunde liegt, auf das sich jeder Einzelne in seinem Sturmfluterleben (unbewusst) bezieht. Dieses konnte schließlich als spezifisches gesellschaftliches Ordnungsgefüge erkannt werden. Daran haben wir bereits gesehen, wie das Naturereignis Sturmflut und das ganze Element Meer als in diese Ordnung integriert wahrgenommen werden, nicht als äußere Objekte, sondern als dem Inneren zugehörig und darum nicht in dieses Innere einschneidend. An dieser Stelle stellt sich aber die Frage, da die psychoanalytische Begriffsdefinition und das tiefenpsychologische Verständnis vom Subjekt als Individuum ausgehen, das mit seiner Umwelt interagiert, inwiefern jeder Einzelne von einer Internalisierung betroffen ist. Anhand des Interviewmaterials, welches in diesem Kapitel hervorgehoben wurde, wäre davon auszugehen. Die gebürtigen Langenesser und Oländer empfinden keine Angst vor den (bedrohlichen?) Fluten, sie haben das Objekt Meer mit allen seinen Eigenschaften, zu denen auch ein gelegentliches „Über-die-Ufer-Treten" und Sich-zu-einem-tobenden-Ungeheuer-Verwandeln gehört, als Objekt integriert, in einer Phase der Ich-Bildung, die eine weitere Selbst-Entwicklung *mit* diesem verinnerlichten Objekt zur Folge hatte. Die Erinnerung an die jeweils erste Sturmflut, die zumeist noch gemeinsam mit den Eltern überstanden worden ist, spielt hierbei ebenfalls eine Rolle. Denn daran wird ersichtlich, wie das Kind schon in frühen Entwicklungsstadien durch die Unterstützung von Eltern, Verwandtschaft und Familie tatsächlich das Meer und dessen Eigenschaften internalisieren konnte. Dies spricht für eine Prägung durch die Landschaft, die Lebensumstände und die spezifischen Umgangsformen, die das Individuum früh und im Laufe seiner psychischen Entwicklung erlernt, die zur individuellen Ausstattung gehören und sich nicht nur in der gesellschaftlichen Ordnung finden. Dabei muss aber erwähnt werden, dass die beiden Halligbewohner, die gebürtig vom Festland sind, und auch ihre Kindheit und Jugend, sprich: eben diese Zeit der Entwicklungsphasen, von denen gerade die Rede ist, dort verbrachten, ebenfalls keine Anzeichen von Angst aufweisen. Bei ihnen kann dieser Schritt einer Internalisierung des Meeres, der für den Verlust der Angst nötig wäre, aber nicht im Rahmen ihrer kindlichen Entwicklungsstadien erfolgt sein. Sie haben vielmehr erst nach ihrem Umzug auf die Hallig die Angst vollkommen verloren und das Meer, seine Gezeiten, Landunter und auch Sturmfluten als Teil der Struktur in sich aufgenommen. Daraus folgt die Annahme, dass die Identifikation und die Introjektion nicht nur in den spezifisch geprägten Individuen vorhanden sind, sondern eben auch in der gesellschaftlichen Ordnung. Es muss also eine Struktur geben, die über die einzelnen Individuen hinausgeht, eine Struktur, die wahrscheinlich durch die einzelnen Individuen besteht, aber ein Gefüge, eine Ordnung ist, die auch systemfremde Individuen in sich aufnimmt, und systemimmanente Verständnisse, Verhaltensweisen, Internalisierungen und Introjekte auf diese übertragen kann. Der hier herausgearbeitete Mechanismus betrifft und findet sich sowohl in den Einzelpersonen als auch in der zugrundeliegenden Ordnung. Das Ganze ist mehr als die Summe seiner Teile, wie schon Aristoteles bemerkt.

3.2 Verschiebung des Unfühlbaren

Wenn wir uns nun fragen, wo die Angst der Halligbewohner liegt, so bekommen wir eine überraschende Antwort. Diese tritt nämlich erst in einem ganz anderen Zusammenhang auf:

> „Wenn man Angst mal definieren soll, ist es ganz schlimm, wenn wir eine schwere Sturmflut haben, das Wasser steht dir fast bis an die Tür, und dann bricht Feuer aus. Du hast so viel Wasser zum Löschen, kannst es aber nicht nutzen, weil dir das Haus fast wegfließt. Und dann kriegst du so ein Feuer nicht gelöscht, und dann verbrühst du vielleicht auf deiner eigenen Warft und kannst nicht weg. Also das ist etwas, wo ich Angst davor hab, muss ich ehrlich sagen" (Hayen 2014, S. 8).

Obwohl die Detailhaftigkeit auffallend ist und das Angst-Szenario genau vorgestellt und beschrieben werden kann, gibt es keinerlei realen Bezugspunkt:

> „Ist noch nie passiert, aber das soll ja auch nicht passieren, wollen wir hoffen dass es auch nie passiert. Aber das ist etwas, so ein Szenario, könnte richtig schlimm werden. Da kann keine Feuerwehr kommen, da bist auf dich alleine gestellt. Wasser hast genug, aber kannst, kannst damit ja nichts anfangen. Nein, Angst haben wir vielleicht vor anderen Sachen, weiß ich jetzt nicht, so vor Umwelt-Katastrophen vielleicht" (ebd.).

Des Weiteren verweist Herr Hayen auf die gute Feuerwehr, die sie auf der Hallig hätten, und die gute Ausrüstung, falls es wirklich mal zu einem Feuer kommen sollte. Die Szene sei aber nur etwas, was man sich vorstellen würde, denn es gibt kaum Brände und Feuer auf der Hallig, wie er doch immer wieder betont.

Auch bei Gewitter oder Blitzschlag verhält es sich so. Inga Thomsen und auch Johann Thomsen erzählen davon, dass sie Angst haben, wenn ein Gewitter kommt. Bei Wasser gibt es immer einen Fluchtweg nach oben, man kann immer irgendwohin ausweichen – ein Gewitter aber „ist immer schlimm, weil wenn das irgendwo brennt" (Thomsen, Inga 2014, S. 2), gibt es kein Entkommen. Auch Jan Petersen hätte am ehesten Angst vor Bränden und Gewitter, die sie aber hier auf Oland gottseidank noch nicht hatten. Das Wasser sei er gewohnt, der Umgang damit ist Routine und nichts Außergewöhnliches mehr, Feuer aber – Feuer und Blitze, die das Feuer auslösen, das sind echte Bedrohungen. Deshalb haben auch alle Häuser einen Blitzableiter und eine sehr gute Feuerwehr, auch wenn es gar nicht viele Gewitter und schon gar keine Feuer gibt. (Petersen 2014, S. 7–8). Mattes Andresen schließt sich dem an:

> „A.J.: Wovor haben Sie Angst, wenn nicht vor Wasser?
> M.A.: So Feuer, glaube ich, wäre schlimmer. [...]
> A.J.: Haben Sie selber mal ein Feuer miterlebt?
> M.A.: Nein. Nein, hier bis jetzt Gott sei Dank nicht. Das wäre wirklich kritisch" (Andresen 2014, S. 8–9).

Heike Jensen ist zwar vor 20 Jahren vom Festland auf die Hallig gezogen, hat sich aber, wie wir zuvor gesehen haben, sehr gut in das Ordnungsgefüge auf Langeness integriert, hat ihre Angst vor dem Meer und besonders vor Sturmfluten, die sie an der Küste stark spürte, in ihrem neuen Lebensraum abgelegt und sieht dafür keine Notwendigkeit mehr. Durch die völlig andere landschaftliche Situation ohne Grenzen zwischen Mensch und Meer und durch den gesellschaftlichen, kulturellen Umgang, geprägt von niedriger Vulnerabilität und hoher Resilienz, den Frau Jensen für sich übernommen hat, entwickelt sie auch neue Ängste:

> „A.J.: Wovor hätten Sie am meisten Angst?
> H.J.: Feuer. [...] Ja. Also Feuer ist so für mich, da habe ich also wahnsinnigen Respekt vor. Vor allen Dingen das Schlimmste würde ich finden, wenn wir Land unter haben, und dann brennt es. Weil dann kann nicht mal die Feuerwehr kommen und helfen. Dann ist man wirklich alleine auf sich gestellt und ja, da die Häuser ja auf diesen Warften immer relativ dicht beieinander stehen, muss man wahrscheinlich eher sehen, dass die Nachbarhäuser dann wenigstens verschont bleiben. Und das eigene dann abbrennen lassen.
> A.J.: Haben Sie das schon erlebt?
> H.J.: Nein, Gott sei Dank nicht" (Jensen, Heike 2014, S. 7–8).

Gewitter gehören auch zu dieser Angst dazu: „Also so Gewitter finde ich sowieso schon immer unheimlich, aber wenn es dann so dicht nahe kommt und dann vielleicht durch einen Blitzeinschlag auch mal ein Feuer gibt, also das wäre für mich glaube ich das Schlimmste" (ebd., S. 8).

Der Feuerwehr kommt auf den Halligen eine ganz besondere Bedeutung zu, was in Anbetracht der Sachlage, dass kaum je ein Brand zu verzeichnen gewesen wäre, ein interessanter Umstand ist. Mit einer Zentrale auf der Ketelswarft besteht die Langenesser Feuerwehr aus 26 aktiven Mitgliedern auf knapp 100 Einwohner – eine unglaubliche Zahl. Auch auf Oland gibt es eine Feuerwehr, nämlich die kleinste Freiwillige Feuerwehr überhaupt, mit drei Mitgliedern (Steensen 2016, S. 13), was trotzdem erstaunlich viel ist, bedenkt man, dass Oland nur 17, und davon nur 9 permanente Einwohner hat! Doch dies ist nur ein Detail, das am Rande darauf hinweist, wie stark die Angst vor Feuer tatsächlich ist und wie tief sie sitzt.

Doch fahren wir mit dem eigentlichen Phänomen fort: Es bilden sich in den angeführten Interviewstellen zwei Szenarien heraus – einmal die Bedrohung durch ein Feuer, das von einem Blitz während eines Gewitters ausgelöst werden könnte, und das andere Mal ein Brand während einer Sturmflut oder eines Landunters. Zweiteres ist dabei noch eine Steigerung, mit der verdeutlicht wird, wie ausweglos diese

Situation ist, wie verloren, dem Tode geweiht und ohnmächtig man wäre. Es treten beim Ausdruck dieser Angst Emotionen auf, die bisher im Zuge der Interviews nicht beobachtet werden konnten. Lediglich die existentielle Bedrohung durch Feuer, während man auf seiner eigenen Warft gefangen ist, nicht weg kann und daher elendiglich verbrennen muss, evoziert erstaunlicherweise ganz unabhängig voneinander in beinahe allen Interviewteilnehmern eine ähnliche Stimmung. Um welche Gefühle handelt es sich dabei aber konkret? Wenn man sich in die Lage dieser phantasierten Szene versetzt, sind es besonders Gefühle von völliger Hilflosigkeit, Ohnmacht, Ausgeliefertsein, Handlungsunfähigkeit, Isolation von allen anderen Warften und totaler Schutz- und Wehrlosigkeit. Es sind Gefühle, die eigentlich auch im Rahmen einer Sturmflut auftreten könnten, die vorstellbar und erwartbar wären, in der Halligbevölkerung aber nicht zu finden sind, da sie durch die niedrige Vulnerabilität, die adaptive und participative capacity, die hohe Resilienz etc. nicht zum Tragen kommen. In diesem Szenario sind die Bewohner aber aller Möglichkeiten zur Abwehr, aller Strategien des Umgangs beraubt, sie können nicht handeln, nichts tun, sich nicht selbst helfen und keine Hilfe von außen erwarten – sie befinden sich in einem Zustand, in dem ihnen keine über Generationen entwickelten Fähigkeiten und keine Warfterhöhungen nutzen. Sie verlieren in diesem Moment alles, was sie sich in ihrer bestehenden Ordnung und in ihrem kollektiven Lebensstil aufgebaut und angeeignet haben. Ohne ihre vielen Anpassungsstrategien könnte dies genauso gut auf eine schwere Sturmflut zutreffen – die damit einhergehenden Gefühle wären ebenso Ohnmacht, Hilflosigkeit, Isolation von der Außenwelt, ein Ausgeliefertsein an das Meer und der Untergang auf der eigenen Warft. Es ist bemerkenswert, dass sich die Befindlichkeitsebenen derart ähnlich, ja eigentlich identisch sind. Es ist auch bemerkenswert, dass alle Halligbewohner dieselbe Schreckensphantasie teilen und als ihre innerste und tiefste Angst benennen. Es kann auch hier davon ausgegangen werden, dass es sich einerseits durchaus um ein kollektives Phänomen handelt, das intersubjektiv geteilt wurde und wird, andererseits muss es aber, um Bestand zu haben, in der intrasubjektiven Struktur des Individuums, im persönlichen Lebensstil, einen Rezeptor finden, einen Nährboden haben, um fortzubestehen. Es handelt sich also um ein Gefühlskonglomerat, eine bestimmte Zusammensetzung, die aufgrund der landschaftlichen und naturräumlichen Bedingungen, der immer wiederkehrenden Bedrohung durch das Meer und der Art der Lebensführung von außen betrachtet durchaus Sinn ergeben würde, denn ein Ortsfremder würde wohl genau diese Gefühle während einer Sturmflut erleben. Dem ist aber nicht so – die Halligbevölkerung ist mit dem Meer als Teil von sich und von der lebensweltlichen Ordnung identifiziert, empfindet aber exakt dieselbe Gefühlszusammensetzung bei einem Ereignis, das zwar theoretisch vorstellbar und möglich wäre, praktisch aber weder erlebt wurde noch irgendwo in der Erinnerung vorhanden ist. Wäre es erinnerbar und/oder tatsächlich passiert, könnte die Angst eine Realangst (vgl. Freud 1926/1992, S, 106f.) sein, da es sich um ein wirkliches Geschehen handeln würde. Da dies aber nicht der Fall ist, die ganze Szene mehr einer Phantasie gleicht, die theoretisch möglich wäre, aber trotzdem an diesem Punkt nur eine Vorstellung ist,

ist es sehr wahrscheinlich, dass wir es hier mit dem seelischen Vorgang der Verschiebung zu tun haben. Freud arbeitete das Konzept während der „Traumdeutung" (2009, S. 309–313) heraus – ein durchaus vergleichbares Anwendungsgebiet, bedenkt man, dass es sich sowohl beim Traum als auch bei einer Phantasie um Konstruktionen mit unbewussten Elementen handelt. Bei der Verschiebung können nun Affektbeträge, wie die spezifische Gefühlszusammensetzung, relativ ungebunden und frei von einem Inhalt zu einem anderen Inhalt übergehen. Im Zuge einer Affektverschiebung werden die entsprechenden Affekte beispielsweise vom Inhalt des ursprünglichen Sturmfluterlebens abgegeben und übertragen auf den anderen Inhalt des zerstörerischen Warft-Brandes, also auf diesen verschoben. Dadurch würde eine Situation entstehen, wie sie hier vorzufinden ist: Ein Ereignis, das noch nie vorgekommen ist, erhält kollektiv von den Halligbewohnern ein Maß an Angst und Schrecken, das unter diesen Bedingungen völlig übertrieben und unverhältnismäßig erscheint, während ein anderes Ereignis, das durchaus Bedrohungspotenzial hat, keine Angst evoziert. Zusätzlich handelt es sich bei den Gefühlen um ein Set von genau denselben Empfindungen in beiden Situationen, was eine (Affekt-)Verschiebung vom Objekt der Sturmflut bzw. dem Meer auf das Objekt Feuer bedeuten würde. Doch wie kommt es zu einem solchen psychischen Vorgang, was rechtfertigt das, noch dazu in einem Kollektiv? Diese Frage ergibt sich nun ganz automatisch aus dem vorigen Kapitel (V 3.1), in dem das Meer als internalisiertes Objekt im Hallig-Individuum und in der gesellschaftlichen Ordnung untersucht wurde. Die Identifikation mit dem Meer hat zur Folge, dass dieses als Anteil des Selbst keine existentielle Bedrohung darstellen kann. Negative Gefühle, die trotzdem durch eine vom Meer ausgehende Bedrohung evoziert werden, müssen daher auf ein anderes Objekt, das nicht introjiziert ist, einen anderen Inhalt, verschoben werden. Die Gefühle können nicht ignoriert oder gelöscht, dürfen aber bewusst ebenso wenig durch das internalisierte Objekt ausgelöst werden, da dies zu einer massiven Störung des psychischen Gleichgewichts führen würde. Negative Attribute des Meeres als Teil des Selbst, als Teil der Ordnung, werden im Dienste des lebensnotwendigen seelischen Equilibriums auf eine Phantasievorstellung verschoben, und das individuelle, vor allem aber auch das gesellschaftliche Ordnungsgefüge bewahrt. In seiner Untersuchung über das Lawinenunglück 1999 in Galtür beobachtet Bernd Rieken (2010, S. 184) eine größere Angst vor Wasser als vor Lawinen, da die Bewohner des Dorfes an Zweitere gewöhnt seien und sich mit ihnen auskennen. Es könnte sich dabei um ein ähnliches Phänomen der Angst-Verschiebung handeln wie auf den Halligen.

Im Ausdruck von Angst bzw. auch im Ausdruck von Nicht-Angst schlagen sich psychische Mechanismen nicht nur im Individuum, sondern in einer ganzen Gesellschaft nieder, die vielschichtig Aufschluss geben können über zugrundeliegende Strukturen. Außerdem zeigen sie auf, wie nahe im Fall der Halligen Individuum und Gesellschaft zusammenliegen und zusammenhängen und wie sie sich gegenseitig bedingen und beeinflussen. Im letzten Teil dieses Kapitels soll ein Traum behandelt werden, der in wenigen Worten viele dieser Strukturen enthält. Sie entfalten erst durch den Kontext der vorangegangenen Analysen ihren verzweigten Sinn und lassen aus dem einfachen Bilderrätsel die Komplexität der menschlichen Psyche erkennen.

3.3 Ein schöner Traum?

„In die grauen Wellen die dich wieder rufen
Zieht es dich; und immer weiter fort
Treibt es dich; die Geister, die dich schufen
Entführen dich an jenen kalten Ort
Und ziehen dich in ihren dunklen Bann.
Sie locken dich mit deiner eignen Not
Verführt erliegst du dieses Wassers Wahn
Und stürzt besinnungslos in deinen Tod."

Mit folgenden Worten beginnt Sigmund Freud eines seiner größten und einflussreichsten Werke – die Traumdeutung:

„Auf den folgenden Blättern werde ich den Nachweis erbringen, daß es eine psychologische Technik gibt, welche gestattet, Träume zu deuten, und daß bei Anwendung dieses Verfahrens jeder Traum sich als ein sinnvolles Gebilde herausstellt, welches an angebbarer Stelle in das seelische Treiben des Wachens einzureihen ist" (Freud 1900/2009, S. 19).

Er entwickelt in dieser Arbeit ein Verfahren, eine Methode, die über die Erfassung des manifesten (erkennbaren, beobachtbaren) Trauminhalts hinausgeht, von allen bisherigen Versuchen einer Deutung des klar und offensichtlich vorhandenen, beobachtbaren (Bild-)Materials abweicht, und den latenten (nicht sichtbaren) Trauminhalt, die Traumgedanken, ins Zentrum der Aufmerksamkeit rückt. Daraus ergibt sich die Aufgabe, die Beziehung zwischen den beiden Bedeutungsträgern zu untersuchen und herauszuarbeiten, wie diese verstanden werden können als Ausdrücke desselben Inhalts in zwei unterschiedlichen Sprachen. Denn betrachtet man nur eines – den manifesten Inhalt, der sich im Traum in Bildern darstellt –, so entgeht einem der zugrundeliegende Sinn, der das eigentliche Verständnis dieses Traumbildes konstituiert. „Man würde offenbar in die Irre geführt, wenn man diese Zeichen nach ihrem Bilderwert anstatt nach ihrer Zeichenbeziehung lesen wollte" (ebd., S. 284).

Es kann an dieser Stelle leider nicht auf die vielen umfangreichen Beiträge eingegangen werden, die Freud zur Traumarbeit geleistet hat; es ergibt sich daraus aber ein Grundverständnis, das für die weiteren Betrachtungen unseres Materials die Basis bildet: der Traum als Via regia zur Kenntnis des Unbewussten.

Sehen wir uns vorerst die Situation, die Einbettung im Interview, den Kontext genauer an, bevor die eigentliche Traumarbeit entschlüsselt werden soll. Denn bei der Betrachtung eines Traumes, der nie nur für sich steht, immer auch in Beziehung gesetzt werden muss, ist der Bezugsrahmen durchaus relevant. Der Erzähler des Traumes, Hauke Hayen, war, wie schon in Kapitel IV 4.2.2 kurz erwähnt wurde, ein vielbeschäftigter Mann. Er kam zu spät, da sich in seiner Arbeit, die stark vom Meer und den Gezeiten abhängig ist, etwas verzögert hatte, musste dann noch Anrufe entgegennehmen und erwidern, Angelegenheiten klären, Dinge regeln. Auch gegen Ende des Interviews versäumte er nicht zu betonen, dass er jetzt dringend weiter müsse, noch sehr viel zu tun habe, keine Zeit mehr hat. Er beobachtete genau, wie ich das Aufnahmegerät abstellte und vergewisserte sich noch darüber, stand auf, sprach dabei noch von den vielen Dingen, die er jetzt tun müsse und zu erledigen habe, und erwähnte dann, ganz nebenbei, noch einen Traum. Es waren lediglich zwei kurze Sätze, die ihm spontan eingefallen waren, und damit verabschiedete er sich und verließ das Haus. Es könnte sich nun tatsächlich so verhalten, dass ihm dieser kleine Gedanke, diese Erinnerung, erst zu diesem Zeitpunkt gekommen ist und er ihr keine große Wichtigkeit beigemessen hat. Aber auch das wäre schon eine Leistung des Unbewussten, denn ob und wann eine Erinnerung ihren Weg ins Bewusstsein findet, ist kein Zufall. Die Voraussetzungen hier waren zum einen das abgeschaltete Tonband, zum anderen die Wahl des Zeitpunktes „in letzter Sekunde", und die Eile am Weg hinaus. Dadurch wurde verhindert, dass dem Gedanken zu viel Bedeutung beigemessen und/oder noch weiter darüber gesprochen wurde. Dies alles deutet darauf hin, dass es sich um einen psychischen Widerstand handelt, der mit dem Traum zusammenhängt, indem er sich einem Zugang zum Unbewussten entgegenstellt. Durch dessen Gewahr-Werden wäre das innerpsychische Gleichgewicht gefährdet (vgl. Datler 2009, S. 777). Der Traum fand aber trotzdem einen Weg, wenn auch durch diverse Sicherungsmaßnahmen vor zu viel Aufmerksamkeit geschützt, sich im bzw. nach dem Interviewprozess – einem Gespräch über Sturmfluten, Ängste, und dem Leben mit dem Meer – zu erkennen zu geben. Im Fachjargon der Psychoanalyse ist das eine freie Assoziation, die anhand eben dieses freien, spontanen Ausdrucks den guten Zugang zum Unbewussten gewährleistet.

Sehen wir und noch einmal genauer an, was in den bisherigen Untersuchungen über Herrn Hayen bekannt wurde: Er war 11 Jahre alt, als er die Sturmflut in der Nacht vom 16. auf den 17. Februar miterlebte, gemeinsam mit seinen Eltern und seinem jüngeren Bruder. Im Laufe der Analyse des unterschiedlichen Sturmfluterlebens auf den Halligen wurde deutlich, dass Herr Hayen gemischtere Gefühle hatte als die anderen Interviewpartner – er hätte zwar ebenfalls keine richtige Angst gehabt, aber „es war was Unheimliches, so da jetzt mit diesen Naturgewalten da alleine gelassen zu werden" (Hayen 2014, S. 2). Das ist mehr als jeder andere der Gesprächspartner an unsicheren oder angstähnlichen Gefühlen zu sagen hatte. Auch kann er die Erlebnisse jener Nacht sehr detailreich und ausführlich wiedergeben, was daran liegen könnte, dass er sie schon sehr oft in diversen Medien wie Zeitungen, Fernsehen etc. geteilt und erzählt hat. Doch wieso? Wieso ist sein Mitteilungsbedürfnis in dem Bezug so viel größer als das der anderen Langenesser oder Oländer, die im Jahr 1962 oder in irgendeinem anderen Jahr während einer Sturmflut in ihrem überfluteten Haus ausharren mussten? Hauke Hayen zeigt im Großen und Ganzen dieselbe Einstellung und denselben Umgang mit dem Meer als ordnungsimmanentem Element, dessen Weisen vollkommen in die Normalität und die Lebensrealität auf den Halligen integriert sind. Doch an manchen Stellen blitzt etwas auf, das anders erscheint, das noch etwas anderes enthält als bei den anderen Gesprächspartnern. Als er mit seinem Bruder am Dach im Heu lag, hatte das Reetdach schon ein großes Loch, und „der ganze Dachstuhl der wackelte bei diesen Böen schon immer, und äh dann wusste jeder, na das kann auch jeden Moment zusammenbrechen, die ganze Kiste". Und sie

> „konnten den Mond durch dieses Loch immer so schön scheinen sehen. Schön ist natürlich relativ. Aber was wir auch sehen konnten, war die Gischt, von dieser anrollenden See, wir wohnen direkt hier am Ufer, die ging volle Kanne immer übers Haus. Da wird dir dann schon ein bisschen anders" (ebd.).

Herr Hayen beschreibt hier eine wirkliche Bedrohung, eine Gefahr, in der er sich in diesem Moment, mit seinem Bruder im Arm, befand. Er beschreibt bedrohliche Elemente wie das Wackeln des Dachstuhls, die Möglichkeit seines Zusammenbrechens, die Gischt, die über das ganze Haus hinwegstob. Und er beschreibt ebenso positive, beruhigende, fast romantisch anmutende Elemente wie den Mond, der so schön durch das Loch im Dach geschienen hat. Es ist Ambivalenz, die in den Beschreibungen und Erinnerungen von Hauke Hayen erkennbar ist – eine „innere seelische Spannung, die entsteht, wenn ein Wunsch oder Triebimpuls mit widerstreitenden Gefühlen und Affekten verknüpft ist, die dem bewußten Erleben teilweise oder überwiegend entzogen sind" (Tenbrink 2009, S. 21). In diesem Zusammenhang fällt mir eine weitere Information ein, die keine unwesentliche Rolle spielen dürfte in diesem Erleben: die entgegengesetzten Emotionen und Verhaltensweisen seiner Eltern, die er im Laufe der Sturmfluterinnerung immer wieder miteinbezieht und die – wenig verwunderlich – im Erleben eines Kindes eine wesentliche Relevanz besitzen. Seine Mutter war zuversichtlich, unbesorgt, aber fast etwas unverantwortlich in Anbetracht der durchaus ernsten Lage. Sein Vater hingegen, der vom Festland kam und anscheinend noch keine Integration in die Ordnung und das Verständnis auf den Halligen erfahren hatte, hatte Panik, sicherte das Haus so gut es ging ab, nagelte die Türen zu und versuchte seine Familie zu schützen, was sich letzten Endes als guter Versuch herausstellte, aber bei weitem nicht ausreichte gegen die Macht der Flut. Auch verhielt es sich in jener Nacht so, dass der Vater, der den Umgang mit dem Meer auf der Hallig nicht so gut kannte wie die Mutter und auch in seinen Strategien unbeholfener und ohnmächtiger zu sein schien, Recht behalten sollte. Seine emotionale Reaktion auf die bevorstehende Nacht erwies sich als angemessen. Im weiteren Verlauf des Interviews stellt sich heraus, dass Hauke Hayen stark mit der Mutter und ihrer Unbekümmertheit identifiziert ist, in jener Nacht aber sie, als sicher erlebter Elternteil, Unrecht hatte und die Angst, die Sorge und die Panik des Vaters berechtigt waren. Dadurch konnten sich diese Gefühle auch im Kind als berechtigt einprägen und durch den momentanen Verlust der Orientierung und des innerpsychischen Gleichgewichts durch die Unglaubwürdigkeit der Mutter verstärkt werden. Das von den Eltern vermittelte Gefühl war nicht kongruent, sondern aufgespalten, was in einer derart bedrohlichen Situation zu einer bleibenden Ambivalenz im Kind führen kann.

Das Ganze wird durch einen Aspekt erweitert, der ebenfalls schon eruiert wurde, nämlich die Identifikation mit dem Meer. Dieser Abwehrmechanismus, die Introjektion eines äußeren Objektes in das Selbst bzw. in das Ordnungsgefüge des Lebens, ist den Halligbewohnern gemein, auch jenen, die zugezogen sind. Durch die Abhängigkeit vom Meer, von den Gezeiten und der Witterung wird ein Gefühl des Ausgeliefert-Seins und der Ohnmacht hervorgerufen, das bewältigt und integriert werden muss, um ein Leben unter solchen Umständen dauerhaft zu ermöglichen. Die Identifikation mit dem Meer als notwendige Bewältigungsstrategie reduziert die empfundene Minderwertigkeit gegenüber dem mächtigen Element, die Ohnmacht wird kompensiert, indem das Bedrohliche einen Anteil des Selbst repräsentiert und damit wieder unter Kontrolle gebracht werden kann. Im Normalfall ist diese Identifikation mit dem Meer eine Anpassungsleistung, die den guten und besonderen Umgang mit den anspruchsvollen Lebensbedingungen bedingt. Im Falle einer schweren Sturmflut, durch die das Meer eine zerstörerische, brutale, erbarmungslose Seite entwickelt, die dann vom Individuum, hier von Hauke Hayen als Kind, auch so wahrgenommen wird, wird diese Anpassungsleistung intensiviert. Ein stärkerer Abwehrmechanismus ist nötig, nämlich die Identifikation mit dem Aggressor (vgl. Frank-Rieser 2009b, S. 297), die auf dieselbe Weise funktioniert, aber darauf abzielt, die nun aggressiven Anteile durch Integration auszugleichen. Es entsteht ein Konflikt der psychischen Tendenzen: Das Meer ist Lebensspender, Heimat, Sicherheit und Vertrauter, bis es plötzlich das eigene Leben bedroht und auf unberechenbare und angsteinflößende Weise seine Macht demonstriert. Wichtig ist hier, dass die Person das Ereignis so erlebt – wie Hauke Hayen durch die Bestätigung der starken Angstgefühle seines Vaters in jener Nacht ebenfalls die Bedrohung durch die Sturmflut erkannte. Nicht durch die Sturmflut selbst, erst durch die Bewertung entsteht das Trauma: „Das vergisst man nicht wieder. Also das war so ein Ereignis, das brennt sich so ein" (Hayen 2014, S. 5) – während die meisten anderen Interviewpartner keinen wirklichen Unterschied zwischen den verschiedenen Sturmfluten machten, manchmal sogar Erinnerungen der einen Flut im Rahmen einer anderen erzählten, die Grenzen verschwommen und nicht wichtig erschienen. Die Identifikation mit dem Aggressor als erweiterter Abwehrmechanismus bezieht sich also speziell auf Hauke Hayens Situation. Denn „vor allem traumatische Erfahrungen, oft in der Kindheit, bei denen das Maß der erlebten Ohnmacht besonders groß ist, führen zur Ausbildung dieser Reaktion" (Jank 2016, S. 247), ausgelöst durch die zugrundeliegende ambivalent unsichere Bindung an das Objekt.

> „Vergleichbar ist diese Ambivalenz mit einer belastenden und schwierigen Elternbeziehung, ohne die das Kind einerseits nicht leben kann, aber andererseits

aus Angst in einen psychischen Konflikt gerät, der bewältigt werden muss, um einen erträglichen seelischen Zustand zu gewährleisten" (ebd.).

Hauke Hayen muss, um weiterhin auf der Hallig und in der unmittelbaren Nähe zum Meer leben zu können, sich mit diesem identifizieren, um das Gefühl der Unterlegenheit und Ausgeliefertheit zu kompensieren, und den Kontrollverlust zu bewältigen. Da es sich bei diesem integrierten Objekt aber aus seiner Sicht, geprägt durch das traumatische Kindheitserlebnis, auch um ein besonders gefährliches und bedrohliches handelt, gestaltet sich der Identifikationsprozess nicht ganz reibungslos. Seine Ambivalenz bricht in beiläufigen Andeutungen, in gleichzeitig schönen und schrecklichen Erinnerungen und dergleichen immer wieder durch, was vermutlich auch der Grund ist, weshalb er seine Geschichte immer und immer wieder öffentlich teilt und erzählen muss. Dieses Element scheint nicht ganz in seine Lebensgestaltung, seinen Hallig-Sturmflut-Lebensstil integrierbar zu sein, es ist nicht ganz stimmig und sorgt für eine gewisse Irritation. Aus dieser Motivation heraus könnte auch der Traum erzählt worden sein – am Rande, beiläufig, als beinahe vergessenes und eigentlich unwichtiges Detail, das irgendwie nicht beim bewusst erzählten Material dabei sein sollte, aber auch nicht ganz unerwähnt bleiben kann. Ein Detail, ein kleiner Aspekt, der nicht dazu passt und trotzdem da ist?

Sehen wir uns an, was der Traum zu sagen hat: „Als Kind baue ich mir ein Floß aus Steinen, was mir ganz normal vorkommt. Ich fahre damit zur See und bin zufrieden". Vergleicht man nun den Trauminhalt, der sich hier tatsächlich auf zwei kurze Sätze beschränkt, und die Traumgedanken, die den latenten Inhalt ausmachen, wird schnell ersichtlich, wie viel (latente Traumgedanken) sich in so wenig (manifestem Trauminhalt) abbilden kann. Es wird klar, „daß hier eine großartige *Verdichtungsarbeit* geleistet wurde" (Freud 1900/2009, S. 285), ein ganz typisches Element für Träume. Was passiert hier aber nun tatsächlich? Hauke Hayen baut sich ein Floß und fährt damit aufs Meer, „er wandelt das passive Ausgeliefert-Sein in ein aktives Sich-Hingeben um und sichert sich dadurch ein Maß an Selbstbestimmung" (Jank 2016, S. 247). Das sorgt für ein seelisches Gleichgewicht, einen Ausgleich, der ein Gefühl der Zufriedenheit bedingt und die ungleichen Machtverhältnisse zwischen Meer und Mann wieder auf eine gleiche Stufe stellt. Hauke Hayen hat damit sein Schicksal in die eigene Hand genommen, sich bewusst dafür entschieden, aufs Meer zu fahren, und ist dessen Launen damit nicht mehr ohnmächtig ausgeliefert.

Dann wäre da aber noch die Wahl des Baumaterials – ein Floß, das aus Steinen besteht, wird Hauke Hayen auf seinem Weg aufs offene Meer unweigerlich in die Tiefe ziehen und seinen Tod bedeuten. Dieser Aspekt ist zwar nicht direkt im Traum enthalten, kann aber als vom manifesten Trauminhalt bedingt angesehen werden, der dadurch eine latente Sinnzuschreibung erzeugt. Auch wenn die Steine seines Floßes den Tod bedeuten, hat sich Hauke Hayen trotzdem aus der Ohnmacht gerettet und durch die participative capacity die Kontrolle über sein Leben zurückgewonnen. Denn vor allem die Ungewissheit – und in diesem Sinne die Abhängigkeit vom Meer – spielt eine wesentliche und bedeutende Rolle in der Entstehung von Angst: So ist schon das Bewusstsein des Menschen über die Sachlage, nicht sein eigener „Steuermann" sein zu können, eine der häufigsten und vordringlichsten Gründe, warum sich Angst überhaupt entwickelt. Es geht dabei um das Gefühl, dass die eigenen Wahrnehmungen und Verhaltensweisen von irrationalen Kräften abhängig sind und ihnen unterliegen (vgl. Fromm-Reichmann 1959).

Handelt es sich tatsächlich um eine Verschiebung der Angst von den Sturmfluten und der Gewalt des Meeres auf das Feuer, wie im vorigen Kapitel eruiert, so würde sich diese Verschiebung hier an einem Traumbild verdichten: Die Feuergefahr ist absolut gebannt, da die Steine als Baumaterial feuerfest sind, was bedeuten würde, dass auch die Angst vor dem Ausgeliefert-Sein ans Meer getilgt sein müsste. In diesem Traumbild ist das der Fall, aber durch eine ganz andere Tatsache – nämlich durch die aktive, freiwillige Hingabe. Beide Ängste sind somit durch nur ein Bild und zwei verschiedene Traumgedanken aufgelöst. Auch Freuds Theorie der Wunscherfüllung im Traum (2009, S. 136–146) findet seine Entsprechung: Es besteht „keine Brandgefahr an dem Ort, der Sicherheit gibt, diese Sicherheit kann [im Traum] nicht durch Feuer zerstört werden" (Jank 2016, S. 247). Außerdem kann Hauke Hayen die innerpsychische und gesellschaftliche Ordnung, seinen Lebensstil einer symbiotischen und ausgeglichenen Beziehung ohne eindeutige Machtverhältnisse beibehalten bzw. wieder bestärken, da er selbst das Element des Kontrollverlusts in der Abhängigkeit vom Meer ausschalten kann.

Auch wenn die Traumdeutung, vor allem durch den Einbezug des Kontextes und der spezifischen Psychodynamik, die aus dem vorhandenen Material eruiert werden konnte, stimmig erscheint, und sich in das lebensstiltypische Gefüge gut einpasst, können weitere Bedeutungszuschreibungen nicht ausgeschlossen werden:

> „Wir haben bereits anführen müssen, daß man eigentlich niemals sicher ist, einen Traum vollständig gedeutet zu haben; selbst wenn die Auflösung befriedigend und lückenlos erscheint, bleibt es doch immer möglich, daß sich noch ein anderer Sinn durch denselben Traum kundgibt. Die Verdichtungsquote ist also – strenggenommen – unbestimmbar" (Freud 1900/2009, S. 285).

Weiters kann nicht nachvollzogen werden, ob Hauke Hayen den Traum schon als Kind hatte und sich in diesem Moment daran erinnerte, oder ob er ihn kürzlich träumte und dieser ihm „zufällig" gerade wieder einfiel. Es steht aber außer Frage, dass es sich dabei um einen Traum handelt, der gerade durch seine Art, ihm keine Bedeutung zu geben, interessant wird und auf einen inneren Konflikt schließen lässt: Hauke Hayen ist mit dem Meer identifiziert, wie auch die anderen Bewohner der Hallig – doch ihn plagt im Gegensatz zu diesen eine eigentümliche Ambivalenz. Die bösen und bedrohlichen Anteile des Meeres bekam er als Kind so deutlich zu spüren durch das Verhalten seiner Eltern und die Bestätigung der Angst seines Vaters. Aber diese bösen und bedrohlichen Anteile sind jetzt Anteile von ihm, da das Meer introjiziert und ein Teil von ihm ist, und sorgen für innere Spannung. Durch Externalisierung, die Verlagerung dieser konflikthaften Anteile nach außen, findet eine Projektion statt (vergleichbar mit der Projektion eigener triebhafter und als böse empfundener Anteile auf dämonische Wesen bei der Entstehung von Volkssagen). Die Projektion braucht nun ein Objekt im Außen, auf das diese bösen und bedrohlichen Anteile verlagert werden können – in unserem Falle – das Feuer. Die Angst davor kann daher so unverhältnismäßig groß werden, weil sie ursprünglich aus einer anderen Quelle motiviert ist. Delumeau bemerkt, dass eine schwer greifbare Angst, wie bei Hauke Hayen jene gegenüber dem Meer, auf ein Objekt gerichtet werden muss, um eine notwendige Stabilität zu erhalten:

> „Da es ihm unmöglich ist, sein inneres Gleichgewicht zu wahren, wenn er sich über längere Zeit hinweg einer vagen, unheimlichen und undefinierbaren Angst gegenübersieht, muß der Mensch sie notwendigerweise in präzise Angst vor etwas oder jemandem verwandeln und zerlegen" (Delumeau 1985, S. 31).

Die bösen und bedrohlichen Anteile, die auf das Objekt im Außen projiziert werden, binden die Angst, die mit ihnen in Verbindung steht. Sie werden sichtbar in seiner starken (neurotischen) Furcht vor dem Feuer und seiner abgewehrten Angst vor dem Meer, die noch in der Ambivalenz zu erkennen ist.

Auch in den Traumgedanken spiegelt sich diese seine Ambivalenz und gleichzeitig auch seine absolute Hingabe an die See wieder, gemeinsam mit der garantierten Sicherheit vor Feuer. Der Traum kann somit als „Ausdrucksform des Lebensstils" gesehen werden, wie schon Rainer Schmidt (2005, S. 86–89) erkannte – ein Sinngehalt des Bewegungsgesetzes der seelischen Dynamik, das die Meinungen und Erfahrungen über das Selbst und die Objekte bestimmt.

VI Resümee

Katastrophen müssen nicht immer Katastrophen sein, soviel steht fest. Sie sind nicht natürlich und folgen nicht dem Verlauf eines Naturphänomens – sie betreffen und involvieren vielmehr Menschen und alles Kultürliche in sehr unterschiedlicher Art. Das macht die Sache natürlich wesentlich komplizierter, als sie bei klaren, physikalischen Prozessen, die berechnet, ausgewertet und identifiziert werden können, sein müsste. Anstatt klare Auslöser zu finden und mithilfe von Richtwerten und Skalen das Geschehen zu quantifizieren, müssen die Menschen, die von der Katastrophe betroffen sind, in ihrer spezifischen Situation, ihrem Lebensraum, ihrer ganzen Vielfalt und Heterogenität wahrgenommen und erkannt werden. Denn nur dieser Kontext kann schlussendlich Aufschluss darüber geben, *was* für eine Katastrophe es ist und sogar *ob* es überhaupt eine Katastrophe ist. Diese Vielfalt, die bei einem reinen Naturphänomen vollkommen zu vernachlässigen wäre, muss aber nicht lediglich bei den unterschiedlichen Katastrophen berücksichtigt werden, um diese adäquat einzuordnen und zu verstehen, sie ist sogar innerhalb ein und derselben Katastrophe eine wichtige Referenzgröße, die es auf jeden Fall miteinzubeziehen gilt. Denn – wir haben es bei der vorliegenden Studie selbst mitangesehen – es könnte sich herausstellen, dass eine so gravierende und einschneidende Katastrophe wie die Sturmflut vom 16./17. Februar des Jahres 1962, die in Hamburg über 300 Menschenleben forderte und massive Zerstörungen entlang der gesamten Nordseeküste anrichtete, in einem anderen Lebensraum, der sich durchaus inmitten des Katastrophengebietes befinden kann, überhaupt nicht dieser Auffassung unterliegt. Während an der Küste und am Festland in jener Nacht Deiche brachen, Häuser und ganze Stadtteile zerstört, Tiere und Menschen fortgespült wurden und starben – kurz gesagt ein massiver Einschnitt, eine existentielle Katastrophe sich ereignete, räumten die Bewohner der Halligen ihre Möbel nach oben, montierten die Schotten vor den Fenstern und brachten die Nacht mehr oder weniger unbeschadet zu, die sie gemäß ihrem Lebensstil schon bald in eine lange Reihe von weiteren zugebrachten Sturmflutnächten einordneten. Es handelt sich also bei ein und demselben Ereignis um eine Katastrophe und gleichzeitig um keine Katastrophe – selbst Zeit und Raum, wenn die Katastrophe für die Betroffenen zur selben Zeit und im selben Gebiet (nämlich jenem der südlichen Nordseeküste) stattfindet, sind, auch wenn sie wie hier dieselben sind, keine Indikatoren für die Auswirkungen. An dieser Stelle wird direkt am Material, an einem Ergebnis dieser Arbeit deutlich und anschaulich, was zu Beginn an der Sinnfeldontologie theoretisch erarbeitet worden ist: Das Naturereignis „Sturmflut" ist im Sinnfeld Küstenbewohner eine Katastrophe und gleichzeitig im Sinnfeld Halligen keine Katastrophe. Zur selben Zeit existiert das selbe Ereignis in zwei völlig verschiedenen Sinnfeldern, ändert dadurch sogar vollkommen seine Bedeutung und schafft damit eine Pluralität von Gegenstandsbereichen, die die Annahme eines allumfassenden Bereichs nicht nur überflüssig, sondern gänzlich unmöglich machen. Dabei sind alle anderen Zusammenhänge noch unberücksichtigt wie beispielsweise die Geophysik, die Meteorologie, die Religion oder Politik, sowie unzählig viele andere, in deren Sinnfeld die Sturmflut ebenfalls auf eine bestimmte Weise erscheint. Als Katastrophe definiert das Naturereignis aber letzten Endes alleine die Bezugseinheit, indem die Stärke der Einwirkung für eine Zäsur sorgt, oder eben nicht. Die Bezugseinheit kann vieles sein und – ändern wir nun die Perspektive – bringt ihrerseits die Variable der Betroffenen ins Spiel, die wiederum für vielfältige Abstufungen, Möglichkeiten der Betrachtung und Heterogenität sorgt. Aus diesem Verständnis der multikausalen Zusammensetzung einer Katastrophe lässt sich vielleicht verstehen, weshalb dieses Gebiet für so viele unterschiedliche Disziplinen und Forschungsansätze ein reiches Potenzial bietet. Natur- und Geisteswissenschaften kommen jeweils auf ihre Kosten, indem sich die Ersteren auf das Zustandekommen, die physikalischen Prozesse und Messungen fokussieren, die Letzteren eher die Auswirkungen, die gesellschaftlichen Faktoren, die Möglichkeiten der Notversorgung oder die längerfristigen Folgen etc. im Sinn haben. Doch selbst innerhalb der Geisteswissenschaften ist der Zugang außergewöhnlich divers, woraus sich aber nicht nur unzählige fachspezifische Zersplitterungen eines Themas ergeben, sondern auch die Möglichkeit, Resultate, Herangehensweisen und Perspektiven dieser vielen Facetten zusammenzuführen, fruchtbar zu machen und im Sinne des Fortschritts der Wissenschaft das Verständnis und den Erkenntnisgewinn zu steigern. In unserem Fall ist das fächerübergreifende Arbeiten und Denken, abgesehen von der gegenseitigen Bereicherung, vor allem zweckmäßig notwendig zur akkuraten Erfassung der Bezugseinheit. Denn einerseits geht es um die Gesellschaft auf den Halligen, ganz konkret um jene auf Langeness und Oland, eine klar definierte Gruppe von Menschen, die sich denselben Lebensraum teilen, andererseits darf aber – aus meiner Sicht – das Individuum dabei nicht aus den Augen verloren gehen. Gerade bei einer Feldforschung die wie hier nur relativ wenige Interviews als Quelle ausführlicher qualitativer Analysen heranzieht, ist es wichtig, mögliche individuelle Faktoren zu erkennen, herauszufiltern und zum Forschungsgegenstand in Beziehung zu setzen, um eine Verfälschung bzw. eine aus persönlichen Gründen entstehende Verfärbung der Ergebnisse so gut es geht zu vermeiden. Bei einer kleinen Einwohneranzahl der untersuchten Gruppe und einer kleinen Stichprobengröße können solche individuellen Faktoren die untersuchten Fragestellungen dergestalt beeinflussen, dass sich das Ergebnis unwissentlich stark verändert darstellen würde. Am Beispiel von Hauke Hayen wurde ein solcher Einfluss offensichtlich, indem z.B. ein erlebter Spannungszustand in der Kindheit zu latent ambivalenten Aussagen führte, und auch wie sich der Einfluss von Anfang an auf die Beschreibung und Darstellung des Sturmfluterlebens auswirkte – mehr noch – die ganze Lebensführung, den Lebensstil in Form von häufigen öffentlichen Auftritten und dem Teilen seiner Geschichte steuerte. Dass die Ambivalenz und die teilweise abgewehrte Angst aber nicht direkt aus dem Sturmfluterleben hervorgehen, sondern auf die unsicher ambivalente Prägung durch die Eltern zurückzuführen ist, relativiert die Sachlage und lässt Schlüsse zu, die anderenfalls nicht berücksichtigt werden hätten können. Eine solche Betrachtungsweise setzt voraus, dem Individuum einen von der ursprünglichen Bezugseinheit gesonderten Stellenwert beizumessen. Es muss zu einer eigenen Bezugseinheit gemacht werden. Daraus ergibt sich aber die Schwierigkeit, nicht mehr *eine* Perspektive zu verfolgen, *eine* Bezugseinheit durchdringen und verstehen zu wollen, sondern mindestens zwei. Dazu müssen in weiterer Folge natürlich auch andere Ansätze und wissenschaftliche Disziplinen herangezogen werden. In unserem Fall wären das die Kultur- und Sozialwissenschaft bzw. Soziologie, die sich mit Gruppen, gesellschaftlichen Verbünden und Kulturen beschäftigen, sowie die Ethnologie, welche sich mit der Mentalität breiter Schichten der Bevölkerung befasst, wie es auch unsere Hallig-Gemeinschaft betreffen würde, und gleichzeitig die tiefenpsychologischen Schulen der Psychoanalyse und der Individualpsychologie, die sich vornehmlich um das Individuum bemühen und seinen seelischen Prädispositionen auf den Grund zu gehen suchen. Betrachtet man dem Zugang zur Katastrophenforschung von dieser Seite, ergibt sich Interdisziplinarität auf eine gewisse Weise von selbst, möchte man nicht auf wichtige Ergänzungen zur Validierung verzichten. Wenn durch die Interdisziplinarität auch Schwierigkeiten entstehen, man beispielsweise nie das unendliche Feld der gegenwärtigen Literatur und der mannigfaltigen fachinternen Ansätze zu erfassen und schon gar nicht anzuwenden vermag, so hat sie doch einen großen Vorteil: Der Blick ist immer auf den Horizont gerichtet, Grenzen werden mit der nötigen Reflexion für den Moment getrost übergangen, um außerhalb der fachinternen Denkmuster die Möglichkeiten der Gedanken zu erweitern. Auch wenn der Fokus immer wieder auf die eine oder die andere Facette gerichtet ist, so kehrt der Blick von Zeit zu Zeit zurück, unfokussiert, bestrebt, wieder das Ganze zu erfassen.

Abgesehen vom Fokus aufs Individuum und der sich daraus ergebenden Tiefe des Materials, thematisiert die psychologische Perspektive das Objektivitäts-Ideal, das auch in den Geisteswissenschaften weite Verbreitung findet. Es konstatiert, dass Wissenschaft nichts mit Subjektivität zu tun haben sollte. Auf diese Überzeugung verweist auch Bernd Rieken (2016, S. 19), und er bemerkt: „Aus psychoanalytischer Sicht [...] handelt es sich dabei indes um eine wenig reflektierte Sichtweise, denn aus ihrem Blickwinkel stehen wissenschaftliche Interessen in einem engem Zusammenhang mit der eigenen Biografie". In der Gegenübertragung, dem Hinterfragen der persönlichen Anteile und der Reflexion der Forschungssituation finden sich Antworten, die gerade eine solche angestrebte Objektivierung möglicher machen, als es anderenfalls der Fall wäre. Denn ein Forschungsprozess ist nie völlig frei von subjektivem Einfluss – selbst wenn er bewusst eliminiert werden soll, ist er auf einer unbewussten Ebene immer zugegen, wenn Menschen auf der Forscherseite stehen. Durch ein Akzeptieren dieser Tatsache und den Versuch, die subjektiven und den Prozess verändernden Variablen nicht nur anzuerkennen, sondern auch herauszufiltern und sie bewusst zu machen, kann die Untersuchung offen gelegt und transparent gemacht werden. Der Leser hat selbst die Möglichkeit, die subjektiven Einflüsse dem Forschungsvorgang gegenüberzustellen und das

Material auf diese Weise bestmöglich zu verstehen. Annäherungen an ein Ideal von Objektivität sind meiner Meinung nach dann am ehesten gewährleistet, wenn die Subjektivität nicht eliminiert (was niemals ganz möglich ist), sondern akzeptiert und inkludiert wird.

Viele der üblichen Konzepte der Katastrophenforschung (z.B. das Finden eines Schuldigen, die Frage von Sünde und Strafe, Erklärungen als Rechtfertigung eines unverständlichen Extremereignisses etc.), die ebenfalls auf die Verarbeitungsmechanismen und Strategien des Umgangs fokussieren, konnten in dieser Arbeit nicht umfassend berücksichtig werden, aus einem einfachen Grund: Die vermutete Katastrophe stellte sich nicht als Katastrophe für die untersuchte Bezugseinheit heraus. Das Ausmaß und die Folgen des Ereignisses vom 16./17. Februar 1962 waren zwar mit viel Arbeit und Wiederaufbau verbunden, von einem Einschnitt in die Lebenswelt der Gesellschaft oder den roten Faden der Lebensgeschichte des Einzelnen muss jedoch abgesehen werden. Es ging tatsächlich nach kürzester Zeit gar nicht mehr um die Nacht im Jahr 1962, sondern um das Erleben von Sturmfluten allgemein, da die Bewohner der Halligen selbst keinen Unterschied zu machen schienen. Es reiht sich ein jedes solches Ereignis in eine lange Tradition von anderen, ähnlichen Ereignissen ein, die zur lebensweltlichen Ordnung so dazugehören wie das Meer selbst. Wie sollte es auch anders sein – nicht nur ist es Teil der Geschichte der Halligen und war schon da, bevor Menschen darauf siedelten; die Halligen sind buchstäblich „Kinder der Sturmfluten" (Steensen 2016, S. 11), erst aus ihnen heraus geboren und entstanden. Es wäre eine Existenz, eine Hallig-Identität und Lebenswelt ohne Sturmfluten gar nicht denkbar, nicht möglich; die gebärende Mutter – wenn wir die Sturmflut in diesem Zusammenhang kurz als solche bezeichnen wollen – ist zwar nicht immer gütig und sanft, sondern kann auch bedrohlich und unheimlich werden, da ihre Macht den „Kindern" durchaus bewusst ist, bleibt aber die Mutter, der man seine Existenz verdankt und an deren Seite man angepasst mit ihrem Temperament zu leben gelernt hat. Strategien der Verarbeitung wie sie in der klassischen Katastrophenforschung – die tatsächlich ein Ereignis untersucht, das von der Bezugseinheit als Katastrophe erlebt wird – zu finden sind, um Ängsten, die an die Oberfläche treten, mit „alten Interpretationsmuster[n]" (Rieken 2010, S. 186) zu begegnen, sind hier nicht von Nöten. Stattdessen ist aber sehr eindrucksvoll etwas beobachtbar, das normalerweise in einer von einer Katastrophe betroffenen Bevölkerungsgruppe kaum bzw. nicht in diesem Ausmaß beobachtet werden kann: die Ausbildung resilienzstiftender Faktoren und Kapazitäten, die zu einer Minimierung der Vulnerabilität führen. Wird eine Gruppe von einer Katastrophe getroffen und die Folgen im Nachhinein untersucht, wie es hier der Fall war, ist eigentlich von einer Vulnerabilität auszugehen, die die Gruppe erst verletzlich gegenüber dem Naturereignis gemacht hat. In diesem Falle können die Strategien beobachtet werden, die eine Gesellschaft ausbildet als Voraussetzung dafür, eine Katastrophe nicht als Katastrophe zu erleben. Die adaptive capacity ist – ebenso wie die participative capacity – in den Interviews immer wieder direkt angesprochen worden, indem eindeutig auf die Strukturanpassung und die Flexibilität im alltäglichen Leben hingewiesen und die bewussten Lernprozesse gegenüber neuen Gefahren (wie den Orkanen) betont wurden. Das aktive Einflussnehmen-können im Sinne der participative capacity macht auch einen wesentlichen Faktor zur Generierung und Anwendung kollektiver und persönlicher Ressourcen aus, durch die sich sowohl die ganze Gruppe, als auch jeder Einzelne den Launen von Mutter Natur gewachsen fühlt. Die dritte Kapazität, die coping capacity, wurde in den Gesprächen wesentlich weniger direkt und weniger offensichtlich angesprochen. Das mag zum einen daran liegen, dass Formen der konstruktiven Verarbeitung und der Sinnzuschreibung bei einem Ereignis, das gar nicht als Katastrophe erlebt wird, nicht in demselben Ausmaß nötig sind. Verarbeitet und mit einem Sinn versehen muss nur das werden, das als fremd und von außen in die Ordnung hereinbricht und als unbegreiflicher Schicksalsschlag erst verstanden werden muss. Die Sturmfluten sind aber auf den Halligen, wie wir bereits ausführlich analysiert und untersucht haben, gerade eben ein Bestandteil dieser Ordnung und bedürfen daher keiner gesonderten Erklärung im Verarbeitungsprozess. Tritt das Sturmfluterleben aber in Beziehung mit anderen Aspekten des Lebens, die nicht ganz integriert und verarbeitet bzw. „eingearbeitet" sind, entstehen schnell kleine Geschichten, persönliche Erklärungen und Verknüpfungen der unbewussten Konflikte – so z.B. bei der Verbindung von Betroffenheit und „Verschwinden" der Nachbarn bei Inga Thomsen, die das Fortziehen oder Sterben der anderen Halligbewohner und Freunde unbewusst auf deren schwere Schäden, im Gegensatz zum eigenen Wohlstand, zurückführt, oder auch beim Traum von Hauke Hayen zu beobachten. Mit dieser ganz anderen Perspektive, die sich aus dem unverhofften Zustand ergibt, dass es sich bei der Untersuchung im eigentlichen Sinn um keine Katastrophe handelt, kann ein Standpunkt innerhalb der Katastrophenforschung eingenommen werden, von dem aus nur selten ein Blick Richtung Katastrophenmanagement möglich ist. Selbst wenn die Sturmflutkatastrophe in dieser Arbeit keine Katastrophe ist, so handelt es sich selbstverständlich trotzdem um einen Beitrag zur Katastrophenforschung – denn erst durch die Bezugseinheit wurde es von einer Katastrophe zu keiner Katastrophe und kann diesen Status im Wesentlichen nur durch die Faktoren aufrechterhalten, die im Laufe der Bearbeitung ersichtlich wurden.

Die Bewohner der Halligen sind der Inbegriff einer „Culture of Disaster" – einer Kultur, die durch die Einwirkungen des Meeres ein kulturelles Muster entwickelt hat, das ein Element von Kontinuität darstellt. Besagte Kontinuität ist ein wesentlicher Teil der gesellschaftlichen Ordnung und wird, sollte sich lange keine Sturmflut oder kein Landunter zutragen, jene Wiederkehr also unterbrochen wird, allgemein vermisst und erwartet. Was die zugrundeliegende Struktur der Ordnung für das gesellschaftliche Gefüge ist, ist der Lebensstil für den Menschen. Das Konzept aus der Individualpsychologie beschreibt das individuell geprägte Streben, die Kompensation einer Minderwertigkeit, nicht selten einer körperlichen Minderwertigkeit beim Kind; die Bewohner der Halligen sind in diesem Sinne in einem konstanten Zustand der Minderwertigkeit, nämlich einer absoluten (körperlichen) Unterlegenheit gegenüber dem Meer, die sie auch ebenso konstant zu überwinden suchen und in solcher Kompensation ihre Fähigkeiten entwickeln und ausbauen. In dieser Theorie finden sich überraschenderweise die Faktoren des integrativen Vulnerabilitätsansatzes wieder, die adaptive und participatice capacity, deren Sinn ebenso darin besteht, die Verletzlichkeit, die Verwundbarkeit – man könnte sagen die Minderwertigkeit – zu minimieren, indem resilientes Verhalten erprobt und angewandt wird. Wie wir wissen, wirken sich diese Faktoren auf das gesamte gesellschaftliche Ordnungsgefüge aus, das auf den Halligen für die wichtige angepasste Sozialisation sorgt. So können Konzepte aus der Soziologie und Kulturwissenschaft eine Entsprechung in einer psychoanalytischen Theorie finden, die nicht nur ein spezifisches menschliches Verhalten kategorisiert, sondern jeder Form des Menschseins zugrunde liegt. Aus dem Verständnis heraus versucht sie menschliches Verhalten und Streben zu begreifen. Ebenso kann aber das Konzept der Individualpsychologie, jenes zu Grunde liegende Menschenbild, einerseits im Umgang der einzelnen Personen beobachtet werden und andererseits auf die daraus resultierende Struktur, das Ordnungsgefüge, gemünzt, die Funktion der Gesellschaft als Einheit darlegen. Die Kultur- und Sozialwissenschaft findet zu Beginn einen besseren Einstieg in das gesellschaftliche Phänomen der Katastrophen und kommt danach zum selben Punkt wie die Individualpsychologie, dass Minderwertigkeit nämlich durch kompensatorische Bestrebungen bzw. Vulnerabilität durch verschiedene Kapazitäten überkommen wird; die Individualpsychologie kann aber von jenem Punkt aus weitergehen, in die Tiefe blicken und die seelischen Schatten des Einzelnen in einer Gesellschaft verstehen, die durch das Gemeinschaftsgefühl, ein weiterer Aspekt des Lebensstils, zusammengehalten wird. Dadurch wird das Gemeinschafts-*Gefühl* des Einzelnen zur Gemeinschafts-*Struktur* der Gruppe, die *Gemeinschafts*-Struktur zur *Gesellschafts*-Struktur und -Ordnung, und die gesellschaftliche Ordnung wiederum zum Lebensstil – diesmal nicht des Individuums, sondern des Kollektivs. Die Entgrenzung, die zuvor landschaftlich wahrgenommen wurde und im Kontrast zu der massiven Grenzziehung an der Küste, dem Deich, umso beeindruckender wirkte, kann nun auch auf einer ganz anderen Ebene festgestellt werden – nämlich jener zwischen Gesellschaft und Individuum. Wo das eine anfängt und wo das andere aufhört ist nicht klar ersichtlich, ebenso wenig wie die Angelegenheit, ob der typische Lebensstil auf den Halligen sich zuerst im Einzelnen in Beziehung mit der entgrenzten Natur gebildet hat oder durch das Kollektiv und der daraus folgenden kollektiven Identität.

Wo befinden wir uns aber damit – was bedeutet das in Bezug auf die Position von Gesellschaft und Individuum? Im Rahmen dieser Arbeit wurde mehr und mehr deutlich, dass es sich eben nicht um eine Gesellschaft und mehrere Individuen handelt, die unabhängig und getrennt voneinander untersucht und beobachtet werden können. Denn um die Aussagen der Individuen überhaupt erfassen zu können, müssen sie erst als Teil dieser Gesellschaft erfasst werden, die sie bedingen und gleichzeitig von ihr bedingt werden. Das ließ sich an der Art und Weise erkennen, wie sich die Gesellschaft in dieser Feldforschung herauszubilden begann: nämlich erst durch die Gespräche mit den Einzelnen. Dabei wurde aber keine Gesellschaft per se thematisiert, sondern etwas anderes ersichtlich, das wie ein Gerüst, eine Struktur mehr ausmacht als die bloße Verbindung aller. An keiner Stelle konnte jene Struktur tatsächlich greifbar gemacht oder verdinglicht werden, ebenso wenig war sie starr und unveränderlich. Neue Herausforderungen und Anpassungsvorhaben flossen automatisch in die Struktur ein, ohne dass eine bestehende Substanz verändert werden musste, denn die Veränderung war immanenter Teil von ihr. Auch wurde durch die neue Herausbildung adaptiver und teilnehmender Kapazitäten klar, wie stark und selbstverständlich der Einfluss ist, den das Individuum auf diese Struktur hat. Einfluss ist dabei das falsche Wort, denn das würde bedeuten, dass das Individuum als *eine* Entität, die Struktur als eine *andere* Entität beeinflussen würde. Meiner Ansicht nach – und nach dem, was uns die Analysen gezeigt haben – handelt es sich hier aber nicht wirklich um zwei Entitäten, die sich gegenseitig beeinflussen, sondern um den Akt des Einflusses aufeinander, als quasi eigene Dimension. Man könnte es auch als Beziehung bezeichnen, die sich permanent und in beide Richtungen verhält. Damit muss ein neuer Schritt im Verständnis von Individuum und Gesellschaft vollzogen werden – ein Schritt weg von der Vorstellung zweier sich beeinflussender Größen und hin zu einer lebendigen, aber nicht greifbaren Masse – der Beziehung –, die Begrifflichkeiten wie Individuum und Gesellschaft erst entstehen lässt. Denn weder das Eine noch das Andere ist ohne diese Beziehung existenzfähig, es würde sie schlicht und einfach nicht geben.

Eine ähnliche Beobachtung macht Norbert Elias, der schon im Jahr 1983 in seinem Essay „Die Gesellschaft der Individuen" das Verhältnis und das Verständnis dieser beiden scheinbar gegensätzlichen Begriffe zu relativieren versucht. Die Vorstellung von einem Subjekt als isolierter Einheit wird der Komplexität einer Gesellschaft niemals gerecht, der es angehört. Ihm liegt eine Substanztheorie zugrunde, eine Stofflichkeit und Dinglichkeit, die als Konsequenz eine Trennung zwischen Individuum und Gesellschaft, zwischen Innen und Außen, nach sich zieht. Er weist darauf hin, dass die beiden Instanzen nicht als Antithesen verstanden werden können, auch wenn dies in den gegenwärtigen Denkmustern so verankert ist:

> „Die Kluft zu schließen, die sich so oft beim Denken zwischen Individuum und Gesellschaft aufzutun scheint, ist kein ganz einfaches Unternehmen. Es erfordert eine eigentümliche Anstrengung des Denkens; denn die Schwierigkeiten, mit denen man bei allen Überlegungen über das Verhältnis von Individuum und Gesellschaft zu kämpfen hat, gehen, soweit sie der ‚Ratio' entstammen, auf bestimmte Denkgewohnheiten zurück, die gegenwärtig noch im Bewusstsein jedes einzelnen von uns nur allzu fest verankert sind: Es scheint, allgemein gesprochen, bei dem bisherigen Stande des Denkens für die meisten Menschen noch außerordentlich schwer fassbar zu sein, daß Beziehungen eine Struktur und eine Eigengesetzlichkeit besitzen können" (Elias 2015, S. 34).

Gesellschaft kann also nur als ein Verhältnis gesehen werden, als Verhältnis zwischen Teilen und dem Ganzen, als „Zusammenhang der Funktionen, die die Menschen füreinander haben" (ebd., S. 34). Ein Ich ohne Wir, wie sich das Verständnis von Selbstbewusstsein im 20. Jahrhundert begreift, ist für Elias schlicht undenkbar. In keiner vorstellbaren Situation ist das Individuum tatsächlich von gesellschaftlichen Verhältnissen unabhängig; erst die gesellschaftlichen Verhältnisse bedingen das Selbstverständnis eines (modernen) Individuums. Durch diese unentwirrbare Verwobenheit kann selbst das, was der Einzelne als seine eigene, zutiefst persönliche Motivation und Natur versteht, als von der Gesellschaft bedingt und reguliert gesehen werden. Somit entsteht dort, wo es notwendigerweise eine gesellschaftliche Determinierung gibt, der Anschein einer Naturhaftigkeit, wo tatsächlich keine ist. Elias legt mit seinen kritischen Überlegungen eine Reflexions- und Denkleistung vor, die weder das Individuum noch die Gesellschaft verdinglicht und vergegenständlicht. Die Gesellschaft kann weder durch die einzelnen Subjekte erklärt werden, ebenso wenig wie sie als eine von den Individuen unabhängige Struktur verstanden werden kann. Sie ist vielmehr vom Menschen gemacht – ist kultürlich – konstituiert aber wiederum jeden einzelnen Menschen mit.

Dass das Subjekt, der einzelne Mensch, mit seiner Einstellung und seinem Erleben von Sturmfluten auf den Halligen ohne die zugrundeliegende Gesellschaft oder besser: die zugrundeliegende gesellschaftliche Struktur nicht denkbar wäre, ist ebenso klar wie die Tatsache, dass diese sich bewegende Struktur erst durch die einzelnen Subjekte existiert. Das, was wir aber tatsächlich beobachten können, sind nicht die Subjekte oder die Struktur, sondern die Beziehung zwischen beiden Instanzen. Bis zu diesem Punkt können wir uns im Großen und Ganzen Elias' Auffassung einer Untrennbarkeit anschließen. Doch auch wenn das Individuum, der einzelne Halligbewohner, und die gesellschaftliche Ordnung, die das Leben auf der Hallig konstituiert, nicht voneinander getrennt erfasst und behandelt werden können, sind sie doch nicht dasselbe! Wir können uns vielleicht tatsächlich nicht ganz verständlich machen,

> „wie es möglich ist, daß jeder einzelne Mensch etwas Einzigartiges, von allen anderen Verschiedenes ist, ein Wesen, das in bestimmter Weise fühlt, was niemand außer ihm selbst fühlt, erlebt, was kein anderer Mensch erlebt, tut, was kein anderer Mensch tut, ein Wesen für sich, und zugleich auch ein Wesen für andere und unter anderen, mit denen zusammen es Gesellschaften wandelbarer Struktur bildet" (ebd., S. 109).

Aber das bedeutet nicht, dass diese Untrennbarkeit zu einem Zusammenfallen der beiden Instanzen führt, zu einer Auflösung der Grenzen zwischen Ich und Wir. Es bedeutet – aus meiner Sicht – lediglich, dass es nicht um das Eine oder das Andere zu gehen scheint, sondern um die *Beziehung*, die zwischen den beiden besteht, und die sich sowohl räumlich in beide Richtungen verhält als auch zeitlich immerzu aktiv ist, solang es Individuum und Gesellschaft gibt. Man könnte es sich dergestalt vorstellen, dass eine unförmige, unstrukturierte, veränderbare und sich bewegende Masse, die relativ ungebunden an räumliche und zeitliche Begrenzungen frei flottiert. Sie besitzt unzählige „Nervenenden", die direkt mit dieser Masse verknüpft sind und sie mit jedem Impuls in ihrer Form und ihrer Bewegung beeinflussen. Und jedes neue Nervenende kann nur in Verbindung zu einer solchen Substanz existieren.

Bei genauem Hinsehen sind zumindest die Ansätze dazu aber schon lange vorhanden – bei Norbert Elias ebenso wie bei Alfred Adler, der im Gemeinschaftsgefühl einen Grundpfeiler der Existenz überhaupt sieht:

„Im Begriff ‚Mensch' liegt bereits unser ganzes Verständnis für das Gemeinschaftsgefühl, wir könnten uns einen Menschen, der es verloren hätte und dennoch als Mensch bezeichnet werden sollte, nicht vorstellen. Auch in der Geschichte finden wir isoliert lebende Menschen nicht. Wo immer Menschen angetroffen wurden, fand man sie in Gruppen vor, wenn die einzelnen Menschen nicht etwa künstlich oder durch Wahnsinn voneinander getrennt waren" (Adler 1982a, S. 102).

Selbst in den letzten beiden Fällen, bei künstlicher Trennung oder Wahnsinn, wie Adler es bezeichnet, wäre nach unserem Verständnis der Bezug des Einzelnen zur beweglichen, substanzlosen Masse trotzdem gegeben. Denn auch das gehört der Gesellschaft der Individuen an und bedingt diese mit. Trotzdem kann von Adler aber ein Bemühen erkannt werden, die Grenzen aufzulockern und den Blick zu öffnen für eine Beziehung zwischen zwei Elementen.

Vielleicht muss ein Denkmuster, welches wirkliche Entgrenzung zulassen kann und sich nicht durch einen Verlust von Orientierung und Sicherheit selbst in der Entwicklung hemmt, erst entstehen durch die Entsprechung im menschlichen Geist. Tatsache ist aber, wenn man auf nichts Bestimmtes festgelegt ist, sich an nichts Bestimmtes halten kann wie in der landschaftlichen Entgrenzung und beängstigenden Offenheit der Halligen, wenn man die Vielzahl der möglichen Richtungen und Antworten auf sich zukommen lässt mit der Gefahr, Sicher-Geglaubtes aufgeben und Grenzen der Begrifflichkeit und des Wissens loslassen zu müssen, dann findet man sich nicht nur in der absoluten Unsicherheit aller „Tatsachen" wieder, sondern vor allem auch in der Quelle der Erkenntnis.

VII Interviews

Hauke Hayen, 6. Mai 2014: Pers. Interview. Audio Recorder, 52:20.

Mattes Andresen, 7. Mai 2014: Pers. Interview. Audio Recorder, 33:57.

Inga Thomsen, 7. Mai 2014: Pers. Interview. Audio Recorder, 28:03.

Johann Thomsen, 7. Mai 2014: Pers. Interview. Audio Recorder, 28:03.

Tade Behrends, 9. Mai 2014: Pers. Interview. Audio Recorder, 07:26.

Peter Dreyer, 9. Mai 2014: Pers. Interview. Audio Recorder, 40:03.

Heike Jensen, 14. Mai 2014: Pers. Interview. Audio Recorder, 37:19.

Bente Jensen, 14. Mai 2014: Pers. Interview. Audio Recorder, 01:10:52.

Jan Petersen, 16. Mai 2014: Pers. Interview. Audio Recorder, 01:00:16.

VIII Abbildungsnachweis

Abb. 1: Sonnenaufgang über der Erde aus dem Weltraum betrachtet. (https://cdn.pixabay.com/photo/2016/10/20/18/35/sunrise-1756274_960_720.jpg quimono)

Abb. 2: Inseln und Halligen vor der deutschen Nordseeküste heute. (https://upload.wikimedia.org/wikipedia/commons/7/7e/Nordfriesisches_Wattenmeer_D_JM.png I, Begw)

Abb. 3: Abendliche Uferlinie auf der Hallig Langeness. (eigene Aufnahme, Mai 2014)

Abb. 4: Hallig Langeness grenzenlose Weite in der Nordsee. (eigene Aufnahme, Mai 2014)

Abb. 5: Deichbruch 1825 an der Nordsee von Friedrich Thöming (1802–1873). (https://upload.wikimedia.org/wikipedia/commons/a/ae/Deichbruch_an_der_Elbe_1825.jpg, Museum Eckernförde, Friedrich Thöming)

Abb. 6: Das Watt. Amphibischer Lebensraum zwischen Festland und Meer. (eigene Aufnahme, Mai 2014)

Abb. 7: Stille Nordsee auf Langeness. (eigene Aufnahme, Mai 2014)

Abb. 8: Schwemmland vor der Uferkante auf der Hallig Langeness. (eigene Aufnahme, Mai 2014)

Abb. 9: Die Warft auf Oland. Alle Häuser sind um einen Fething angeordnet und bilden eine Art Dorfzentrum. (eigene Aufnahme, Mai 2014)

Abb. 10: Die einzelnen Warften auf Langeness, entfernt zu sehen am Horizont. (eigene Aufnahme, Mai 2014)

Abb. 11: Sturmflut auf den Halligen. (https://upload.wikimedia.org/wikipedia/commons/thumb/4/4b/Sturmflut.JPG/769px-Sturmflut.JPG, Johannes Gehrs)

Abb. 12: Pfahl mit Sturmflutwasserständen auf Langeness. (eigene Aufnahme, Mai 2014)

IX Literatur

Adelung, Johann Christoph 2014: Grammatisch-kritisches Wörterbuch der Hochdeutschen Mundart. Nach der Ausgabe letzter Hand 1793–1801. Bd. 2 von 6. CreateSpace Independent Publishing Platform, S. 921.

Adger, W. Neil 2006: Vulnerability. In: Global Environmental Change 16 (3), S. 268–281.

Adler, Alfred 1927: Menschenkenntnis. Rüedi, Jürg (Hrsg.): Alfred Adler Studienausgabe, Bd. 5. Göttingen: Vandenhoeck & Ruprecht, 2007.

Adler, Alfred 1931: Wozu leben wir? (What life should mean to you). Mit einer Einführung von Wolfgang Metzger. Frankfurt am Main: Fischer Taschenbuch, 1979.

Adler, Alfred 1933/1933: Der Sinn des Lebens. Brunner, Reinhard (Hrsg.): Religion und Individualpsychologie. Wiegand, Roland (Hrsg.): Alfred Adler Studienausgabe, Bd. 6. Göttingen: Vandenhoeck & Ruprecht, 2008.

Adler, Alfred 1982a: Psychotherapie und Erziehung. Ausgewählte Aufsätze Bd I: 1919–1929. Ausgewählt und herausgegeben von Heinz L. Ansbacher und Robert F. Antoch. Mit einer Einführung von Robert F. Antoch. Frankfurt am Main: Fischer Taschenbuch.

Adler, Alfred 1982b: Psychotherapie und Erziehung. Ausgewählte Aufsätze Bd II: 1930–1932. Ausgewählt und herausgegeben von Heinz L. Ansbacher und Robert F. Antoch. Mit einer Einführung von Robert F. Antoch. Frankfurt am Main: Fischer Taschenbuch.

Adler, Alfred 1983: Psychotherapie und Erziehung. Ausgewählte Aufsätze Bd. III: 1933–1937. Ausgewählt und herausgegeben von Heinz L. Ansbacher und Robert F. Antoch. Frankfurt am Main: Fischer Taschenbuch.

Alexander, David E. 2013: Resilience and disaster risk reduction: an etymological journey. Natural Hazards and Earth System Sciences 13, S. 2707–2716.

Allemeyer, Marie Luisa 2003: „Neptun soll auf den Deichen spielen". Risikowahrnehmung und Gefahrenabwehr an der schleswig-holsteinischen Küste im 17. Jahrhundert. In: SOWI. Das Journal für Geschichte, Politik, Wirtschaft und Kultur, Vol. 32, Heft 2, S. 24–30.

Antonovsky, Aaron 1997: Salutogenese. Zur Entmystifizierung der Gesundheit. Tübingen: Deutsche Gesellschaft für Verhaltenstherapie.

Antweiler, Christoph 2007: Was ist den Menschen gemeinsam?: Über Kultur und Kulturen. Darmstadt: Wissenschaftliche Buchgesellschaft.

Aquilera, Donna C. 2000: Krisenintervention: Grundlagen – Methoden – Anwendung. Bern: Huber.

Arends, Fridrich 1826: Gemählde der Sturmfluthen vom 3. bis 5. Februar 1825. Bremen: Wilhelm Kaiser.

Århammar, Nils 2001: Das Nordfriesische im Sprachkontakt (unter Einschluss der nordfriesischen Lexikologie). In: Munske, Horst Haider (Hrsg.): Handbuch des Friesischen. Tübingen: Niemeyer, S. 313–353.

Assmann, Jan 2013: Das kulturelle Gedächtnis. Schrift, Erinnerung und politische Identität in frühen Hochkulturen. 7. Aufl. München: C.H. Beck.
Bach, Adolf 1960: Deutsche Volkskunde. 3. Aufl. Heidelberg: Quelle und Meyer.
Bankoff, Greg 2003: Cultures of Disaster. Society and Natural Hazard in the Philippines. London, New York: Psychology Press.
Bankoff, Greg 2004: The Historical Geography of Disaster: „Vulnerability" and „Local Knowledge" in Western Discourse. In: Ders.; Frerks, Georg; Hilhorst, Dorothea (Hrsg.): Mapping Vulnerability. Disasters, Development and People. London, New York: Routledge, S. 25–36.
Bareuther, Herbert et al. (Hrsg.) 1989: Forschen und Heilen. Auf dem Weg zu einer psychoanalytischen Hochschule. Beiträge aus Anlass des 25-jährigen Bestehens des Sigmund-Freud-Institutes. Frankfurt am Main: Suhrkamp.
Baudelaire, Charles 1992: Die Blumen des Bösen. Stuttgart: Reclam.
Bausinger, Hermann 1965: Volksideologie und Volksforschung. Zur nationalsozialistischen Volkskunde. In: Zeitschrift für Volkskunde 61, S. 177–204.
Bausinger, Hermann 1980a: Formen der „Volkspoesie". 2. Aufl. Berlin: Erich Schmidt.
Bausinger, Hermann 1980b: Zur Spezifik volkskundlicher Arbeit. In: Zeitschrift für Volkskunde 76, S. 1–21.
Bausinger, Hermann 1987: Volkskunde. Von der Altertumsforschung zur Kulturanalyse. Tübingen: Tübinger Vereinigung für Volkskunde.
Bausinger, Hermann 1999: Märchen. In: Enzyklopädie des Märchens, Bd. 9, Sp. 250–274.
Becker, Brigitte et al. 2013: Die reflexive Couch. Feldforschungssupervision in der Ethnografie. In: Zeitschrift für Volkskunde 109, S. 181–203.
Becker, Horst Dieter; Domres, Bernd; von Finck, Diana (Hrsg.) 2001: Katastrophe: Trauma oder Erneuerung? Tübingen: Attempto.
Behringer, Wolfgang 2007: Kulturgeschichte des Klimas. Von der Eiszeit bis zur globalen Erwärmung. München: Beck.
Beitl, Richard 2007: Untersuchungen zur Mythologie des Kindes. Habilitationsschrift, Berlin 1933. Hrsg. von Bernd Rieken und Michael Simon. Münster: Waxmann.
Ben-Amos, Dan 1994: Kontext. In: Brednich, Rolf Wilhelm (Hrsg.): Enzyklopädie des Märchens. Handwörterbuch zur historischen und vergleichenden Erzählforschung. Begründet von Kurt Ranke. Bd. 8. Berlin: Walter de Gruyter.
Bendix, Regina 2002: Wahrnehmungen jenseits des Nadelöhrs. In: ZfVk 98, S. 205–227.
Bengen, Etta; Wördemann, Wilfried 1992: Badeleben. Zur Geschichte der Seebäder in Friesland. Oldenburg: Isensee-Verlag.
Benthien, Claudia; Krüger-Fürhoff, Irmela Marei (Hrsg.) 1999: Über Grenzen. Limitation und Transgression in Literatur und Ästhetik. Stuttgart, Weimar: J. B. Metzler.
Bischoff, Christine; Oehme-Jüngling, Karoline; Leimgruber, Walter (Hrsg.) 2014: Methoden der Kulturanthropologie. Bern: Haupt-utb.
Bluhm, Hans-Georg 1986: Landschaftsbild im Wandel. In: Hedingr, Bärbel (Hrsg.): Saison am Strand. Badeleben an Nord- und Ostsee. 200 Jahre. Herford: Koehler, S. 29–30.
Boghossian, Paul 2013: Angst vor der Wahrheit. Ein Plädoyer gegen Relativismus und Konstruktivismus. Berlin: Suhrkamp Verlag.
Böhme, Gernot; Böhme, Hartmut 2014: Feuer, Wasser, Erde, Luft. Eine Kulturgeschichte der Elemente. 3. Aufl. München: C.H. Beck.

Bonnetain, Yvonne S. 2015: Loki. Beweger der Geschichten. Remda-Teichel: Edition Roter Drache.

Bonz, Jochen et al. (Hrsg.) 2017: Ethnografie und Deutung. Gruppensupervision als Methode reflexiven Forschens. Wiesbaden: Springer VS.

Bonz, Jochen; Eisch-Angus, Katharina 2016: Sinn und Subjektivität. Das Methodeninstrument Ethnopsychoanalytische Deutungswerkstatt / Supervisionsgruppe für Feldforscher/innen. In: Beitl, Matthias; Schneider, Ingo (Hrsg.): Emotional Turn?! Europäisch ethnologische Zugänge zu Gefühlen & Gefühlswelten. Buchreihe der Österreichischen Zeitschrift für Volkskunde, Neue Serie, Bd. 27. Wien (Selbstverlag des Vereins für Volkskunde), S. 127–155.

Bortz, Jürgen 1984: Lehrbuch der empirischen Forschung. Heidelberg: Springer.

Bourdieu, Pierre 1979: Entwurf einer Theorie der Praxis auf der ethnologischen Grundlage der kabylischen Gesellschaft. Frankfurt am Main: Suhrkamp Verlag.

Brahms, Albert 1767: Anfangs-Gründe der Deich- und Wasser-Baukunst, oder Gründliche Anweisung, wie man tüchtige haltbare Dämme wider die Gewalt der grössesten See-Fluthen bauen ... könne. 2. Aufl. Aurich 1767 [Nachdruck Leer: Schuster 1989; darin auch 2. Teil, 2. Aufl. Aurich 1773].

Braudel, Fernand 1990: Das Mittelmeer und die mediterrane Welt in der Epoche Philipps II. Bd. 1. Frankfurt am Main: Suhrkamp.

Brednich, Rolf W. (Hrsg.) 2001: Grundriß der Volkskunde. Einführung in die Forschungsfelder der Europäischen Ethnologie. 3. überarbeitete Auflage. Berlin: Reimer.

Brednich, Rolf W.; Bausinger, Hermann (Hrsg.) 1990: Enzyklopädie des Märchens: Handwörterbuch zur historischen und vergleichenden Erzählforschung. Begründet von Kurt Ranke. Gott und Teufel auf Wanderschaft. Bd. 6. Berlin, New York: Walter de Gruyter.

Briese, Olaf; Günther, Timo 2009: Katastrophe. Terminologische Vergangenheit, Gegenwart und Zukunft. In: Bermes, Christian; Dierse, Ulrich; Erler, Michael (Hrsg.): Archiv für Begriffsgeschichte. Bd. 51. Hamburg: Felix Meiner Verlag, S. 155–195.

Bude, Heinz 1985: Der Sozialforscher als Narrationsanimateur. Kritische Anmerkungen zu einer erzähltheoretischen Fundierung der interpretativen Sozialforschung. In: Kölner Zeitschrift für Soziologie und Sozialpsychologie 37, S. 310–326.

Bude, Heinz 2015: Die Kunst der Interpretation. In: Flick, Uwe; von Kardoff, Ernst; Steinke, Ines (Hrsg.): Qualitative Forschung. Ein Handbuch. Reinbek bei Hamburg: Rowohlt Taschenbuch Verlag, S. 569–578.

Buma, Wybren Jan; Ebel Wilhelm (Hrsg.) 1977: Westerlauwerssches Recht, Bd. 1: Ius municipale Frisonum. Göttingen: Vandenhoeck und Ruprecht.

Cancik, Hubert 1990: Dämon. In: Ders.; Burkhard, Gladigow; Laubscher, Matthias (Hrsg.): Handbuch religionswissenschaftlicher Grundbegriffe. Stuttgart, Berlin, Köln: W. Kohlhammer, S. 203–207.

Chevron, Marie-France 2004: Anpassung und Entwicklung in Evolution und Kulturwandel. Erkenntnisse aus der Wissenschaftsgeschichte für die Forschung der Gegenwart und eine Erinnerung an das Werk A. Bastians. Wien: Lit-Verlag.

Corbin, Alain 1999: Meereslust. Das Abendland und die Entdeckung der Küste. Frankfurt am Main: Fischer Taschenbuch Verlag.

Datler, Wilfried 2009: Widerstand. Aus Sicht der Individualpsychologie. In: Stumm, Gerhard; Pritz, Alfred (Hrsg.): Wörterbuch der Psychotherapie. Wien: Springer Verlag, S. 777.

Davies, Susanna 1996: Adaptable livelihoods. Coping with food insecurity in the Malian Sahel. Basingstoke: Palgrave Macmillan UK.

De Caro, Mario 2014: Zwei Spielarten des Realismus. In: Gabriel, Markus (Hrsg.): Der Neue Realismus. Herausgegeben von Markus Gabriel. Berlin: Suhrkamp Verlag, S. 19–32.

Dégh, Linda 2001: Legend and Belief. Dialectics of a Folklore Genre. Bloomington: Indiana University Press.

Delumeau, Jean 1985: Angst im Abendland. Die Geschichte kollektiver Ängste im Europa des 14. bis 18. Jahrhunderts. Bd. 1. Kulturen und Ideen. Herausgegeben von Beck, Johannes; Boehncke, Heiner; Müller, Wolfgang; Vianni, Gerhard. Reinbek bei Hamburg: Rowohlt Taschenbuch Verlag.

Derrida, Jacques 1988: „Tympanon". In: Ders.: Randgänge der Philosophie. Wien: Passagen, S. 13–27.

Descartes, René 1986: Meditationes de Prima Philosophia / Meditationen über die Erste Philosophie. Stuttgart: Reclam.

Devereux, Georges 1992: Angst und Methode in den Verhaltenswissenschaften. 3. Aufl. Frankfurt am Main: Suhrkamp.

Dinzelbacher, Peter 1993: Ängste und Hoffnungen – Mittelalter. In: Ders.: Europäische Mentalitätsgeschichte. Hauptthemen in Einzeldarstellungen. Stuttgart: Kröner Verlag, S. 285–294.

Dittmer, Cordula; Lorenz, Daniel F. 2016: „Waiting fort he bus that never comes" – Quick Response Erhebung von Bedürfnissen und Selbsthilfepotenzialen geflüchteter Menschen in einer Berliner Notunterkunft. Berlin: Katastrophenforschungsstelle.

Dombrowsky, Wolf R. 1996: Falsche Begriffe, falsches Begreifen, schädliches Zugreifen vor Ort. In: Hanisch, Rolf; Moßmann, Peter (Hrsg.): Katastrophen und ihre Bewältigung in den Ländern des Südens. Hamburg: Deutsches Übersee-Institut, S. 61–72.

Dombrowsky, Wolf R. 2004: Entstehung, Ablauf und Bewältigung von Katastrophen. Anmerkungen zum kollektiven Lernen. In: Pfister, Christian (Hrsg.): Katastrophen und ihre Bewältigung. Perspektiven und Positionen; Referate einer Vorlesungsreihe des Collegium generale der Universität Bern im Sommersemester 2003. Berner Universitätsschriften 49, Bern, S. 165–183.

Döring, Jaochim (Hrsg.) 1996: Friesen, Sachsen und Dänen. Kulturen an der Nordsee, 400 bis 1000 n. Chr. Katalog zur internationalen Wanderausstellung 1996. Franeker: Van Wijnen.

Ehlers, Monika 2007: Grenzwahrnehmungen. Poetiken des Übergangs in der Literatur des 19. Jahrhunderts. Kleist – Stifter – Poe. Bielefeld: transcript Verlag.

Ehrhardt, Michael 2003: „Ein guldten Bandt des Landes". Zur Geschichte der Deiche im Alten Land. Schriftenreihe des Landschaftsverbandes der ehemaligen Herzogtümer Bremen und Verden. Landschaftsverband Stade.

Eicher, Thomas (Hrsg.) 2001: Grenzüberschreitungen um 1900. Österreichische Literatur im Übergang. Oberhausen: Athena.

Eigen, Manfred 1988: Biologische Selbstorganisation. Eine Abfolge von Phasensprüngen. In: Hierholzer, Klaus; Wittmann, Heinz Günter (Hrsg.): Phasensprünge und Stetigkeit in der natürlichen und kulturellen Welt. Stuttgart: Stuttgart Wissenschaftliche Verlagsgesellschaft, S. 113–148.

Elias, Norbert 2015: Die Gesellschaft der Individuen. 8. Aufl. Amsterdam: Suhrkamp Verlag.

Ellis, Richard 1997: Seeungeheuer. Mythen, Fabeln und Fakten. Aus dem Amerikanischen von Monika Niehaus-Osterloh. Basel, Boston, Berlin: Bilkhäuser.

Elverfeldt, Kirsten von; Glade, Thomas; Dikau, Richard 2008: Naturwissenschaftliche Gefahren- und Risikoanalyse. In: Felgentreff, Carsten; Glade, Thomas (Hrsg.): Naturrisiken und Sozialkatastrophen. Berlin, Heidelberg: Springer, Spektrum Akademischer Verlag, S. 31–46.

Emmerich, Wolfgang 1971: Zur Kritik der Volkstumsideologie. Frankfurt am Main: Suhrkamp.

Endres, Klaus-Peter; Schad, Wolfgang 1997: Biologie des Mondes. Mondperiodik und Lebensrhythmen. Stuttgart, Leipzig: Hirzel.

Enzensberger, Hans Magnus 1978: Der Untergang der Titanic. Eine Komödie. Frankfurt am Main: Suhrkamp.

Erben, Heinrich Karl 1984: Leben heißt Sterben. Frankfurt am Main, Berlin, Wien: Ullstein Taschenbuchverlag.

Erikson, Erik H. 1981: Identität und Lebenszyklus. Drei Aufsätze. Frankfurt am Main: Suhrkamp.

Esterl, Arnica 1990: Das fliegende Schiff. Zaubermärchen und Sagen aus Westfriesland. Stuttgart: Verlag Freies Geistesleben.

Faas, Ton 1989: Friesisch. In: Sprachspiegel. Zweimonatsschrift Bd. 45 (2), S. 45–47.

Feddersen, Berend Harke 1995: Das Jahr der Wal- und Robbenjäger. In: Lengsfeld, Klaus (Hrsg.): Der historische Walfang der Nordfriesen. 2. Aufl. Husum: Husum Druck- und Verlagsgesellschaft.

Felgentreff, Carsten; Glade, Thomas (Hrsg.) 2008: Naturrisiken und Sozialkatastrophen. Berlin: Springer.

Felgentreff, Carsten; Glade, Thomas 2008: Naturrisiken und Sozialkatastrophen: Zum Geleit. Begrifflichkeiten, Naturkatastrophen, Naturrisiko, Sozialkatastrophen. In: Felgentreff, Carsten; Glade, Thomas (Hrsg.). Naturrisiken und Sozialkatastrophen. Berlin: Springer, S. 1–10.

Ferraris, Maurizio 2012: Manifesto del nuovo realismo. Rom: Editori Laterza.

Feyerabend, Paul 2003: Wider den Methodenzwang. Frankfurt am Main: Suhrkamp.

Fischer, Gottfried; Riedesser, Peter 2009: Lehrbuch der Psychotraumatologie. 4. Aufl. UTB, Bd. 8165. München, Basel: Reinhardt.

Fischer, Norbert 2003: Wassernot und Marschengesellschaft. Zur Geschichte der Deiche in Kehdingen. In: Schriftenreihe des Landesverbandes der ehemaligen Herzogtümer Bremen und Verden, Bd. 19. Geschichte der Deiche an Elbe und Weser, Bd. 2. Stade.

Fischer, Norbert 2006: Deiche oder die Herrschaft über das Wasser: Zur kulturellen, sozialen und politischen Symbolik der Grenze zwischen Land und Meer. In: Hengartner, Thomas; Moser, Johannes (Hrsg.): Grenzen & Differenzen. Zur Macht sozialer und kultureller Grenzziehungen. 35. Kongress der Deutschen Gesellschaft für Volkskunde, Dresden 2005. Göttingen: Leipziger Universitätsverlag, S. 687–703.

Fischer, Norbert 2016: Von Seedeichen und Sturmfluten. Zur Geschichte der Deiche in Cuxhaven und auf der Insel Neuwerk. Mit einem archäologischen Beitrag von Andreas Wendowski-Schünemann (Geschichte der Deiche an Elbe und Weser VII; Schriftenreihe des Landschaftsverbandes der ehemaligen Herzogtümer Bremen und Verden 46). Stade: Landschaftsverband der ehemaligen Herzogtümer Bremen und Verden.

Fooken, Insa 2016: Psychologische Perspektiven der Resilienzforschung. In: Wink, Rüdiger (Hrsg.): Multidisziplinäre Perspektiven der Resilienzforschung. Wiesbaden: Springer, S. 13–45.

Foucault, Michel 1974: „Vorrede zur Überschreitung". In: Seitter, Walter (Hrsg.): Von der Subversion des Wissens. München: Carl Hanser Verlag, S. 32–53.

Foucault, Michel 1981: Überwachen und Strafen. Die Geburt des Gefängnisses. Frankfurt am Main: Suhrkamp.

Frank-Rieser, Edith 2009a: Identifizierung. In Stumm, Gerhard; Pritz, Alfred (Hrsg.): Wörterbuch der Psychotherapie. Wien: Springer Verlag, S. 296–297.

Frank-Rieser, Edith 2009b: Identifizierung mit dem Angreifer. In Stumm, Gerhard; Pritz, Alfred (Hrsg.): Wörterbuch der Psychotherapie. Wien: Springer Verlag, S. 297.

Freud, Sigmund 1900: Die Traumdeutung. Nachwort von Hermann Beland. Frankfurt am Main: Fischer Taschenbuch Verlag, 2009.

Freud, Sigmund 1901: Zur Psychopathologie des Alltagslebens. Gesammelte Werke, Bd. IV. Frankfurt am Main: S. Fischer, 1961.

Freud, Sigmund 1905: Der Witz und seine Beziehung zum Unbewussten. Frankfurt am Main: Fischer Taschenbuch Verlag, 2012.

Freud, Sigmund 1916–1917: Vorlesungen zur Einführung in die Psychoanalyse. Gesammelte Werke, Bd. XI. Frankfurt am Main: S. Fischer, 1944.

Freud, Sigmund 1919: Das Unheimliche. In: Gesammelte Werke, Bd. XII. 6. Aufl. Frankfurt am Main: S. Fischer, 1986, S. 229–268.

Freud, Sigmund 1921: Massenpsychologie und Ich-Analyse. Gesammelte Werke, Bd. XIII. Frankfurt am Main: S. Fischer, 1999, S. 71–161.

Freud, Sigmund 1923: „Psychoanalyse" und „Libidotheorie". In: Gesammelte Werke, Bd. XIII. 10. Aufl. Frankfurt am Main: S. Fischer 1998, S. 209–233.

Freud, Sigmund 1926: Hemmung, Symptom und Angst. Frankfurt am Main: Fischer Taschenbuch, 1992.

Freud, Sigmund 1930: Das Unbehagen in der Kultur. Studienausgabe Bd. IX. Frankfurt am Main: Fischer Verlag, 1974.

Freud, Sigmund 1940: Die Ichspaltung im Abwehrvorgang. In: Mitscherlich, Alexander; Richards, Angela; Strachey, James (Hrsg.): Sigmund Freud-Studienausgabe, Bd. III: Psychologie des Unbewussten. Frankfurt am Main: Fischer, 1982, S. 389–394.

Freund, Winfried 1996: Deutsche Märchen. München: Fink/UTB.

Frey-Anthes, Henrike 2008: Schlange. Urwasserschlange Tannin. 29.11.2017: https://www.bibelwissenschaft.de/stichwort/27148/

Fromm-Reichmann, Frieda 1959: Intensive Psychotherapie. Grundzüge und Technik. Stuttgart: Hippokrates-Verlag.

Fuchs, Werner 1984: Biographische Forschung. Eine Einführung in Praxis und Methoden. Opladen: Westdeutscher Verlag.

Gabriel, Markus 2013: Die Erkenntnis der Welt – Eine Einführung in die Erkenntnistheorie. 4. Aufl. Freiburg im Breisgau: Verlag Karl Alber.

Gabriel, Markus 2014: Existenz, realistisch gedacht. In: Ders. (Hrsg.): Der Neue Realismus. Herausgegeben von Markus Gabriel. Berlin: Suhrkamp Verlag, S. 171–199.

Gabriel, Markus 2016: Warum es die Welt nicht gibt. 3. Aufl. Berlin: Ullstein Verlag.

Gadamer, Hans-Georg 1986: Wahrheit und Methode. Grundzüge einer philosophischen Hermeneutik. In: Ders.: Gesammelte Werke, Bd. I. Tübingen: Mohr Siebeck.

Gerndt, Helge 2001: Naturmythen. Traditionelles Naturverständnis und modernes Umweltbewusstsein. In: Brednich, Rolf Wilhelm; Schneider, Annette; Werner, Ute (Hrsg.): Natur – Kultur. Volkskundliche Perspektiven auf Mensch und Umwelt. 32. Kongress der Deutschen Gesellschaft für Volkskunde in Halle vom 27.09. bis 01.10.1999. Münster, New York, München, Berlin: Waxmann, S. 57–75.

Giddens, Anthony 1997: Die Konstitution der Gesellschaft. Frankfurt am Main: Campus Verlag.

Ginzburg, Carlo 2011: Spurensicherung. Der Jäger entziffert die Fährte, Sherlock Holmes nimmt die Lupe, Freud liest Morelli – die Wissenschaft auf der Suche nach sich selbst. In: Ders.: Spurensicherung. Die Wissenschaft auf der Suche nach sich selbst. Berlin: Wagenbach, S. 7–57.

Goethe, Johann Wolfgang von 1836: Was wir bringen. Fortsetzung. In: Goethes sämtliche Werke. Zweiter Band. Paris: Tetot Freres, S. 138–142.

Goethe, Johann Wolfgang von 1994: Maximen und Reflexionen. In: Hamburger Ausgabe in 14 Bänden, Bd. 12: Kunst und Literatur. 12. Aufl. München: Beck, S. 365–547.

Goethe, Johann Wolfgang von 2016: Zur Farbenlehre. Berlin: Hofenberg.

Görner, Rüdiger 2001: Grenzen, Schwellen, Übergänge. Zur Poetik des Transitorischen. Göttingen: Vandenhoeck & Ruprecht.

Görner, Rüdiger; Kirkbright, Susanne (Hrsg.) 1999: Nachdenken über Grenzen. München: iudicium.

Gorter, Durk 2001: Extent and Position of West Frisian. In: Munske, Horst Haider (Hrsg.): Handbuch des Friesischen. Tübingen: Niemeyer, S. 73–83.

Göttsch, Silke; Lehmann, Albrecht (Hrsg.) 2001: Methoden der Volkskunde. Positionen, Quellen, Arbeitsweisen der Europäischen Ethnologie. Berlin: Reimer.

Groh, Ruth; Groh, Dieter 1996: Kulturelle Muster und ästhetische Naturerfahrungen. In: Zimmermann, Jörg (Hrsg.): Ästhetik und Naturerfahrung. Stuttgart: Frommann-Holzboog, S. 27–41.

Groh, Dieter; Kempe, Michael; Mauelshagen, Franz (Hrsg.) 2003: Naturkatastrophen. Beiträge zu ihrer Deutung, Wahrnehmung und Darstellung in Text und Bild von der Antike bis ins 20. Jahrhundert. Literatur und Anthropologie, Bd. 3. Tübingen: Narr.

Gruber, Helmut 1994: Verbale Konfliktbearbeitung. Zur Pragmatik einer Diskursform. Habilitationsschrift, Universität Wien.

Gunderson, Lance H.; Holling, Crawford Stanley (Hrsg.) 2002: Panarchy: understanding transformations in human and natural systems. Washington D.C.: Island Press.

Hagel, Jürgen 1962: Sturmfluten. Kosmos Bibliothek, Bd. 236. Stuttgart: Franck.

Hammerl, Christa 2009: Naturkatastrophen im Laufe der Geschichte. In: Hammerl, Christa; Kolnberger, Thomas; Fuchs, Eduard (Hrsg.): Naturkatastrophen. Rezeption – Bewältigung – Verarbeitung. Konzepte und Kontroversen, Bd. 7. Wien: Studienverlag, S. 14–39.

Hartmann, Andreas 2001: Die Anfänge der Volkskunde. In: Brednich, Rolf W. (Hrsg.): Grundriß der Volkskunde. Einführung in die Forschungsfelder der Europäischen Ethnologie. 3. Überarbeitete Auflage. Berlin: Reimer, S. 9–30.

Hauskeller, Michael 1995: Atmosphären erleben. Philosophische Untersuchungen zur Sinneswahrnehmung. Berlin: Akademie Verlag.

Heckmann, Friedrich 1992: Interpretationsregeln zur Auswertung qualitativer Interviews und sozialwissenschaftlich relevanter Texte. In: Hoffmeyer-Zlotnik, Jürgen (Hrsg.):

Analyse verbaler Daten. Über den Umgang mit qualitativen Daten. Opladen: Westdeutscher Verlag, S. 142–167.

Heidegger, Martin 1977: „Die Zeit des Weltbildes". In: Ders.: Holzwege. Gesamtausgabe I, Veröffentlichte Schriften 1910–1970, Bd. 5. Frankfurt am Main: Vittorio Klostermann.

Heidegger, Martin 1993: Sein und Zeit. Tübingen: De Gruyter.

Heine, Heinrich 1851: Disputation. In: Ders.: Romanzero. Drittes Buch: Hebräische Melodien. Hamburg: Hoffmann und Campe, S. 261–283.

Hellpach, Willy 1953: Kulturpsychologie. Eine Darstellung der seelischen Ursprünge und Antriebe, Gestaltungen und Zerrüttungen, Wandlungen und Wirkungen menschheitlicher Wertordnungen und Güterschöpfungen. Stuttgart: Enke.

Hellpach, Willy 1977: Geopsyche. Die Menschenseele unter dem Einfluss von Wetter und Klima, Boden und Landschaft. 5. Aufl. Stuttgart: Enke.

Hengartner, Thomas; Schmidt-Lauber, Brigitta (Hrsg.) 2005: Leben – Erzählen. Beiträge zur Erzähl- und Biographieforschung. Berlin: Reimer.

Henningsen, Hans-Herbert 2000: Rungholt. Der Weg in die Katastrophe. Aufstieg, Blütezeit und Untergang eines bedeutenden mittelalterlichen Ortes in Nordfriesland. Bd. 2: Das Leben der Bewohner und ihrer Einrichtungen, die Landschaft, der Aufstieg zu einem Handelsplatz, Rungholts Untergang, der heutige Zustand von Kulturspuren, der Mythos von Rungholt und ein Epilog: die Geschichte im Zeitraffer. Husum: Husum.

Herrmann, Paul 2011: Nordische Mythologie. Köln: Anaconda Verlag.

Hess, Sabine; Moser, Johannes; Schwertl, Maria (Hrsg.) 2013: Europäisch-ethnologisches Forschen. Neue Methoden und Konzepte. Berlin: Reimer.

Hewitt, Kenneth 1997: Regions of Risk. A geographical introduction to disasters. Harlow: Longman.

Hinrichsen, Jan; Johler, Reinhard; Ratt, Sandro 2014: Katastrophen. Vom kulturellen Umgang mit (außer)alltäglichen Bedrohungen. In: Frie, Ewald; Meier, Mischa (Hrsg.): Aufruhr Katastrophe Konkurrenz Zerfall. Bedrohte Ordnungen als Thema der Kulturwissenschaften. Bedrohte Ordnungen 1. Tübingen: Mohr Siebeck, S. 61–82.

Hirschfelder, Gunther 2009: Extreme Wetterereignisse und Klimawandel als Perspektive kulturwissenschaftlicher Forschung. In: Österreichische Zeitschrift für Volkskunde 112 (Neue Serie LXIII), S. 5–25.

Hoffmann-Riem, Christa 1980: Die Sozialforschung einer interpretativen Soziologie. Der Datengewinn. Kölner Zeitschrift Soziologie und Sozialpsychologie 32, S. 339–372.

Hogrebe, Wolfram 2009: Riskante Lebensnähe. Die szenische Existenz des Menschen. Berlin: De Gruyter.

Holling, Crawford Stanley 1996: Engineering resilience versus ecological resilience. In: Schulze, Peter C. (Hrsg.): Engineering within ecological constraints. Washington D.C.: National Academy Press. S. 31–44.

Hugger, Paul 1990: Elemente einer Ethnologie der Katastrophe in der Schweiz. In: Zeitschrift für Volkskunde 86, S. 25–36.

Hugger, Paul 2001: Volkskundliche Gemeinde- und Stadtforschung. In: Brednich, Rolf Wilhelm (Hrsg.): Grundriss der Volkskunde. Einführung in die Forschungsfelder der Europäischen Ethnologie. 3. Aufl. Berlin: Reimer, S. 291–309.

Illouz, Eva 2009: Die Errettung der modernen Seele. Therapien, Gefühle und die Kulturen der Selbsthilfe. Frankfurt am Main: Suhrkamp.

Imhof, Kurt 2004: Katastrophenkommunikation in der Moderne. In: Pfister, Christian; Summermatter, Stephanie (Hrsg.): Katastrophen und ihre Bewältigung. Perspektiven und Positionen. Bern, Stuttgart, Wien: Haupt Verlag, S. 145–163.

Jacobeit, Wolfgang; Lixfeld, Hannjost; Bockhorn, Olaf (Hrsg.) 1994: Völkische Wissenschaft. Gestalten und Tendenzen der deutschen und österreichischen Volkskunde in der ersten Hälfte des 20. Jahrhunderts. Wien, Köln, Weimar: Böhlau.

Jakubowski-Tiessen, Manfred 1992: Sturmflut 1717. Die Bewältigung einer Naturkatastrophe in der frühen Neuzeit. München: De Gruyter.

Jank, Anna 2016: Die Sturmflut vom 16./17. Februar 1962 auf den Halligen Nordfrieslands. Ein Beitrag zur ethnologisch-psychoanalytischen Katastrophenforschung. In: Rieken, Bernd (Hrsg.): Erzählen über Katastrophen. Beiträge aus Deutscher Philologie, Erzählforschung und Psychotherapiewissenschaft. Psychotherapiewissenschaft in Forschung, Profession und Kultur, Bd. 16. Münster, New York: Waxmann, S. 241–250.

Jeggle, Utz 1984: Zur Geschichte der Feldforschung in der Volkskunde. In: Jeggle, Utz (Hrsg.): Feldforschung. Qualitative Methoden in der Kulturanalyse. 2. Aufl. Tübingen: Tübinger Vereinigung für Volkskunde. S. 11–46.

Jeggle, Utz 1988: Volkskunde im 20. Jahrhundert. In: Brednich, Rolf W. (Hrsg.): Grundriß der Volkskunde. Einführung in die Forschungsfelder der Europäischen Ethnologie. Berlin: Dietrich Reimer Verlag, S. 51–71.

Jeggle, Utz 2003: Inseln hinter dem Winde. Studien zum „Unbewussten" in der volkskundlichen Kulturwissenschaft. In: Maase, Kaspar; Warneken, Bernd Jürgen (Hrsg.): Unterwelten der Kultur. Themen und Theorien der volkskundlichen Kulturwissenschaft. Köln: Böhlau, S. 25–44.

Jensen, Christian 1927: Die Nordfriesischen Inseln. Sylt, Föhr, Amrum und die Halligen vormals und jetzt. 2. Aufl. Lübeck: Coleman.

Johansen, Christian 1866: Halligenbuch. Eine untergehende Inselwelt. Auf historischen Spuren, Bd. 3. Schleswig: Schulbuchhandlung.

Kant, Immanuel 1783: Prolegomena zu einer jeden künftigen Metaphysik, die als Wissenschaft wird auftreten können: Der transzendentalen Hauptfrage zweiter Teil. Wie ist reine Naturwissenschaft möglich? § 32. Stuttgart: Reclam, 1989.

Kant, Immanuel 1974: Kritik der Urteilskraft. Werkausgabe, Bd. X, hrsg. von Weischedel Wilhelm. Frankfurt am Main: Suhrkamp.

Kant, Immanuel 1998: Kritik der reinen Vernunft. Philosophische Bibliothek, Bd. 505. Hamburg: Meiner Verlag.

Kaschuba, Wolfgang 1999: Einführung in die Europäische Ethnologie. München: Beck.

Katholische Bibelanstalt 2016: Einheitsübersetzung der Heiligen Schrift. Vollständig durchgesehene und überarbeitete Ausgabe. Stuttgart: Katholische Bibelanstalt.

Kierkegaard, Sören 2005: Der Begriff der Angst. In: Ders.: Die Krankheit zum Tode, Furcht und Zittern, Die Wiederholung, Der Begriff der Angst. 6. Aufl. 2015. München: Deutscher Taschenbuch Verlag, S. 441–640.

Kirchhoff, Christine 2010: Wozu noch Metapsychologie. In: Journal für Psychologie 18, Ausgabe 1: Politische Psychologie heute, S. 1–23.

Kirchhoff, Joost 1990: Sturmflut 1962. Die Katastrophennacht an Ems und Dollart. Ablauf – Erkenntnisse – Folgerungen. Weener a. d. Ems: Verlag H. Risius.

Klein, Melanie 1946: Notes on some schizoid mechanisms. International Journal of Psychoanalysis 27, S. 99–110.

Kleist, Heinrich von 1985: Sämtliche Werke und Briefe. Bd. 2. Hrsg. von Sembdner, Helmut. München: Hanser.

Kleist, Heinrich von 1996: Empfindungen vor Friedrichs Seelandschaft. Berliner Abendblätter, 12. Blatt, 13. Oktober 1810. In: Ders.: Sämtliche Werke. BKA Bd. II/7: Berliner Abendblätter I. hrsg. von Roland Reuß und Peter Staengle. Basel: Stroemfeld Verlag.

Kleist, Heinrich von 1999: Sämtliche Briefe. Hrsg. von Heimböckel, Dieter. Stuttgart: Reclam.

Knottnerus, Otto S. 1997a: Die Angst vor dem Meer. In: Fischer, Ludwig (Hrsg.): Kulturlandschaft Nordseemarschen. Westerhever: Hever, S. 145–174.

Knottnerus, Otto S. 1997b: Agrarverfassung und Landschaftsgestaltung in den Nordseemarschen. In: Fischer, Ludwig (Hrsg.): Kulturlandschaft Nordseemarschen. Westerhever: Hever, S. 87–105.

Knottnerus, Otto S. 1999: Malaria in den Nordseemarschen. Gedanken über Menschen und Umwelt. In: Jakubowski-Tiessen, Manfred; Lorenzen-Schmidt, Klaus-Joachim (Hrsg.): Dünger und Dynamit. Beiträge zur Umweltgeschichte Schleswig-Holsteins und Dänemarks. Studien zur Wirtschafts- und Sozialgeschichte Schleswig-Holsteins, Bd. 31. Neumünster: Wachholtz, S. 25–39.

Knottnerus, Otto S. 2003: Bauernfreiheit. In: Lengen, Hajo van (Hrsg.): Die Friesische Freiheit des Mittelalters – Leben und Legende. Begleitband zur Sonderausstellung der Ostfriesischen Landschaft in Emden und Aurich, 16.06.–14.09.2003. Aurich: Ostfriesische Landschaftliche Verlags- und Vertriebsgesellschaft.

Knottnerus, Otto S. 2005: Die Verbreitung neuer Deich- und Sielbautechniken entlang der südlichen Nordseeküste im 16. und 17. Jahrhundert. In: Kulturlandschaft Marsch. Natur – Geschichte – Gegenwart. Vorträge anlässlich des Symposiums in Oldenburg vom 3. bis 5. Juni 2004. Oldenburg: Isensee, S. 161–167.

Köck, Christoph 2011: Rezension zu: Rieken Bernd: Schatten über Galtür? In: Zeitschrift für Volkskunde 107, Heft 2, S. 242f.

Köhn, Wolfgang 1991: Die nacheiszeitliche Entwicklung der südlichen Nordsee. Paläogeographische Karten für die südliche Nordseeküste. Hannoversche Geographische Arbeiten, Bd. 45. Hannover: Höller und Zwick.

Köller, Wilhelm 2004: Perspektivität und Sprache. Zur Struktur von Objektivierungsformen in Bildern, im Denken und in der Sprache. Berlin, New York: De Gruyter.

Krings, Hermann; Baumgartner, Hans Michael; Wild, Christoph 1974: Handbuch philosophischer Grundbegriffe. Bd. III. München: Kösel.

Kürtz, Jutta 1994: Badeleben an Nord- und Ostsee. Kleine Kulturgeschichte der Sommerfrische. Heide: Boyens.

Küsters, Ivonne 2006: Narrative Interviews. Grundlagen und Anwendung. Wiesbaden: Verlag für Sozialwissenschaften.

Kvideland, Reimund 2008: Media-Lore. Erzählungen über Medien. In: Schmitt, Christoph (Hrsg.): Erzählkulturen im Medienwandel. Rostocker Beiträge zur Volkskunde und Kulturgeschichte, Bd. 3. Münster, New York, München, Berlin: Waxmann, S. 373–384.

Lamnek, Siegfried 1995: Qualitative Sozialforschung Bd. 2: Methoden und Techniken. 3. Aufl. München: Beltz.

Lasogga, Frank; Gasch, Bernd 2002: Notfallpsychologie. 2. Aufl. Stumpf und Kossendey, Wien: Edewecht.

Lehmann, Albrecht 1979/1980: Autobiographische Methoden. Verfahren und Möglichkeiten. In: Ethnologia Europaea XI, S. 36–54.

Lehmann, Albrecht 1983: Erzählstruktur und Lebenslauf. Autobiographische Untersuchungen. Frankfurt am Main, New York: Campus.

Lehmann, Albrecht 1996: Wald als „Lebensstichwort". Zur Biographischen Bedeutung der Landschaft, des Naturerlebnisses und des Naturbewusstseins. In: BIOS 2, S. 143–154.

Lehmann, Albrecht 1998: Volkskunde. In: Goertz, Hans-Jürgen (Hrsg.): Geschichte. Ein Grundkurs. Reinbek: Rowohlt Taschenbuch Verlag, S. 456–472.

Lehmann, Albrecht 2003: Aspekte populären Landschaftsbewusstseins. In: Siemann, Wolfram (Hrsg.): Umweltgeschichte. Themen und Perspektiven. München: C.H. Beck Verlag, S. 147–164.

Lehmann, Albrecht 2007: Reden über Erfahrung. Kulturwissenschaftliche Bewusstseinsanalyse des Erzählens. Berlin: Reimer.

Lengen, Hajo van 1995: Bauernfreiheit und Häuptlingsherrlichkeit im Mittelalter. In: Behre, Karl-Ernst; Lengen, Hajo van (Hrsg.): Ostfriesland. Geschichte und Gestalt einer Kulturlandschaft. Aurich: Ostfriesische Landschaft, S. 113–134.

Lenhardt, Wolfgang A. 2009: Naturkatastrophen aus der Sicht der Naturwissenschaft. In: Hammerl, Christa; Kolnberger, Thomas; Fuchs, Eduard (Hrsg.): Naturkatastrophen. Rezeption – Bewältigung – Verarbeitung. Konzepte und Kontroversen, Bd. 7. Wien: Studienverlag, S. 54–77.

Liliencron, Detlev von 1977: Trutz, Blanke Hans. In: Werke, Bd. 1. Herausgegeben von Benno von Wiese. Frankfurt am Main: Insel Taschenbuch, S. 130f.

Lindblom, E. Charles 1959: The Science of Muddling-Through. In: Public Administration Review. Bd. 19, Nr. 2. Blackwell Publishing, S. 79–88.

Lindner, Rolf 1981: Die Angst des Forschers vor dem Feld. Überlegungen zur teilnehmenden Beobachtung als Interaktionsprozeß. In: Zeitschrift für Volkskunde, 77 (1), S. 51–66.

Lindner, Rolf 2011: Spür-Sinn. Oder: Die Rückgewinnung der „Andacht zum Unbedeutenden". In: Zeitschrift für Volkskunde 107, S. 155–169.

Linneweber, Volker; Lantermann, Ernst-D. 2006: Psychologische Beiträge zur (Natur-) katastrophenforschung. In: Umweltpsychologie 10, S. 4–25.

Luhmann, Niklas 2008: Ökologische Kommunikation. Kann die moderne Gesellschaft sich auf ökologische Gefährdungen einstellen? Wiesbaden: VS Verlag für Sozialwissenschaften.

Lübbing, Hermann 1977: Friesische Sagen von Texel bis Sylt. Leer: Verlag Schuster.

Lutz, Bernd 1996: Metzler Philosophen Lexikon. 2. Aufl. Stuttgart: Metzler.

Maderthaner, Wolfgang/Musner, Lutz 1999: Die Anarchie der Vorstadt. Das andere Wien um 1900. Frankfurt am Main: Campus Verlag.

Mainzer Klaus 1976: Konstruktion bzw. Konstruktivismus. In: Ritter, Joachim; Gründer, Karlfried (Hrsg.): Historisches Wörterbuch der Philosophie. Bd. 4. Darmstadt: Wissenschaftliche Buchgesellschaft. Sp. 1011f., 1015–1021.

Malewitsch, Kazimir 1962: Suprematismus – Die gegenstandslose Welt. Köln: DuMont Schauberg.

Malinowski, Bronislaw 1923: „The problem of meaning in primitive languages". Anhang zu: Ogden, Charles K. & Richards, Ivor A.: The meaning of meaning. London: Routledge & Kegan Paul, S. 146–152.

Masten, Ann S.; Obradovic, Jelena 2007: Developmental antecedents of young adult civic engagement. In: Applied Developmental Science, 11 (1), S. 2–19.

Mauch, Christoph 2009: Introduction. In: Ders.; Pfister, Christian (Hrsg.): Natural Disasters, Cultural Responses. Case Studies toward a Global Environmental History. Lanham: Publications of the German His, S. 9.

Mauch, Christoph 2010: Phönix und Mnemosyne. Katastrophenoptimismus und Katastrophenerinnerung in den USA: von der Johnstown Flood bis Hurricane Katrina. In: Masius, Patrick; Sprenge, Jana; Mackowiak, Eva (Hrsg.): Katastrophen machen Geschichte. Umweltgeschichtliche Prozesse im Spannungsfeld von Ressourcennutzung und Extremereignis. Göttingen: Universitätsverlag Göttingen, S. 133–151.

Mayring, Philipp 2008: Qualitative Inhaltsanalyse. Grundlagen und Techniken. 10. Aufl. Weinheim, Basel: Beltz.

Meier, Mischa 2007: Zur Terminologie der (Natur-)Katastrophe in der griechischen Historiographie – einige einleitende Anmerkungen. In: Historical Social Research/Historische Sozialforschung (HSR) 32 (3), Sonderheft: Disaster. Köln 2007, S. 44–56.

Melville, Herman 1851: Moby Dick; or, The Whale. New York: Harper & Brothers, Publishers. London: Richard Bentley.

Merkel, Ina 2002: Außerhalb von Mittendrin. Individuum und Kultur in der zweiten Moderne. In: Zeitschrift für Volkskunde 98, S. 229–256.

Merton, Robert K. 1968: The Bearing of Empirical Research on Sociological Theory. In: Ders.: Social Theory and Social Structure. New York, London: The Free Press, S. 156–171.

Mogk, Eugen 1913: Germanische Mythologie. 3. Neudruck. Berlin, Leipzig: G. J. Göschensche Verlagsbuchhandlung.

Mohr, Sebastian; Vetter, Andrea 2014: Körpererfahrung in der Feldforschung. In: Bischoff, Christine; Oehme-Jüngling, Karoline; Leimgruber, Walter (Hrsg.): Methoden der Kulturanthropologie. Bern: Haupt-utb, S. 101–116.

Mollat, du Jourdin Michel 1993: Europa und das Meer. München: C.H. Beck.

Müller, Klaus E. 1987: Das magische Universum der Identität. Elementarformen sozialen Verhaltens. Ein ethnologischer Grundriss. Frankfurt, New York: Campus Verlag.

Müller, Klaus E. 2010a: Die Siedlungsgemeinschaft. Grundriss der essentialistischen Ethnologie. Göttingen: V&R unipress.

Müller, Klaus E. 2010b: Schamanismus. Heiler, Geister, Rituale. 4. Aufl. München: C.H. Beck.

Münchener Rück 1999: topics 2000. Natural catastrophes. The current position. München: Münchener Rückversicherungs-Gesellschaft Central Devision.

Newig, Jürgen; Haupenthal, Uwe (Hrsg.) 2016: Rungholt: Rätselhaft und widersprüchlich. Husum: Husum Druck- und Verlagsgesellschaft.

Niebaum, Hermann 2001: Der Niedergang des Friesischen zwischen Lauwers und Weser. In: Munske, Horst Haider (Hrsg.): Handbuch des Friesischen. Tübingen: Niemeyer, S. 430–442.

Nietzsche, Friedrich 2009: Jenseits von Gut und Böse. In: Ders.: Kritische Studienausgabe in 15 Bänden. Hrsg. von Colli, Giorgio; Montinari, Mazzino. Bd. 5. München: Deutscher Taschenbuch Verlag.

Oeser, Erhard 2009: Katastrophentheorien als Grundlage einer dynamischen Weltbetrachtung. In: Hammerl, Christa; Kolnberger, Thomas; Fuchs, Eduard (Hrsg.): Naturkatastrophen. Rezeption – Bewältigung – Verarbeitung. Konzepte und Kontroversen, Bd. 7. Wien: Studienverlag, S. 40–53.

Oliver-Smith, Anthony; Hoffman, Susanna M. 2002: Introduction: Why Anthropologists Should Study Disasters. In: Hoffman, Susanna M.; Oliver-Smith, Anthony (Hrsg.): Catastrophe & Culture. The Anthropology of Disaster. Santa Fe: School for Advanced Research Press, S. 3–22.

Otto, Rudolf 2004: Das Heilige. Über das Irrationale in der Idee des Göttlichen und sein Verhältnis zum Rationalen. München: Beck.

Panten, Albert 1995: 1000 Jahre Deichbau in Nordfriesland? In: Kühn, Hans Joachim; Panten, Albert (Hrsg.): Der frühe Deichbau in Nordfriesland. Archäologisch-historische Untersuchungen. Bredstedt: Bräist, S. 63–124.

Panten, Albert 2001: Geschichte der Friesen im Mittelalter: Nordfriesland. In: Munske, Horst Haider (Hrsg.): Handbuch des Friesischen. Tübingen: Max Niemeyer Verlag, S. 550–555.

Peirce, Charles Sanders 1970: Aus den Pragmatismus-Vorlesungen. In: Peirce, Charles Sanders: Schriften II. Frankfurt am Main: Suhrkamp, S. 299–389.

Petzoldt, Leander 1999: Einführung in die Sagenforschung. Konstanz: Universitätsverlag Konstanz.

Pfeifer, Wolfgang 1995: Etymologisches Wörterbuch des Deutschen. München: Deutscher Taschenbuch Verlag.

Pfister, Christian; Summermatter, Stephanie (Hrsg.) 2004: Katastrophen und ihre Bewältigung. Perspektiven und Positionen. Bern, Stuttgart, Wien: Haupt.

C. Plinius Secundus, der Ältere 1991: Naturkunde. Lateinisch – deutsch, Buch XVI (Botanik: Waldbäume) / C. Plinii Secundi Naturalis Historiae, Liber XVI. Hg. von König Roderich. München, Zürich: Artemis.

Ploder, Andrea; Stadlbauer, Johanna 2013: Autoethnographie und Volkskunde? Zur Relevanz wissenschaftlicher Selbsterzählungen für die volkskundlich-kulturanthropologische Forschungspraxis. In: Österreichische Zeitschrift für Volkskunde 67 (116), S. 373–404.

Pöge-Alder, Kathrin 2011: Märchenforschung. Theorien, Methoden, Interpretationen. 2. Aufl. Tübingen: Narr.

Pohl, Jürgen 2008: Die Entstehung der geographischen Hazardforschung. In: Felgentreff, Carsten; Glade, Thomas (Hrsg.): Naturrisiken und Sozialkatastrophen. Berlin, Heidelberg: Akademischer Verlag, S. 47–62.

Price, Derek J. de Solla 1974: Little science, big science. Von der Studierstube zur Großforschung. Frankfurt am Main: Suhrkamp.

Psenner, Roland; Lackner, Reinhard; Walcher, Maria (Hrsg.) 2008: Ist es der Sindtfluss? Kulturelle Strategien und Reflexionen zur Prävention und Bewältigung von Naturgefahren. (alpine space – man and environment, vol. 4; Schriftenreihe Ötztal-Archiv, Bd. 23), Innsbruck: innsbruck university press.

Putnam, Hilary 2012: Philosophy in an Age of Science: Physics, Mathematics and Skepticism. Cambridge, London: Harvard University Press.

Quine, Willard Van Orman 2011: „Zwei Dogmen des Empirismus". In: Ders.: Von einem logischen Standpunkt aus. Stuttgart: Reclam.

Ranke, Kurt 1965: Einfache Formen. In: Ders.: Die Welt der Einfachen Formen. Berlin, New York: De Gruyter 1978, S. 32–46.

Rausmaa, Pirkko-Liisa 1990: Größe: Die ungewöhnliche G. In: Brednich, Rolf Wilhelm (Hrsg.): Enzyklopädie des Märchens. Handwörterbuch zur historischen und vergleichenden Erzählforschung. Bd. 6. Berlin, New York: De Gruyter, Sp. 239–249.

Reichmayr, Johannes 1995: Einführung in die Ethnopsychoanalyse. Geschichte, Theorien und Methoden. Frankfurt am Main: Fischer.

Reichmayr, Johannes 2013: Ethnopsychoanalyse. Geschichte, Konzepte, Anwendungen. 3., korrigierte Auflage. Gießen: Psychosozial-Verlag.

Rheinheimer, Martin 2003: Mythos Sturmflut. Der Kampf gegen das Meer und die Suche nach Identität. In: Demokratische Geschichte 15, S. 9–58.

Riehl, Wilhelm Heinrich 1996: Das landschaftliche Auge. In: Gröning, Gert; Herlyn, Ulfert (Hrsg.): Landschaftswahrnehmung und Landschaftserfahrung. Arbeiten zur sozialwissenschaftlichen Freiraumplanung, Bd. 10. Münster: LIT, S. 144–162.

Rieken, Bernd 2000: Wie die Schwaben nach Szulok kamen. Erzählforschung in einem ungarndeutschen Dorf. Frankfurt am Main, New York: Campus Verlag.

Rieken, Bernd 2003: Arachne und ihre Schwestern. Eine Motivgeschichte der Spinne von den ‚Naturvölkermärchen' bis zu den ‚Urban Legends'. Münster: WaxmannVerlag.

Rieken, Bernd 2005: Nordsee ist Mordsee. Sturmfluten und ihre Bedeutung für die Mentalitätsgeschichte der Friesen. In: Abhandlungen und Vorträge zur Geschichte Ostfrieslands, Bd. 83. Nordfriisk Instituut, Bd. 186. Münster: Waxmann.

Rieken, Bernd 2006: Borderline oder Der Deich als Grenze. Psychoanalytische und kulturgeschichtliche Aspekte der friesischen Mentalitätsgeschichte. In: Hengartner, Thomas; Moser, Johannes (Hrsg.): Grenzen & Differenzen. Zur Macht sozialer und kultureller Grenzziehungen. 35. Kongress der Deutschen Gesellschaft für Volkskunde, Dresden 2005. Göttingen: Leipziger Universitätsverlag, S. 705–712.

Rieken, Bernd 2010: Schatten über Galtür? Gespräche mit Einheimischen über die Lawine von 1999. Ein Beitrag zur Katastrophenforschung. Münster: Waxmann Verlag.

Rieken, Bernd, 2011a: Technik der Individualpsychologisch-analytischen Praxis. Die therapeutische Beziehung. „Übertragung" und „Gegenübertragung". In: Ders.; Sindelar, Brigitte; Stephenson, Thomas: Psychoanalytische Individualpsychologie in Theorie und Praxis. Psychotherapie, Pädagogik, Gesellschaft. Wien: Springer-Verlag, S. 203–208.

Rieken, Bernd 2011b: Tiefen- und entwicklungspsychologische Zugänge zum Verständnis des Numinosen, dargestellt am Beispiel der dämonologischen Sage. In: Österreichische Zeitschrift für Volkskunde 64 (113,1).

Rieken, Bernd 2015a: Homo narrans – das Unfassbare verarbeiten. Die Galtür-Interviews aus Sicht der Erzählforschung. In: Ders. (Hrsg.): Wie bewältigt man das Unfassbare? Interdisziplinäre Zugänge am Beispiel der Lawinenkatastrophe von Galtür. Psychotherapiewissenschaft in Forschung, Profession und Kultur, Bd. 10. Göttingen: Waxmann Verlag, S. 107–135.

Rieken, Bernd 2015b: Klein und groß. Psychodynamische Aspekte einer Grundform menschlicher Weltdeutung. In: Zimmermann, Harm-Peer (Hrsg.): Lust am Mythos. Kulturwissenschaftliche Neuzugänge zu einem populären Phänomen. Marburg: Jonas, S. 44–50.

Rieken, Bernd 2016a: Einführung. Der kultur- und psychotherapiewissenschaftliche Blick auf Katastrophen – eine wechselseitige Bereicherung. In: Ders. (Hrsg.): Erzählen über Katastrophen. Beiträge aus Deutscher Philologie, Erzählforschung und Psychotherapiewissenschaft. Psychotherapiewissenschaft in Forschung, Profession und Kultur, Bd. 16. Münster: Waxmann Verlag, S. 11–23.

Rieken, Bernd 2016b: Ethnopsychoanalyse und Gegenübertragung im Kontext der Volkskunde/Europäischen Ethnologie. Anmerkungen zu einer kaum vorhandenen Beziehung. In: Reichmayr, Johannes (Hrsg.): Ethnopsychoanalyse revisited. Gegenübertragung in transkulturellen und postkolonialen Kontexten. Gießen: Psychosozial-Verlag, S. 421–439.

Rieken, Bernd 2017: Gegenübertragungsprobleme in psychoanalytischer Praxis, Ausbildung und ethnologischer Feldforschung. In: Bonz, Jochen et al. (Hrsg.): Ethnografie und Deutung. Gruppensupervision als Methode reflexiven Forschens. Wiesbaden: Springer VS, S. 179–197.

Ritter, Joachim 1974: Landschaft. Zur Funktion des Ästhetischen in der modernen Gesellschaft. In: Ders.: Subjektivität. 6 Aufsätze. Frankfurt am Main: Suhrkamp, S. 141–163.

Röhrich, Lutz 2001a: Erzählforschung. In: Brednich, Rolf Wilhelm (Hrsg.): Grundriss der Volkskunde. Einführung in die Forschungsfelder der Europäischen Ethnologie. 3. Aufl. Berlin: Reimer, S. 515–542.

Röhrich, Lutz 2001b: Märchen und Wirklichkeit. 5. Aufl. Baltmannsweiler: Schneider-Verlag Hohengehren.

Rölling, Wolfgang 2007: Sintflut. In: Enzyklopädie des Märchens, Bd. 12, Sp. 724–720.

Rosenthal, Gabriele 1995: Erlebte und erzählte Lebensgeschichten. Gestalt und Struktur biographischer Selbstbeschreibungen. Frankfurt am Main: Campus Verlag.

Russell, Bertrand 2007: Logic and Knowledge. Essays 1901–1950. Nottingham: Spokesman Books.

Sagan, Carl 1978: Die Drachen von Eden. Das Wunder der menschlichen Intelligenz. München, Zürich: Droemer-Knaur.

Salomon, Almuth 2000: Friesische Geschichtsbilder. Historische Ereignisse und kollektives Gedächtnis im mittelalterlichen Friesland (Abhandlungen und Vorträge zur Geschichte Ostfrieslands, Bd. 78). Aurich: Ostfriesische Landschaftliche Verlags- und Vertriebsgesellschaft.

Sartre, Jean-Paul 1962: Der Aufschub. Reinbek, Hamburg: Rowohlt Taschenbuch Verlag.

Saul, Nicholas; Steuer, Daniel; Möbius, Frank; Illner, Birgit (Hrsg.) 1999: Schwellen. Germanistische Erkundungen einer Metapher. Würzburg: Königshausen u. Neumann.

Scharfe, Martin 2011a: Bagatellen. Zu einer Pathognomik der Kultur. In: Ders.: Signaturen der Kultur. Studien zum Alltag & zu seiner Erforschung. Marburg: Jonas Verlag, S. 35–57.

Scharfe, Martin 2011b: Es und Es. Mutmaßungen zum Unbewussten in Kultur und Kulturwissenschaft. In: Ders.: Signaturen der Kultur. Studien zum Alltag & zu seiner Erforschung. Marburg: Jonas Verlag, S. 91–98.

Schegloff, Emanuel A. 1992: „In another context". In: Goodwin, Charles; Duranti, Alessandro (Hrsg.): Rethinking Context: Language as an Interactive Phenomenon. Cambridge: Cambridge University Press. S. 193–227.

Schenk, Annemie 2001: Interethnische Forschung. In: Brednich, Rolf Wilhelm (Hrsg.): Grundriss der Volkskunde. Einführung in die Forschungsfelder der Europäischen Ethnologie. 3. Aufl. Berlin: Reimer, S. 363–390.

Schenk, Gerrit Jasper 2009: Katastrophen in Geschichte und Gegenwart. Eine Einführung. In: Ders. (Hrsg.): Katastrophen. Vom Untergang Pompejis bis zum Klimawandel. Ostfildern: Jan Thorbecke Verlag, S. 9–19.

Schiffrin, Deborah 1994: Approaches to Discourse. Oxford: Wiley-Blackwell.

Schlehe, Judith 1996: Reinterpretations of Mystical Traditions: Explanations of a Volcanic Eruption in Java. In: Anthropos, Vol. 91. S. 391–409.

Schlögl, Rudolf 2004: Symbole in der Kommunikation. Zur Einführung. In: Ders.; Giesen, Bernhard; Osterhammel, Jürgen (Hrsg.): Die Wirklichkeit der Symbole. Grundlagen der Kommunikation in historischen und gegenwärtigen Gesellschaften. Konstanz: UVK Verlags-Gesellschaft, S. 9–38.

Schmidt, Andreas 1999: „Wolken krachen, Berge zittern, und die ganze Erde weint". Zur kulturellen Vermittlung von Naturkatastrophen in Deutschland 1755 bis 1855. Münster: Waxmann.

Schmidt, Rainer 2005: Träume und Tagträume. Eine individualpsychologische Analyse. Göttingen: Vandenhoeck & Ruprecht.

Schmidt-Lauber, Brigitta 2001: Das qualitative Interview oder: die Kunst des Reden lassens. In: Göttsch, Silke; Lehmann, Albrecht (Hrsg.): Methoden der Volkskunde. Positionen, Quellen, Arbeitsweisen der Europäischen Ethnologie. Berlin: Reimer, S. 165–186.

Schmidtke, Kurt-Dietmar 1992: Die Entstehung Schleswig-Holsteins. Neumünster: Wachholtz-Verlag.

Schulz, Kurd 1965: Hermann Allmers. Werke. Göttingen: Sachse & Pohl Verlag, S. 363–364.

Schulze, Katja 2016: Werkzeugkasten zur Zusammenarbeit mit Mithelfenden bei der Katastrophenbewältigung. Berlin: Katastrophenforschungsstelle.

Schulze, Katja; Voss Martin 2016: Manual zur Zusammenarbeit mit Mithelfenden bei der Katastrophenbewältigung. Berlin: Katastrophenforschungsstelle.

Seidensticker, Wilhelm 1977: Bastian, Philipp Wilhelm Adolf. In: Enzyklopädie des Märchens, Bd. 1. Sp. 1324–1327.

Sellars, Wilfrid 2002: Der Empirismus und die Philosophie des Geistes. 2. Aufl. Paderborn: mentis.

Sider, Theodore 2011: Writing the Book of the World. New York: Oxford University Press.

Sievers, Kai Detlev 2001: Volkskundliche Fragestellungen im 19. Jahrhundert. In: Brednich, Rolf W. (Hrsg.): Grundriß der Volkskunde. Einführung in die Forschungsfelder der Europäischen Ethnologie. 3. Überarbeitete Auflage. Berlin: Reimer, S. 31–51.

Simon, Michael 2015: Ethnologische Anmerkungen zu Bernd Riekens „Gesprächen mit Einheimischen" in Galtür. In: Rieken, Bernd (Hrsg.): Wie bewältigt man das Unfassbare? Interdisziplinäre Zugänge am Beispiel der Lawinenkatastrophe von Galtür. Psychotherapiewissenschaft in Forschung, Profession und Kultur, Bd. 10. Göttingen: Waxmann Verlag, S. 93–105.

Sloterdijk, Peter 1987: Wieviel Katastrophe braucht der Mensch? Weinheim, Basel: Beltz.

Sönnichsen, Uwe; Moseberg, Jochen 1994: Wenn die Deiche brechen. Sturmfluten und Küstenschutz an der schleswig-holsteinischen Westküste und in Hamburg. Husum: Husum Drucks- und Verlagsgesellschaft.

Springer, Gerhard 2009: Introjektion. In: Stumm, Gerhard; Pritz, Alfred (Hrsg.): Wörterbuch der Psychotherapie. Wien: Springer Verlag, S. 332.

Staiger, Emil 1963: Die Kunst der Interpretation. Studien zur deutschen Literaturgeschichte. 4. Aufl. Zürich: Atlantis.

Steensen, Thomas 1995: Nordfriesland im 19. und 20. Jahrhundert. In: Nordfriisk Instituut/Stiftung Nordfriesland (Hrsg.): Geschichte Nordfrieslands. Heide: Boyens & Co., S. 207–335.

Steensen, Thomas 2006a: Die Friesen und die Frieslande. In: Interfriesischer Rat (Hrsg.): Die Frieslande. Bräist/Bredstedt: Nordfriisk Instituut.

Steensen, Thomas 2006b: Nordfriesland: Einheit in Vielfalt. In: Interfriesischer Rat (Hrsg.): Die Frieslande. Bräist/Bredstedt: Nordfriisk Instituut.

Steensen, Thomas 2016: Weltweit einzigartig: die Halligen. In: Nordfriesland. Nr. 196. S. 10–16.

Stifter, Adalbert 1982: Vorrede zu „Bunte Steine". In: Ders.: Werke und Briefe. Historisch-Kritische Gesamtausgabe. Bd. 2,2, hrsg. von Doppler Alfred und Frühwald Wolfgang. Stuttgart: Kohlkammer, S. 9–16.

Stifter, David 2005: Hallstadt – In eisenzeitlicher Tradition? In: Karl, Raimund/Leskovar, Jutta (Hrsg.): Interpretierte Eisenzeiten. Fallstudien, Methoden, Theorie. Tagungsbeiträge der 1. Linzer Gespräche zur interpretativen Eisenzeitarchäologie. Linz: Oberösterreichisches Landesmuseum, S. 229–240.

Storch, Hans von 2009: Vorwort – Katastrophen als Herausforderung. In: Hammerl, Christa; Kolnberger, Thomas; Fuchs, Eduard (Hrsg.): Naturkatastrophen. Rezeption – Bewältigung – Verarbeitung. Konzepte und Kontroversen, Bd. 7. Wien: Studienverlag, S. 7–9.

Sturluson, Snorri 1997: Die Edda des Snorri Sturluson. Stuttgart: Reclam.

Tenbrink, Dieter 2009: Ambivalenz. In Stumm, Gerhard; Pritz, Alfred (Hrsg.): Wörterbuch der Psychotherapie. Wien: Springer Verlag, S. 21.

Thiel, Christian 2010: Konstruktivismus. In: Mittelstraß, Jürgen (Hrsg.): Enzyklopädie Philosophie und Wissenschaftstheorie. 2. Aufl. Bd. 4. Stuttgart, Weimar: J.B. Metzler, S. 314–319.

Thomä, Helmut; Kächele, Horst 2006: Psychoanalytische Therapie, Bd. 1: Grundlagen. 3. Aufl. Heidelberg: Springer.

Timm, Elisabeth; Katschnig-Fasch, Elisabeth (Hrsg.) 2007: Kulturanalyse, Psychoanalyse, Sozialforschung. Positionen, Verbindungen und Perspektiven. Wien: Österreichisches Museum für Volkskunde.

Turner, B.L.; Kasperson, Roger E.; Matson, Pamela A.; McCarthy, James; Corell, Robert W. et al. 2003: A framework for vulnerability analysis in sustainability science. In: National Academy of Sciences. 100 (14), S. 8074–8079.

Tweedie, Michael 1977: Die Welt der Dinosaurier. Herrsching: Manfred Pawlak Verlagsgesellschaft.

Uther, Hans-Jörg 2004: The Types of International Folktales. A Classification and Bibliography, 3 Bde. Helsinki: Academia Scientiarum Fennica (FF Communications, S. 284–286).

Vest, Jay Hansford C. 2011: Will-of-the-Land: A Philosophy of Wilderness Praxis and Environmental Ethics. Saarbrücken: VDM Verlag Dr. Müller.

Vest, Jay Hansford C. 2014: „A Druidic Wedding: Celebrating Celtic Nature Awe and the Will-of-the-Land". NatureWriting (online journal).

Vinnai, Gerhard 1993: Die Austreibung der Kritik aus der Wissenschaft: Psychologie im Universitätsbetrieb. Frankfurt am Main: Campus.

Viveiros, de Castro Eduardo 1997: „Die kosmologischen Pronomina und der indianische Perspektivismus". In: Schweizerische Amerikanisten-Gesellschaft, 61, S. 99–114.

Vocelka, Karl 1993: Ängste und Hoffnungen – Neuzeit. In: Dinzelbacher, Peter: Europäische Mentalitätsgeschichte. Hauptthemen in Einzeldarstellungen. Stuttgart: Kröner Verlag, S. 295–301.

Vodopiutz, Armin 2009: Internalisierung. In: Stumm, Gerhard; Pritz, Alfred (Hrsg.): Wörterbuch der Psychotherapie. Wien: Springer Verlag, S. 323–324.

Voss, Martin 2006: Symbolische Formen. Grundlagen und Elemente einer Soziologie der Katastrophe. Bielefeld: Transcript.

Voss, Martin 2008: The vulnerable can't speak. An intergrative vulnerability approach to disaster and climate change research. Behemoth. A Journal on Civilisation. 1 (3), S. 39–71.

Voss, Martin 2009: Vulnerabilität. In: Hammerl, Christa; Kolnberger, Thomas; Fuchs, Eduard (Hrsg.): Naturkatastrophen. Rezeption – Bewältigung – Verarbeitung. Konzepte und Kontroversen, Bd. 7. Wien: Studienverlag, S. 103–121.

Voss, Martin; Dittmer, Cordula 2016: Resilienz aus katastrophensoziologischer Perspektive. In: Wink, Rüdiger (Hrsg.): Multidisziplinäre Perspektiven der Resilienzforschung. Wiesbaden: Springer, S. 179–197.

Voss, Martin; Lorenz, Daniel F. 2016: Sociological Foundations of Crisis Communication. In: Schwarz, Andreas; Seeger, Matthew W.; Auer, Claudia (Hrsg.): The Handbook of International Crisis Communication Research. Chichester: John Wiley & Sons, S. 45–55.

Waldenfels, Bernhard 1999: Sinnesschwellen. Studien zur Phänomenologie des Fremden 3. Frankfurt am Main: Suhrkamp.

Weber-Kellermann, Ingeborg; Bimmer, Andreas C. 1985: Einführung in die Volkskunde / Europäische Ethnologie. 2. Erweiterte Auflage. Stuttgart: Metzler.

Weiser-Aall, Lily 1937: Volkskunde und Psychologie. Eine Einführung. Berlin, Leipzig: De Gruyter.

Weiss, Richard 1946: Volkskunde der Schweiz. Grundriss. Erlenbach-Zürich: Eugen Rentsch Verlag.

Wernet, Andreas 2009: Einführung in die Interpretationstechnik der Objektiven Hermeneutik. 3. Aufl. Wiesbaden: VS Verlag für Sozialwissenschaften.

Wiegelmann, Günter 1977: Geschichte der Forschung im 18. und 19. Jahrhundert. In: Wiegelmann, Günter; Zender, Matthias; Heilfurth, Gerhard: Volkskunde. Eine Einführung. Berlin: Erich Schmidt Verlag, S. 11–26.

Wiegelmann, Günter; Zender, Matthias; Heilfurth, Gerhard 1977: Volkskunde. Eine Einführung. Berlin: Erich Schmidt Verlag.

Wink, Rüdiger 2016: Resilienzperspektive als wissenschaftliche Chance. Eine Einstimmung zu diesem Sammelband. In: Wink, Rüdiger (Hrsg.): Multidisziplinäre Perspektiven der Resilienzforschung. Wiesbaden: Springer, S. 1–11.

Wittgenstein, Ludwig 2006: Tractatus logico-philosophicus. In: Ders., Werkausgabe. Bd. 1. Frankfurt am Main: Suhrkamp.

Woebcken, Carl 1924: Deiche und Sturmfluten an der deutschen Nordseeküste. Bremen/Wilhelmshafen: Friesen-Verlag.

Wolf, Eric R. 1986: Die Völker ohne Geschichte. Europa und die andere Welt seit 1400. Frankfurt am Main, New York: Campus Verlag.

Wolf, Eric R. 1990: Facing Power Old Insights, New Questions. In: American Anthropologist 92 (3), S. 586–596.

Yami, Farhana; Rahman, Atiq; Huq, Saleem 2005: Vulnerability, adaptation and climate disasters: a conceptual overview. Climate Change and Disasters Group, Institute and Development Studies. IDS Bulletin 36 (4). Brighton: Institute of Development Studies.

Zender, Matthias 1977: Geschichte der Forschung im 20. Jahrhundert. In: Wiegelmann, Günter; Zender, Matthias; Heilfurth, Gerhard: Volkskunde. Eine Einführung. Berlin: Erich Schmidt Verlag, S. 26–38.